KB153899

국어 문법론

저자 소개 | 송창선

경북대학교 사범대학 국어교육과 졸업
경북대학교 대학원 석사과정, 박사과정 졸업
대구한의대학교 한국어문학부 교수 (1992~2010)
경북대학교 사범대학 국어교육과 교수 (2010~현재)

주요 논저
『학교 문법과 문법 교육』(2005, 공저), 『국어 통사론』(2010) 등의 저서와
"현대국어 '이다'의 문법적 처리", "이른바 이중 주어 구문에 대한 비판적 고찰",
"국어교육에서 문형 교육의 필요성" 등 학술 논문 50여 편.

국어 문법론

초판 인쇄   2020년 3월 5일
초판 발행   2020년 3월 10일

지 은 이   송창선
펴 낸 이   박찬익
편 집 장   한병순

펴 낸 곳   ㈜ **박이정**
주   소   서울시 동대문구 천호대로 16가길 4
전   화   02) 922-1192~3
팩   스   02) 928-4683
홈페이지   www.pjbook.com
이 메 일   pijbook@naver.com
등   록   2014년 8월 22일 제305-2014-000028호

ISBN 979-11-5848-449-3 93710

* 책값은 뒤표지에 있습니다.

국어
문법론

송창선 지음

(주)박이정

머리말

최근의 국어 교육에서는 문법 교육이 마치 없어져야 할 것처럼 내몰리고 있다 해도 과언이 아니다. 2011 개정 교육과정에서는 문법을 독서와 합쳐서 '독서와 문법'으로 만들더니 2015 개정 교육과정에서는 '문법'이라는 말도 거부감을 준다고 하면서 '언어와 매체'라는 이름 속에 감추어 버렸다.

이러한 위기 상황을 초래한 데는 여러 가지 원인이 있겠지만, 본질적으로는 문법 학습은 문법 지식을 외우는 한없이 따분하고 재미없는 공부라는 관념을 만든 문법 교육 전문가들의 잘못이 있다고 하겠다. 지금의 학교 문법은 일관된 원리로 국어 현상을 명쾌하게 설명하는 데 이르지 못하고, 그저 다양한 견해들을 졸가리 없이 두루 모아 놓은 까닭에 학생들을 문법으로부터 뒷걸음질하게 만들고 있는 것이다.

이 책은 지금까지 필자가 여러 해 동안 학교 문법을 바로잡는 것을 목표로 연구한 결과들을 토대로 하여, 필자 나름의 새로운 관점에서 국어 문법론의 체계를 세우고자 노력한 결과물이다. 무엇보다도 국어의 문법 현상을 일관된 원리로 설명하는 데 주안점을 두었다. 또한 문법은 올바른 국어 생활을 위한 필수적인 지식 체계라는 생각으로, 국어교육과 및 국어국문학과 학생들이 복잡한 문법 개념어는 물론 다양한 우리말 문법 현상을 쉽게 이해할 수 있도록 하려고 애를 썼다. 아울러 '톺아보기'란을 통해 필자의 견해를 더 자세히 설명하고자 하였다.

이 책을 완성하기까지 주변에 있는 많은 분들의 도움을 잊을 수 없다. 시골에서 태어났지만 자식을 고등학교 때부터 대구로 유학을 보내신 부모님 덕분에 오늘의 필자가 있을 수 있었다. 구순을 넘기시고도 자식들이 걱정을 하지 않을 정도로 건강을 지키고 계신 부모님의 은혜를 잊을 수 없다. 또 선후배 사이로 만나 아내가 되어서 평생을 함께하면서 필자가 쓴 모든 글의 첫 독자가 되어 준 아내의 헌신에 대해 고맙고도 미안한 생각이 든다. 지금까지 무탈하게 잘 자라서 사회에서 자기 역할을 다하고 있는 딸과 아들에게도 고마운 마음을 전한다. 무엇보다도 한 달쯤 전에 세상에 태어난 외손녀에게 기쁜 마음을 전하고 싶다.

그리고 이 책의 초고가 완성된 후에 성근 내용을 교재로 공부하면서 한 학기 동안 강의를 수강한 경북대학교 대학원 국어교육학과 및 사범대학 국어교육과 재학생들에게 고마운 인사를 전한다. 아울러 엉성한 초고를 꼼꼼히 읽어서 많은 오류를 바로잡아 준 대학원 박사과정의 스샹치엔 교수(중국 웨이팡대), 원효선 선생, 석사과정의 신보경 선생, 박소희 선생 덕분에 이 책이 그나마 덜 부끄러운 모습으로 세상에 나올 수 있었다. 끝으로 이 책을 흔쾌히 출판해 준 박이정 출판사의 박찬익 사장님과, 어설픈 원고를 깔끔하게 편집해 준 편집부의 여러분들께 깊은 감사를 드린다.

2020년 2월 20일
대구 복현동 연구실에서 지은이 씀

| 차례 |

제1부
총론

1. 국어의 문법 현상에 충실한 형태론 기술
― 형태소 분석의 문제

우리는 단어를 더 작은 단위인 형태소로 분석하는 데 있어서 형태소의 개념에 유의할 필요가 있다. 단어를 형태소로 분석할 때, 더 이상 분석하면 뜻을 잃어버리는 경우라면 더 작은 단위로 분석하지 말아야 한다. 그렇지만 더 작은 단위로 분석해도 지니고 있는 뜻이 그대로 유지된다면 당연히 더 작은 단위로 분석해야 한다.

1) '에'와 '에서'의 관련성

국어학계에서는 대체로 조사 '에서'를 분석하지 않고 하나의 형태소인 것처럼 다루어왔다. 이처럼 조사 '에서'를 더 작은 단위로 분석하지 않고 하나의 형태소로 보는 관점을 취한 까닭은, 고영근·구본관(2008: 27)에서 밝힌 바와 같이 공시적으로 '에'와 '서'가 존재하지만 '에서'는 '에'와 '서'를 합친 의미와 다소간 다른 의미를 지니는 것으로 보기 때문이다.

이와는 달리 '에서'를 '에'와 '서'로 분석해야 한다는 주장을 한 연구에는 성광수(1979), 서정목(1984), 안명철(1985), 송창선(2009) 등이 있는데, 이들 연구에서는 '서'가 고유한 의미를 지니는 별개의 형태소라고 주장하였다.

먼저 '에서'의 경우를 살펴보자.

(1) 가. 학생들이 {교실에, *교실에서} 들어간다.
    나. 학생들이 {*교실에, 교실에서} 공부를 한다.

우리는 (1)의 쓰임을 통해서 '에서'와 '에'가 밀접한 관련이 있음을 알 수 있다. '에'와 '에서'가 장소를 나타내는 부사격 조사라는 공통점이 있지만, 서로 다른 환경에서 쓰이고 있음을 확인할 수 있다. 즉 (1가)에서는 행위자가 어떤 장소에 들어가기 전에는 그 장소에 존재하지 않으므로 '에'를 쓰고, (1나)에서는 행위자가 어떤 장소에서 공부를 하기 위해서는 그 장소에 있어야 하므로 '에서'를 쓴다는 것이다.[1] '에서'의 '서'가 "존재"를 나타내는 것이 확인된다면, '에서'를 '에'와 '서'로 분석하는 것이 마땅할 것이다.[2]

이런 점을 뒷받침하는 다른 예를 살펴보자.

(2) 가. 형은 {동생에게, *동생에게서} 책을 준다.
    나. 동생은 {*형에게, 형에게서} 책을 받는다.
(3) 가. 나는 이번에 {반장으로, *반장으로서} 출마했다.
    나. 나는 {*반장으로, 반장으로서} 다른 사람에게 모범이 되어야
        한다.

(2)에서 형이 동생에게 책을 주기 전에는 책이 동생에게 없으므로 '동생에게' 책을 주며, 동생이 책을 받기 전에는 형이 책을 가지고 있으므로 '형에게서' 책을 받는다는 것을 알 수 있다. 우리는 (2)의 '에게'와 '에게서'의 비교를 통해서도 '서'가 "존재"를 나타냄을 다시 한

---

1) 이런 차이가 있기 때문에 송창선(2009ㄹ)에서는 '에서'를 '에'와 '서'로 분석해야 하며, 이때의 '서'를 "있다"라는 의미를 지니는 보조사로 보았다.
2) '에'와 '에서'에 대해서는 부사어를 논의할 때 더 자세히 다루기로 한다.

번 확인할 수 있다. (3)에서도 반장에 출마하여 아직 반장이 아닌 경우와 반장이 된 경우에 '(으)로'와 '(으)로서'가 구분되어서 쓰임을 알수 있다. 이처럼 '에서, 에게서, (으)로서'의 '서'가 "존재"의 의미를 지닌다면, 우리는 '에서, 에게서, (으)로서'를 아래와 같이 분석하는 것이 바람직하다고 본다.

> (4) 가. 에서 : 　에 + 서
> 나. 에게서 : 에게 + 서
> 다. (으)로서 : (으)로 + 서

2) '-던'의 형태소 분석 가능성

아래에서 보듯이 선어말어미 '-더-'는 평서형어미나 의문형 종결어미에 통합될 수 있는데, 평서문에서는 1인칭 주어가 쓰이는 데 제약을 받고, 의문문에서는 2인칭 주어가 쓰이는 데 제약을 받는다.

> (5) 가. {*내가, 네가, 그가} 학교에 가더라.
> 나. {내가, *네가, 그가} 학교에 가더냐?

그렇지만 '-더-'가 관형사형 어미 '-(으)ㄴ'과 결합한 '-던'이 쓰인 경우에는 (5)에서 보이던 인칭의 제약이 더 이상 나타나지 않는다.

> (6) 가. 학교에 가던 {나는, 너는, 그는} 집으로 되돌아왔다.
> 나. 담배를 피우던 {내가, 네가, 그가} 언제부터 담배를 끊었지?

이처럼 종결형의 '-더-'와 관형절의 '-더-'가 가지는 통사 기능이 차이를 보이는데, 기존 연구에서는 두 가지 '-더-'를 동일한 것으로 보기도 하고, 이질적인 것으로 보기도 하였다. 남기심(1972), 최동주(1994) 등에서는 두 가지 '-더-'가 다른 기능을 지니는 것으로 보았으며, 서울대학교 국어교육연구소(2002ㄱ: 163)에서도 '-더-'와는 별개로 '-던'을 하나의 형태소로 다루고 있다. 이와는 달리, 최현배(1937)을 비롯한 고영근(2004ㄴ), 송창선(2006ㄴ) 등에서는 '-더-'와 '-던'이 통사·의미상으로 유사하기 때문에, 다른 형태소로 볼 수 없다고 하였다.3)

'-던'이 하나의 형태소라는 주장이 설득력을 얻기 위해서는 '-던'에서 '-더-'와 '-(으)ㄴ'의 기능을 찾아볼 수 없어야 한다. 다시 말해서 '-던'의 '-더-'와 종결형의 '-더-'가 다른 형태소라는 결정적인 근거를 제시할 수 있어야 하고, 더 나아가 '-던'과 관형사형 어미 '-(으)ㄴ'이 아무런 관련이 없다는 근거도 제시해야 할 것이다.

즉, '-던'을 '-더-'와 '-(으)ㄴ'으로 분석할 수 있는지 없는지를 결정할 때 우리는 무엇보다도 먼저 형태소의 개념에 충실해야 한다고 본다. '-던'의 '-더-'와 종결형에서 쓰이는 '-더-'가 같은 형태소인지 다른 형태소인지를 면밀하게 검토하여야 할 것이다. 주어 인칭 제약이라는 차이를 근거로 삼아서 '-던'을 '-더-'와 '-(으)ㄴ'으로 분석하지 않는 것은 형태소의 개념 자체를 뒤흔들어 놓을 수 있는 위험이 있기 때문이다.

3) '-고 하-'의 탈락과 '-X고 해'의 축약 현상

표준어 규정 제17항에서는 "비슷한 발음의 몇 형태가 쓰일 경우, 그 의미에 아무런 차이가 없고 그 중 하나가 더 널리 쓰이면, 그 한 형태만을 표준어로 삼는다."라고 하였으며, 그 예를 들면서 '-(으)려

---

3) 이들 연구에서는 종결형의 '-더-'와 관형절의 '-던'에 나타나는 '-더-'가 다른 형태소가 아니라는 근거로 아래와 같은 몇 가지를 제시하였다.
　　첫째, 언어 직관상 종결형의 '-더-'와 관형절의 '-던'이 전혀 다른 별개의 형태소로 여겨지지 않는다. 둘째, 비동일주어 제약이나 몸소살핌 제약이 관형절에서 해소되는 현상은, 종결형에서도 특수한 경우에는 이런 제약이 해소되기 때문에 문제가 되지 않는다. 셋째, 비동일주어 제약은 종결형과 일부 연결형에만 존재하며 모든 용언에 적용되는 것이 아니기 때문에, '-더-'의 기능을 비동일주어 제약과 관련시키는 것은 큰 의의가 없다.

고', '-(으)려야'를 표준어로 삼고, '-(으)ㄹ려고/-(으)ㄹ라고', '-(으)ㄹ
려야/-(으)ㄹ래야'를 버린다고 하였다.

'가려고'를 '갈려고'나 '갈라고'로 쓰지 말아야 한다는 것은 문제가
없지만, '가려고 해야'를 '가려야'로 써야 하며, '갈래야'로 쓰면 안 된
다는 것은 납득하기 쉽지 않다.

실제로 많은 국어 사용자들이 '-려고 하여도'가 '-려도'로 되는 부
분을 잘 이해하지 못하여, 바른 표현을 고르는 문제에서 '가려야 갈
수 없는 곳이야'를 42%만 선택한 반면에, '갈래야 갈 수 없는 곳이야'
를 58%나 선택한 것을 보면, 얼마나 많은 사람들이 혼란을 겪는지 짐
작할 수 있다.[4]

이에 대해, 송창선(2016ㄷ)에서는 일반적으로 '-고 하-'는 탈락하는
반면, '-다고/-자고/-(으)라고 해-'의 경우에는 '-고 하-'의 탈락이 일
어나지 않고 '-다고/-자고/-(으)라고 해-'가 '-대/-재/-(으)래'로 축약
된다는 점을 지적하였다.

> (7) 가. -다고 하는 → -다는
> 나. -다고 하면 → -다면
> 다. -다고 해서 → -대서
> 라. -다고 해도 → -대도
> (8) 가. -자고 하는 → -자는
> 나. -자고 하면 → -자면
> 다. -자고 해서 → -재서
> 라. -자고 해도 → -재도

그런데 국립국어연구원(1999)에서도 '-(으)려고 해도, -(으)려고 해
야'가 축약되면 '-(으)려도, -(으)려야'가 된다고 함으로써, 그 일반적
인 틀을 깨뜨렸던 것이다.

---

4) https://blog.naver.com/bookji3343/220569890201 참고.

(9) 가. -다고 해도 → -다도(×), -내도(○)
　　나. -이라고 해도 → -이라도(×), -이래도(○)
　　다. -는다고 해도 → -는다도(×), -는대도(○)
　　라. -자고 해야 → -자야(×), -재야(○)
　　마. -(으)라고 해야 → -(으)라야(×), -(으)래야(○)
(10) 가. -(으)려고 해도 → -(으)려도(○), -(으)ㄹ래도(×)
　　나. -(으)려고 해야 → -(으)려야(○), -(으)ㄹ래야(×)

즉 똑같은 환경임에도 불구하고 (9), (10)에서는 '-고 해-'가 축약하기도 하고, 탈락하기도 하는 불합리함을 보이고 있다.

이와 같은 불합치를 개선하기 위해서는 '-(으)려고 해도, -(으)려고 해야'가 '-(으)ㄹ래도, -(으)ㄹ래야'로 축약되는 것으로 보아야 할 것이다.

이를 뒷받침하는 근거로 다음 현상을 들 수 있다.

(11) 가. -(으)려고 해. → -(으)ㄹ래.
　　나. -(으)려고 해? → -(으)ㄹ래?
(12) 가. -(으)려고 해도 → -(으)ㄹ래도
　　나. -(으)려고 해야 → (으)ㄹ래야

따라서 '-(으)려고 해도, -(으)려고 해야'가 '-(으)려도'와 '-(으)려야'로 축약되는 것이 아니라, '-(으)ㄹ래도, -(으)ㄹ래야'로 축약된다고 해야 할 것이다. 요컨대, 국어 사용자 반 이상이 틀리는 '-려야' 문제는 일관성 없는 어문 규정에서 비롯된 것이며, 하루 빨리 이런 불합리를 바로잡아야 할 것이다.

우리는 앞에서 조사 '에서'를 '에'와 '서'로 분석할 수 있는지, 그리고 관형사형 어미로 쓰이는 '-던'을 '-더-'와 '-(으)ㄴ'으로 분석할 수 있는지, 마지막으로 '-고 하-'가 자연스럽게 탈락하는 것처럼 '-고 해-'도 탈락할 수 있는지에 대해 살펴보았다.

필자는 국어 형태론 분야를 기술하는 데 있어서 무엇보다도 형태소에 바탕을 두고 논의를 전개하는 것이 바람직하다고 본다.

먼저, '에서'와 '-던'의 경우를 중심으로 보면, '에서'와 '-던'이 더 작은 단위로 분석할 수 없는 형태소라는 주장을 하려면, '에서'와 '-던'에서 '에'와 '-더-'의 의미를 찾아볼 수 없어야 할 것이다. 이미 송창선(2006ㄷ, 2009ㄹ, 2015)에서 '에서, -던'이 '에, -더-'와 밀접한 관련성이 있음을 밝혔으므로 '에서'를 '에'와 '서'로 분석하고 '-던'을 '-더-'와 '-(으)ㄴ'으로 분석하는 것이 마땅하다고 본다.

다음으로 표준어 규정 제17항에서는 '-(으)려야'를 표준어로 삼고, '-(으)ㄹ려야/-(으)ㄹ래야'를 잘못된 것으로 규정한 것은 형태소 분석의 기본을 무시한 데서 말미암은 것으로 본다. '되-'와 '돼'를 구분하고, '하-'와 '해'를 구분하는 것처럼, '-고 하-'와 '-고 해-'도 당연히 구분하여야 한다. 많은 국어 사용자들에게 혼란을 주는 이 규정을 하루 빨리 바로잡아야 할 것이다.

그밖에도 한글학회(1992)에는 표제어로 '-(으)ㄹ런지, -(으)ㄹ런가, -(으)ㄹ런고'를 등재해 놓았으며, 국립국어연구원(1999)에는 '-(으)ㄹ는지, -(으)ㄹ런가, -(으)ㄹ런고'를 등재해 놓았는데, 사전에 표제어로 '-(으)ㄹ런지'를 등재할 것인지 '-(으)ㄹ는지'를 등재할 것인지에 대한 판단을 내리는 데도 형태소에 기반을 두고 판단을 내릴 수밖에 없다.

요컨대 국어 문법을 기술하는 데 있어서 우리는 무엇보다도 형태소에 대해 깊이 고민할 필요가 있으며, 이에 바탕을 두고 형태론을 기술하여야 할 것이라고 생각한다. 그리고 앞으로 필자가 형태론 분야를 기술하는 데 있어서 이런 정신을 바탕에 깔고 논의를 전개해 나갈 것이다.

2. '이다'와 '아니다'의 품사 분류의 문제

국어학 연구의 초창기부터 지금까지 '이다'만큼 논란이 많았거나 지속적으로 논란의 대상이 된 것도 찾아보기 어렵다. 이는 '이다'의 성격을 규명하는 것이 그만큼 어렵다는 것을 보여주는 것이다. '이다' 문제의 핵심적인 논란거리는 '이다'의 문법적 성격에 관한 문제와, '아니다'와의 관계에 대한 문제였다.

최근까지 학교 문법에서는 '이다'를 서술격 조사로 다루는 데 반해, '아니다'는 형용사로 다루고 있는데, 이런 견해는 국립국어연구원(1999)에서도 그대로 유지되었다.

'이다'와 '아니다'는 송창선(2007ㄴ)에서 밝힌 것처럼 형태상, 기능상, 의미상 밀접한 관련성을 지니고 있다.

1) '이다'와 '아니다'의 형태상 관련성

먼저 송창선(2007ㄴ)에서는 '이다'와 '아니다'가 형태적으로 관련이 있음을 확인하기 위해서, '이다'와 '아니다'가 활용하는 양상과, 동사와 형용사의 활용하는 양상을 제시하였다.

(13)

어미의 종류			동사 (지니다)	형용사 (시다)	'아 니 다'	'이 다'
종결어미	평서형	-다	지니+ㄴ다	시+다	아니+다	이+다
		-아/어	지니+어	시+어	아니+야	이+야
		-아요 -어요	지니+어요	시+어요	아니+어요 아니+에요	이+어요 이+에요
		-(으)마 (약속)	지니+(으)마	*시+(으)마	*아니+(으)마	*이+(으)마
		-올시다	*지니+올시다	*시+올시다	아니+올시다	이+올시다
	의문형	-느냐	지니+느냐	시+(으)냐	아니+(으)냐	이+(으)냐
	명령형	-아라 /어라	지니+어라	*시+어라	*아니+어라	*이+어라
	청유형	-자	지니+자	*시+자	*아니+자	*이+자
	감탄형	-구나	지니+는구나	시+구나	아니+구나 아니+로구나	이+구나 이+로구나
		-도다	지니+도다	시+도다	아니+도다 아니+로다	이+도다 이+로다
연결어미		-(으)되	지니+(으)되	시+(으)되	아니+(으)되 아니+로되	이+(으)되 이+로되
		-아서 /어서	지니+어서	시+어서	아니+어서 아니+라서	이+어서 이+라서
		-아도 /어도	지니+어도	시+어도	아니+어도 아니+라도	이+어도 이+라도
		-다고	지니+ㄴ다고	시+다고	아니+라고	이+라고
		-다면	지니+ㄴ다면	시+다면	아니+라면	이+라면
전성 어미	관형사형		지니+는	시+(으)ㄴ	아니+(으)ㄴ	이+(으)ㄴ

‘이다’와 ‘아니다’를 비교해 보면 위에서 제시한 모든 활용에서 약간의 다른 점도 없이 완벽하게 일치하는 것을 확인할 수 있다. 우선 ‘이다’와 ‘아니다’에만 '-로구나, -로다, -로되'와 '-라서, -라고, -라면'이라는 특이한 형태의 어미가 결합한다는 점을 간과할 수 없다. 특히 ‘-올시다’와 ‘-에요, -야’는 ‘이다’와 ‘아니다’에만 붙을 수 있고, 다른 동사나 형용사에는 전혀 붙지 못하는 점에 주목할 필요가 있다.

우리는 ‘이다’와 ‘아니다’가 활용하는 양상이 완벽하게 일치하며 특정 어미가 '이다'와 '아니다'에만 결합한다는 것을 확인할 수 있었다.

2) '이다'와 '아니다'의 기능상 관련성

이와 함께 송창선(2007ㄴ)에서는 '이다'와 '아니다'가 기능상으로 관련이 있음을 밝힌 바 있다. '이다'와 '아니다'의 기능상의 관련성을 확인하기 위해서는 '이다'와 '아니다'에 선행하는 명사구의 숫자를 비교해 보아야 하는데, '이다'와 '아니다'의 구문에서는 아래와 같이 두 개의 명사구가 나타난다는 것이다.

(14) 가. 철수는 학생 이다.
　　 나. 철수는 학생이 아니다.
(15) 가. NP$_1$　　NP$_2$　이다
　　 나. NP$_1$　　NP$_2$　아니다

또한 '이다'의 선행 위치에는 일반적인 명사구 외에 (16)처럼 '이다'가 격조사나 보조사 뒤에도 쓰일 수 있고, 심지어는 연결 어미 뒤에도 쓰일 수 있으며, (17)과 같이 의문형 어미 뒤에도 '이다'가 연결될 수 있다.

(16) 가. 그를 만난 것은 부산역에서이다.
　　 나. 그의 성격이 변한 것은 대학 입시에 실패하면서부터이다.
　　 다. 그가 어제 갑자기 쓰러진 것은 빈혈이 있어서이다.
(17) 가. 문제는 죽느냐 혹은 사느냐이다.
　　 나. 의문은 존재가 무엇을 의미하고 있는가이다.

그런데 '이다'가 쓰인 (16), (17)의 문장을 변환시키면 (18), (19)에서 보듯이 똑같은 환경에서 '아니다'도 쓰일 수 있음을 알 수 있다.

(18) 가. 그를 만난 것은 부산역에서가 아니라 대구역에서이다.
　　 나. 그의 성격이 변한 것은 대학 입시에 실패하면서부터가 아니라 대학에 입학하면서부터이다.
　　 다. 그가 어제 갑자기 쓰러진 것은 빈혈이 있어서가 아니라 다른

<u>지병이 있어서이다.</u>

(19) 가. 문제는 <u>죽느냐 혹은 사느냐</u>가 아니라 <u>어떻게 사느냐</u>이다.

　　 나. 의문은 <u>존재가 무엇을 의미하고 있는가</u>가 아니라 <u>존재가 얼</u>
　　　　 <u>마나 가치 있는 것인가</u>이다.

　요컨대 '이다'와 '아니다'는 두 개의 명사구가 선행한다는 공통점이
있을 뿐만 아니라, 이들에 선행하는 성분도 일치한다는 점을 통해 '이
다'와 '아니다'가 기능상으로 관련이 있음을 알 수 있다.

3) '이다'와 '아니다'의 의미상 관련성

　다음으로 송창선(2007ㄴ)에서는 '이다'와 '아니다'가 의미상으로 관
련이 있음을 보여 주었다.

　먼저 국립국어연구원(1999)의 뜻풀이를 보면, '이다'와 '아니다'는
품사가 다를 뿐만 아니라 의미상 차이가 있는 것처럼 제시하였다.

(20) **이다** 国 (체언 뒤에 붙어) 주어가 지시하는 대상의 속성이나 부
　　　 류를 지정하는 뜻을 나타내는 서술격 조사. ¶이것은 책이
　　　 다./침묵은 금이다./방 안이 엉망이다./그는 양심적이다./
　　　 그분이 내가 존경하는 형님이다./그 친구가 또 말썽이야./
　　　 일요일 아침 잠을 깬 것은 9시가 넘어서였다./이 사건의
　　　 범인은 바로 그 사람이지?

　　아니다 形『…이』① 어떤 사실을 부정하는 뜻을 나타내는 말.
　　　 ¶그는 군인이 아니다./그 말은 사실이 아니어서 곧 탄로
　　　 나고 말았다./그 문제의 정답은 2번이 아니고 4번이다./
　　　 나는 그의 보호자가 아니오./나는 청소 당번이 아니야./나
　　　 의 성미가 남달리 괴팍하여 사람을 싫어한다거나 하는 것
　　　 은 아니다.《이양하, 이양하 수필선》② ('아닐까' 꼴로 쓰
　　　 여) 물음이나 짐작의 뜻을 나타내는 말. 사실을 긍정적으
　　　 로 강조하는 효과가 있다. ¶그에게 자유를 주며 그 자유
　　　 를 격려해 주고 축복하는 것, 그것이 진정한 사랑이 아닐
　　　 까? [아니다<석상> ← 아니+-이-]

그렇지만 '이다'의 뜻풀이로 "대상의 속성이나 부류를 지정하는 뜻을 나타내는"을 제시하였고 '아니다'의 뜻풀이로 "어떤 사실을 부정하는 뜻을 나타내는"을 제시한 부분은 다르게 기술한 것처럼 보이지만 사실상 둘 사이의 의미상 관련을 부정하기 어려운 풀이로 볼 수 있다. 다만 '이다'의 뜻풀이는 하나만 제시한 데 비해 '아니다'는 두 가지 의미를 제시하여 둘의 차이를 보여주고자 시도하였으나, 오히려 이런 풀이가 얼마나 무의미한가를 역설적으로 보여주는 것이다[5].

국립국어연구원(1999)에서 '이다'와 '아니다'의 의미상의 관련성을 드러내지 못한 것은, 결국 두 낱말의 품사를 다르게 처리할 수밖에 없었기 때문인 것으로 보인다. 「표준국어대사전」에서는 '이다'를 서술격 조사로 다루고 '아니다'를 형용사로 다루는, 학교 문법의 체계를 따르다 보니, 이 둘 사이의 관련성을 부각시키기가 어려웠을 것으로 볼 수 있다.

'이다'와 '아니다'가 의미상 공통성이 있다는 점은 한글학회(1992)에서 확인할 수 있다.

> (21) **이다** 圖 어떤 사실을 가리키어 그러함(긍정)을 나타내는 말. '서술격 조사'로나 임자씨를 풀이말로 되게 하는 씨끝으로 풀이하는 견해도 있다. 메집이(었)다. 집이니. 집인 줄. 집이기를…. 참으로 좋은 책이로구나. 그 사람은 누구일까? 圏아니다.
>   **아니다** 圖 사실을 부정하는 뜻을 나타내는 말. 메고래는 물고기가 ~. 내가 네 심정을 모르는 바 ~. 圏이다.

위의 뜻풀이를 통해서 우리는 '이다'와 '아니다'는 의미상으로 밀접한 관련이 있음을 알 수 있다.

---

5) '이다'의 두 번째 의미로 다음을 덧붙이면, '이다'와 '아니다'의 의미는 의미상 관련성을 되찾게 된다.
   ('일까' 꼴로 쓰여) 물음이나 짐작의 뜻을 나타내는 말. 사실을 부정적으로 강조하는 효과가 있다. 메그에게 자유를 주며 그 자유를 격려해 주고 축복하는 것, 그것이 진정한 사랑일까?

이처럼 '이다'와 '아니다'가 형태상, 기능상, 의미상 밀접한 관련성을 지니고 있음을 송창선(2007ㄴ)을 통해서 확인하였으므로, '이다'와 '아니다'를 모두 형용사로 다루어야 한다.

3. 국어의 문법 현상에 충실한 통사론 기술
— 격조사 교체와 격 기능

국어에서 둘 이상의 격조사가 같은 자리에 나타나는 경우를 찾아보는 것이 그리 어렵지 않다.

> (22) 가. 철수가 학교{에, 를} 간다.
> 나. 인천은 서울{에, 을} 접했다.
> 다. 그녀는 결국 감기{에, 를} 걸렸다.

(22)에서는 격조사 '에'와 '을/를'이 함께 나타나는데, 대부분의 국어사전에서는 '가다, 나가다, 접하다, 걸리다' 등을 자동사로도 쓰이고 타동사로도 쓰이는 것으로 기술하였다.[6]

그렇다면, 이처럼 격조사가 교체되어 나타나는 것이 국어의 일반적인 현상인지에 대해 살펴보자. (22)에서는 격조사 '에'가 '을/를'로 교체되어 나타나는 것이 자연스럽지만, 국어에서 격조사가 항상 다른 격조사로 교체될 수 있는 것은 아니다.

---

6) 많은 연구자들은 이들을 자타 양용 동사로 다루었는데, 학교 문법에서도 '에'가 쓰인 경우에는 부사어로 다루고 '를'이 쓰인 경우에는 목적어로 다루었으며, 이때의 서술어 '가다, 나가다, 접하다, 걸리다' 등을 자동사로도 쓰이고 타동사로도 쓰이는 것으로 보았다.

(23) 가. 철수가 학생의 아니다.
　　　나. 영수가 밥을 먹는다.

　(23)에서는 '이/가, 을/를'을 다른 격조사로 교체하는 것이 허용되지 않는다. (23)의 주격 조사 '이/가', 보격 조사 '이/가', 목적격 조사 '을/를' 대신에 다른 격조사를 쓰는 것은 불가능하다.

　(22)에서는 격조사가 교체되어 나타날 수 있고 (23)에서는 다른 격조사가 교체될 수 없는데, 이런 차이가 나타나는 까닭은 무엇일까?

　우리는 (23)에서 보듯이 주격 조사 '이/가', 보격 조사 '이/가', 목적격 조사 '을/를'이 쓰일 때는 자연스러운 문장이지만, 이들을 다른 격조사로 교체하게 되면 비문이 되는 경우에 주목할 필요가 있다. 필자는 바로 이런 경우의 격조사의 쓰임이 격조사의 본질적인 기능을 보여주는 것으로 판단하였다. 아울러 (22)처럼 격조사를 다른 격조사로 교체할 수 있는 경우에는 그 중의 하나는 적어도 격조사의 본질적인 기능과 거리가 먼 것으로 본다. 다시 말해서, 국어에서는 격조사의 교체 현상과 격 기능 사이에 밀접한 관련이 있다고 보는 것이다.

1) '에'와 '을/를'이 교체되는 경우

　격조사 '에'와 '을/를'이 교체되는 경우를 살펴보기 위해서, 예문 (22)를 다시 제시할 필요가 있다.

　　(22) 가. 철수가 학교{에, 를} 간다.
　　　　　나. 인천은 서울{에, 을} 접했다.
　　　　　다. 그녀는 결국 감기{에, 를} 걸렸다.
　　(24) 가. 철수는 영희를 사랑한다.
　　　　　나. 나는 신문을 보고, 아내는 책을 본다.
　　　　　다. 선생님은 반장에게 상장을 주었다.

(24)에서 보듯이 목적어임이 분명한 경우에는 격조사 '을/를'을 다른 격조사로 바꿀 수 없다. 그렇지만 (22)에서는 '을/를'과 '에'를 자유롭게 교체할 수 있다.

(22)와 같이 '을/를'과 '에'를 자유롭게 교체할 수 있을 때, 이들을 같은 문장성분이 쓰인 것으로 설명하는 방법도 있고, 이들을 각각 다른 문장성분이 쓰인 것으로 설명하는 방법도 있다.

우리는 '격'을 '명사구가 서술어와 맺는 통사적, 의미적 관계'라고 보는 일반적인 견해를 따라서, 같은 서술어가 선행하는 동일 명사구에 다른 격을 부여할 수 있다고 설명하는 것은 논리적으로 문제가 많다고 본다. 따라서 격조사의 기능을 파악할 때, 표면에 나타나는 조사의 형태에 얽매이지 않고 격조사의 본질적 기능이 무엇인지에 대해 더 깊이 고민해야 할 것이다.

(24)처럼 본래부터 목적격 조사로 쓰인 '을/를'의 경우에는 조사 '을/를'을 다른 격조사로 교체할 수 없지만, (22)의 '을/를'은 부사격 조사 '에'로 교체할 수 있는 차이를 보인다. 이러한 차이가 나타나는 이유는 (24)처럼 다른 격조사로 교체할 수 없는 '을/를'이 결합한 명사구는 목적어이지만, (22)처럼 조사 '을/를'을 '에'로 교체할 수 있는 명사구는 본래 목적어가 아니기 때문이라는 것이다.

이런 주장은 송창선(2008ㄴ)에서 찾아볼 수 있다. 현대국어의 '-어 있-'은 "끝이 있는" 자동사에만 결합할 수 있다는 점은 임홍빈(1975)에서 밝힌 바 있는데, 송창선(2008ㄴ)에서는 이런 특성을 (22)처럼 자동사와 타동사로 두루 쓰일 수 있는 것처럼 보이는 경우에 적용하여 이들 서술어가 타동사가 아니라 자동사라는 점을 확인한 바 있다.

> (25) 가. 철수가 학교{에, 를} 가 있다.
> 나. 인천은 서울{에, 을} 접해 있다.
> 다. 그녀는 결국 감기{에, 를} 걸려 있다.

즉, 위에서 보듯이 '가다, 나가다, 접하다, 걸리다' 등의 서술어에는 '-어 있-'이 결합할 수 있는데, 이런 점으로 보아 이들 동사는 자동사임이 분명하다. 그리고 이들 동사가 자동사라면 '에'가 쓰이든 '를'이 쓰이든 간에 '에/를'이 결합한 명사구는 목적어가 아니라는 점이 명확하게 밝혀졌다.

2) '을/를'이 둘 이상 나타나는 경우

다음으로 이른바 이중 목적어 구문의 경우도 살펴보기로 한다.

> (26) 가. 주인이 일꾼을 품삯을 주었다.
> 나. 철수가 순희를 친구를 삼았다.

송창선(2009ㄱ)에서 밝힌 바와 같이 예문 (26)은 (27)에서 만들어진 것으로 본다.

> (27) 가. 주인이 일꾼<u>에게</u> 품삯을 주었다.
> 나. 철수가 순희를 친구<u>로</u> 삼았다.

여기서도 우리는 다른 격조사로 교체할 수 없는 '을/를'은 목적격 조사이지만, 다른 격조사로 교체할 수 있는 '을/를'은 목적격 조사가 아니라는 것을 다시 한 번 확인할 수 있다.

이런 점은 (26)에서 본래부터 목적어인 '을/를'을 다른 격조사로 교체할 수 없는 점에서 더욱 분명해진다.

> (28) 가. *주인이 일꾼을 품삯{<u>에</u>, <u>에서</u>} 주었다.
> 나. *철수가 순희{<u>에게</u>, <u>에서</u>} 친구를 삼았다.

그런데 여기서 이중 목적어 구문의 한 가지 유형에 대해 더 깊이 살펴볼 필요가 있다.

(29) 가. 철수가 영희를 소매를 집았다.
　　　나. 철수가 영희의 소매를 잡았다.

　송창선(2009ㄱ)에서는 (29가)에서 두 개의 '을/를' 중에서 첫 번째 '을/를'이 진정한 목적어이며, 두 번째 '을/를'은 강조의 의미를 지니는 보조사로 설명한 바 있다.7)

　그리고 두 번째 '을/를'이 목적격 조사가 아니라는 점은 아래 예문에서 더 분명하게 드러난다.

(30) 영희가 철수에게 소매{를, 가} 잡혔다.

　위에서 보듯이 (29가)를 피동문으로 만들었을 때 '소매를'의 '을/를'이 '이/가'로 교체될 수 있다. 이런 점에서 볼 때도 '소매를'이 목적어가 아님을 알 수 있다.

　한편, (27)에서는 다른 격조사로 교체할 수 없는 '을/를'이 목적격 조사라고 하였는데, (29)에서는 이와는 달리 '의'로 교체할 수 있는 '을/를'을 오히려 목적격 조사라고 보고, 두 번째 '을/를'을 목적격 조사가 아니라고 하는 차이를 보인다. 이런 현상이 발생하는 이유에 대해서는 별도의 설명이 필요할 것으로 본다.

　이 문제에 대해서는 'NP$_1$의 NP$_2$가'와 'NP$_1$의 NP$_2$를'을 함께 논의할 필요가 있다고 본다. 즉 'NP$_1$의 NP$_2$' 구가 주어로 쓰이는 경우와 목적어로 쓰이는 경우가 있는데, 이중 주어 구문과 이중 목적어 구문의 차이 때문에 다른 양상을 보여주는 것으로 본다. 즉 주어로 쓰일 때는 마지막 명사구가 진정한 주어이고, 목적어로 쓰일 때는 맨 앞의 명사구가 진정한 목적어여서 '의'가 단순히 '이/가'나 '을/를'로 교체되는 것이 아니라, 관형어 구와 관련되는 문제라고 생각한다.

---

7) 두 개의 '을/를' 중에서 첫 번째 '을/를'을 목적어로 본 까닭은 아래에서 보는 것처럼 두 번째 '을/를'을 주어 위치로 옮긴 피동문이 비문이 되기 때문이다.
　　가. 영희가 철수에게 소매를 잡혔다.
　　나. *소매가 철수에게 영희를 잡혔다.

3) '이/가'가 둘 이상 나타나는 경우

국어에는 조사 '이/가'가 한 문장에 두 번 이상 나타나는 경우가 있는데, '이/가'가 결합된 명사구를 모두 주어로 인정해야 하는지, 아니면 그 중 하나만 주어로 다루고 나머지 하나는 다른 문장성분으로 다루어야 하는지에 대해서는 지금까지 많은 논란이 있어 왔다.

> (31) 가. 토끼가 앞다리가 짧다.
> 나. 영희가 돈이 많다.
> 다. 장미가 가시가 많다.
> 라. 너는 선생님이 무섭니?

국어학계에서는 이와 같은 현상을 이중 주어 구문으로 다루기도 하였고, 한 문장의 주어는 한 개뿐이라고 하면서 주제로 설명하거나 서술절을 안은 문장(포유문)으로 설명하기도 하였다.[8]

이 연구에서는 송창선(2009ㄷ)에서와 같이 이중 주어 구문인 (31)은 (32)에서 만들어진 것으로 본다.

> (32) 가. 토끼의 앞다리가 짧다.
> 나. 영희에게 돈이 많다.
> 다. 장미에 가시가 많다.
> 라. 너에게는 선생님이 무섭니?
> (33) 가. *토끼가 앞다리{에, 에게, 에서} 짧다.
> 나. *영희가 돈{에, 에게, 에서} 많다.
> 다. *장미가 가시{에, 에게, 에서} 많다.
> 라. *너는 선생님{에, 에게, 에서} 무섭니?

그런데 이중 주어 구문에서 서술어에 가장 가까운 자리에 있는 명사구에는 주격 조사 외에 다른 격조사가 결합할 수 없다. 위에서 첫

---

8) 유현경 외(2018)에서는 (31라)와 같은 심리 형용사 구문을 '주어 + 보어 + 서술어' 구문으로 파악하였다.

번째 명사구에는 '이/가'와 '의, 에, 에게' 등이 교체되어 나타날 수 있지만, 두 번째 명사구에는 주격 조사만 결합할 수 있음을 알 수 있다.

따라서 본래부터 주격 조사인 '이/가'의 경우에는 조사 '이/가'를 다른 격조사로 교체할 수 없지만, (32)와 (33)에서처럼 다른 격조사로 교체할 수 있는 '이/가'는 주격 조사가 아니라 강조의 의미를 지니는 보조사로 보아야 한다는 것이다.

요컨대 이중 주어 문장에서 '이/가'가 한 문장 속에 두 번 나타나는 경우에도, '이/가' 대신에 '의, 에, 에게' 등의 격조사로 교체되어 나타나는 경우에는 주격 조사가 아니며, 다른 격조사로 교체할 수 없는 '이/가'만 주격 조사라는 점을 확인할 수 있다.

4) '이/가'가 '(으)로'와 교체되는 경우

현행의 학교 문법에서는 서술어 '아니다', '되다' 앞에 쓰인 두 번째 명사구를 보어로 다루었다. 그 중에서 '아니다'의 경우에는 보격 조사 '이/가'를 다른 격조사로 교체할 수 없다.

> (34) 가. 철수는 교사가 아니다.
> 나. *철수는 교사{로, 로서} 아니다.

그렇지만 '되다'가 서술어로 쓰인 경우에는 조사 '이/가'를 다른 격조사로 교체할 수 있다.

> (35) 가. 물이 얼음이 되었다.
> 나. 물이 얼음으로 되었다.

학교 문법에서는 (35가)의 '얼음이'는 보어로 다루면서 (35나)의 '얼음으로'는 부사어로 다루었다. 필자는 같은 서술어가 쓰인 문장에서 격 교체가 일어날 수 있다는 것은 문제가 있다고 보고, (35)의 '얼음이, 얼음으로'를 모두 부사어로 다루고 이때의 '이/가'는 보조사로 다루는 것이 바람직하다고 본다.

5) '이/가'가 '에서'와 교체되는 경우

국어에는 다음과 같이 조사 '이/가'가 '에서'와 교체되는 경우도 있다.

> (36) 가. 우리 학교{에서, 가} 최우수상을 수상하였다.
> 　　　나. 대법원{에서, 이} 일제 강점기 당시 강제 징용을 당한 한국인 피해자들에게 일본이 배상을 해야 한다는 판결을 내렸습니다.

(36)에서 보듯이 주격 조사 '이/가'가 쓰이는 자리에 나타나는 '에서'를 주격 조사로 보는 견해가 있는가 하면, 이때의 '에서'는 부사격 조사로 보아야 한다는 견해도 있다. 이런 논란은 지금까지도 깔끔하게 정리되지 않은 채 계속되고 있는데, 필자는 격 교체가 일어나는 경우에는 고유한 격 기능으로 볼 수 없다고 주장하였다.

즉 (36)은 (37)에서 주어가 생략된 것에 불과하다는 것이다.

> (37) 가. 우리 학교에서 <u>육상부가</u> 최우수상을 수상하였다.
> 　　　나. 대법원에서 <u>대법원장과 대법관 12명은</u> 일제 강점기 당시 강제 징용을 당한 한국인 피해자들에게 일본이 배상을 해야 한다는 판결을 내렸습니다.

결국 주어가 생략되는 경우에 '에서'가 '이/가'로 교체될 수 있어서 주격 조사로 생각하기 쉽지만, 이때의 '에서'는 부사격 조사일 뿐이며, 주격 조사로 다룰 수 없다는 것을 격 교체 현상을 통해 확인할 수 있었다.

이상에서 우리는 격 교체 현상을 조사 '에'와 '을/를'이 교체되는 경우, '을/를'과 '이/가'가 둘 이상 나타나는 경우, '이/가'가 '(으)로'나

'에서'로 교체되는 경우로 나누어 살펴보았다. 그 결과 주격 소사, 목적격 조사, 보격 조사로 다루어 온 예 중에서 격 교체가 일어나는 경우에는 이들을 주격 조사, 목적격 조사, 보격 조사로 다루기보다는 부사격 조사와 같은 다른 격조사로 다루는 것이 바람직하다는 것을 확인하였다.

요컨대 국어 통사론 논의에서 가장 많은 논란이 되어 왔던 격 기능에 대한 판단을 내리는 데 있어서 격 교체 현상이 중요한 기준이 될 수 있음을 알 수 있었다. 따라서 이 책에서는 격 교체가 일어나는 조사의 경우에는 본래의 격 기능을 지니지 않는 것으로 파악할 것이다.

제2부

형태론

문법론은 단어나 문장이 만들어지는 원리를 탐구하는 분야인데, 문법론의 가장 작은 단위는 형태소이며 가장 큰 단위는 문장이다. 문법론을 세분하여 형태론과 통사론(문장론)으로 구분하기도 한다. **형태론**은 형태소가 모여서 단어가 형성되는 원리를 규명하는 분야이고, **통사론**은 어절이 모여서 문장이 형성되는 원리를 규명하는 분야이다.

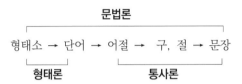

이처럼 형태소와 단어라는 언어 단위를 대상으로 연구하는 분야인 형태론에는 형태소가 결합하여 단어를 만드는 과정인 **단어형성론(조어법)**과, 형태론의 가장 큰 단위인 단어를 유형별로 분류하는 **품사론**의 두 가지 영역이 포함된다.

1. 형태소와 이형태

형태소

형태소는 형태론의 기본 단위로서, 뜻을 가지고 있는 가장 작은 단위를 말한다. 형태소는 형태론 분야에서 중요한 문법 단위인 것은 물론이고, 형태론 이외의 다른 분야에서도 중요한 문법 단위로 인식되어 왔다.

언어 단위를 분석하는 원리로 **계열관계(대치)**와 **통합관계(결합)**를 주로 많이 활용하는데, 형태소의 경우에도 다른 말로 대치할 수 있는지, 그리고 다른 말이 끼어들 수 있는지를 따져볼 필요가 있다.

(1) 해오라기가 나무에 앉았다.

(1)에서 '해오라기가'는 '해오라기'와 '가'의 두 개의 형태소로 나눌 수 있다. '해오라기' 자리에 '꿩, 매, 비둘기' 등이 교체되어 나타날 수 있고, '가' 자리에는 '는'이 교체되어 쓰일 수 있다. 아울러 '해오라기'와 '가'의 사이에는 '만'이 끼어들 수 있다. 이처럼 계열관계와 통합관계를 확인할 수 있으므로 '해오라기가'는 '해오라기'와 '가'로 분석될 수 있다.[1] '나무에'의 경우에도 '나무' 대신에 '꽃, 바위'로 교체될 수 있고 '에' 자리에 '로'가 교체될 수 있으며, '앉았다'도 '앉-, -았-, -다' 자리에 '날-, -겠-, -니' 등이 교체될 수 있어서 '나무 + 에, 앉- + -았- + -다'로 분석될 수 있다.

(2) 옥수수, 단무지

(2)의 '옥수수, 단무지'는 더 이상 분석할 수 없는 것처럼 보인다. '옥수수'는 '옥고량(玉高粱), 옥촉서(玉蜀黍)'라고도 하는데, '고량(高粱), 촉서(蜀黍)'와 마찬가지로 '수수'라는 식물과 관련이 있으므로 '옥수수'는 '옥'과 '수수'로 분석할 수 있다. '단무지'도 우선 '단'과 '무지'로 분석할 수 있고, '단'은 '달- + -(으)ㄴ'으로, '무지'는 '무'와 '지'('김치'의 방언)로 분석할 수 있다.

형태소는 자립할 수 있는지와 실질적인 의미를 지니는지에 따라 나누기도 한다. 먼저 자립할 수 있는지에 따라 나누면, **자립 형태소**와 **의존 형태소**로 나눌 수 있다. 일반적으로 명사, 대명사, 수사, 관형사, 부사는 자립 형태소로 다루고, 나머지는 자립성이 없는 의존 형태소로 다룬다.

---

1) 여기서 왜가릿과의 새를 가리키는 '해오라기'를 '해'와 '오라기'로 나누게 되면 '해오라기'와는 의미상 아무런 관련이 없어진다. 따라서 '해오라기'에서는 뜻을 지닌 더 작은 단위로 나눌 수가 없다.

(3) 가. 자립 형태소: 해오라기, 나무
　　나. 의존 형태소: 가, 에, 앉-, -았-, -다

다음으로 실질적인 의미를 지니는지에 따라 **실질 형태소**(어휘 형태소)와 **형식 형태소**(문법 형태소)로 나눌 수 있다.

(4) 가. 실질 형태소: 해오라기, 나무, 앉-
　　나. 형식 형태소: 가, 에, -았-, -다

앞에서 설명한 자립 형태소 전부와 동사와 형용사의 어간이 실질적인 의미를 지니는 형태소이므로 실질 형태소로 다루고, 나머지는 형식적인(문법적인) 의미를 지니는 형태소로 다룬다.

그런데 단어를 형태소로 분석하는 것이 쉽지 않은 경우도 있다.

(5) 가. 에서
　　나. 오솔길, 아름답다
　　다. 주무시다, 계시다

(5가)의 '에서'를 '에'와 '서'로 분석하려면 '에서'의 의미와 '에'의 의미 차이를 분명하게 알 수 있어야 하며, 그 의미 차이를 '서'의 유무로 설명할 수 있어야 한다. 최근까지도 '에'와 '에서'의 차이를 명확하게 설명하지 못하는 것으로 간주하고 '에서'를 '에'와 '서'로 분석하는 것을 주저하였다. 그 결과 국어 사전에서는 '에서'를 '에'와 '서'가 결합된 것으로 다루지 않고 '에서'를 단일한 형태소로 다루게 되었다. 그렇지만 필자는 '에서'의 '에'가 '로, 에게, 한테'로 교체될 수 있고 '서'가 독립된 의미를 지니는 것으로 보기 때문에 '에'와 '서'로 분석할 수 있다고 본다.

(5나)의 '오솔길, 아름답다'의 '오솔'과 '아름'은 다른 단어에서는 찾아볼 수 없기 때문에, 이들을 분석하지 않고 '오솔길, 아름답다'를 하나의 형태소로 보는 견해도 있다. 이와는 달리 '철길, 물길, 흙길'과

'꽃답다, 어른답다'에서 '길'과 '-답다'가 분명하게 분석되는 점으로 미루어 보아, '오솔'과 '아름'을 분석하자는 견해도 있다.[2] '오솔, 아름'처럼 극히 제한적인 단어에서만 나타나는 형태소를 유일 형태소라고 부르기도 한다.

(5다)의 '주무시다, 계시다'의 경우에는 '-시-'를 분석할 수 없다. '드시다'의 경우에는 '들- + -시- + -다'로 분석될 수 있지만 '주무-, 계-'가 현대국어의 서술어로 존재하지 않기 때문이다.

 톺·아·보·기

'에서'의 형태소 분석 문제

국립국어연구원(1999)를 보면 '에'와 '에서'를 표제어로 제시하였고 그 의미상의 관련에 대해서는 전혀 언급하지 않았다. 그렇지만 송창선(2009)에서는, 현대 국어의 보조사 '서'와 중세 국어의 '셔'(←이시- + -어)를 결부시킴으로써 '에서'의 '서'가 "존재"라는 의미를 지닌다는 점을 밝힌 바 있다.

(1) 가. 그들은 무대 위에서 춤을 췄다.
　　나. 우리는 식당에서 저녁을 먹었다.
　　다. 아이들이 운동장에서 놀고 있다.
(2) 가. 영지는 방에 들어가서 침대에 누웠다.
　　나. 민규는 자기 의자에 앉았다.
　　다. 선생님께서는 책을 책상에 놓았다.

---

2) 필자는 '오솔길'의 '오솔'을 '오소리'로 보고자 한다. 즉 "오소리가 다닐 정도로 좁고 한적한 길"이라는 의미를 지니던 것이 지금의 의미로 사용되는 것으로 보는 것이다. 이처럼 '오소리 + 길'이 '오솔길'로 줄어들었을 가능성이 있다고 보는 까닭은 다음과 같은 비슷한 예가 많이 확인되기 때문이다.
　　싸라기 + 눈 → 싸락눈,　　　뻐꾸기 + 새 → 뻐꾹새,
　　종다리 + 새 → 종달새,　　　꾀꼬리 + 피리 → 꾀꼴피리,
　　시래기 + 국 → 시락국(방언),　부스러기 + 돈 → 부스럭돈(북한어)

(1)에서는 그들이 무대 위에서 춤을 추기 위해서는 무대 위에 '있어야' 하고, 식당에서 저녁을 먹기 위해서는 식당에 '있어야' 하며, 아이들이 운동장에서 놀기 위해서는 운동장에 '있어야' 하기 때문에 '에서'를 쓰는 것이다. 그렇지만 (2)에서는 방에 들어가기 전에는 방에 있지 않았으며 침대에 눕기 전에는 침대에 있지 않았고, 의자에 앉기 전에는 의자에 있지 않았으며, 책을 책상에 놓기 전에는 책이 책상에 있지 않았기 때문에 '에'를 쓰는 것이다. 요컨대 '에'는 어떤 장소에 대상이 존재하지 않을 때 사용하고, '에서'는 대상이 그 자리에 존재하고 있을 때 사용하는 차이를 보인다.

위에서 어떤 대상이 그 자리에 있을 때는 '에서'를 쓰고, 그 자리에 없을 때는 '에'를 쓴다고 하였는데, 이처럼 '에서'의 '서'가 "존재"라는 의미를 지닌다면 '에서'는 '에'와 '서'로 분석하는 것이 마땅하다고 본다. 이에 대해서는 부사격 조사를 논의하는 부분에서 더 상세히 다룰 것이다.

이형태

형태소가 환경에 따라 다른 모습으로 나타나는 것을 **이형태**(변이 형태)라고 한다. 예를 들면, (6)에서처럼 과거시제의 선어말어미는 어간이 양성모음으로 끝나면 '-았-'이 쓰이고, 음성모음으로 끝나면 '-었-'이 쓰이며, 어간이 '하-'일 때는 '-였-'이 쓰이므로, '-았-, -었-, -였-'을 과거시제 선어말어미 형태소의 이형태로 다룬다.

> (6) 가. 놓았다, 살았다
> 　　 나. 넣었다, 접었다
> 　　 다. 하였다

(6가,나)처럼 이형태 '-았-'이나 '-었-'이 교체되는 것이 음운론적 조건으로 설명되는 경우도 있지만, (6다)의 이형태 '-였-'처럼 음운론

적 조건으로는 설명되지 않는 경우도 있다. 양성모음으로 된 '하-'에는 '-았-'이 선택될 법한데, '-았-' 대신에 '-였-'이 실현되었기 때문이다. 전자를 **음운론적 조건의 이형태**라고 하고, 후자를 **형태론적 조건의 이형태**라고 부른다.

명령형 어미의 경우를 예로 들어서 더 자세히 살펴보기로 한다.

최현배(1937=1980), 허웅(1965=1981: 234-242)를 비롯한 대부분의 국어학 연구에서는 명령형 어미 '-아라'와 '-어라'는 어간 끝모음이 양성인지 음성인지에 따라 가려지는 음운론적으로 조건지어진 이형태로 다루고, '-거라, -너라, -여라'는 각각 '가-, 오-, 하-'에 붙는 형태론적으로 조건지어진 이형태로 다루어 왔다.

그런데 서울대학교 국어교육연구소(2002ㄱ)에서는 명령형 어미의 체계를 다음과 같이 제시하였다.

(7)

웃다	젓다	묻다(埋)	묻다(問)	가다	오다
웃어라	저어라	묻어라	물어라	가라	와라
웃거라	젓거라	묻거라	묻거라	가거라	오너라

즉 명령형 어미에는 {-아라, -어라, -여라}와 {-거라, -너라}라는 별개의 명령형 어미가 있다고 하였다[3]. 그러나 '-아라, -어라'는 음운론적 조건의 이형태이고, '-여라'는 동사 '하-'에만 나타나는 형태론적 조건의 이형태이다. 또한 {-거라, -너라}에서는 '-너라'가 동사 '오-'에만 쓰이므로 형태론적 조건의 이형태로 볼 수밖에 없다[4].

---

3) 민현식(1999: 11-12)에서 "{-아라/어라}와 {-거라}는 문체적 차이를 지닌 별개 명령형 어미, 즉 문체론적 이형태로 보아야지 형태론적 이형태로 보면 안 될 것이다."라고 밝혔다.

4) '-아라, -어라, -여라'의 체계와 '-거라, -너라'의 체계를 달리 제시하려면 이들이 형태소가 다른 것인지 아니면 같은 형태소의 이형태 관계에 있는지를 분명하게 밝힐 수 있어야 한다. 구본관 외(2015: 96)에서 '-거라'를 '-아라, -어라'와는 다른 형태소로 처리할 수 있는 가능성을 열어 두었는데, 그럴 경우에 형태소가 다르다는 것이 무슨 차이가 있는지를 이해하기가 쉽지 않다.

　　필자는 최현배(1937)과 마찬가지로 국어의 명령형 어미에는 '-아라, -어라, -여라, -거라, -너라'라는 이형태가 있으며, '-아라, -어라'는 음운론적 조건의 이형태이고,

한편, 허웅(1965=1981: 234-242)에서는 형태소와 형태소가 서로 결합할 때, 또는 특정한 위치에 놓일 때는, 그 꼴이 바뀌는 일이 있다고 하면서, 그 예로 형태소 '값(價)'의 경우에 '값이'에 있어서는 /kaps-/, '값도' 또는 '값없다'에 있어서는 /kap/, '값 나가다'에 있어서는 /kam-/, '담배 값이'에서는 /-k'aps-/, '담배 값과'에서는 /-k'ap/, '담배 값만'에서는 /-k'am/으로 실현된다고 하였다. 곧 '값'이란 형태소는 (8)과 같이 실현된다고 하면서 이들을 '값'의 이형태로 다루었다5).

(8) /kaps-∽kap∽kam-∽-k'aps-∽-k'ap∽-k'am/

또 '먹다'의 어간 '먹-'도 '먹다, 먹으니'에 있어서는 /mək-/, '먹는다'에 있어서는 /məŋ-/, '멕인다'에 있어서는 /mek-/으로 바뀐다고 하면서 '먹-'이라는 형태소도 다음과 같은 세 가지 이형태로 실현된다고 하였다.6)

(9) /mək-, məŋ-, mek-/

필자는 (6)의 경우와 (8), (9)의 경우를 구분하여 다루어야 한다고 본다. (8), (9)에서는 국어의 음운 현상에 의해 생겨난 음성형까지도 이형태로 다루었는데, 형태론의 기본 단위는 형태소이므로 음운 현상과 관련된 문제는 형태소를 논의할 때 배제하는 것이 마땅하다고 본다.

(8), (9)와 같은 형태소가 결합할 때 일어나는 음운 현상은 음운론의 소관 사항임이 분명하므로 이들은 형태소의 논의에서 제외하고 (6)만 형태론에서 논의할 필요가 있다고 본다.

'-여라, -거라, -너라'는 형태론적 조건의 이형태로 보는 것이 합리적이라고 본다.
5) 허웅(1981: 181)에서는 이런 현상이 영어의 복수를 나타내는 어미 '-s'가 그 앞 소리 종류에 따라 /-z, -s, -əz/로 실현되고, 과거를 나타내는 어미 '-ed'는 /-t, -d, -əd/로 실현되는 것과 같은 것으로 보았다.
6) '먹-'에 사동 접미사가 결합하여 '멕이-'가 된다고 설명한 부분은 현대 국어의 표준어 어형이 아니기 때문에, 함께 논의하는 것이 바람직하지 않다고 본다.

톺·아·보·기

국어의 형태소와 이형태의 관계

일반적으로 과거의 선어말어미에는 세 가지 이형태가 있다고 본다.

    (1) /-았-/, /-었-/, /-였-/

즉 어간의 모음이 양성모음인 경우에는 /-았-/이 결합하고, 음성모음인 경우에는 /-었-/이 결합하며 어간이 '하-'일 때는 /-였-/이 결합하기 때문에, 과거시제를 나타내는 선어말어미의 이형태에는 /-았-, -었-, -였-/의 세 가지가 있다고 본 것이다.

그런데 과거시제를 나타내는 선어말어미는 자세히 살펴보면 나타나는 자리에 따라 다양하게 발음된다.

    (2) 가. /-았-/, /-앋-/, /-안-/
       나. /-었-/, /-얻-/, /-언-/
       다. /-였-/, /-열-/, /-연-/

이렇게 되면 /-았-, -앋-, -안-, -었-, -얻-, -언-, -였-, -열-, -연-/은 모두 형태소 {-았-}의 이형태로 보아야 할 것이다.

(3)

(가)	(나)	(다)
{-았-}	/-았-/	/-았-/
		/-앋-/
		/-안-/
	/-었-/	/-었-/
		/-얻-/
		/-언-/
	/-였-/	/-였-/
		/-열-/
		/-연-/

송창선(2011)에서는 (3가), (3나), (3다)에 대해 살펴보았는데, 형태소가 결합할 때 일어나는 음운 현상은 음운론의 소관 사항임이 분명하므로 음운 현상과 관련되는 문제는 형태소의 논의에서 제외하는 것이 바람직하다고 하면서, (3가)와 (3나)는 형태론에서 논의할 필요가 있지만, (3다)는 형태론에서 굳이 논의할 필요가 없는 음운론의 소관 사항이라고 주장하였다. 따라서 (3가)를 형태소로 다루고, (3나)를 이형태로 다루며 (3다)는 이형태들이 환경에 따라 달리 발음되는, 순수히 음성형에 불과하다고 보았던 것이다. 따라서 우리는 송창선(2011)의 견해를 따라서, 형태소가 결합할 때 일어나는 음운 현상은 이형태의 논의에서 제외하는 것이 바람직하다고 본다.

2. 단어와 품사 분류

단어

단어는 형태론의 최대 단위인데, 국어 문법뿐만 아니라 일상 언어 생활에서도 아주 널리 쓰이는 용어이지만 그 정의를 내리기는 무척 어렵다.

일반적으로 '최소의 자립 형식'을 단어라고 하는 점으로 보아도, 자립성이 단어를 규정하는 데 가장 중요한 요건임을 알 수 있다.

  (10) 다람쥐가 숲속에서 도토리를 먹었다.

(10)에서 '다람쥐', '숲속7)', '도토리'는 자립할 수 있지만, '가, 에

---

7) 국립국어연구원(1999)에는 '물속, 마음속, 땅속'은 표제어로 등재되어 있었지만 '숲속'은 등재되지 않았다. 그러다가 최근 인터넷 판에 '숲속'도 표제어로 등재하였는데, 이처럼 '숲속'을 단어로 인정하지 않다가 최근에 단어로 인정한 점을 볼 때, 단어의 자격을 규정하는 것이 얼마나 어려운지 우리는 짐작할 수 있다.

서, 를, 먹-, -었-, -다'는 자립할 수 없어서 문제가 된다.

국어의 조사와 용언의 어간, 어미는 자립성이 없어서 단어의 자격을 주느냐 마느냐에 대한 많은 논란이 있었다.

주시경을 비롯한 초창기 학자들은 조사와 어미에 모두 단어의 자격을 부여하였다.

(11) 다람쥐, 가, 숲속, 에서, 도토리, 를, 먹, 었다 (8개)

정렬모, 이숭녕 등의 역사 문법가들은 조사와 어미를 모두 독립된 단어로 다루지 않았다.

(12) 다람쥐가, 숲속에서, 도토리를, 먹었다 (4개)

한편, 최현배를 비롯한 학자들은 조사에는 단어의 자격을 주고 어미는 단어의 일부로 처리하였는데, 오늘날 학교 문법에서는 이 관점을 채택하고 있다.

(13) 다람쥐, 가, 숲속, 에서, 도토리, 를, 먹었다 (7개)

이처럼 조사만 단어로 인정하고 어미는 단어로 인정하지 않은 까닭은, 조사 앞에 오는 체언은 자립성이 있지만 어미 앞에 오는 용언의 어간은 자립성이 없는 차이를 중시하였기 때문이다. 다시 말해서 용언의 어간과 어미에는 자립성이 없지만, 체언에는 자립성이 있으므로 체언과 결합한 조사에도 자립성이 있다고 간주하여 단어의 자격을 부여한 것이다.

품사 분류

사람들은 자연계의 모든 존재물, 즉 대상들을 분류할 때 일정한 분류 기준을 적용하여 체계적으로 분류한다.

생물을 사람의 편의에 따라 분류할 수도 있는데, 서식지에 따라 육상 생물과 수중 생물로 분류하기도 하고, 식성에 따라 초식 동물, 육식 동물, 잡식 동물로 분류하기도 한다. 생물의 고유한 특징을 기준으로 분류하면 동물은 척추동물과 무척추동물로 분류하고, 척추동물은 '포유류, 조류, 파충류, 양서류, 어류' 등으로 나눌 수 있고, 무척추동물은 '극피동물, 절지동물, 환형동물, 연체동물, 편형동물, 강장동물' 등으로 나눌 수 있다.

국어의 단어는 수십만 개에 이를 정도로 많다. 이 단어를 유형별로 나누지 않고 무질서한 상태로 둔다면, 우리는 단어를 제대로 알고 쓸 수 없을 것이다. 그래서 이들 단어를 문법적 성질에 따라서 몇 가지 부류로 나누는데, 이를 품사라고 한다.

생물을 분류하는 데도 일정한 분류 기준이 있고 그 기준에 따라서 하위분류를 하는 것처럼, 단어를 분류할 때도 몇 가지 기준을 정해 놓고 그 기준에 따라서 하위분류를 한다. 일반적으로 품사 분류를 하는 기준으로 '의미, 기능, 형태'의 세 가지를 든다.

먼저 '의미'는 단어 하나하나의 의미를 가리키는 것이 아님에 유의해야 한다. '사물의 이름을 가리키는 말'이나 '사물의 움직임을 나타내는 말'처럼 부류가 지니는 공통적 의미를 가리킨다.

'기능'은 한 단어가 다른 단어와 맺는 문법적 관계를 말하는데, 문장에서 주어로 쓰이는지 서술어로 쓰이는지, 혹은 다른 단어를 꾸미는지와 같이 한 단어가 문장 속에서 어떤 역할을 하는지가 품사 분류의 중요한 기능이 되어 왔다.

마지막으로 '형태'는 단어의 형태 변화가 있는지 없는지를 말하는데, 주로 용언 어간에 어미가 결합하는 활용과 관련된다.

이 세 가지 기준을 적용하여 국어의 품사 분류를 한 결과는 학자들에 따라서 큰 차이를 보이지만, 필자는 다음과 같이 9가지의 품사로 분류하였다.8)

(14)

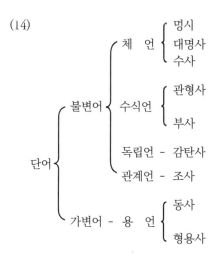

　국어의 단어를 형태에 따라 나누면, 형태 변화가 있는지 없는지에 따라 **가변어**와 **불변어**로 나눌 수 있다. 이를 다시 기능에 따라 나누면, 가변어에는 용언 하나만 포함되고, 불변어는 다시 '체언, 수식언, 독립언, 관계언'으로 나눌 수 있다. **수식언**은 다른 말을 수식하는 단어를 가리키고, **관계언**은 다른 말과의 관계를 나타내는 단어를 말하며, **독립언**은 다른 말과 큰 관련을 맺지 않고 독립적으로 쓰이는 단어를 가리킨다. 그리고 **체언**은 사물의 본체를 가리키는 단어를 말하며, **용언**은 사물의 작용이나 현상을 가리키는 단어를 말한다.9)

　마지막으로 이들을 의미에 따라 나누면, 체언은 '명사, 대명사, 수사'로 나누고, 용언은 '동사, 형용사'로 나눌 수 있다. 수식언을 '관형

---

8) 학교 문법에서는 '이다'를 서술격조사로 다루었기 때문에, 가변어에는 용언 외에 서술격조사도 포함되었다. 그 결과 다른 조사는 불변어인데 서술격조사만 가변어로 다루는 문제가 생겼지만, 필자는 '이다'를 형용사로 다루기 때문에 이런 문제가 생기지 않는다.

9) '체언, 용언'이란 명칭은 동양철학의 체용론(體用論)에서 비롯된 것으로 보인다. 일반적으로 동양철학에서 '체(體)'는 사물의 본체나 본질을 의미하고, '用(용)'은 사물의 작용이나 현상을 의미한다.
　　　　　　가. 물이 흐른다.　　　　　　　나. 아이가 잔다.
　그래서 국어학계에서는 사물의 본체를 가리키는 '물, 아이'를 비롯한 명사와 대명사, 수사를 묶어서 '체언'이라 하고, 사물의 작용이나 현상을 가리키는 '흐르다, 자다'를 비롯한 동사, 형용사를 묶어서 '용언'이라고 하였다.

사, 부사'로 나누는 것을 학자들에 따라서는 의미로 보기도 하지만, 필자는 체언을 수식하는 말인지 용언을 수식하는 말인지로 구분하는 것은 기능과 관련된 것으로 본다.10)

---

10) 한정한(2011: 223)에서도 수식어를 관형어와 부사어로 분류하는 것은 기능적 기준에 따른 것으로 보았다.

제1장 품사론

1. 체언

  앞에서 밝혔듯이 **체언**은 사물의 본체를 가리키는 단어를 말하는데, 명사, 대명사, 수사의 세 가지 품사가 체언에 속한다.

  우리말의 체언은 영어를 비롯한 인구어와는 달리, 성과 수 개념을 문법적으로 나타내는 방식이 존재하지 않는다. '장끼:까투리'처럼 암컷과 수컷을 나타내는 명사가 따로 존재하는 경우가 있어서 성을 표현하는 방식이 있는 것처럼 보이지만, 영어에서 모든 자연물을 '남성(he):여성(she):중성(it)' 중의 하나로 나타내는 것과 같은 문법적인 장치를 국어에서는 찾아볼 수 없다. 수 개념의 경우에도, 영어를 비롯한 인구어에서는 3인칭 단수 대명사가 주어로 쓰일 때는 동사에 '-(e)s'를 쓰는 것과 같이 문법적으로 수를 표현하는 방식이 있다. 국어에도 복수 접미사 '-들'이 존재하기는 하지만, 단수 명사가 주어로 쓰일 때나 복수 명사가 주어로 쓰일 때 서술어의 형태에 아무런 변화가 나타나지 않는 점으로 보아, 수 개념을 문법적으로 나타내는 방식이 존재하지 않는다는 것을 알 수 있다.

1) 명사

명사는 사람이나 사물 등의 이름을 나타내는 단어를 가리킨다. '철수, 하늘'처럼 사람이나 사물의 이름을 나타내거나 '사랑, 행복'처럼 개념의 이름을 나타내는 단어를 명사라고 한다. 이들 명사는 조사가 결합하여 문장의 주어, 목적어, 보어, 관형어, 부사어 등 여러 가지 구실을 할 수 있다.

명사를 보통 명사와 고유 명사, 자립 명사와 의존 명사로 나누기도 한다.

보통 명사와 고유 명사

'사람, 개, 고양이'처럼 같은 성질을 가진 대상에 두루 붙일 수 있는 명사를 **보통 명사**라고 하며, '철수, 서울, 소백산'처럼 같은 성질을 지닌 대상 중에서 어느 하나를 특별히 구별하여 나타내는 명사를 **고유 명사**라고 한다. 고유 명사는 일반적으로 사물의 수에 의하여 결정된다고 하나, 세상에 단 하나밖에 없는 사물이 반드시 고유 명사가 되는 것은 아니다. 예를 들어 '해, 달'은 하나밖에 없는 대상이지만 보통 명사이며,[11] '석보상절'처럼 책 한 질이 여러 권으로 되어 있어도 고유 명사로 보며, '훈민정음'처럼 같은 책이 여러 권 존재해도 고유 명사로 본다.(한국정신문화연구원 1991: 594-595)

자립 명사와 의존 명사

명사는 자립할 수 있느냐 없느냐에 따라 **자립 명사**와 **의존 명사**로 나눌 수 있다. 자립 명사는 꾸며주는 말이 없어도 혼자서 쓰일 수 있지만, 의존 명사는 꾸미는 말이 있어야 쓰일 수 있다.

---

11) 신라 경덕왕 19년에 하늘에 해가 두 개 나타나서 열흘 동안 사라지지 않았는데, 월명이 도솔가를 지어 부르니 그 중의 하나가 없어졌다는 설화가 있다. 이 설화에서 해가 하나 더 있었지만 둘 다 해라고 불렀다.

(15) 가. 저기 가는 <u>학생</u>이 누구냐?   나. <u>학생</u>이 온다.
(16) 가. 저기 가는 <u>이</u>가 누구냐?   나. *<u>이</u>가 온다.

위에서 자립 명사인 '학생'은 홀로 쓰일 수 있지만, 의존 명사 '이'는 홀로 쓰이지 못함을 알 수 있다.

의존 명사는 그 종류가 무척 많을 뿐만 아니라 그 쓰임도 각각 달라서 분류하기가 쉽지 않은데, 선행하는 관형어나 후행하는 서술어의 종류에 따라서 분류하기보다는 의존 명사 뒤에 결합하는 조사에 따라 분류하는 것이 의존 명사의 기능을 더 잘 드러낸다고 할 수 있다. 그래서 의존 명사를 주어성 의존 명사, 부사성 의존 명사, 서술성 의존 명사, 보편성 의존 명사, 단위성 의존 명사로 나눌 수 있다.

(17) 가. 고향을 떠난 <u>지</u>가 삼 년이 되었다.
나. 나는 그를 이해할 <u>수</u>가 없다.
다. 이 집은 더할 <u>나위</u>가 없이 좋다.

의존 명사 '지, 수, 나위'는 주로 주격 조사 '이/가'와 결합하여 쓰이며 다른 격조사는 결합하지 못하는데, 이런 의존 명사를 주어성 의존 명사라고 한다.

(18) 가. 옷을 입은 <u>채</u>로 물에 뛰어들었다.
나. 보고도 못 본 <u>체</u> 딴전을 피웠다.
다. 일을 마치는 <u>대로</u> 바로 떠나자.
라. 내가 늦게 오는 <u>바람</u>에 기차를 놓쳤다.
마. 그가 빨리 돌아올 <u>줄</u>로 알았다.12)

의존 명사 '채, 체, 대로, 바람, 줄'은 부사격 조사와 결합하여 부사어로 쓰이거나, 조사가 결합하지 않고 부사어로 쓰이는 의존 명사이므로, 부사성 의존 명사라고 한다.

---

12) '아이들은 게임을 시작하면 끝낼 <u>줄</u>을 모른다.'의 경우처럼 '줄'이 목적어로 쓰이는 경우도 있다.

(19) 가. 네가 무사히 돌아오니 그저 기쁠 따름이다.
　　 나. 그분은 잠자코 웃기만 할 뿐이었다.
　　 다. 그가 합격한 까닭은 정말 열심히 노력했기 때문이다.
　　 라. 무척 시장할 터인데, 어서 먹어라.

　의존 명사 '따름, 뿐, 때문, 터'는 주로 '이다'와 잘 결합하는 특성을
보여서 서술성 의존 명사라고 하기도 한다.13) 그 중에서 '때문, 터'는
'노력했기 때문에, 시장한 터에'처럼 부사격 조사 '에'가 결합하기도
한다.

(20) 가. 내가 본 것{이, 을, 에, 이다, ….}
　　 나. 내가 만난 분{이, 을, 에, 이다, ….}
　　 다. 우리가 가는 데{가, 를, 에, 이다, ….}
　　 라. 내가 알던 바{가, 를, 에, 이다, ….}

　의존 명사 '것, 분, 데, 바' 등은 선행하는 관형어의 제약도 거의 없
을 뿐만 아니라, 후행하는 조사나 서술어의 종류에도 거의 구애받지
않아서 자립 명사처럼 널리 쓰일 수 있는데, 이런 의존 명사를 보편성
의존 명사라고 한다.
　위에서 살펴본 의존 명사와는 달리, 국어에는 숫자를 헤아리는 단위
를 나타내는 의존 명사가 발달되어 있다.

(21) 가. 집 한 채, 나무 세 그루, 풀 한 포기, 신 두 켤레
　　 나. 개 두 마리, 고등어 한 손

　의존 명사 '채, 그루, 포기, 켤레, 마리, 손'은 특정한 사물을 세는
단위로만 쓰이는데, 이들을 단위성 의존 명사라고 한다. 그런데 '바늘
한 쌈(24개), 오징어 한 축(20마리), 북어 한 쾌(20마리), 굴비 한 두

---

13) '이다'를 서술격 조사로 다룰 때는 이들을 서술성 의존 명사라고 했지만, '이다'를 형
　용사로 다루는 경우에는 이 명칭이 적절하지 않다고 본다. 이때는 '이다' 앞의 명사구
　를 보어로 다루는 점을 감안하여 '보어성 의존 명사'라고 부르는 것이 좋다고 본다.

름(20마리), 김 한 톳(100장)'처럼 요즘은 잘 쓰이지 않아서 젊은 세대들은 이해하지 못하는 단위성 의존 명사도 있다.

2) 대명사

대명사는 사람이나 사물 따위의 이름을 대신하는 말인데, 대명사는 발화 상황에 따라 가리키는 대상이 달라질 수 있다.

> (22) 가. <u>그</u>는 <u>여기</u>서 <u>그것</u>을 잃어버렸다.
> 나. 철수/영수/민수는 <u>자기</u> 집에서 영희를 만났어.

(22가)에서 '그, 여기, 그것'은 발화 상황에 따라 지시 대상이 달라지고, (22나)에서는 '자기'는 주어가 누구인가에 따라 지시 대상이 달라짐을 알 수 있다.

대명사는 지시 대상이 사람인가 사물인가에 따라 **인칭 대명사**와 **지시 대명사**로 나눌 수 있다.

인칭 대명사

인칭 대명사는 사람을 가리키는 대명사인데, 화자 자신을 가리키는 1인칭 대명사, 청자를 가리키는 2인칭 대명사, 화자와 청자가 아닌 제삼자를 가리키는 3인칭 대명사가 있다.

먼저 1인칭 대명사에는 '나, 저, 우리, 저희, 본인' 등이 있다. '나, 저'는 단수형이고 '우리[14], 저희'는 복수형인데, '우리'는 (23가)처럼 청자를 포함하기도 하고 (23나)처럼 청자를 포함하지 않기도 하지만, (24)에서 보듯이 낮춤말인 '저희'에는 청자를 포함시키지 않는 것이 '우리'와는 다른 점이다.

---

14) '너, 저'의 복수형이 '너희, 저희'인 데 비해 '나'의 복수형이 *'나희'가 아니라 '우리'인 점이 특이하다.

(23) 가. 철수야, 우리 같이 여행 가자.

　　　나. 철수야, 우리만 여행 가서 미안하다.

(24) 저희 때문에 부모님께서 고생이 많으셨습니다.

　　한편 한자어인 '본인(本人)'은 "여러분들께서는 본인의 생각을 널리 이해해 주시기 바랍니다."처럼 문어에서 주로 쓰인다.[15]

　　2인칭 대명사에는 '너, 자네, 너희'와 한자어인 '당신(當身)'이 있다. '자네'는 청자가 친구이거나 아랫사람일 때, 주로 하게체를 쓸 때 사용하며, '당신'은 하오체를 쓰는 경우에 주로 사용하는데, 청자를 낮잡아 부를 때도 사용하기도 한다.

　　3인칭 대명사에는 '이이, 그이, 저이', '이분, 그분, 저분'과 '그, 그녀'가 있다. 영어의 3인칭 대명사로 'he, she, it'가 있는 것과는 달리, 국어에는 고유한 형태의 3인칭 대명사 형태가 없었는데, 지시관형사 '이(화자 근칭), 그(청자 근칭), 저(원칭)'와 의존 명사 '이, 분'을 결합한 '이이, 그이, 저이', '이분, 그분, 저분'이라는 형태를 만들어서 3인칭 대명사로 써왔다.

　　3인칭 대명사의 대표적인 형태로 드는 '그'라는 말도 20세기에 만들어진 말인데, 그것의 복수형 '그들'도 널리 쓰인다. '그녀'는 '그'에 대한 상대어로 만들어졌지만 주로 글말에서 쓰이고 있다. '그'와는 달리 '이, 저'는 인칭 대명사로 쓰이지 못하지만, 복수형인 '이들, 저들'이 인칭 대명사로 쓰이는 점은 특이하다.

　　3인칭 대명사에는 **미지칭(未知稱)**, **부정칭(不定稱)**, **재귀칭(再歸稱)**의 구분이 있다.

(25) 문: 누가 왔니?＼　　답: 영수가 왔어요.

(26) 문: 누가 왔니?／　　답: 예, 누가 왔나 봐요.

　　　　　　　　　　　　　아니요, 아무도 안 왔어요.

---

15) '학생 본인의 의사에 따라'의 경우와 같이 '본인'이 명사로 쓰일 때도 있다.

(25)의 '누구'는 가리키는 대상이 누구인지 몰라서 묻는 미지칭 대명사인 데 비해, (26)의 '누구, 아무'는 가리키는 대상이 특정한 사람이 아니라 아무라도 상관이 없을 때 쓰는 부정칭 대명사이다. 이들은 억양에 있어서 차이를 보이는데, 미지칭 대명사가 쓰인 경우에는 문장의 끝이 내려가고 부정칭 대명사가 쓰인 경우에는 문장의 끝이 올라간다.

재귀칭 대명사는 3인칭 대명사가 되풀이되는 것을 피하기 위해서 쓰이는데, 영어에서는 'myself, yourself, himself, herself' 등과 같이 인칭에 제한 없이 재귀 대명사가 쓰이는 것이 국어와는 다른 점이다.

국어에서는 주어가 3인칭 대명사일 때만 재귀 대명사 '자기, 저, 저희'를 쓰는데, 주어가 높임의 대상인 경우에는 재귀 대명사 '당신'을 쓴다.16)

> (27) 가. 나는 뭐든지 내 고집대로 했다.
> 나. 너는 뭐든지 네 고집대로 했다.
> 다. 그/철수는 뭐든지 자기/저/*그/*철수 고집대로 했다.
> 라. 그들은 뭐든지 자기들/저희들/*그들 고집대로 했다.
> 마. 할아버지께서는 뭐든지 당신 고집대로 하셨다.

(27가,나)에서 보듯이 주어가 1인칭과 2인칭일 때는 대명사가 반복될 수 있지만, (27다-마)처럼 주어가 3인칭일 때는 대명사가 반복되지 않고 재귀 대명사를 쓴다.

지시 대명사

지시 대명사는 사물이나 장소를 가리키는 대명사인데, 사물을 가리키는 대명사로는 '이것, 그것, 저것'이 있고, 장소를 가리키는 대명사로는 '여기, 거기, 저기', '이쪽, 그쪽, 저쪽' '이곳, 그곳, 저곳' 등이 있다. 이들은 지시 관형사 '이, 그, 저'가 결합하여 만들어진 대명사이

---

16) '자기'는 '자기 본위, 자기 위주'처럼 명사로 쓰이기도 한다. 그렇지만 '자신'은 '자신을 돌이켜 본다'나 '나 자신의 소망'처럼 항상 명사로 쓰인다.

기 때문에, 각각 화자 근칭, 청자 근칭, 원칭을 가리킨다.

지시 대명사에도 미지칭과 부정칭이 있는데, 대명사 '무엇, 어디'는 미지칭과 부정칭으로 모두 쓰일 수 있는데, '아무것, 아무데'는 부정칭 대명사로만 쓰인다.

> (28) 가. <u>무엇</u>이 목에 걸렸니?↘ (미지칭)
> 나. <u>무엇</u>이 목에 걸렸니?↗ (부정칭)
> 다. <u>아무것</u>도 안 걸렸어요. (부정칭)

3) 수사

수사는 사람이나 사물 등의 수량이나 순서를 나타내는 말이다. 영어에서는 명사와 대명사만 품사로 구분하고 수사를 따로 설정하지 않는데, 그 까닭은 수사가 일반적인 명사와 마찬가지로 쓰이는 자리에 따라서 형태가 달라지지 않기 때문이다.

> (29) 가. I am <u>ten</u>.　　나. in <u>ten</u> years
> 다. number <u>ten</u>　　라. from one to <u>ten</u>

그렇지만 국어의 경우에는 쓰이는 자리에 따라 형태가 달라지기 때문에, 수사라는 별개의 품사를 설정하게 된 것으로 보인다.

> (30) 가. 군인 <u>셋</u>이 나란히 걸어갑니다.
> 나. 군인 <u>세</u> 명

또한 국어의 수사는 대상을 가리킨다는 점에서 대명사와 비슷한 점이 있는데, 대명사는 발화 상황에 따라 가리키는 대상이 달라질 수 있지만, 수사는 상황에 따라 달라지지 않는 점에서 대명사와는 다르다. 또한, 명사나 대명사와는 달리 복수 접미사 '-들'이 수사에는 결합할 수 없으며, 관형어의 수식을 받는 데 있어서도 제약이 심하다. 이런 점을 고려하여 국어 문법에서는 수사를 독립된 품시로 설정하였던 것이다.

수사는 수량을 나타내는 양수사(量數詞)와 순서를 나타내는 서수사(序數詞)로 나눌 수 있다.

양수사

사물의 수량을 나타내는 **양수사**는 고유어 계열과 한자어 계열의 두 가지가 있다.

> (31) 가. 고유어 계열
> 　　　하나, 둘, 셋, 넷, 다섯, 여섯, 일곱, 여덟, 아홉, 열, 스물,
> 　　　서른, 마흔, 쉰, 예순, 일흔, 여든, 아흔.
> 　　나. 한자어 계열
> 　　　일, 이, 삼, 사, 오, 육, 칠, 팔, 구, 십, 백, 천, 만, 억, 조,
> 　　　경, 해, ….

고유어 계열의 수사는 '하나'에서 '아흔아홉'까지만 쓰이며, 한자어 계열의 수사는 '일'에서 '백'까지는 물론, 그 이상을 가리키는 수사도 있다. 위에 제시한 수사는 정해진 수량을 나타내는 정수(定數)인데, '한둘, 두셋, 서넛, 네댓(너더댓), 대여섯, 여남은' 등처럼 정해지지 않은 수를 나타내는 부정수(不定數)도 있다.

그밖에 양수사가 사람의 숫자만 나타내는 경우도 있다.

> (32) 가. 혼자17), 둘이, 셋이, 넷이, …
> 　　나. 몇이, 여럿이

---

17) 고영근(1968)에서는 '하나이' 대신에 보충법에 의해 '혼자'가 쓰였다고 보아서 인수로 다루었는데, 유현경 외(2018)에서는 '혼자'를 인수로 다루지 않았다. 필자는 사람을 가리키는 수사에 '한 사람'을 가리키는 말이 없다는 것도 문제이고, '둘이서, 셋이서'와 마찬가지로 '혼자서'가 쓰이는 점을 중시하여 '혼자'도 인수로 보고자 한다.
　황화상(2009)에서는 '-이'가 '여동(더불어 함께 함)'의 뜻을 더하는 접미사여서 '하나'와 결합할 수 없다고 하였으나, 경상 방언에서 '하나이가, 열하나이서, 열하나이가'가 확인되는 점으로 보아, '하나이'가 성립할 수 없는 것은 아니라고 본다.

(32)는 사람의 숫자를 나타내므로 '**인수(人數)**'라고 하고, (31)의 수사는 사물의 숫자를 가리킨다고 하여 '**물수(物數)**'라고 하기도 한다.

서수사

순서를 나타내는 **서수사**도 고유어 계열과 한자어 계열의 두 가지가 있다.

> (33) 가. 고유어 계열
> 　　　 첫째, 둘째, 셋째, 넷째, 다섯째, … 열째, 열한째, 열두째, 스무째, ….
> 　　 나. 한자어 계열
> 　　　 제일, 제이, 제삼, 제사, 제오, ….

위에서 '둘째, 셋째, 넷째' 등으로 미루어 볼 때 '하나째(한째)'가 될 법하지만, '하나째(한째)' 대신에 '첫째'가 쓰이고 있다.[18] 그리고 고유어 계열의 서수사에는 '한두째, 두어째, 두세째, 여남은째' 등의 부정수가 있다.

2. 관계언

관계언은 일반적으로 체언 뒤에 붙어서 그 말과 다른 말과의 관계를 나타내는 말인데, **조사**가 이에 해당한다

> (34) 가. 영수가 그녀를 기다린다.
> 　　 나. 하나에 둘을 더하면 셋이 된다.

---

18) 「표준국어대사전」에서는 '첫째, 둘째, 셋째' 등이 수사로도 쓰이고 명사로도 쓰일 수 있다고 하였다. '첫째, 둘째, 셋째' 등을 명사로 다룬다면, 모든 수사를 명사로 다룰 수도 있기 때문에 국어에서 굳이 수사를 별개의 품사로 설정할 필요가 없는 결과를 낳게 된다.

(34)에서 조사는 체언(명사, 대명사, 수사) 뒤에 결합하여 다른 말과의 관계를 표시해 주고 있다. 그런데 조사는 체언이 아닌 말에 결합하기도 한다.

> (35) 가. 그의 성격이 변한 것은 <u>대학 입시에 실패해서</u>가 아니다.
> 나. <u>죽느냐 사느냐</u>가 중요한 것이 아니다.

(35)에서는 '대학 입시에 실패해서'와 '죽느냐 사느냐' 뒤에 조사가 결합하였다. 그런데 이들은 각각 '그런 이유'와 '목숨'이라는 명사구나 명사로 대치할 수 있다. 이런 점에서 이들은 명사 상당 어구라고 할 수 있는데, 명사와 마찬가지 기능을 하는 것으로 볼 수 있다.

그런데 조사의 한 종류인 보조사는 명사나 명사 상당 어구뿐만 아니라 부사나 연결어미 뒤에도 결합할 수 있다.

> (36) 가. 그가 숙제를 빨리<u>도</u> 한다.
> 나. 그가 공부를 열심히 하지<u>는</u> 않는다.

국어의 조사는 격조사, 보조사, 접속 조사의 세 가지로 구분할 수 있다. 다른 말과 관계를 나타내는 조사를 **격조사**라고 하고, 의미를 더해 주는 구실을 하는 조사를 **보조사**라고 하며, 체언을 이어주는 구실을 하는 조사를 **접속 조사**라고 한다.

1) 격조사

격조사는 문장 안에서 조사가 붙은 말과 다른 말 사이의 문법적 관계를 나타내는 조사를 말하는데, 격조사의 '격'은 '명사구가 서술어와 맺는 통사적, 의미적 관계'를 말한다. 격조사에는 주격 조사, 목적격 조사, 보격 조사, 관형격 조사, 부사격 조사, 호격 조사의 여섯 가지가 있다.[19]

주격 조사

주격 조사는 명사구에 붙어서 주어의 자격임을 나타내 주는 조사이다. 주격 조사에는 '이/가'가 있는데, '이'는 자음으로 끝난 체언에 결합하고, '가'는 모음으로 끝난 체언에 결합하는 음운론적 조건의 이형태이다.

> (37) 가. 사슴이 귀엽다.
> 　　나. 창수가 정원이만 사랑한다.

그리고 주어가 높임의 대상인 경우에는 주격 조사 '께서'를 쓴다.

> (38) 할아버지께서 우리집에 놀러 오셨다.

그런데 '이/가' 형태가 쓰였다고 해서 항상 주격 조사인 것은 아니다.

> (39) 가. 나는 학교가 무척 가고 싶다.
> 　　나. 이 꽃은 그다지 예쁘지가 않다.

(39가)에서는 '이/가'가 부사어 자리에서 쓰였고 (39나)에서는 보조적 연결어미 뒤에 쓰였다. 이들은 주어를 나타내는 주격 조사가 아님이 분명한데, 우리는 이들을 "강조"의 의미를 지닌 보조사로 본다.

한편 학교 문법에서는 '에서', '서'를 주격 조사로 다루었다.

> (40) 가. 정부에서 종합부동산세 인상 및 과세대상 확대가 그 중심 내용인 부동산 대책을 발표했다.
> 　　나. 초등학생 셋이서 힘을 합쳐서 역경을 이겨냈다.

(40가)와 같이 단체 명사 뒤에 결합한 '에서'를 주격 조사로 보고,

---

19) 지금까지 학교 문법에서는 격조사의 한 종류로 서술격 조사 '이다'를 설정하였지만, '격'이 '명사구가 서술어와 맺는 통사적, 의미적 관계'임을 고려할 때 서술어가 서술어 내부에 격을 부여한다는 점에서 서술격 조사를 설정하는 것은 많은 비판을 받아 왔다. 이 책에서는 송창선(2007ㄴ)과 마찬가지로 '이다'를 형용사로 다루었다.

(40나)와 같이 사람을 나타내는 인수사 뒤에서 쓰인 '서'를 주격 조사로 보기도 하였다.

그렇지만 (41)과 같이 주어가 명확한 경우에는 '에서'를 부사격 조사로 보고, '서'를 격조사가 아니라고 하는 것도 문제이다.

> (41) 가. 정부에서 경제부총리가 종합부동산세 인상 및 과세대상 확대
> 가 그 중심 내용인 부동산 대책을 발표했다.
> 나. 초등학생의 셋이서 힘을 합쳐서 역경을 이겨냈다.

(41가)에서 주어를 굳이 밝힐 필요가 없다고 판단하여 '경제부총리가'가 생략된 것이 (40가)인데, (41가)의 '정부에서'를 부사어로 보고, (40가)의 '정부에서'를 주어라고 하는 것은 설득력이 약하다. 또한 (41나)의 '서'가 주격 조사가 아니라고 할 때 '서'를 어떤 조사로 다룰 것인지 의문이 생긴다. 이 책에서는 송창선(2009ㄹ)과 마찬가지로 (40), (41)의 '에서'는 모두 부사격 조사로 보고, '서'는 보조사로 본다.

주격 조사는 주어임이 분명할 때는 일상 대화에서 생략되는 경우가 많다.

> (42) 가. 나ø 지금 집에 안 갈 거야.
> 나. 철수ø 밥 안 먹었어요.

그런데 주격 조사를 항상 생략할 수 있는 것은 아니다. 두 자리 혹은 세 자리 서술어가 쓰인 문장에서 주어 이외의 다른 성분이 생략되는 경우에는 주격 조사를 생략하면 다른 성분으로 오해할 수 있기 때문에 이때는 주격 조사를 생략할 수 없다.

> (43) 가. 형의 선물을 주었어요.
> 나. 동생의 만났습니다.

(43가)에서는 주격 조사를 생략하면 '형ø'이 주어인지 관형어인지

부사어인지 알 수 없으며, (43나)에서도 주격 조사를 생략하면 '동생 ø'이 주어인지 부사어인지 알 수 없게 되기 때문에, 주격 조사를 생략하지 못한다.

다음으로 안긴 문장 속의 주어에 결합한 주격 조사도 생략이 쉽지 않다.

> (44) 가. 이곳은 아빠ø 다니던 학교이다.
> 나. 이것은 형의 생일 선물로 사 준 책이다.

(44가)처럼 안긴 문장의 주어임이 분명한 경우에는 주격 조사를 생략할 수 있지만, (44나)처럼 주격 조사를 생략하면 주어인지 관형어인지 헷갈릴 수 있어서 이런 경우에는 주격 조사를 생략할 수 없다.

톺·아·보·기

'에서'는 주격 조사가 아니다.

최현배(1937=1980), 남기심·고영근(1985=1987: 96), 서정수(1996: 208), 국립국어원(2005: 404), 고영근·구본관(2008: 150) 등에서는 (1)의 '에서'를 단체에 붙는 특수한 형태의 주격 조사로 보았는데, 현행의 학교 문법에서도 '에서'를 주격 조사의 일종으로 다루고 있다.

> (1) 가. 우리 학교에서 이번 대회에 우승했다.
> 나. 우리 정부에서 위안부 사태에 대해 적극적으로 대응했다.

한편, 박양규(1972), 이광호(1984), 서정목(1984), 황화상(2006), 송창선(2009ㄹ)에서는 이들 '에서'를 주격 조사로 다루지 않았다.
서정목(1984)에서는 재귀 대명사 '자기'가 선행하는 유정적 주어 명사구와 연관되어 의미 해석된다고 하면서, '자기'는 비유정적 명사 '정부, 학교'로 해석될 수 없음을 밝힌 바 있다.

> (2) 가. 정부에서는 <u>자기</u>들이 결정한 일을 양보하지 않을 겁니다.
> 나. 학교에서는 <u>자기</u>들이 잘했다고 야단이더군.

송창선(2009ㄹ)과 마찬가지로 이 책에서도 단체 명사 뒤에 쓰이는 '에서'를 주격 조사로 다루지 않는다. 왜냐하면 '처소'를 나타내는 부사격 조사 '에서'의 쓰임으로도 충분히 설명할 수 있기 때문이다. 부사격 조사 '에서' 하나만으로도 충분히 설명할 수 있는 데도, 굳이 '에서'가 주격 조사와 부사격 조사로 함께 쓰일 수 있다고 주장하는 것은 문법의 간결성을 떨어뜨리기 때문에 합리적이지 않다고 본다.

목적격 조사

목적격 조사는 명사구에 붙어서 목적어의 자격임을 나타내 주는 조사이다. 목적격 조사에는 '을/를'이 있는데, '을'은 자음으로 끝난 체언에 결합하고, '를'은 모음으로 끝난 체언에 결합하는 음운론적 조건의 이형태이다.[20]

> (45) 가. 철수가 강아지에게 밥을 주었다.
> 나. 영수는 영희를 사랑한다.

그런데 '을/를' 형태가 쓰였다고 해서 항상 목적격 조사인 것은 아니다.

> (46) 가. 민수가 집에 가지를 않는다.
> 나. 영미가 공부를 그다지 열심히 하지를 않는다.

---

20) 모음으로 끝난 경우에도 '날, 널, 그녈, 그댈'과 같이 'ㄹ'이 결합하는 경우가 있다.

(46)에서는 '을/를'이 보조적 연결어미 뒤에 쓰였다. 이들은 보조 용언 구성에서 쓰였기 때문에 목적격 조사가 아님이 분명한데, 우리는 이들을 "강조"의 의미를 지닌 보조사로 본다.

목적격 조사는 목적어임이 분명할 때는 생략되는 경우가 많다.

　　(47) 가. 아직도 담배ø 피우세요?
　　　　 나. 철수는 밥ø 안 먹었어요.

위에서 보듯이 '담배를, 밥을'이라고 목적격 조사를 붙여서 쓰기도 하지만, 일상 대화에서는 목적격 조사를 생략하는 경우가 더 많다.

보격 조사

지금까지 학교 문법에서는 '되다, 아니다' 바로 앞에 오는 '이/가'를 **보격 조사**로 보았다.[21]

　　(48) 가. 그는 교사<u>가</u> 아니다.
　　　　 나. 얼음이 물<u>이</u> 되었다.

학교 문법에서는 (49가)에서 '이/가'는 보격 조사로 다루면서 (49나)의 '(으)로'는 보격 조사로 다루지 않았다.

　　(49) 가. 얼음이 물<u>이</u> 되었다.
　　　　 나. 얼음이 물<u>로</u> 되었다.

(49가)와 (49나)는 문장 구조가 다른 문장이라고 하기 어렵다. 그런데 (49가)는 '주어 + 보어 + 서술어'로 된 문장으로 보고 '이/가'를 보

---

21) 유현경 외(2018)에서는 '되다, 아니다' 앞에 쓰인 '이/가'뿐만 아니라 다음의 경우까지도 보어로 다루면서 이때의 '이/가'도 보격 조사로 다루었다.
　　가. 나는 그 사람<u>이</u> 좋다.
　　나. 나는 어깨<u>가</u> 결린다.
　　다. 그 사람이 교사<u>가</u> 맞다.

격 조사로 다루면서, (49나)는 '주어 + 부사어 + 서술어'로 된 문장으로 보고, '(으)로'를 부사격 조사로 다루었다.

송창선(2008ㄴ)에서는 같은 문장 구조임에도 불구하고 '되다' 앞에 격조사 '이/가'가 쓰이면 보격으로 다루고 '(으)로'가 쓰이면 부사격으로 다루어 온 관점을 비판하고, '격'의 개념에 어긋나지 않게 설명하려면 '되다' 앞에 오는 명사구는 조사의 형태에 관계없이 모두 부사어로 다루어야 한다고 주장하였다.

이 책에서는 송창선(2008ㄴ)과 마찬가지로 '되다'에 선행하는 '이/가'가 결합한 명사구를 부사어로 본다. 이처럼 '아니다'와 '되다'를 달리 보고자 하는 까닭은, 먼저 '아니다'는 형용사인 데 반해 '되다'는 동사라는 점에서 이 둘을 함께 다루어야 할 이유가 없다고 보기 때문이다. 그뿐만 아니라, '아니다'와 '되다'는 그 의미를 비교해 보아도 전혀 관련성이 없기 때문이다.22) '되다'에 선행하는 '이/가'가 결합한 명사구를 부사어로 보는 데 대해서는 문장 성분을 논의할 때 더 자세히 살펴보기로 한다.

이 책에서는 학교 문법의 관점과는 달리, '이다, 아니다' 앞에 오는 두 번째 명사구를 보어로 보는데, (50가)처럼 '이다' 앞에는 보격 조사가 나타나지 않기 때문에 '아니다' 바로 앞에 쓰인 (50나)의 '이/가'만을 보격 조사로 본다.

　　(50) 가. 철수는 학생이다.
　　　　　나. 철수는 학생이 아니다.

---

22) 유현경 외(2018: 421, 436)에서는 보어의 특성으로 "① 조사 '이/가'가 붙는다. ② 서술어가 요구하는 필수 성분이다. ③ 의미적인 기능은 서술의 대상이다. ④ 관계 관형절의 표제 명사가 될 수 없다. ⑤ 보격 조사 '이/가'는 생략이 가능하다."를 제시하였으며, 보어의 의미역(theta-role)은 '대상'(Theme)이라고 하였다. 그렇지만 '아니다'와 '되다'의 의미역이 같다고 보기 어려울 뿐만 아니라, "얼음이 물이 되었다."와 "얼음이 물로 되었다."의 의미역이 왜 '대상'과 '도달점'(Goal)의 차이를 보이는지를 합리적으로 설명할 수가 없다고 본다.

보격 조사 '이/가'도 주격 조사나 목적격 조사와 마찬가지로 생략이
가능하다.

    (51) 가. 철수는 더 이상 학생ø 아니다.
        나. 그는 내 친동생ø 아니다.

관형격 조사

관형격 조사는 명사구가 뒤에 오는 명사구를 꾸밀 때 결합하는 조
사로서, 관형격 조사에는 '의'가 있다. 관형격 조사가 대명사와 결합할
때는 '나의→내, 저의→제, 너의→네'처럼 줄어들기도 한다.

    (52) 가. 학생의 신분
        나. 나의 이름, 내 이름

관형격 조사도 많은 경우에 생략이 되지만, 항상 생략할 수 있는 것
은 아니다.

    (53) 가. 서울의 풍경 → 서울 풍경 (○)
        나. 내 마음의 고향 → 내 마음 고향(×)
        다. 서울의 눈 오는 풍경 → 서울 눈 오는 풍경(×)

(53가)처럼 관형격 조사는 일반적으로 생략이 가능하지만, (53나)처
럼 비유적인 표현에서나 (53다)처럼 관형어와 꾸미는 말 사이에 다른
말이 끼어든 경우에는 관형격 조사를 생략하지 못한다.

부사격 조사

명사구에 결합하여 부사어의 자격임을 나타내 주는 조사를 **부사격
조사**라고 한다. 주격, 관형격, 목적격 조사는 격이 통사 구조에 의해
부여되는 **구조격(문법격) 조사**이지만, 부사격 조사는 그 자체가 고유
한 의미 기능을 지니는 **의미격(어휘격) 조사**라는 차이를 보인다. 부사

격 조사는 다양한 의미를 나타내는 만큼, 그 종류도 무척 다양하다.

지금부터는 부사격 조사 중에서 장소를 나타내는 '에, 에서', '에게, 한테, 에게서, 한테서', 공동을 나타내는 '와/과', 신분이나 자격을 나타내는 '(으)로, (으)로서', 도구를 나타내는 '(으)로, (으)로써'에 대해서 살펴보기로 한다.

① 장소를 나타내는 '에', '에서'

장소를 나타내는 부사격 조사에는 '에'와 '에서'가 있는데, 최근까지도 국어학계에서는 '에'와 '에서'의 관련성을 인식하지 못하고 있었다. 그 결과 국립국어연구원(1999)에서도 '에서'를 '에'와 '서'로 분석하지 않고 하나의 형태소로 다루었으며, '에'와 '에서'가 서로 관련이 있는 어휘라는 것을 보여주는 어떤 정보도 제공하지 않았다.

송창선(2009ㄹ)에서는 '에'와 '에서'가 밀접한 관련성이 있음을 보였는데, 어떤 대상이 그 자리에 있을 때는 '에서'를 쓰고, 그 자리에 없을 때는 '에'를 쓰는 것으로 설명하였으며, 이때 '서'는 중세 국어의 '셔(있어)'에서 발달한 보조사로서 "존재"의 의미를 나타내는 것으로 보았다.

아래에서 보듯이 '에'와 '에서'는 엄격하게 구분되어 쓰인다.

> (54) 가. 나는 침대에 누웠다.
> 　　　나. 나는 의자에 앉았다.
> (55) 가. 나는 침대에서 일어났다.
> 　　　나. 나는 의자에서 일어섰다.

(54)에서 내가 침대에 눕고 의자에 앉기 전에는 내가 침대나 의자에 없었기 때문에 '에'를 쓴다. 그렇지만 (55)에서는 내가 일어나기 전에 침대나 의자에 있기 때문에 "존재"의 의미를 지니는 '서'가 결합된 '에서'를 쓰는 것이다.

(56) 가. 나는 주머니에 돈을 넣었다.
　　　나. 나는 편지 봉투에 우표를 붙였다.
(57) 가. 나는 주머니에서 돈을 꺼냈다.
　　　나. 나는 편지 봉투에서 우표를 떼어 냈다.

　그리고 (56)에서 내가 돈을 넣고 우표를 붙이는 행동을 하기 전에는 돈, 우표가 주머니나 편지 봉투에 없었기 때문에 '에'를 쓴다. 그렇지만 (57)에서는 돈을 꺼내고 우표를 떼어 내는 행동을 하기 전에, 돈이 주머니 속에 있고 우표가 편지 봉투에 붙어 있기 때문에 '에서'를 쓰는 것이다.

　② 장소를 나타내는 '에게, 한테'와 '에게서, 한테서'
　'에게, 한테'와 '에게서, 한테서'도 앞에서 살펴본 '에'와 '에서'처럼 "존재"를 나타내는 '서'의 있고 없음에 따라 차이를 보인다. '에'와 '에서'는 무정 명사에 결합하지만, '에게, 한테'와 '에게서, 한테서'는 유정 명사에 결합하는 점이 다르다.

(58) 가. 이 책은 내가 아내에게/한테 준 선물이다.
　　　나. 이 책은 아내에게서/한테서 받은 선물이다.

　(58가)에서는 아직 아내가 책을 가지고 있지 않기 때문에 '에게, 한테'를 쓰는데, (58나)에서는 아내가 책을 가지고 있다가 선물한 것이므로 '에게서, 한테서'를 쓴다.

　③ 공동(동반)을 나타내는 '와/과'
　어떤 행동을 함께 함을 나타내는 부사격 조사에는 '와/과'가 있는데, '만나다, 싸우다'와 같이 부사어가 꼭 필요한 서술어가 쓰인 문장에서 쓰인다.

(59) 가. 견우가 직녀와 오작교에서 만났다.
　　　나. 철수는 그 사람과 크게 싸웠다.

④ 신분이나 자격을 나타내는 '(으)로', '(으)로서'

지위나 신분, 자격을 나타내는 부사격 조사에는 '(으)로', '(으)로서'가 있는데, '(으)로, (으)로서'도 앞에서 살펴본 '에, 에서'와 마찬가지로 '서'의 유무에 의한 차이를 보인다.

> (60) 가. 나는 이번 선거에 반장으로 출마했다.
> 　　　 나. 철수는 영희를 아내로 맞을 것이다.
> (61) 가. 나는 반장으로서 품위를 유지하기 위해 노력하겠다.
> 　　　 나. 영희는 철수의 아내로서 최선을 다했다.

(60)에서는 나는 아직 반장이 아니고 영희는 아내가 아니어서 '(으)로'를 썼지만, (61)에서는 나는 반장이고 영희도 철수의 아내이기 때문에 '(으)로서'를 썼다. 그런데 (60)의 '로'를 '로서'로 바꿔서 쓸 수는 없지만, (61)의 '로서'는 '로'로 바꿔 쓰는 경우가 많다.

⑤ 도구를 나타내는 '(으)로', '(으)로써'

어떤 일의 도구나 수단을 나타내는 부사격 조사에는 '(으)로', '(으)로써'[23]가 있는데, '(으)로써'는 실제 언어생활에서는 그리 자주 쓰지 않고 '(으)로'를 주로 사용한다.

> (62) 가. 칼로 과일을 깎는다.
> 　　　 나. 나무로 집을 짓는다.
> (63) 가. 쌀로써 떡을 빚는다.
> 　　　 나. 말로써 천 냥 빚을 갚는다.

다만 '~함으로써'와 같이 쓰일 때는 부사격 조사 '(으)로써'를 쓴다.

> (64) 가. 그는 부단히 노력함으로써 성공할 수 있었다.
> 　　　 나. 그가 자신을 희생함으로써 남은 가족들을 살릴 수 있었다.

---

23) '(으)로써'의 '써'는 중세 국어의 '뻐(쓰- + -어)'에서 발달한 형태로서, 어떤 대상을 도구로 사용한다는 의미를 지닌다.

호격 조사

사람 이름이나 대명사에 결합하여 누구를 부를 때 쓰는 조사를 **호격 조사**라고 하는데, 자음 뒤에는 '아'를 쓰고 모음 뒤에는 '야'를 쓴다.

> (65) 가. 철수야, 학교 가자.
> 나. 영숙아, 어서 와.

그리고 (66가)처럼 대상을 높여 부를 때는 '(이)여, (이)시여'를 쓰는데, (66나,다)처럼 노랫말이나 시적 표현에서 쓰이기도 한다.

> (66) 가. 신이시여, 저희 가족을 보살펴 주소서.
> 나. 그대여, 아무 걱정 하지 말아요.
> 다. 슬픔이여, 안녕.

 톺·아·보·기

직접 인용의 부사격 조사 '라고' 설정 문제

지금까지 학교 문법에서는 직접 인용을 나타내는 부사격 조사 '라고'와 간접 인용을 나타내는 부사격 조사 '고'를 설정해 왔다.

> (1) 가. 철수는 "영희가 학교에 갔다."라고 했다.
> 나. 철수는 영희가 학교에 갔다고 했다.

최현배(1937)에서 '이라고'를 인용을 나타내는 부사격 조사로 다루어 온 이래로 많은 국어학자들이 이를 따랐으며, 한글학회(1992), 국립국어연구원(1999), 고려대학교 민족문화연구원 국어사전편찬실(2009) 등의 국어 사전에서도 '이라고'를 인용을 나타내는 격조사로 다루었다. 이에 대해 송창선(2016ㄱ)에서는 직접 인용에 나타나는 '이라고'는 '이-('이다'의 어간) + -라(〈-다, 종결

어미) + 하-(어간) + -고(연결어미)'에서 '하'가 탈락한 것이므로, '이라고'를 조사로 다루지 말아야 한다고 하였다.

또한 기존 연구에서는 간접 인용문에 나타나는 '-(이)라고, -다고, -(으)냐고, -(으)라고, -자고, -(으)마고' 전체를 어미로 다루기도 하였고, 이들 중에서 '고'만 조사로 다루기도 하였다. 그렇지만 송창선(2016ㄱ)에서는 '이시라고, 이더라고, 이었다고, 이겠다고'에서 보듯이 선어말어미 '-시-, -더-, -었-, -겠-'이 '이라고' 속에 끼어들 수 있는 점으로 볼 때, '이라고'를 하나의 문법 단위로 볼 수 없다고 하였으며, '-(이)라고, -다고, -(으)냐고, -(으)라고, -자고, -(으)마고'의 '-고'는 종결어미 뒤에 결합하는 것으로 보아 조사가 아니라 어미라고 주장하였다.

한편, 유현경(2018: 457-464)에서는 간접 인용을 나타내는 '고'를 따로 분석하지 않고 '-다고, -자고, -라고, -냐고' 전체를 어미로 다룸으로써, 인용을 나타내는 부사격 조사는 직접 인용의 '라고'만 설정하였다.

2) 보조사

격조사는 명사구에 붙어서 그 명사구가 서술어와 어떤 통사적 관계를 가지는가를 표시해 주는 데 비해, **보조사**는 명사구에 붙어서 의미를 덧보태 주는 기능을 한다. 격조사는 쓰일 수 있는 자리가 한정되어 있지만, 보조사는 주어, 목적어, 보어, 부사어 등의 여러 자리에 두루 쓰일 수 있다는 것이 특징이다.

'은'은 자음으로 끝난 체언에 결합하고, '는'은 모음으로 끝난 체언에 결합하는 음운론적 조건의 이형태인데, '난, 넌'처럼 모음으로 끝난 체언에 '는' 대신에 'ㄴ'이 결합하는 경우도 있다.

(67) 가. 창섭은 정윤을 사랑한다.
　　　나. 코끼리새는 세상에서 가장 큰 새다.

흔히 '은/는'이 격조사인지 보조사인지 헷갈리는 사람들이 많다. 그 까닭은 '은/는'이 '이/가'와 마찬가지로 주어 자리에 자주 쓰이기 때문이다.

그런데 '은/는'은 주어 자리 외에 여러 자리에서 쓰일 수 있다.

(68) 가. 영수는 학교에서 책을 읽어 본다.
　　　나. 영수가 학교에서는 책을 읽어 본다.
　　　다. 영수가 학교에서 책은 읽어 본다.
　　　라. 영수가 학교에서 책을 읽어는 본다.

따라서 격조사 '이/가'와는 달리, '은/는'은 "대조, 주제(화제 제시)"의 의미를 가지는 보조사로 본다.

보조사 '만'은 다른 대상들을 배제할 때 쓰고, "유일, 단독"의 의미를 지니며24), '도'는 "역시, 함께"의 의미를 지닌다.

(69) 가. 영수{만/도} 학교에서 책을 읽어 본다.
　　　나. 영수가 학교에서{만/도} 책을 읽어 본다.
　　　다. 영수가 학교에서 책{만/도} 읽어 본다.
　　　라. 영수가 학교에서 책을 읽어{만/도} 본다.

한편 '까지, 마저, 조차'는 의미상 서로 관련이 있는 보조사인데, '까지'는 주로 '부터'나 '에서'와 함께 쓰이면서 "어떤 범위의 끝"을 나타내며, 더러는 "극단"의 의미를 지니기도 한다. '마저'와 '조차'는 "어떤 것이 포함되고 그 위에 더함"의 뜻을 나타내는데, '마저'는 의미상

---

24) 「표준국어대사전」에 보조사 '만'에 대해 "(('하다', '못하다'와 함께 쓰여))앞말이 나타내는 대상이나 내용 정도에 달함을 나타내는 보조사. ¶ 집채만 한 파도가 몰려온다./청군이 백군만 못하다./안 가느니만 못하다."라는 뜻풀이를 제시하였는데, 이는 "유일, 단독"의 의미를 지니는 보조사 '만'과는 거리가 멀기 때문에 다른 형태소로 보아야 할 것이다.

으로나 형태상으로 명사 '마지막'과 관련이 있고, '조차'는 동사 '좇다 (따르다)'에서 생겨난 보조사이다.

(70) 가. 밤도 늦었고 비까지 내리니 걱정이 된다.
　　　나. 믿었던 너마저 나를 떠나는구나.
　　　다. 너조차 가지 않겠다는 거냐?

그밖에도 "차선의 선택"이란 의미를 지니는 '(이)나'와 '(이)나마'가 있다.

(71) 가. 찬밥이나 먹자.
　　　나. 조금이나마 도움이 되기를 바랍니다.

이상의 보조사는 주어, 목적어, 부사어 자리에 두루 쓰일 수 있는 보조사이므로 **통용 보조사**라고 한다.

이들과는 달리, 주로 문장의 끝에 쓰이는 '요, 그려, 그래' 등이 있는데, 이들은 **종결 보조사**라고 한다.

(72) 가. 제가요, 어제는요, 학교에 가지 못했어요.
　　　나. 식목일을 공휴일로 착각하네그려.
　　　다. 자네가 제일 정확하긴 하군그래.

3) 접속 조사

접속 조사는 명사구를 대등하게 이어주는 구실을 하는 조사를 말하는데, '와/과, 하고, (이)랑, (이)나' 등이 있다.

(73) 가. 영수는 밥{과/하고/이랑} 떡을 마음껏 먹었다.
　　　나. 너{하고/랑} 나{하고/랑}
　　　다. 방학 동안에 산이나 바다나 인산인해를 이루었다.

이처럼 접속 조사가 쓰였을 때는 심층 구조에서 두 문장이 하나로 이어진 문장으로 본다는 점에서, 단문(홑문장)으로 보는 부사격 조사 '와/과'와는 차이를 보인다.

> (74) 가. 영수는 영희와 다투었다.
> 나. 영수와 영희는 학교에 갔다.

(74가)에는 동반의 부사격 조사 '와'가 쓰였는데, 이런 경우에는 서술어 '다투다'가 부사어를 필요로 하는 두 자리 서술어이다. 그렇지만 (74나)의 경우에는 '영수가 학교에 갔다'라는 문장과 '영희가 학교에 갔다'라는 문장이 한 문장으로 만들어진 것으로 보기 때문에, 이때의 '와'는 접속 조사로 본다.

3. 용언

앞에서 밝혔듯이 용언은 사물의 작용이나 현상을 가리키는 단어를 말하는데, 용언에는 **동사**, **형용사**의 두 가지 품사가 있다.

영어에서 동사는 서술어의 기능을 하지만 형용사는 동사의 도움이 없으면 서술어로 쓰이지 못한다. 또 동사는 그 자체로 명사를 꾸밀 수 없지만 형용사는 명사를 꾸밀 수 있는 기능상의 차이가 있다.

그렇지만 국어에서는 동사와 형용사가 의미상으로 차이를 보이지만, 활용할 때 형태가 약간 다른 점이 있을 뿐이며, 동사와 형용사가 기능상으로는 다른 점이 많지 않다. 이처럼 동사와 형용사가 크게 다르지 않기 때문에 학자들에 따라서는 동사와 형용사를 구분하지 않고 동사만 설정하고, 동사를 다시 동작 동사와 상태 동사로 구분하기도 한다.

동사와 형용사의 구분

국어의 동사와 형용사는 의미상으로 볼 때 대상의 움직임을 나타내는가 혹은 성질이나 상태를 나타내는가에 따라 구분할 수 있다.

> (75) 가. 아이가 무척 <u>귀엽다</u>.
> 나. 아이가 방긋 <u>웃는다</u>.

'귀엽다'는 대상의 성질을 나타내므로 형용사이고, '웃는다'는 대상의 동작을 나타내므로 동사임이 분명하다.

그런데 어떤 경우에는 동사인지 형용사인지 분명하게 말하기가 쉽지 않을 때도 있다. 그래서 어떤 용언이 동사인지 형용사인지 판별하는 몇 가지 방법을 살펴보기로 한다.

첫째, 현재 시제의 종결어미 '-ㄴ다/-는다'가 결합하면 동사이고, '-다'가 결합하면 형용사이다.25)

> (76) 가. 먹는다, 잡는다, 간다, 본다, ….
> 나. 예쁘다, 곱다, 아름답다, 슬프다, ….

둘째, 현재 시제의 관형사형 어미 '-는'이 결합하면 동사이고, '-(으)ㄴ'이 결합하면 형용사이다.

> (77) 가. 먹는, 잡는, 가는, 보는, ….
> 나. 예쁜, 고운, 아름다운, 슬픈, ….

셋째로, 명령형 어미 '-아라/어라'와 청유형 어미 '-자'가 결합하면 동사이고, 명령형 어미와 청유형 어미가 결합하지 못하면 형용사이다.

---

25) 요즘 '웃기다'를 "너 참 웃기다."와 "그 개그맨 정말 웃기다."와 같이 쓰는 예를 자주 볼 수 있는데, 이는 동사를 잘못 사용하고 있는 대표적인 경우로 보아야 할 것이다. '웃기다'가 동사이기 때문에, "너 참 웃긴다.", "그 개그맨 정말 웃긴다."처럼 써야 바르게 사용하는 것이다.

(78) 가. 먹어라/먹자, 잡아라/잡자, 가라/가자, 보아라/보자, ….
　　나. *예뻐라/*예쁘자, *고와라/*곱자, *아름다워라/*아름답자, *슬퍼라/*슬프자, ….26)

　넷째로, '-어 보이다'의 결합 여부에 따라 동사와 형용사를 구분해 볼 수 있다.27)

(79) 가. *먹어 보이다, *잡아 보이다, *가 보이다, *보아 보이다, ….
　　나. 예뻐 보이다, 고와 보이다, 아름다워 보이다, 슬퍼 보이다, ….

　위에서 보듯이 동사에는 '-어 보이다'가 결합하는 데 제약이 있지만, 형용사에는 자연스럽게 결합할 수 있어서 동사와 형용사의 차이를 보여준다.28)
　그런데 이런 몇 가지 판별 기준을 가지고도 동사와 형용사를 구분하는 것이 간단치 않은 경우도 있다.

(80) 잘생기다, 못생기다, 잘나다, 못나다, 안되다

　이들은 '*잘생긴다, *잘난다'가 불가능하고 '*잘생기는/*잘나는 사람'이 불가능하며 '*잘생겨라, *잘나라'가 불가능한 점 때문에 형용사로 다루어 왔다.29)
　이런 문제를 해결하기 위하여 새로운 판별 방안이 몇 가지 필요하다.
　먼저, '-었-'이 결합하여 현재 상태를 나타내면 동사이고, '-었-'이 결합하여 과거를 나타내면 형용사라는 것이다.

---

26) '예뻐라, 고와라' 등이 가능한 경우는 명령형 어미가 아니라 감탄형 어미가 쓰인 경우이다.
27) 이밖에도 진행의 보조 용언 '-고 있다'가 결합할 수 있거나 의도나 목적을 나타내는 연결어미 '-(으)려', '-(으)러'가 결합할 수 있으면 동사이고, 이들이 결합할 수 없으면 형용사라고 한다.
28) 이 기준도 절대적인 것은 아니어서 '젊다'는 형용사이고 '늙다'는 동사인데, '젊어 보인다'와 '늙어 보인다'의 경우에는 둘 다 자연스럽다.
29) 「표준국어대사전」에서는 이들을 형용사로 다루다가 2017년부터 동사로 수정하였다. 유현경 외(2018: 364)에서는 여전히 이들을 형용사로 다루었다.

(81) 잘생겼다, 못생겼다, 잘났다, 못났다, 안됐다

위에서 보듯이 '잘생겼다, 못생겼다, 잘났다, 못났다, 안됐다30)'는 과거의 상태를 나타내는 것이 아니라, 현재의 상태를 나타내는 것이 분명하므로, 이들은 동사임이 분명하다.31)

다음으로, '-어 있-'의 결합 여부도 동사인지 형용사인지 판별하는 데 도움이 되기도 한다. 현대국어의 '-어 있-'이 '끝이 있는' 자동사에만 결합할 수 있다는 점은 임홍빈(1975)에서 밝힌 바 있는데, '-어 있-'이 결합할 수 있으면 이 용언은 적어도 자동사임이 틀림없으므로 형용사가 아니라는 것을 증명해 준다.

송창선(2014ㄱ)에서는 '-었-'과 '-어 있-'의 결합 여부를 동사와 형용사 판별 기준으로 활용하여, '잘생기다, 못생기다, 잘나다, 못나다' 외에도 '못되다, 메마르다, 강마르다, 깡마르다'도 동사라고 주장한 바 있다.32)

아래에 제시하는 예는 「표준국어대사전」에서 제시한 용례인데, 이 용례만 보아도 우리는 '메마르다, 강마르다, 깡마르다'가 동사임을 확인할 수 있다.

---

30) 배주채(2014: 385)에서는 '잘생기다'류의 품사에 대해 논의하면서 '안되다'를 포함시켰다. 국립국어연구원(1999)에서 형용사로 다룬 '안되다'도 '안됐다'처럼 '-었-'이 결합하여 현재 상태를 나타내므로 동사로 보아야 할 것이다. 실제로 국립국어연구원(1999)에서 제시한 용례는 대체로 '-었-'이 결합한 것이다.
   안-되다02 「형용사」「1」【…이】【-기가】 섭섭하거나 가엾어 마음이 언짢다. ¶ 그것참, 안됐군./젊은 나이에 남편을 잃고 고생하는 것을 보니 마음이 안됐다. ‖ 혼자 보내기가 안돼서 역까지 배웅했다. 「2」【…이】 근심이나 병 따위로 얼굴이 많이 상하다. ¶ 몸살을 앓더니 얼굴이 많이 안됐구나./안색이 안돼 보여서 보약을 지어 보냈다.
31) 송창선(2014ㄱ)에서 주장한 것처럼 '그는 못됐다.'가 그가 과거에 못된 사람이라는 뜻이 아니라 그가 현재 못된 사람이라는 뜻을 지니므로, '못되다'도 동사로 다루어야 할 것이다. 그럼에도 불구하고 「표준국어대사전」에서는 여전히 '못되다'를 형용사로 다루고 있다.
32) 「표준국어대사전」에서는 '잘생기다, 못생기다, 잘나다, 못나다'를 형용사로 다루다가 동사로 다룬 것과는 달리 '메마르다, 강마르다, 깡마르다'는 여전히 형용사로 다루고 있다.

(82) 가. 그 두꺼운 입술에 붉은 기가 없고, 일부는 하얗게 메말라 있다.
　　 나. 어머니는 부황이 든 것처럼 얼굴은 누렇게 떠 있었고 몸은 꼬
　　　챙이처럼 강말라 있었다.
　　 다. 가뭄으로 온 대지가 깡말라 있다.

위에서 보듯이 '메마르다, 강마르다, 깡마르다'에는 '-아/어 있-'이
결합할 수 있는데, 이런 점만 보더라도 이들은 형용사가 아니라 동사
임이 분명하다.

'있다'와 '없다'의 품사

국어 문법에서 동사와 형용사를 구분하는 데 있어서 걸림돌이 되어
왔던 단어 중의 하나가 '있다'와 '없다'라고 할 수 있다.

(83) 가. 소유의 '있다' : 있다, 있느냐, *있어라, *있자, 있는, 있구나
　　 나. 존재의 '있다' : 있다, 있느냐, 있어라, 있자, 있는, 있구나
　　 다. '없다' 　　　 : 없다, 없느냐, *없어라, *없자, 없는, 없구나

'있다'와 '없다'가 활용하는 모습을 보면, 일반적인 동사나 형용사와
는 다르게 활용하는 점을 확인할 수 있는데, 이와 같은 특이한 활용을
중시하여 '있다, 없다'를 존재사라는 별개의 품사로 설정하기도 한다.
그렇지만 '없다'가 형용사에 더 가깝게 활용하여 흔히 '없다'를 형용사
로 다루고, '있다'의 경우에는 어떤 의미를 지니느냐에 따라 "물건을
가지고 있다"라는 의미를 지닐 때는 형용사로, "어떤 곳에 머무르다"
라는 의미를 지닐 때는 동사로 구분하여 다루고 있다.

1) 동사

동사는 사람이나 사물의 동작이나 작용을 나타내는 말인데, 동사를
형태적인 특성에 따라 분류하면 규칙 동사와 불규칙 동사로 나뉘고,

통사적인 특성에 따라 나누면 자동사와 타동사, 본 동사와 보조 동사로 나뉜다. 규칙 동사와 불규칙 동사, 본 동사와 보조 동사는 형용사의 활용과 묶어서 뒤에서 함께 다루기로 한다.

자동사와 타동사

일반적으로 목적어를 취하는 동사를 **타동사**라고 하고, 목적어를 취하지 못하는 동사를 **자동사**라고 한다.

> (84) 가. 해가 솟았다.
>   나. 그녀는 교사가 되었다.
> (85) 가. 철수가 공을 받는다.
>   나. 민규가 지영이에게 선물을 주었다.

(84)처럼 목적어를 취하지 못하는 동사를 자동사라고 하는데, 자동사에는 '눕다, 돌다, 뛰다, 마르다, 서다, 쉬다, 앉다, 흐르다' 등이 있다. 그리고 (85)처럼 목적어를 취하는 동사를 타동사라고 하는데, 타동사에는 '깎다, 넣다, 놓다, 때리다, 맡다, 먹다, 보다, 쓰다, 읽다' 등이 있다.

그런데 하나의 동사가 자동사로 쓰이기도 하고 타동사로 쓰이기도 하는 경우도 있다.

> (86) 가. 차가 <u>멈추었다</u>.
>   나. 경찰이 차를 <u>멈추었다</u>.

(86가)의 '멈추다'는 목적어가 없는 자동사이고, (86나)의 '멈추다'는 목적어가 쓰인 타동사인데, 이처럼 하나의 동사가 자동사와 타동사로 함께 쓰이는 동사를 **자타 양용 동사** 혹은 **능격 동사**라고 한다. 자타 양용 동사에는 '그치다, 내리다, 다치다, 움직이다, 풍기다, 휘다' 등이 있다.

자동사와 타동사의 구분 방법

자동사와 타동사를 분명하게 구분할 수 있는 경우도 있지만, 다음과 같이 자동사인지 타동사인지 구분하는 것이 쉽지 않은 경우도 있다.

(87) 가. 철수가 학교에 간다.
　　　나. 철수가 학교를 간다.

이처럼 '가다' 앞에 '을/를'이 붙는 명사구가 올 때 이를 목적어로 다룬 연구로는 최현배(1937=1980)이 있는데,33) 이 주장은 그 뒤 학교 문법에 반영되어, 학교 문법에서는 (87가)의 '가다'를 자동사로 다루고 '을/를'이 쓰인 (87나)의 '가다'를 타동사로 다루어 왔으며,34) 이러한 흐름은 최근에 표준 문법에까지 그대로 이어졌다.35)

이에 대한 비판은 송창선(2008ㄷ)에서 충분히 이루어진 바 있다. 송창선(2008ㄷ)에서는 임홍빈(1975)를 바탕으로 하여 국어의 자동사와 타동사를 구분하는 방안을 제시한 바 있는데, 그 내용을 간략하게 정리하면 다음과 같다.

중세국어의 '-어 잇-'은 형용사, 자동사, 타동사의 어간에 다 붙을 수 있었지만, 현대국어의 '-어 있-'은 형용사, 타동사에는 붙을 수 없고, 오직 일부 자동사(끝이 있는 자동사)에만 붙을 수 있다는 점은 이미 임홍빈(1975)에서 밝혀진 바 있다.

---

33) 최현배(1937=1980: 255-257)에서는 "남움직씨(他動詞)는 다른 것(남)을 제 움직임 안에 잡아 닥아, 그것을 부리는(支配하는) 움직임을 나타내는 움직씨를 이름이요: 제 움직씨(自動詞)는 그러하지 아니하고, 다만 제만이 움직임을 나타내는 움직씨를 이름이니"라고 하였으며, 우리말에서 '학교에 간다'와 '학교를 간다'에서처럼 그 말하는 사람의 마음먹기에 따라 자동사가 되기도 하고 타동사가 되기도 한다고 하였다.
34) 이처럼 자동사와 타동사로 구분하는 것이 오로지 조사의 종류에 따라 결정되는 것이라면, 국어에서 자동사와 타동사로 구분하는 것이 무의미하기 때문에 동사를 자동사와 타동사로 구분할 필요가 없다는 주장도 제기되었는데, 정희정(1996: 14-15), 유현경·이선희(1996: 130,170), 성광수(2001: 98-99) 등이 대표적인 예이다.
35) 유현경 외(2018: 274-275)에서는 '학교를 가다'의 '학교를'이 대상성을 가지고 있다는 점을 중요하게 고려하여 이때의 '가다'를 타동사로 보는 관점을 취한다고 하였다.

(88) 가. 기내나, 나다, 남다, 녹다, 눕다, 닳다, 돌다, 되다, 묻다(풀이), 붓다, 서다, 솟다, 썩다, 앉다, 자라다, …

나. 걷다(걸음을), 뛰다, 쉬다, 졸다, 짖다, 흐르다, …

(89) 깎다, 넣다, 놓다, 때리다, 맡다, 먹다, 보다, 쓰다, 읽다, 주다, ….

(88가,나)는 모두 자동사인데, (88가)에는 '-어 있-'이 결합할 수 있지만, (88나)에는 '-어 있-'이 결합할 수 없다. 그 차이를 임홍빈(1975)에서는 끝이 있는 자동사인지 아닌지로 설명하였다. 그리고 (89)와 같은 타동사에는 '-어 있-'이 결합할 수 없다고 하였다.

우리는 '-어 있-'이 모든 자동사에 결합할 수 있는 것은 아니지만, 타동사에 결합하지 못한다는 점을 중시하여, 적어도 '-어 있-'이 결합하는 용언이 자동사라는 것은 틀림없으므로, 이를 자동사와 타동사의 구분 기준으로 활용할 수 있다는 것이다.36)

(90) 철수가 학교를 가 있다.

위에서 보듯이 '학교를 가다'의 '가다'에 '-어 있-'이 결합할 수 있다. 따라서 이때의 '가다'가 타동사가 아닌 자동사라는 것을 분명히 알 수 있다.37)

한편, 자동사와 타동사의 구분이 통사적으로 유의미하다는 근거는 송창선(2010ㄱ: 27-29)에서 제시한 연결어미 '-어다가'의 쓰임에서 찾아볼 수 있다.

(91) 가. 그는 아버지의 돈을 <u>빌려다가</u> (그 돈으로) 사업을 시작했다.

나. 그녀는 산나물을 <u>뜯어다가</u> (그 산나물로) 국을 끓였다.

다. 길가에 떨어진 돌을 <u>주워다가</u> (그 돌로) 탑을 쌓아올리기 시작했다.

---

36) 앞에서 이미 밝힌 것처럼, '-어 있-'이 '끝이 있는' 자동사에만 결합할 수 있다는 특성은 자동사와 형용사를 구분하는 경우에도 유용하게 활용할 수 있다.

37) 그밖에도 '(로/를) 향하다, (로/를) 떠나다, (에/를) 접하다, (에/를) 앞서다' 등도 '향해 있다, 떠나 있다, 접해 있다, 앞서 있다'가 가능한 점으로 미루어 볼 때, 이들 용언도 자동사임이 분명하다.

라. 잃어버린 물건을 <u>찾아다가</u> (그 물건을) 주인에게 돌려 주었다.
(92) 가. *그녀는 침대에 <u>누워다가</u> 잠을 자기 시작했다.
    나. *그는 의자에 <u>앉아다가</u> 신문을 보았다.
    다. *그는 <u>울어다가</u> 눈이 퉁퉁 부었다.

(91)의 타동사에는 '-어다가'가 결합할 수 있지만, (92)에서 보듯이 자동사에는 '-어다가'가 전혀 결합할 수 없는데, 이를 활용하여 '가다, 타다' 등이 자동사인지 타동사인지 분명하게 가려낼 수 있다.

(93) 가. *철수가 서울을 <u>가다가</u> (서울로) 삶의 터전을 삼았다.
    나. *그는 자동차를 <u>타다가</u> (그 자동차로) 서울로 갔다.

(93)에서 보듯이 '가다, 타다'에는 '-어다가'가 결합할 수 없음을 알 수 있고, 이를 통해 '가다, 타다'가 자동사임을 다시 한 번 확인할 수 있다.

다음으로 연결어미 '-어서' 앞에 자동사가 쓰이는지 타동사가 쓰이는지에 따라 '-어서'의 의미가 달라지는데, 이를 자동사와 타동사의 판별 기준으로 활용할 수 있다.

(94) 가. 그는 옷을 <u>벗어서</u> (그 옷을) 옷걸이에 걸었다.
    나. 그는 편지를 <u>써서</u> (그 편지를) 우체통에 넣었다.
(95) 가. 그는 침대에 <u>누워서</u> 신문을 읽었다.
    나. 그는 <u>뛰어서</u> 집으로 돌아갔다.

위에서 보듯이 '-어서'가 타동사에 결합할 때는 선행절의 목적어가 후행절에까지 목적어로 기능을 하며, 시간적인 선후 관계를 나타내지만, 자동사에 결합할 때는 동시에 이루어지는 동작을 나타내기도 하고 수단이나 방법을 나타낸다.[38]

(96) 철수가 학교에/를 <u>가서</u> 친구를 만났다.

---

[38] '-어서'의 기능에 대한 설명은 국립국어원(2005ㄴ)에서 가져온 것이다.

그런데 위에서 보듯이 '가나' 앞에 '을/를'이 쓰인 경우에는 타동사가 쓰인 문장과는 달리 목적어가 후행절에 연결되지 않는 점으로 볼 때, '가다'는 자동사임에 틀림없다.

이상에서 자동사와 타동사를 구별하는 방법에 대해 살펴보았는데, 먼저 '-어 있-'이 결합할 수 있으면 자동사이고, '-어다가'가 결합할 수 있으면 타동사라는 것을 알 수 있었다. 또한 연결어미 '-어서'의 쓰임을 통해 자동사와 타동사의 차이를 확인할 수 있었다.

2) 형용사

형용사는 사람이나 사물의 성질이나 상태를 나타내는 말인데, 지시 형용사와 성상 형용사로 나눌 수 있다. 형용사를 형태적인 특성에 따라 분류하면 규칙 형용사와 불규칙 형용사로 나뉘고, 통사적인 특성에 따라 나누면 본 형용사와 보조 형용사로 나뉘는데, 이에 대해서는 동사의 활용과 묶어서 뒤에서 함께 다루기로 한다.

지시 형용사와 성상 형용사

성상 형용사는 성질이나 상태를 나타내는 일반적인 형용사이고, 지시 형용사는 (97)의 '그렇다'와 같이 앞에 나온 성상 형용사를 다시 가리키는 형용사이다.

(97) 철수: 요즘은 집안 형편이 여의치 않아요.
영수: 형편이 <u>그러니</u>, 부탁을 하기가 쉽지 않네요.

먼저 **지시 형용사**는 (98가)와 같이 화자 근칭, 청자 근칭, 원칭의 대립을 보이고 있으며, (98나)와 같이 '미지'와 '부정'의 의미를 나타내는 지시 형용사도 있다.

(98) 가. 이러하다(이렇다), 그러하다(그렇다), 저러하다(저렇다)

나. 어떠하다(어떻다), 아무러하다(아무렇다)

성상 형용사는 그 숫자도 많은데, 이를 의미 특성에 따라 분류해 보면 다음과 같다.

　　(99) 가. 밝다, 어둡다, 높다, 낮다, 멀다, 가깝다, 달다, 향기롭다, ….
　　　　 나. 착하다, 아름답다, 나쁘다, 우습다, ….
　　　　 다. 같다, 다르다, 비슷하다, 낫다, ….
　　　　 라. 있다[39], 없다
　　　　 마. 이다, 아니다
　　　　 바. 좋다, 싫다, 무섭다, 아프다, ….

　(99가)는 시각, 청각, 후각, 미각, 촉각의 다섯 가지 감각과 관련된 감각적 의미를 표시하는 형용사이고, (99나)는 대상에 대한 평가를 나타내며, (99다)는 대상을 비교하는 형용사이다. (99라)는 존재를 나타내는 형용사이며, (99마)는 대상의 속성이나 부류를 지정하거나 이를 부정하는 형용사이다. 존재를 나타내는 형용사에 대해서는 앞에서 살펴본 바 있고, (99마)의 '이다, 아니다'에 대해서는 앞에서 자세하게 살펴본 바 있는데, '이다'를 '아니다'와 마찬가지로 형용사로 다루어야 한다는 입장을 취한다. 성상 형용사인 (99가-마)와 (99바)를 '객관성 형용사'와 '주관성 형용사'로 구분하기도 한다.

　이처럼 (99바)를 '주관성 형용사' 혹은 '심리 형용사'라고 따로 부르는 까닭은, 이들이 객관성 형용사와는 다른 특성을 보여주기 때문이다. 아래에서 보듯이 객관성 형용사에는 '-어하다'가 결합할 수 없지만, 주관성 형용사에는 '-어하다'를 결합하여 동사로 바꿀 수 있다.

　　(100) 가. 밝다 → *밝아하다, 착하다 → *착해하다, 다르다 → *달라하
　　　　　　 다,….
　　　　 나. 좋다 → 좋아하다, 싫다 → 싫어하다, 무섭다 → 무서워하다, ….

─────────────
39) '있다'의 높임말인 '계시다'는 동사이다.

주관성 형용사는 주어의 심리 상태를 서술하는 형용사인데, 평서문에서는 1인칭 주어가 쓰일 때 자연스럽고, 의문문에서는 2인칭 주어가 쓰일 때 자연스럽다.

> (101) 가. 나는/*너는/*그는 뱀이 무섭다.
> 나. *나는/너는/*그는 뱀이 무섭니?

다만 소설에서 서술자가 등장 인물의 생각과 감정까지 들여다보는 전지적 작가 시점에서 이야기를 서술할 때 "철수는 영희가 좋다."처럼 쓸 수 있다.

3) 용언의 활용

용언인 동사와 형용사는 어간과 어미로 나눌 수 있다. 어간은 용언의 중심이 되는 줄기 부분인데, 활용할 때 대체로 변하지 않는 부분을 가리키며, 어미는 용언 어간에 붙어서 변하는 부분을 가리킨다.

용언이 활용할 때 어간과 어미의 모습이 변하지 않는 경우도 있지만, 때로는 어간이나 어미의 모습이 변하기도 한다. 그런데 어간이나 어미의 모습이 변할 때 일정한 환경에서 같은 모습으로 변화하는 경우도 있다.

> (102) 가. 쓰- + -어 → 써,   크- + -어 → 커
> 나. 잠그- + -아 → 잠가,   따르- + -아 → 따라

위에서 어간의 말음이 '으'로 끝나는 용언에 모음 어미가 결합하면 언제나 '으'가 탈락하기 때문에, 이를 학교 문법에서는 규칙 활용인 **'으' 탈락**으로 설명한다.

> (103) 가. 살- + -는 → 사는,   놀- + -는 → 노는

나. 살- + -(으)시- + -는 → 사시는
놀- + -(으)시- + -는 → 노시는

위에서는 어간의 말음 'ㄹ'이 '-느냐, -는' 등의 '-느-' 앞과 매개모음 '으'를 요구하는 '-(으)시-, -(으)ㄴ, -(으)오, -(으)ㅂ니다' 앞에서 예외 없이 탈락한다. 그래서 학교 문법에서는 이를 규칙 활용인 **'ㄹ' 탈락**으로 다루어 왔다.

이와는 달리 일정한 환경에서 예외 없이 탈락하는 것이 아니라, 어간이나 어미가 용언에 따라 다르게 변하기도 한다. 이런 활용을 **불규칙 활용**이라고 하는데, 불규칙 활용에는 어간이 변하는 경우, 어미가 변하는 경우, 어간과 어미가 함께 변하는 경우의 세 가지로 나누어 볼 수 있다.

어간이 바뀌는 불규칙 용언

일반적으로 용언이 활용할 때, 어간은 그 형태가 바뀌지 않고 어미는 그 형태가 바뀌는 부분이다.

(104) 먹- + -는다/-느냐/-어라/-자/-기/-는/-게/-고/-으니 ….

그런데 국어에서는 용언이 활용할 때 어간의 형태가 바뀌는 경우가 있다. 이 때 어간의 바뀐 부분을 그 불규칙의 이름으로 삼았다. 어간이 바뀌는 불규칙에는 'ㄷ' 불규칙, 'ㅂ' 불규칙, 'ㅅ' 불규칙, '르' 불규칙, '우' 불규칙이 있다.

(105) 가. 'ㄷ' 불규칙 용언: 듣- + -어 → 들어, 깨닫- + -아 → 깨달아
나. 'ㄷ' 규칙 용언: 믿- + -어 → 믿어, 쏟- + -아 → 쏟아

(105가)에서는 어간의 말음 'ㄷ'이 모음 어미 앞에서 'ㄹ'로 바뀌는데, 이런 변화가 항상 규칙적으로 일어나면 규칙 활용으로 다루겠지만

(105나)처럼 'ㄷ'이 'ㄹ'로 바뀌지 않는 경우노 있다. 따라서 이를 불규칙 활용으로 다루고, 그 이름은 어간의 'ㄷ'이 바뀌었으므로 **'ㄷ' 불규칙**이라고 한다. 'ㄷ' 불규칙 용언에는 '걷다(걸음을), 눋다, 묻다(물음을)40), 싣다' 등이 있다.

> (106) 가. 'ㅂ' 불규칙 용언: 춥- + -어 → 추워,   눕- + -어 → 누워
> 나. 'ㅂ' 규칙 용언: 입- + -어 → 입어,   잡- + -아 → 잡아

(106가)에서는 어간의 말음 'ㅂ'이 모음 어미 앞에서 반모음 '우'로 바뀌었는데, 이런 변화가 항상 일어나지 않고, (106나)처럼 'ㅂ'이 바뀌지 않는 경우가 있다. 따라서 이를 불규칙 활용으로 다루고, **'ㅂ' 불규칙**이라고 한다. 'ㅂ' 불규칙 용언에는 '곱다, 돕다41), 굽다(고기를)42), 덥다'와 접미사 '-답-, -롭-, 스럽-'이 결합한 낱말이 있다.

> (107) 가. 'ㅅ' 불규칙 용언: 짓- + -어 → 지어,   낫- + -아 → 나아
> 나. 'ㅅ' 규칙 용언: 벗- + -어 → 벗어,   빼앗- + -아 → 빼앗아

(107가)에서는 어간의 말음 'ㅅ'이 모음 어미 앞에서 탈락하였는데, 이런 변화가 항상 일어나지 않고, (107나)처럼 'ㅅ'이 탈락하지 않는 경우가 있다. 따라서 이를 불규칙 활용으로 다루고, 그 이름은 어간의 'ㅅ'이 탈락하였으므로 **'ㅅ' 불규칙**이라고 한다. 'ㅅ' 불규칙 용언에는 '긋다, 붓다, 잇다, 젓다' 등의 동사가 대부분이며 형용사는 '낫다' 하나뿐이다.

> (108) 가. '르' 불규칙 용언: 기르- + -어 → 길러, 가르- + -아 → 갈라
> 나. '르' 규칙 용언: 들르- -어 → 들러,   다다르- + 아 → 다다라

---

40) '묻다(땅에)'는 '묻어'처럼 활용하는 'ㄷ' 규칙 용언이다.
41) 'ㅂ' 불규칙 용언의 'ㅂ'은 대체로 '우'로 바뀌지만 '곱-, 돕-'의 경우에만 예외적으로 '도와, 고와'처럼 활용한다.
42) '굽다(허리가)'는 '굽어'처럼 활용하는 'ㅂ' 규칙 용언이다.

(108가)에서는 어간의 끝 음절의 '르'가 모음 어미 앞에서 'ㄹㄹ'로 바뀌었는데, 이런 변화가 항상 일어나지 않고, (108나)처럼 '르'의 '으'가 탈락하는 경우가 있다. 따라서 이를 불규칙 활용으로 다루고, **'르' 불규칙**이라고 한다. '르' 불규칙 용언에는 '가르다, 나르다, 누르다, 마르다, 모르다, 오르다, 자르다, 흐르다' 등 '르'로 끝나는 용언의 대부분이 '르' 불규칙 활용을 하며, '르' 규칙 활용을 하는 용언은 '들르다, 다다르다, 따르다(뒤를), 따르다(술을), 우러르다, 치르다'에 그친다.43)

> (109) 가. '우' 불규칙 용언: 푸- + -어 → 퍼,　푸- + -었- + 다 → 펐다
> 　　　나. '우' 규칙 용언: 주- + -어 → 주어,　쑤- + -어 → 쑤어

(109나)에서 보듯이 '우' 모음을 가진 용언과 모음 어미가 결합하게 되면 아무런 변화가 일어나지 않는 것이 일반적인데, (109가)처럼 '푸다'는 모음 어미 앞에서 '푸-'의 '우'가 탈락하는 모습을 보인다. 그래서 이를 **'우' 불규칙**이라고 하는데, '우' 불규칙 용언에는 '푸다' 하나만 있다.

어미가 바뀌는 불규칙 용언

용언의 어간과 어미가 결합할 때, 어미의 형태가 달라지는 경우가 있는데, 이런 유형의 불규칙에는 '여' 불규칙, '러' 불규칙, '거라' 불규칙, '너라' 불규칙이 있다. 어미가 불규칙적인 경우에는 바뀐 어미의 형태로 이름을 붙이는데, 이들은 결국 어미 '-아/어, -아라/어라' 대신에 '-여', '-러', '-거라', '-너라'가 결합하는 불규칙을 말한다.44)

---

43) 송창선(2010ㄴ)에서는 어간의 끝 음절이 '르'로 나타나는 용언 중 단일어 96개를 살펴본 결과, '르' 불규칙 용언은 90개이지만 '르' 규칙 용언은 6개에 불과하다고 하였다. 뒤에서 설명하겠지만 어미가 변하는 '러' 불규칙 용언은 '누르다, 노르다, 이르다(~에), 푸르다'의 4개뿐이다. 송창선(2010ㄴ)에서는 이처럼 '르' 불규칙 용언은 무척 많은 데 비해 '러' 불규칙은 매우 적은 점에 대해 자세히 살펴본 바 있는데, 그 까닭은 동음 충돌을 방지하기 위한 방안으로 이들 불규칙이 발생하였기 때문이라고 보았다.

(110) 가. 가- + -아서 → 가서,　사- + -아라 → 사라
　　　 나. 하- + -아서 → 하서(×)
　　　　　　　　　　하여서/해서(○)

　일반적으로 '아' 모음을 가진 용언 어간에는 어미 '-아'가 결합하는
데, '하다'의 경우에는 어미 '-아'가 '-여'로 바뀌게 된다. 이를 **'여' 불
규칙**이라고 한다.

(111) 가. '으' 탈락 용언:　따르- + -아 → 따라
　　　 나. '러' 불규칙 용언: 푸르- + -어 → 푸러(×)
　　　　　　　　　　　　　　　푸르러(○)

　(111가)에서 보듯이 어간이 '으'로 끝나는 경우에 모음 어미가 결
합하면 '으' 탈락이 일어나는 것이 일반적인데, (111나)의 '푸르-'에는
'-어'가 결합하여 '푸러'가 되지 않고 '푸르러'와 같이 어미 '러'가 결
합한 형태로 나타난다. 이를 **'러' 불규칙 용언**이라고 하는데, '러' 불규
칙 용언에는 '이르다(~에)[45], 노르다(색), 누르다(색)[46], 푸르다(색)'의
네 가지만 있다.

(112) 가. 사- + -아라 → 사라,　자- + -아라 → 자라
　　　 나. 가- + -아라 → 가라/가거라
　　　 다. 오- + -아라 → 와라/오너라

　(112가)에서 보듯이 어간이 양성 모음으로 끝나는 경우 명령형 어
미 '-아라'가 결합하는 것이 일반적인데, (112나)처럼 동사 '가다'에는

---

44) '주다'가 "남에게 건네다"라는 의미를 지닐 때는 "그에게 주어라"처럼 '주어라'가 쓰이
　　는데, "나에게 건네다"라는 의미를 지닐 때는 "나에게 다오/달라"처럼 '다오/달라' 형
　　태가 쓰이는 것을 '오' 불규칙으로 보기도 하는데, 유현경 외(2018)에서는 어미가 바
　　뀌는 불규칙 동사로 보았다. 한편 남기심·고영근(1985)에서는 이를 어간이 바뀌는 불
　　규칙으로 다룬 바 있는데, 필자는 어간이나 어미가 바뀌는 불규칙으로 다루기보다는
　　보충법으로 설명하는 것이 더 낫다고 판단하여 불규칙 활용에서 제외하였다.
45) '이르다(빠르다), 이르다(말하다)'는 '일러'로 활용하는 '르' 불규칙 용언이다.
46) '누르다(힘으로)'는 '눌러'로 활용하는 '르' 불규칙 용언이다.

어미 '-거라'가 결합하고, (112다)처럼 동사 '오다'에는 어미 '-너라'
가 결합하는 경우가 있다. 이를 각각 **'거라' 불규칙**과 **'너라' 불규칙**으
로 부른다.[47]

어간과 어미가 바뀌는 불규칙 용언

용언이 활용할 때 어간과 어미 모두 바뀌는 경우는 **'ㅎ' 불규칙 용
언** 하나뿐이다.

> (113) 가. 좋- + -은 → 좋은,   좋- + 아지다 → 좋아지다
>   나. 파랗- + -은 → 파란,   파랗- + -아지다 → 파래지다
>   퍼렇- + -은 → 퍼런,   퍼렇- + -어지다 → 퍼레지다

용언의 끝소리가 'ㅎ'인 경우에 (113가)처럼 형태상으로 별다른 변
화가 없지만, (113나)에서 보듯이 '파랗-, 퍼렇-'에 매개모음 '으'가
개입하는 어미나 모음 어미가 결합하면 어간의 'ㅎ'이 탈락하고 어미
의 '아/어'가 '애, 에'로 바뀐다. 결국 어간과 어미가 모두 바뀌게 되는
것이다.

4) 본 용언과 보조 용언

일반적으로 동사와 형용사는 문장에서 독자적으로 서술어의 기능을
할 수 있지만, 본용언 뒤에 쓰여서 문법적인 의미를 더해 주는 용언이
있는데, 이를 **보조 용언**이라고 한다. 보조 용언이 본 용언과 결합할

---

47) 유현경 외(2018: 264)에서는 "'거라'나 '너라' 불규칙은 명령형 활용에서 불규칙이 일
어나는데, 구어에서 흔히 사용되는 '가라', '와라'와 같은 활용을 표준적인 것으로 인
정한다면 불규칙이 아니라 규칙이 된다."고 하였다. 그렇지만 '가라', '와라'와 함께
'가거라, 오너라'가 함께 쓰인다고 보더라도, '가거라, 오너라'라는 형태가 나타나는
것을 불규칙으로 다루지 않을 이유가 없다고 본다. 종전에는 '거라'와 '너라'를 불규칙
활용으로 다루었는데, 제7차 교육과정에 따른 『고등학교 문법』에서 '너라'만 불규칙
활용으로 다루고 '거라'는 규칙 활용으로 다룬 바 있는데, 유현경 외(2018)에서 '거
라'와 '너라' 모두 불규칙 활용에서 제외한 것은 납득하기 쉽지 않다.

때는 내체로 **보조적 연결어미** '-아/이, -게, -지, -고'가 그 사이에서 두 용언을 연결해 주는 역할을 한다.[48]

> (114) 가. 영수는 메모지를 책상 위에 <u>두었다</u>.
>   나. 영수는 메모지를 주머니에 넣어 <u>두었다</u>.
> (115) 가. 민수는 휴지를 쓰레기통에 <u>버렸다</u>.
>   나. 민수는 종이를 찢어 <u>버렸다</u>.

(114가)의 '두다'는 "~에 놓다"라는 본래의 의미를 지니지만, (114나)의 '두다'는 "어떤 행동을 끝내고 그 결과를 유지함"을 나타낸다. (115가)의 '버리다'는 "물건을 없애다"라는 본래의 의미를 지니지만, (115나)의 '버리다'는 "어떤 행동이 끝났음"을 나타낸다.

이처럼 보조 용언으로 쓰인 경우에는 본래의 의미를 지니지 않는데, '넣어 두다'에 '두다'의 의미가 있는 것처럼 보이지만, '먹어 두다, 알아 두다, 기억해 두다'와 비교해 보면 보조 용언의 의미가 분명히 드러난다. '버리다'의 경우에도 '잊어 버리다, 해 버리다, 가 버리다'의 경우를 보면 그 의미를 분명히 알 수 있다.

그리고 보조 용언 구성인지 복합동사구인지 확인하고자 할 때는 연결어미 다음에 '서'를 결합해 보는 방법이 있다.

> (116) 가. *넣어서 두다, *먹어서 두다, *알아서 두다, *기억해서 두다
>   나. *찢어서 버리다, *잊어서 버리다, *해서 버리다, *가서 버리다
>   다. 기어서 가다, 들고서 가다

다음으로, 보조 용언이 **보조 동사**인지 **보조 형용사**인지 확인하는 방법에 대해 살펴보자.

---

48) 보조적 연결어미가 없는 경우도 있는데, '-기는 하다'처럼 명사형 어미 '-기'가 개입하는 경우도 있으며, '-ㄴ가/-나 보다', '-(으)ㄹ 법/양/만/체 하다' 구성도 있다.

(117) 가. 날씨가 춥지 않다.
　　　나. 그가 일찍 오지 않는다.

(117)은 '아니하다'가 보조 용언으로 쓰인 경우를 든 것인데, (117가)는 보조 형용사이고 (117나)는 보조 동사이다. 그런데 보조 용언 앞에 쓰인 본 용언의 품사도 (117가)는 형용사이고 (117나)는 동사여서, 본 용언의 품사와 보조 용언의 품사가 일치하는 것으로 오해하기 쉽다.

그렇지만 (118)을 보면 본 용언과 보조 용언의 품사가 일치하지 않음을 알 수 있다. (118가)에서는 본 형용사 뒤에 보조 동사가 쓰였고, (118나)에서는 본 동사 뒤에 보조 형용사가 쓰였다.

(118) 가. 오늘따라 저 꽃이 무척 예뻐 보인다.
　　　나. 가족들과 함께 여행을 떠나고 싶다.

따라서 보조 용언의 품사가 무엇인지 살펴보기 위해서는 본 용언의 품사만 알려고 하지 말고, 보조 용언이 활용하는 모습이 동사인지 형용사인지를 파악하여야 하는데, 이 방법은 앞에서 살펴본 본 용언의 품사를 판단하는 방법과 같다.

보조 동사

보조 동사는 보조 형용사에 비해 그 숫자가 훨씬 많은데, 그 예는 다음과 같다.

(119) 가. "진행" '(-어) 가다': 맡은 일을 다 해 간다.
　　　　　　'(-어) 오다': 지금까지 힘든 일을 잘 참아 왔다.
　　　　　　'(-고) 있다/계시다': 아들의 손을 꼭 잡고 있다/계신다.
　　　나. "완료 지속" '(-어) 있다/계시다[49]': 방안에 앉아 있다/계신다.

---

[49] 학교 문법을 비롯한 대부분의 국어학 연구에서 '(-고) 있다'는 보조 동사로 다루면서 '(-어) 있다'는 보조 형용사로 다루고 있다. 이는 '(-고) 있다'가 "동작의 진행"이라는

다. "종결" '(-고) 나다': 일을 마치고 나니 기분이 좋다.

　　　　　　'(-어) 내다': 이번 겨울의 추위를 잘 참아 냈다.

　　　　　　'(-어) 버리다': 친구들이 모두 집으로 가 버렸다.

라. "봉사" '(-어) 주다/드리다': 기쁜 소식을 알려 준다/드린다.

마. "시행" '(-어) 보다': 새 옷을 입어 본다.

바. "보유" '(-어) 두다/놓다': 방에 불을 켜 둔다/놓는다.

사. "사동" '(-게) 하다': 어머니는 아이가 밥을 먹게 하셨다.

아. "피동" '(-어)지다'50): 새로운 법안이 만들어졌다.

자. "부정" '(-지) 않다/못하다/말다': 집에 가지 않는다/못한다/
　　　　　　　　　　　　　　　　　　마라.

차. "짐작" '(-어) 보이다': 그 영화는 재미있어 보인다.

카. "시인" '(-기를/는/만) 하다': 집에서 그저 잠을 자기만 한다.

보조 형용사

보조 형용사의 숫자는 보조 동사에 비해 적다.51)

(120) 가. "부정" '(-지) 않다/못하다': 형편이 그리 넉넉하지 않다/못하다.

　　　나. "희망" '(-고) 싶다': 나는 아빠와 산책하고 싶다.

　　　다. "추측" '(-ㄴ가/나/ㄹ까) 보다/싶다': 그가 돌아왔나 보다/싶다.

　　　라. "시인" '(-기는) 하다': 옷이 비싸기는 하지만 색상이 마음에
　　　　　　　　　　　　　　　든다.

의미를 지니므로 보조 동사로 다루었고 '(-어) 있다'는 "상태의 지속"이라는 의미를
지니므로 보조 형용사로 다루었던 것으로 보인다. 그렇지만 '있다'의 높임말 '계시다'
의 경우를 보면 '읽고 계신다, 앉아 계신다'에서 보듯이 '계시다'가 동사로 쓰였음이
분명하다. 아울러 '(-어) 있다'의 '있다'가 "소유"의 의미가 아니라 "존재"의 의미라면,
당연히 동사로 처리해야 할 것이다. 남기심 외(2019: 110-114)에서는 '(-어) 있다'를
보조 용언 목록에서 제시하지 않았다.

50) 본 용언과 보조 용언은 띄어 쓰는 것이 일반적이고 연결어미가 '-아/어'인 경우에는
붙여 쓰는 것도 허용하지만, '(-어)지다'의 경우에는 띄어쓰지 않음에 유의해야 한다.

51) 현행 어문규정과 「표준국어대사전」에서는 '체하다'는 보조 동사로 다루고, '법하다,
듯하다'는 보조 형용사로 다루며, '양하다'는 보조 동사와 보조 형용사로 함께 쓰이는
것으로 보았다. 그렇지만 이들을 보조 용언으로 다루려면 보조 용언 앞에 왜 관형사
형 어미 '-(으)ㄹ'이 와야 하는지를 설명할 수 있어야 한다. 이들을 의존명사 '듯, 법,
양, 체'에 '하다'가 결합한 구성으로 설명하는 것이 더 합리적이라고 본다.

5) 어미

국어는 어미가 무척 많이 발달한 언어인데, 아래에서 보듯이 용언의 어간 하나에 수많은 어미가 연달아 결합할 수 있다.

(121) 할아버지께서 딸의 손을 잡으시었겠더냐?

위에서 어간 '잡-'에 어미 '-(으)시-, -었-, -겠-, -더-, -(으)냐' 다섯 개가 결합하였는데, '-(으)시-'는 주체 높임, '-었-'은 과거 시제, '-겠-'은 추측, '-더-'는 회상(혹은 보고)를 나타내는 선어말 어미이고, 마지막에 결합한 '-(으)냐'는 종결 어미로서 의문형 어미이다.

어미는 그것이 쓰이는 자리에 따라 분류하면 **선어말 어미**와 **어말 어미**로 나눌 수 있다. 위에서 보듯이 선어말 어미는 어말 어미보다 앞에 오는 어미를 말한다.

(122) 선어말 어미의 종류[52]
　　가. 높임: -(으)시-
　　나. 시제: -았/었/였-, -겠-
　　다. 공손: -(으)옵-
　　라. 회상(보고): -더-
　　마. 추측(의도): -(으)리-

선어말 어미가 둘 이상 결합할 때는 대체로 위에서 제시한 순서를 따르는데, 어간에서 가까운 선어말 어미가 뒤에 오는 선어말 어미보다 분포가 넓은 것이 특징이다.

어말 어미는 다시 종결 어미와 비종결 어미로 나눌 수 있다. **종결**

---

52) '-는다(-ㄴ다)'에서 '-는/ㄴ-'을, '-습니다/(으)ㅂ니다'에서 '-습/(으)ㅂ-'과 '-느-'를, '-습디다/(으)ㅂ디다'에서 '-습/(으)ㅂ-'과 '-더-'를, '-느니라'에서 '-느-'와 '-니-'를, '-것다'에서 '-것-'을 분석하여 선어말어미로 다루기도 하지만, 학교 문법에서는 이들을 선어말어미로 다루지 않는다. 국립국어연구원(1999)에서도 이들을 분석하지 않고 모두 묶어서 종결어미로 다루었다.

어미의 종류는 문장 종결법과 관련이 있는데, 다음과 같은 다섯 가지가 있다.

(123) 종결 어미의 종류

가. 평서형 어미: -다, -는다/ㄴ다, -습니다, ….

나. 의문형 어미: -니, -느냐, -는가, -습니까, ….

다. 명령형 어미: -아/어라, -게, -(으)오, ….

라. 청유형 어미: -자, -세, -(으)ㅂ시다, ….

마. 감탄형 어미: -구나, -는구나, -구먼, -는구먼, ….

비종결어미에는 연결 어미와 전성 어미로 나눌 수 있다.

(124) 연결 어미의 종류

가. 대등적 연결 어미: -고, -(으)면서, -(으)며, -지만, ….

나. 종속적 연결 어미: -(으)니, -(으)면, -아/어서, -(으)니까, -(으)ㄹ수록, ….

다. 보조적 연결 어미: -아/어, -게, -지, -고

(125) 전성 어미의 종류

가. 명사형 어미: -(으)ㅁ, -기

나. 관형사형 어미: -(으)ㄴ, -는, -(으)ㄹ53)

다. 부사형 어미: -게54)

---

53) 학교 문법에서는 관형사형 어미에 '-던'도 포함시켰다. 이 책에서는 '-던'을 '-더-'와 '-(으)ㄴ'으로 분석할 수 있다고 보기 때문에 관형사형 어미의 목록에서 제외하였다.

54) 학교 문법에서는 종속적 연결어미를 부사형 어미로 볼 수 있다고 하면서, 부사형 어미에 종속적 연결어미를 함께 제시하기도 하였다. 이 책에서는 종속적 연결어미를 부사형 어미로 다루지 않는다.

이상에서 설명한 내용을 정리하면 다음과 같다.

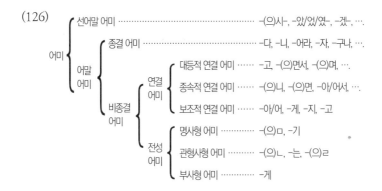

(126)
어미
- 선어말 어미 ·························· -(으)시-, -았/었/였-, -겠-, …
- 어말 어미
  - 종결 어미 ························· -다, -니, -어라, -자, -구나, …
  - 비종결 어미
    - 연결 어미
      - 대등적 연결 어미 ······ -고, -(으)면서, -(으)며, …
      - 종속적 연결 어미 ······ -(으)니, -(으)면, -아/어서, …
      - 보조적 연결 어미 ······ -아/어, -게, -지, -고
    - 전성 어미
      - 명사형 어미 ············ -(으)ㅁ, -기
      - 관형사형 어미 ········· -(으)ㄴ, -는, -(으)ㄹ
      - 부사형 어미 ············ -게

 톺·아·보·기

연결 어미 '-(으)ㄹ는지, -(으)ㄹ는가, -(으)ㄹ는고'

2000학년도 대학수학능력시험 언어영역 문제에 '있을는지'가 한글 맞춤법에 맞는지 아닌지를 묻는 문제가 출제되었지만, 그 문제에 대한 해설에서도 왜 '있을는지'로 쓰는 것이 옳은지에 대한 설명은 찾아볼 수 없었다.

연결 어미 '-(으)ㄹ는지'에 대해 더 자세히 알아보기 위해 국어 사전을 찾아보면, 『우리말 큰사전』과 『표준국어대사전』에는 다음과 같이 표제어를 등재해 놓았다.

(1) 가. 〈우리말 큰사전〉: -(으)ㄹ런지, -(으)ㄹ런가, -(으)ㄹ런고
나. 〈표준국어대사전〉: -(으)ㄹ는지, -(으)ㄹ런가, -(으)ㄹ런고

이와 같이 국어 사전에서 혼란을 보이고 있는 '-(으)ㄹ는지' 관련 어휘에 대해 송창선(2013ㄴ)에서 면밀하게 검토한 바 있다. 그래서 두 가지 형태 중의 어느 쪽이 합리적인지를 검토하였는데,

'-(으)ㄹ런지' 계열은 '러'나 '런'이 나타나는 부분을 합리적으로 설명하지 못하는 데 비해, '-(으)ㄹ는지' 계열은 '-(으)려고 하는지' 등이 줄어서 만들어진 것으로 설명하는 것이 가능함을 확인하였다. 이들 어미는 각각 '-으려고 하는지, -으려고 하는가, -으려고 하는고'가 줄어들어서 '-(으)려는지, -(으)려는가, -(으)려는고'가 되었고, 여기서 다시 '-(으)ㄹ는지, -(으)ㄹ는가, -(으)ㄹ는고'가 만들어진 것으로 보았다.

다음으로 '-(으)ㄹ는지'의 의미를 살펴본 결과, '-(으)ㄹ는지'는 "의도"의 의미와 "가능성이나 추측"의 의미를 함께 지니는 것으로 밝혀졌다. 현재 출간된 국어 사전 중에는 『우리말 큰사전』만 '-(으)ㄹ는지'가 "의도"와 "가능성이나 추측"의 의미를 함께 지니는 것으로 보았을 뿐이며, 나머지 다른 사전에서는 "가능성이나 추측"이라는 한 가지 의미만 제시하였다. 특히 '-(으)ㄹ는가, -(으)ㄹ는고'의 경우에는 모든 사전에서 "가능성이나 추측"의 의미만 제시하였는데, 이들 어미들도 "의도"의 의미를 지님을 확인하였다.

우리는 연결 어미 '-(으)ㄹ는지, -(으)ㄹ는가, -(으)ㄹ는고'에 대해 깊이 살펴보면서, 일반 언중들의 언어 생활에 불편을 끼치지 않기 위해서는 일관성 있는 설명을 할 수 있어야 한다고 본다. 국어 사용자들이 국어 문법이 어렵다고 느끼는 까닭이 무엇인지 고민해 볼 필요가 있다.

4. 수식언

수식언은 문장 속에서 다른 성분을 꾸며주는 역할을 하는 단어인데, 관형사와 부사가 이에 속한다.

1) 관형사

관형사는 체언을 수식하는 기능을 하는 단어55)를 말한다. '관형사'라는 용어는 인구어의 '관사'라는 명칭과 '형용사'라는 명칭을 합쳐서 만든 용어이다. 그 이름과 마찬가지로 기능도 영어의 관사나 형용사와 비슷한데56), 국어의 형용사는 활용을 하지만, 관형사는 형태 변화가 일어나지 않아서 별개의 품사로 설정하였다.

관형사의 종류

국어의 관형사에는 성상 관형사, 지시 관형사, 수 관형사의 세 가지가 있다.

먼저, **성상 관형사**는 대상의 성질이나 상태를 나타내는 관형사인데, (127가)는 고유어로 된 성상 관형사이고, (127나)는 한자어로 된 성상 관형사이다.

> (127) 가. 새, 헌, 옛, 맨
> 　　　　나. 순(純), 전(前), 현(現), 신(新), 구(舊)

지시 관형사는 어떤 대상을 가리킬 때 사용하는 관형사이다.

> (128) 가. 이, 그, 저, 이런 그런, 저런
> 　　　　나. 어느, 무슨, 어떤, 웬, 다른

---

55) 관형사는 대명사나 수사를 수식하지 않기 때문에, 명사를 수식하는 단어라고 할 수 있다.
56) 유현경 외(2018: 279)에서 관형사라는 명칭은 관사와 형용사의 결합이라고 했는데, 국어의 수 관형사는 영어의 관사(a, the)와 비슷한 기능을 하고, 성상 관형사 '새, 헌'은 영어의 형용사 'old, new'와 비슷한 기능을 한다.

(128가)의 관형사는 화자 근칭, 청자 근칭, 원칭의 대립을 보이는 데, '이, 그, 저'는 개별적인 대상을 직접 가리킬 때 사용하고, '이런, 그런, 저런'은 개별 대상을 가리키지 않고 어떤 속성을 지닌 부류를 가리킬 때 사용한다.

(128나)의 '어느, 무슨'은 의문문에서 사용하는 관형사인데, '어떤, 웬'은 의문문과 평서문에서 모두 사용할 수 있다.

(129) 가. <u>어느</u> 나라에서 오셨습니까?
　　　나. <u>무슨</u> 색깔을 가장 좋아하셨습니까?
(130) 가. <u>어떤</u> 학생이 나를 찾아왔어./찾아왔어?
　　　나. <u>웬</u> 사람이 혼자서 떠든다./떠드니?

(128나)의 '다른'은 형용사의 관형사형 '다른'과 구별하여야 한다.

(131) 가. 잘 모르면 <u>다른</u> 학생에게 물어 보아라.
　　　나. 생각이나 가치관이 <u>다른</u> 사람에게 자기 생각만 옳다고 할 수 없어.

(131가)의 '다른'은 관형사로서 굳어진 말이어서 '같지 않은'으로 바꿔 쓸 수 없고 관형사 '딴'으로 바꿔 쓸 수 있다. 그런데 (131나)의 '다른'은 '생각이나 가치관이 다르다'와 같이 서술어로 쓰여서 '같지 않은'으로 바꿔 쓸 수 있으며 '딴'으로 바꿔 쓸 수 없다.

수 관형사는 명사 앞에 오기도 하지만 대체로 단위를 나타내는 의존명사와 결합한다.

(132) 가. 한, 두, 세/서/석, 네/너/넉57), 다섯, 여섯, … 열, 스무
　　　나. 일, 이, 삼, 사, 오, 육, … 십, 이십
　　　다. 여러, 모든, 온, 온갖

---

57) 단위성 의존명사 '돈, 말, 발, 푼' 앞에서는 '서, 너'를 쓰고, '냥, 되, 섬, 자' 앞에서는 '석, 넉'을 쓴다.

(132가)는 고유어로 된 수 관형사이며, (132나)는 한자어로 된 수 관형사이다. (132다)는 숫자와는 직접적인 관련은 없지만, 수 관형사에 포함시킨다.

단위를 나타내는 명사가 고유어이면 '한 사람, 두 벌, 세 켤레, 네 마리'처럼 고유어 관형사를 쓰는데, 명사가 한자어인 경우에는 '한 개(個), 두 권(卷)'처럼 고유어 관형사를 쓰기도 하고, '일 원(圓), 십 리(里)'처럼 한자어 관형사를 쓰기도 한다. 고유어 관형사와 한자어 관형사를 함께 쓰는 경우에 '군인 아홉/구 명', '배 열/십 척'처럼 같은 의미를 지니기도 하지만, '일/이 층(層)'과 '한/두 층(層)', '일/이 기(期)'와 '한/두 기(期)'처럼 고유어로 읽을 때와 한자어로 읽을 때 의미가 달라지기도 한다.

관형사의 순서

관형사는 여러 개가 함께 쓰일 수 있는데, 이럴 때는 항상 '지시 관형사 + 수 관형사 + 성상 관형사'의 순서로 놓인다.

(133) 의 모든 새 규정을 어떻게 다 기억할 수 있겠니?

2) 부사

부사는 주로 형용사나 동사, 다른 부사를 수식하는 단어를 말하는데, 부사가 문장 전체를 수식하는 경우도 있다.

부사는 특정한 한 성분을 수식하는 **성분 부사**와 문장 전체를 수식하는 **문장 부사**로 나눌 수 있다. 성분 부사는 특정한 성분을 수식하기 때문에 자리 옮김이 자유롭지 못하지만, 문장 부사는 문장(혹은 절) 속에서 자리 옮김이 비교적 자유롭다.

(134) 가. 당신을 사랑해서 <u>무척</u> 행복합니다.

　　　　나. 세상에서 <u>가장</u> <u>높이</u> 나는 새는 앨버트로스다.

　　　　다. <u>아마</u> 나는 아직은 어린가 봐.

(134가)의 '무척'은 '행복하다'라는 형용사를 꾸미고, (134나)의 '가장'은 부사 '높이'를 꾸며 주고, '높이'는 '날다'라는 동사를 꾸며 주고 있다. 그리고 (134다)의 '아마'는 '나는 아직은 어린가 봐'라는 문장 전체를 꾸며 주고 있다.

이처럼 부사가 주로 용언이나 다른 부사를 수식하는 것이 일반적인데, (135)처럼 명사, 대명사, 수사 등의 체언을 꾸미는 경우도 있으며, (136)처럼 부사가 관형사를 꾸미는 경우도 있다.

(135) 가. 그는 <u>아주</u> 부자다.

　　　　나. 범인은 <u>바로</u> 너야.

　　　　다. 그는 <u>겨우</u> 하나만 보내 주었다.

(136) 가. 그는 <u>매우</u> 헌 양복을 걸치고 있었다.

　　　　나. 나는 <u>아주</u> 새 집에서 살고 싶다.

성분 부사

성분 부사는 의미에 따라 성상 부사, 지시 부사, 부정 부사로 나누기도 한다.

성상 부사는 성질이나 상태를 나타내는 부사인데, 성상 부사에는 '높이, 빨리, 멀리, 잘, 매우, 퍽, 아주' 등의 부사와 '송알송알, 대롱대롱' 등의 상징 부사가 있다.

지시 부사에는 화자 근칭, 청자 근칭, 원칭의 대립을 보이는 '이리, 그리, 저리'와, 시간을 나타내는 '어제, 오늘, 내일' 등의 부사가 있다.

부정 부사에는 의지 부정을 나타내는 '안'과 능력 부정을 나타내는 '못'이 있다.

성상 부사, 지시 부사, 부정 부사가 함께 나타날 때는 '지시 부사 + 성상 부사 + 부정 부사'의 순서로 놓인다.

(137) 안경을 바꾸어도 <u>그리</u> 잘 <u>안</u> 보이는데?

문장 부사

문장 전체를 수식하는 문장 부사에는 화자의 양태를 표시하는 양태 부사와, 문장과 문장을 이어주는 접속 부사의 두 가지가 있다.

양태 부사에는 '과연, 모름지기, 설마, 아마, 부디, 다행히' 등이 있으며, **접속 부사**에는 '그리고, 그러나, 또한, 한편, 및, 또는' 등이 있다.

(138) 가. <u>다행히</u> 그가 살아서 고향으로 돌아왔다.
　　　 나. 사람은 쉽게 변하지 않는다. <u>그렇지만</u> 변하려고 노력한다.
　　　 다. 자원 보호 정신을 학교, 가정 <u>및</u> 지역 사회에 뿌리내리게 해
　　　　　 야 한다.

(138가)에서 문장 부사 '다행히'는 '그가 살아서 고향으로 돌아왔다.'라는 문장 전체를 수식하고 있다. (138나)의 '그렇지만'은 제6차 교육과정에서는 독립어로 다루다가 제7차 교육과정에서 부사어로 다루었다. (138다)의 접속 부사 '및'은 겉으로 보기에는 명사구를 연결하는 것처럼 보이지만, '가정에 뿌리내리다'라는 절과 '지역 사회에 뿌리내리다'라는 절을 이어주는 구실을 하는 것으로 보아야 한다.

5. 독립언

독립언에는 감탄사 하나만 포함되는데, 감탄사는 화자의 느낌이나 의지 등을 나타내는 말이다. 감탄사에는 감정 감탄사, 의지 감탄사, 군말(입버릇 및 더듬거림) 등이 있다.

(139) 가. 하하, 아이고, 이크, 아뿔싸
　　　 나. 응, 예, 그래, 아니요, 옳소
　　　 다. 뭐, 어, 에, 거시기, 말이야, 말입니다.

감정 감탄사는 (139가)처럼 기쁨, 슬픔, 성냄, 놀람 등을 나타내는 감탄사이고, **의지 감탄사**는 (139나)처럼 자기 생각을 표현하는 감탄사이며, 군말은 (139다)처럼 하지 않아도 될 쓸데없는 말이나 말버릇을 말한다.

6. 품사 통용

하나의 단어가 둘 이상의 품사로 쓰이는 경우가 있는데, 이를 **품사 통용**이라고 한다.

> (140) 가. 저 나무는 키가 무척 <u>크구나</u>.
> 　　　 나. 너는 요즘 키가 잘 <u>크는구나</u>.

(140가)의 '크다'는 감탄형 어미 '-구나'가 붙은 것으로 보아 형용사라는 것을 알 수 있고, (140나)의 '크다'는 감탄형 어미 '-는구나'가 붙은 것으로 보아 동사라는 것을 알 수 있다.

(140)처럼 한 단어가 두 가지 이상의 품사로 쓰이는 현상을 '품사 전성'이나 '영 파생'으로 설명하는 방법도 있다. 품사의 전성으로 보면 두 가지 품사 중에서 어느 하나를 기본으로 잡고 이것이 다른 품사로 전성되어 쓰이는 것으로 설명을 하며, 영 파생으로 보면 어떤 하나를 어근으로 잡고 그 어근에 영 형태의 접사가 결합하여 다른 품사를 지닌 단어로 파생된다고 설명을 한다.

그렇지만 학교 문법에서는 하나의 단어가 둘 이상의 품사로 쓰인다고 보았으며, 국어 사전에서도 대체로 하나의 표제어에 둘 이상의 품사를 함께 제시하고 있다.

(141) **크다** [Ⅰ]「형용사」「1」 사람이나 사물의 외형적 길이, 넓이, 높이, 부피 따위가 보통 정도를 넘다. 「2」 신, 옷 따위가 맞아야 할 치수 이상으로 되어 있다. 「3」 일의 규모, 범위, 정도, 힘 따위가 대단하거나 강하다. …

[Ⅱ]「동사」「1」 동식물이 몸의 길이가 자라다. 「2」 사람이 자라서 어른이 되다. 「3」 수준이나 지위 따위가 높은 상태가 되다.

품사 통용 현상을 보이는 예를 더 살펴보면 다음과 같다.

(142) 가. 열심히 노력한 <u>만큼</u> 곧 성공할 것이다. (의존명사)
      나도 너<u>만큼</u> 되도록 노력할게. (조사)
나. <u>오늘</u>의 젊은 작가 (명사)
      <u>오늘</u> 해야 할 일은 <u>오늘</u> 하라. (부사)
다. 그는 늘 <u>이성적</u>으로 대처한다. (명사)
      <u>이성적</u> 판단의 필요성 (관형사)
라. <u>만세</u> 소리를 들었다. (명사)
      <u>만세</u>! (감탄사)
마. 열에서 <u>셋</u>을 빼면 일곱이다. (수사)
      <u>열</u> 사람이 한 도둑을 못 지킨다. (관형사)
바. <u>아니</u> 땐 굴뚝에 연기 날까? (부사)
      <u>아니</u>, 벌써 해가 솟았네. (감탄사)
사. 오늘<u>보다</u> 나은 내일을 위하여. (조사)
      <u>보다</u> 더 빨리, <u>보다</u> 더 높이, <u>보다</u> 더 멀리 (부사)

제2장 단어형성론

형태론은 최소 단위인 형태소에서 최대 단위인 단어까지를 연구하는 분야인데, 제1장에서는 단어를 문법적 성질에 따라 분류한 품사에 대해 자세하게 살펴보았다. 제2장에서는 형태소가 결합하여 단어를 만드는 원리에 대해 살펴보기로 한다.

일반적으로 단어를 분류하면 (1)과 같다. 단어는 형태소 하나만으로 이루어진 단일어와 둘 이상의 형태소가 결합한 복합어로 나뉘고, 복합어는 다시 파생어와 합성어로 나뉜다.58)

(1) 단어의 분류

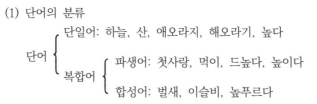

단일어는 하나의 형태소만으로 이루어진 단어를 말하는데, '하늘, 산'처럼 하나의 형태소로 이루어진 단어가 이에 속한다. '애오라지, 해

---

58) 학자들에 따라서는 단어를 단일어와 합성어로 나누고, 다시 합성어를 파생어와 복합어로 나누기도 한다.

오라기'도 더 이상 분석할 수 없는, 즉 하나의 형태소로 이루어진 단일어이다. 특히 '높다'는 '높-'과 '-다'의 결합이므로 파생어로 보기 쉽지만, 이때의 '-다'는 파생 접미사가 아니라 굴절 접미사이므로 '높다'를 하나의 형태소로 본다.

파생어는 '첫사랑, 먹이, 드높다, 높이다'처럼 어근(실질 형태소)에 파생 접사(형식 형태소)가 결합하여 만들어진 단어이며, 합성어는 '별새, 이슬비, 높푸르다'처럼 어근(실질 형태소)끼리 결합하여 만들어진 단어이다.

한편, 간혹 접미사인지 어근인지 판단을 내리기가 쉽지 않은 경우도 있다.

(2) 눈짓, 손짓, 발짓, 몸짓, 어깻짓, 고갯짓, 날갯짓

(2)의 '짓'은 '눈짓, 손짓, 발짓, 몸짓, 어깻짓, 고갯짓, 날갯짓' 정도로만 쓰이고, *입짓, *손가락짓, *목짓, *팔짓, *허리짓, *엉덩이짓'처럼 쓰이는 데 제약이 있다. 이런 점을 보면 접미사처럼 보이지만, 「표준국어대사전」에서는 다음과 같이 접미사 '-짓'은 표제어로 수록하지 않고 명사 '짓'만 수록해 놓았다.

(3) 짓「명사」몸을 놀려 움직이는 동작. 주로 좋지 않은 행위나 행동을 이른다. ¶ 나쁜 짓/어리석은 짓/부질없는 짓/짐승만도 못한 짓/짓을 부리다/미운 짓만 골라서 한다./…

그렇다면 (2)의 '짓'과 (3)의 '짓'의 의미가 같은지에 대해 생각해 볼 필요가 있다.

(4) 가. 넘치는 감정과 풍부한 표현력, 손짓, 발짓, 몸짓, 얼굴 표정까지 바꿔가며 얘기를 하다가도 그것도 모자라 양념이라도 치듯이 음악 소리에 맞춰 몸을 흔들어 댄다. 〈떠도는 배들〉[59]

---

59) 용례로 제시한 것은 '꼬꼬마 세종 말뭉치 활용 시스템'을 활용하여 뽑은 자료이다.

나. 다른 사람들도 손짓을 받고는 모두 뱃머리로 어기적거리며
　　　　걸어가 〈배낭여행〉
　　(5) 가. 손에 무기 하나 들지 않은 순직한 백성들을 향해서 그들은 무
　　　　슨 짓을 했던가? 〈아름다운 고향〉
　　나. 이렇게 염치 없는 짓을 제일 잘 하는 것이 개미이다. 〈곤충
　　　　기〉

　　(4)의 '짓'은 '몸을 움직이는 동작'을 뜻하고, (5)의 '짓'은 '좋지 않
은 행동'을 뜻할 뿐만 아니라, (4)의 '짓'은 몇몇 단어에만 쓰이는 점을
중시한다면, (2), (4)의 '짓'은 접미사로 다루고 '-짓'으로 표기해야 하
며, (3), (5)의 '짓'은 명사로 다루어야 한다고 본다.
　　단어를 형성하는 방법에는 파생어를 만드는 규칙과 합성어를 만드는
규칙의 두 가지가 있다. 지금부터는 이에 대해 자세히 살펴보자.

1. 파생법

　　파생은 어근(실질 형태소)에 접사(형식 형태소)가 결합하여 새로운
단어를 만드는 방법이다. 접사는 어근의 앞에 붙기도 하고 뒤에 붙기
도 하는데, 어근의 앞에 결합하는 접사를 **접두사**라고 하고 어근의 뒤
에 결합하는 접사를 **접미사**라고 한다.

　　(6) 가. 군말, 풋과일, 드높다, 치솟다
　　　　나. 먹이, 지우개, 높이다, 막히다

　　(6가)의 접사 '군-, 풋-, 드-, 치-'는 어근 앞에 결합하는 접두사이
고, (6나)의 접사 '-이, -개, -이-, -히-'는 어근 뒤에 결합하는 접미사
이다.

1) 파생 접사의 생산성

파생 접사 가운데 어떤 파생 접사는 특정한 몇몇 어근에만 제한적으로 결합하기도 하고, 어떤 파생 접사는 아주 많은 어근에 자유롭게 결합하기도 한다.

> (7) 가. 높이, 깊이, 길이, 먹이, 재떨이, 옷걸이, ….
>   나. 기쁨, 슬픔, 젊음, 걸음, 믿음, 죽음, 웃음, ….
> (8) 가. 주검, 무덤
>   나. 모가지
>   다. 꼬락서니

(7)의 접미사 '-이'와 '-음'은 아주 많은 동사나 형용사 어근에 결합하여 새로운 낱말을 만들어내므로, 이런 접사를 **생산성이 높은 파생 접사**라고 한다. 이에 반해 (8)의 접미사 '-엄, -아지, -악서니'는 결합할 수 있는 어근의 수가 극히 제한되어 있는데, 이런 접사를 **생산성이 낮은 파생 접사**라고 한다.

접사의 생산성이 높은지 낮은지에 대한 차이는 이들 접사가 결합한 단어의 표기에 영향을 주는데, 생산성이 높은 접사는 (7)처럼 어근의 원형을 밝혀서 분철하여 적지만, 생산성이 낮은 접사는 (8)처럼 어근의 원형을 밝혀서 적지 않고 어근과 접사를 연철하여 적는다.

2) 파생 접사의 기능

접사가 어근에 결합할 때, 어근의 의미를 한정하는 데 그치기도 하고, 어근의 품사를 바꾸기도 한다.

> (9) 맏딸, 참새, 풋과일, 되묻다, 새빨갛다
> (10) 가. 먹이, 지우개, 슬기롭다, 높이
>   나. 장난꾸러기, 멋쟁이, 가위질

(9)에서는 접두사 '맏-, 참-, 풋-'이 어근의 의미를 한정하기만 하고 품사는 어근의 품사 그대로 유지하여 '맏딸, 참새, 풋과일'이라는 새로운 명사를 파생하였으며, '되묻다, 새빨갛다'에서도 '되-, 새-'가 결합하였지만 어근의 품사와 파생어의 품사가 일치함을 알 수 있다. 이처럼 뜻을 더하거나 한정하는 기능만 하는 접사를 **한정적 접사**(가의적 접사)라고 하는데, 국어의 접두사는 한정적 기능만 하는 것으로 본다.

(10가)에서는 접미사 '-이, -개'가 동사 어근 '먹-, 지우-'에 결합하여 명사를 파생하였으며, 접미사 '-롭-'이 명사 어근 '슬기'에 결합하여 형용사를 파생하였고 접미사 '-이'가 형용사 어근 '높-'에 결합하여 부사를 파생하였다. 이처럼 어근의 품사를 바꾸는 기능을 하는 접사를 **지배적 접사**(조어적 접사)라고 하는데, 국어의 접미사는 지배적 기능을 하는 경우가 많다.

(10나)는 국어의 접미사 중에서 한정적 기능을 하는 예를 보인 것인데, '-꾸러기, -쟁이, -질'이 명사 '장난, 멋, 가위'에 결합하여 새로운 명사를 파생하였으나 어근의 품사와 파생어의 품사가 달라지지 않았음을 알 수 있다.

 톺·아·보·기

> **접두사도 지배적 기능을 가지는가?**
>
> 국어학계에서는 국어의 접두사도 지배적인 기능을 지니는 것으로 보는 학자들도 있다.
>
> (1) 못나다, 잘나다, 못생기다, 잘생기다
>
> 송철의(1995: 853-861)에서는 이들이 '못난, 잘난, 못생긴, 잘생긴' 등으로 활용되고 *못나는, *잘나는, *못생기는, *잘생기는, *

못되는' 등으로 활용하지 않기 때문에 이들을 형용사로 보았으며, 국립국어연구원(1999)에서도 같은 설명을 해 오다가 2017년에 「표준국어대사전」 인터넷 판 정보를 수정하여 동사로 바꾸게 되었다.

송창선(2014ㄱ)에서는 (1)의 '잘나다, 못나다, 잘생기다, 못생기다'뿐만 아니라 (2)의 '못되다, 메마르다, 강마르다, 깡마르다'도 형용사가 아니라 동사라는 점을 밝힌 바 있다.

> (2) 가. 못되다
> 나. 메마르다, 강마르다, 깡마르다

(2가)의 '못되다'는 (1)의 경우와 그리 다르지 않은데, 「표준국어대사전」에서는 '못되다'를 형용사로 처리하고 있다. 앞에서 이미 밝힌 것처럼, 어떤 서술어가 동사인지 형용사인지 확인하는 방법은 그 서술어에 '-었-'을 결합시켰을 때 현재를 나타내는지 아닌지를 확인하는 것이다.

> (3) 가. 그는 참 잘났다/못났다/잘생겼다/못생겼다.
> 나. 그는 참 못됐다.

위에서 보듯이 '못되다'에 '-었-'이 결합하였을 때 현재 상태를 나타냄이 분명하므로, '못되다'도 동사로 다루는 것이 바람직하다고 본다.

또한 (2나)의 '메마르다, 강마르다, 깡마르다'도 모든 국어학 논저와 국어 사전에서 형용사로 다루고 있지만, 앞에서 이미 밝힌 것처럼 이들도 모두 동사임이 분명하다.

따라서 국어의 접두사는 지배적인 기능을 지니는 예가 없기 때문에, 우리는 국어의 접두사가 한정적 기능만 지닌 것으로 본다.

3) 파생어 형성 규칙의 제약

파생어는 어근과 접사가 결합하여 형성되는데, 어떤 경우에는 파생어 형성 규칙이 적용되는 데 제약이 따르는 경우가 있다.[60]

(11) 가. 먹이, 성냥팔이, 구이[61], 넝마주이
    나. 가위질, 톱질, 손가락질, 발길질
    다. 길이, 넓이, 높이, 깊이

(11가)의 '먹이, 구이, 성냥팔이, 넝마주이'는 '먹-+-이, 팔-+-이, 굽-+-이, 줍-+-이'에서 보듯이 동사 어근에 파생 접미사 '-이'가 결합하여 만들어진 단어인데, 파생 접미사 '-이'는 어근이 자음으로 끝나는 경우에만 결합할 수 있는 제약이 있다. 이처럼 특정한 음운론적 환경에서 적용되는 제약을 **음운론적 제약**이라고 한다.

(11나)의 '삽질, 톱질, 손가락질, 발길질'의 '-질'은 대체로 명사 어근에만 결합하는 제약이 있다.[62] 이처럼 특정한 품사에만 결합하는 경우가 무척 많은데, 이런 제약을 **형태·통사론적 제약**이라고 한다.

(11다)의 '길이, 넓이, 높이, 깊이'에서 파생 접미사 '-이'는 형용사 어근에 결합하여 척도 명사가 만들어진 것이다. 그런데 이들의 상대어인 '*짧이, *좁이, *낮이, *얕이'가 만들어지지 못하는 것은 파생 접미사 '-이'가 긍정적인 가치를 지니는 어근에만 결합하는 제약이 있기 때문이다. 이처럼 특정한 의미와 관련된 제약을 **의미론적 제약**이라고 한다.

한편, 파생어 형성 규칙이 제한되는 경우가 더 있는데, 의미상으로 유사한 단어가 이미 존재하고 있을 때 제약이 생기기도 한다. 이런 현상을 **저지**(blocking) 현상이라고 한다.

---

60) 파생어 형성 규칙의 제약에 대해서는 송철의(1992: 91-123), 구본관 외(2015: 135-136) 참고.
61) '굽-+-이'의 결합이지만 'ㅂ'이 탈락하지 않는 '굽이'("휘어서 구부러진 곳")도 있다.
62) 명사가 아닌 어근에 결합하는 특별한 경우에는 '딸꾹질, 수군덕질' 등이 있다.

(12) 가. 크기, 굵기, 밝기, 세기, 기울기, 빠르기
　　 나. *길기, *넓기, *높기, *깊기
　　 다. 길이, 넓이, 높이, 깊이

파생 접미사 '-기'는 '크기, 굵기, 밝기, 세기, 기울기, 빠르기'처럼
형용사 어근에 결합하여 척도 명사를 만드는데, '*길기, *넓기, *높기, *
깊기'와 같은 명사를 파생시키지 못하는 것은 '길이, 넓이, 높이, 깊이'
가 이미 존재하고 있기 때문이다.

4) 접두 파생법

접두사가 어근 앞에 결합하여 새로운 단어를 만드는 방법을 접두
파생법이라고 하는데, 접두사는 어근의 품사를 바꾸는 지배적 기능을
하지는 않고 한정적(가의적) 기능만 지닌다.
접두사는 관형사와 혼동하기 쉽기 때문에, 이 둘의 차이를 아는 것
이 중요하다.

(13) 가. 신기록, 신세계, 신세대, *신건물, *신의복, *신책
　　 나. 새 기록, 새 세계, 새 세대, 새 건물, 새 옷, 새 책, ….

(13)처럼 접두사는 어근과 결합하는 데 제약이 있지만, 관형사는 대
부분의 명사와 결합할 수 있다는 차이를 보인다.[63]

명사 파생법
명사 어근에 접두사가 결합하여 새로운 명사를 파생하는 방법인데,
그 예는 다음과 같다.[64]

---

[63] 접두사와 어근 사이에는 다른 요소가 끼어들 수 없으나, 관형사와 명사 사이에는 '새
　　 검은 옷'처럼 다른 요소가 끼어들 수 있다는 차이를 간혹 제시하기도 한다. 그렇지만
　　 '검은 새 옷'은 자연스럽지만, '새 검은 옷'은 자연스럽지 않다고 본다.
[64] 접두사와 접미사의 목록에서 제시하는 의미와 용례는 대부분 「표준국어대사전」에서

(14) 가. 군- ('가외로 더한' ; '덧붙은')

군말, 군살, 군침, 군불 ; 군사람, 군식구

나. 맏- ('여러 형제자매 가운데서 가장 손위인 사람')

맏아들, 맏딸, 맏사위, 맏며느리, 맏손자, 맏손녀

다. 맨- ('다른 것이 없는')

맨눈, 맨다리, 맨손, 맨발, 맨주먹

라. 민- ('꾸미거나 딸린 것이 없는' ; '그것이 없음')

민얼굴, 민저고리 ; 민소매, 민무늬

마. 메-/멥- ('찰기가 없이 메진')

메조, 메벼, 멥쌀

바. 숫- ('더럽혀지지 않아 깨끗한')

숫처녀, 숫총각, 숫눈, 숫사람

사. 수-/숫- ('새끼를 배거나 열매를 맺지 않는')

수꽃, 수꿩, 수소, 수캐, 수탉65), 숫양, 숫염소, 숫쥐66)

아. 암- ('새끼를 배거나 열매를 맺는')

암꽃, 암꿩, 암소, 암캐, 암탉, 암양, 암염소, 암쥐

자. 찰-/차-/찹- ('끈기가 있고 차진')

찰떡, 찰벼, 찰흙, 차조, 찹쌀67)

차. 해-/햇-/햅- ('당해에 난')

해콩, 해팥, 햇곡식, 햇과일, 햅쌀

카. 홀-68) ('짝이 없이 혼자뿐인')

홀몸, 홀아버지, 홀어머니, 홀아비, 홀어미

동사/형용사 파생법

접두사가 어근에 결합하여 동사나 형용사가 파생되는 방법인데, 그 예는 다음과 같다.

가져온 것이다.

65) '수캐, 수탉, 암캐, 암탉'의 경우에는 접두사 '수-, 암-'과 어근이 결합할 때 'ㅎ'이 첨 가되었다.

66) 표준어 규정 제7항에서 수컷을 이르는 접두사는 '수-'로 통일한다고 규정하였는데, 다 만 '숫양, 숫염소, 숫쥐'는 '숫-'으로 쓴다고 하였다.

67) '찹쌀, 햅쌀'은 접두사 '찰-, 햇-'과 '쌀'이 결합할 때 'ㅂ'이 첨가되었다. 이런 현상은 역사적으로 볼 때 '쌀'의 중세 국어 형태가 '뿔'이었던 것과 관련이 있다.

68) '홀-'의 상대어인 접두사 '핫-'은 "짝을 갖춘"의 뜻으로 '핫아비, 핫어미'처럼 쓰인다.

(15) 가. 되- ('도로' ; '다시')

　　　되돌아가다, 되찾다 ; 되살리다, 되새기다

　　나. 뒤- ('몹시' ; '반대로')

　　　뒤덮다, 뒤섞다 ; 뒤바꾸다, 뒤엎다

　　다. 들- ('마구', '몹시')

　　　들끓다, 들볶다, 들쑤시다

　　라. 새-/시-/샛-/싯- ('매우 짙고 선명하게')

　　　새까맣다, 시뻘겋다, 샛노랗다, 싯누렇다

　　마. 엿- ('몰래')

　　　엿듣다, 엿보다, 엿살피다

　　바. 휘-/휩- ('마구')

　　　휘감다, 휘날리다, 휘젓다, 휩쓸다[69)]

둘 이상의 품사에 결합하는 접두사

접두사 가운데는 명사 어근에 결합하여 명사를 파생시키면서 동사
에 결합하여 새로운 동사를 파생시키는 것들이 있다.

(16) 가. 올- ('빨리 여무는' ; '빨리')

　　　올벼, 올콩, 올감자 ; 올되다

　　나. 늦- ('늦은' ; '늦게')

　　　늦가을, 늦더위, 늦벼, 늦감자 ; 늦되다, 늦심다

　　다. 덧- ('거듭된' ; '거듭')

　　　덧니, 덧버선, 덧신 ; 덧대다, 덧붙이다

　　라. 치- ('위로 향하는' ; '위로 향하게')

　　　치사랑 ; 치뜨다, 치밀다, 치솟다

　　마. 헛- ('보람 없는' ; '보람 없이')

　　　헛걸음, 헛고생, 헛수고 ; 헛디디다, 헛보다

5) 접미 파생법

접미사가 어근 뒤에 결합하여 새로운 단어를 만드는 방법을 접미

---

69) '휩쓸다'는 접두사 '휘'가 용언 어간과 결합할 때 'ㅂ'이 첨가되었는데, 이런 현상은
　　역사적으로 볼 때 '쓸다'의 중세 국어 형태가 '뿔다'였던 것과 관련이 있다.

파생법이라고 하는데, 접미사는 어근의 품사를 바꾸는 지배적 기능을 하는 경우도 있고 한정적(가의적) 기능을 하는 경우도 있다.

파생 접미사와 어미(굴절 접미사)는 다음과 같은 차이를 보인다.

첫째, 파생 접미사는 새로운 단어를 형성하지만, 어미는 단어 형성과는 관계가 없다. (17가)처럼 파생 접미사 '-(으)ㅁ'이 결합하여 만들어진 새로운 단어는 사전에 표제어로 수록되지만[70], (17나)처럼 어미가 결합한 형태는 새로운 단어가 아니어서 사전에 등재될 수 없다.

> (17) 가. 믿음, 죽음, 웃음, 걸음, 젊음, 삶
> 나. 믿고, 믿으니, 믿으면, 믿어서, ….

둘째, 파생 접미사가 어근과 결합할 때는 제약이 많지만, 어미가 용언의 어간과 결합하는 데는 별다른 제약이 없다.

> (18) 가. 높이, *낮이, 많이, *적이, 길이, *짧이, 같이, 달리
> 나. 높게, 낮게, 많게, 적게, 길게, 짧게, 같게, 다르게

셋째, 파생 접미사는 어근에 결합하여 품사를 바꾸는 경우도 있지만, 어미는 품사를 바꾸지 못한다. 파생 접미사 중에는 (19가)의 '-질, -쟁이'처럼 품사를 바꾸지 못하는 것도 있고, '-개, -이'처럼 품사를 바꾸는 경우도 있다. 그렇지만 어미는 용언 어간의 품사를 바꾸지 못한다.

> (19) 가. 가위질, 멋쟁이 ; 지우개, 먹이
> 나. 가고, 가면, 가니, 가느라

넷째, 파생 접미사는 의미가 일정하지 않아서 서로 다른 경우도 있는데, (20)에서 보듯이 접미사 '-이'는 '사람'을 뜻하는 경우도 있고, '도구'나 '행위'를 나타낼 때도 있다. 그렇지만 어미는 그 의미가 항상

---

70) 일상생활에서 자주 쓰이는 '배움'은 「표준국어대사전」에 등재되지 않았다.

일정하여, (21)의 '-고'는 항상 '사실을 대등하게 벌여 놓는 연결 어미'로 쓰인다.

> (20) 가. 때밀이, 구두닦이(사람)
> 나. 목걸이, 옷걸이(도구)
> 다. 뱃놀이, 단풍놀이(행위)
> (21) 많고, 적고, 높고, 가고, 먹고, 놀고

다섯째, 파생 접미사는 (22가)처럼 대체로 단어 이하의 단위에 결합하는 데 비해, 어미는 (22나)처럼 단어보다 더 큰 단위인 구나 절에도 결합할 수 있다.

> (22) 가. 먹이, 웃음, 잠꾸러기, 옷걸이
> 나. 아침이 되어서 밥을 먹고 학교에 가면 친구를 만난다.

한편, 접미 파생법은 명사 파생법, 동사 파생법, 형용사 파생법, 부사 파생법으로 나누어서 살펴볼 필요가 있다.

명사 파생법

명사를 파생시키는 접미사에는 여러 가지가 있는데, 그 중에서 대표적인 접미사 '-(으)ㅁ, -기, -이'에 대해 먼저 살펴보고, 다음으로 나머지 접미사를 살펴보기로 한다.

먼저 파생 접미사 '-(으)ㅁ'은 (23)처럼 대체로 행위 명사나 사건 명사 등의 추상 명사를 파생시킨다. (23가)는 동사 어근에 '-(으)ㅁ'이 결합한 경우이고 (23나)는 형용사 어근에 '-(으)ㅁ'이 결합한 경우이다. (24)는 '-(으)ㅁ'이 결합하여 행위가 끝난 결과로 생긴 사물을 가리키는 경우이다.

> (23) 가. 가르침, 가뭄, 걸음, 느낌, 믿음, 물음, 흐름, 죽음
> 나. 게으름, 그리움, 미움, 아픔, 외로움

(24) 튀김, 그림, 얼음

한편, 파생 접미사 '-기'는 (25가)처럼 동사 어근에 결합하여 대체로 행위 명사나 사건 명사를 파생하기도 하고, (25나)처럼 형용사 어근에 결합하여 척도 명사를 파생하기도 한다.

　　　(25) 가. 달리기, 던지기, 쓰기, 읽기, 더하기, 곱하기, 짜깁기, 누르기
　　　　　　나. 크기, 밝기, 세기, 기울기, 빠르기

그리고 파생 접미사 '-이'가 동사 뒤에 결합할 때는 (26가)처럼 어근이 자음으로 끝난 경우에만 결합하고, 형용사와 결합하는 경우에는 (26나)처럼 주로 척도 명사를 파생시킨다.

　　　(26) 가. 구이, 놀이, 떨이, 더듬이, 벌이
　　　　　　나. 길이, 넓이, 깊이, 높이

또한 (27)처럼 파생 접미사 '-이'가 명사에 결합하여 "~와 같은 성질 또는 특징을 갖는 것"이라는 의미를 지니는 명사를 파생할 수 있다. 그리고 의성·의태어에 결합할 때는 (28가)처럼 어근과 접사를 분철하기도 하고, (28나)처럼 연철하기도 한다.71)

　　　(27) 가. 곰배팔이, 육손이, 바둑이
　　　(28) 가. 홀쭉이, 반짝이, 깜빡이
　　　　　　나. 개구리, 누더기, 얼루기

그밖에 도구를 나타내는 접미사 '-개/-게'가 있다.

---

71) 한글맞춤법 제23항에서는 '-하다'나 '-거리다'가 붙는 어근에 '-이'가 붙어서 명사가 된 것은 '오뚝이, 꿀꿀이, 홀쭉이, 쌕쌕이'처럼 그 원형을 밝히어 적고, '-하다'나 '-거리다'가 붙을 수 없는 어근에 '-이'나 또는 다른 모음으로 시작되는 접미사가 붙어서 명사가 된 것은 '개구리, 귀뚜라미, 기러기, 얼루기'처럼 그 원형을 밝히어 적지 아니한다고 하였다.

(29) 가. -개: ('그런 행위를 하는 간단한 도구' ; '그런 행위를 하는 사
람') 날개, 덮개, 지우개 ; 오줌싸개, 코흘리개
나. -게: ('그런 행위를 하는 간단한 도구')
지게, 집게

'-개/-게'는 둘다 '그러한 행위를 하는 간단한 도구'라는 의미를 지
니지만, '그러한 행위를 특성으로 지닌 사람'이라는 의미로는 '-개'만
쓰인다. '-개'와 '-게'는 이형태임이 분명하지만[72], 그 교체 조건이 명
확하지 않다.[73]

또한 행위를 나타내는 접미사 '-질'이 있다.

(30) 가. 도구를 이용한 행위: 가위질, 걸레질, 망치질, 부채질, 삽질
나. 신체 부위를 이용한 어떤 행위: 곁눈질, 손가락질, 주먹질, 손질
다. 직업이나 직책을 비하하는 뜻: 순사질, 목수질, 회장질
라. 좋지 않은 행위를 비하하는 뜻: 계집질, 서방질, 싸움질, 자랑질
마. 그런 소리를 내는 행위: 딸꾹질, 뚝딱질, 수군덕질

한편, 사람을 나타내는 접미사에는 다음과 같은 예가 있다.

(31) 가. -꾸러기: '그것이 심하거나 많은 사람'
장난꾸러기, 잠꾸러기, 말썽꾸러기
나. -보: '그것을 특성으로 지닌 사람' - 꾀보, 잠보, 털보
'그러한 행위를 특성으로 지닌 사람' - 먹보, 울보
'그러한 특징을 지닌 사람' - 땅딸보, 뚱뚱보
다. -장이/-쟁이[74]: 유기장이, 옹기장이, 간판장이, 양복장이
겁쟁이, 고집쟁이, 멋쟁이, 무식쟁이

---

72) 「표준국어대사전」에는 '-개'만 표제어로 등재하고 '-게'는 등재하지 않았다.
73) '날개, 오줌싸개'는 어근 말음이 양성 모음이고, '지게, 지우게'는 어간 말음이 음성
모음이어서 모음조화로 설명할 수 있지만, '덮개'는 어간 말음이 음성 모음인 데도 '-
개'가 결합된 것을 설명하기 쉽지 않다.
74) '-장이'와 '-쟁이'는 모두 다 '장(<匠)+-이'에서 왔지만, 표준어규정 제9항에서는 기
술자에게는 '-장이', 그 외에는 '-쟁이'가 붙는 형태를 표준어로 삼는다고 하였다. 그
런데 「표준국어대사전」에서는 "관련된 일을 직업으로 하는 사람"의 뜻으로 쓰이는 '-
쟁이'의 예로 '관상쟁이, 그림쟁이, 이발쟁이'를 제시하여 혼란을 주고 있다.

그밖에 명사를 파생시키는 접미사에 '-짜'75)가 있나.

> (32) 가. 진짜(眞-), 가짜(假-), 공짜(空-), 생짜(生-), 정짜(正-), 별짜(別-)
>   나. 날-짜76), 민-짜

접미사 '-짜'는 (32가)에서 보듯이 1음절 한자어 뒤에 주로 결합하는 특성이 있고, (32나)처럼 고유어에 결합하는 경우는 매우 드문데, '-짜'의 기원을 알기는 쉽지 않다.77)

동사 파생법

동사를 파생시키는 접미사에는 여러 가지가 있는데, 동사를 형성하는 접미사 중에서 대표적인 접미사로 '-하-'를 들 수 있다.

> (33) 가. 걱정하다, 근심하다, 사랑하다
>   나. 탐구하다, 연구하다
>   다. 잘하다, 못하다
>   라. 건들건들하다, 덜컹덜컹하다, 흔들흔들하다
>   마. 좋아하다, 싫어하다, 무서워하다, 그리워하다

(33가)처럼 고유어 명사에 '-하-'가 결합하기도 하고 (33나)처럼 한자어 명사에 결합하기도 한다. 또한 (33다)처럼 부사 뒤에 결합하거나 (33라)처럼 의성어나 의태어 뒤에 결합하기도 한다. 그리고 (33마)처럼 심리 형용사 뒤에 '-어하-' 형태로 결합하여 심리 동사를 만들기도 한다.

또한 사동 접미사와 피동 접미사도 동사 형성 접미사 중에서 무척 생산적인 접미사에 해당한다.

먼저 사동 접미사를 살펴보면, 사동 접미사에는 '-이-', '-히-', '-리

---

75) '몽짜, 뻥짜, 알짜'는 「표준국어대사전」에 단일어로 등재되어 있다.
76) '날짜'에는 '생짜(生-)'와 관련된 '날짜'와, '날짜(日子/日字)'의 두 가지가 있는데, 여기서는 앞의 '날짜'를 가리킨다.
77) '진짜, 가짜'는 중국어 '眞的(zhēn de)', '假的(jiǎ de)'에서 온 것으로 보인다.

-', '-기-', '-우-', '-구-', '-추-'의 일곱 가지가 있는데, 어근에 붙는 접미사의 형태를 규칙적으로 설명할 수 없다.

> (34) 가. -이-: 녹이다, 높이다, 먹이다
> 나. -히-: 밝히다, 앉히다, 입히다
> 다. -리-: 들리다, 울리다
> 라. -기-: 감기다, 웃기다
> 마. -우-: 돋우다, 비우다, 깨우다, 채우다[78]
> 바. -구-: 돋구다, 솟구다
> 사. -추-: 낮추다, 늦추다, 맞추다

다음으로, 피동 접미사를 살펴보면, 피동 접미사에는 '-이-', '-히-', '-리-', '-기-'의 네 가지가 있는데, 이 역시 어근에 붙는 접미사의 형태를 규칙적으로 설명할 수가 없다.

> (35) 가. -이-: 깎이다, 놓이다, 떼이다, 쌓이다
> 나. -히-: 닫히다, 막히다, 밟히다, 뽑히다
> 다. -리-: 갈리다, 뚫리다, 밀리다, 팔리다
> 라. -기-: 감기다, 담기다, 삶기다, 안기다

한편, '-거리-, -대-, -이-'는 반복형인 의성어나 의태어의 전체나 일부분에 결합하여 동사를 파생한다. '-거리-'와 '-대-'는 파생시키는 단어가 대체로 일치하고 의미도 거의 같은데, '-이-'의 경우에는 '-거리-, -대-'와는 의미가 약간 다르다.

> (36) 가. -거리-: 꽥꽥거리다[79] ; 까불거리다, 꿈틀거리다, 속삭거리
> 다, 움직거리다, 출렁거리다, ….
> 나. -대-: 꽥꽥대다 ; 까불대다, 꿈틀대다, 속삭대다, 움직대다,

---

78) '뜨다-띄우다, 서다-세우다, 자다-재우다, 차다-채우다, 크다-키우다, 타다-태우다, 트다-틔우다'에서는 사동 접미사가 중첩된 형태인 '-ㅣ우-'가 결합하였다.
79) '꽥꽥거리다'는 '꽥꽥'이라는 의성어 전체에 결합하였지만, '출렁거리다'는 '출렁출렁'의 일부분인 '출렁'에 '-거리다'가 결합한 것이다.

출렁대다, ….

다. -이-: 꽥꽥이다(×) ; 까불이다(×), 꿈틀이다(×), 속삭이다,
　　　　움직이다, 출렁이다, ….

끝으로 동사나 형용사 어근에 결합하는 구성인 '-(아/어) 뜨리-'[80]
와 접미사 '-치-'가 있다.

(37) 가. 누그러뜨리다, 찌그러뜨리다, 거꾸러뜨리다, 부러뜨리다, 빠
　　　　뜨리다(溺), 쓰러뜨리다, 이지러뜨리다, 자빠뜨리다, 찌부러
　　　　뜨리다
　　나. 넘치다, 놓치다, 닥치다, 덮치다, 물리치다, 밀치다, 부딪치다,
　　　　솟구치다, 지나치다
(38) 가. 끼뜨리다, 들이뜨리다, 밀뜨리다, 부딪뜨리다
　　나. 끼치다, 들이치다, 밀치다, 부딪치다

(37가)는 '-(아/어) 뜨리-'가 쓰인 예이고 (37나)는 '-치-'가 쓰인
예이며, (38)은 '-(아/어) 뜨리-'와 '-치-'가 결합된 단어가 공존하는
예를 보인 것인데, 이를 통해 '-(아/어) 뜨리-'와 '-치-'가 관련이 있음
을 알 수 있다.

형용사 파생법
형용사를 파생시키는 접미사의 가장 대표적인 예는 '-하-'이다.

(39) 가. 고요하다
　　나. 정숙하다, 한가하다, 희한하다
　　다. 볼록하다, 캄캄하다, 통통하다, 노릇노릇하다, 새콤달콤하다
　　라. 착하다, 따뜻하다, 조용하다, 서운하다

(39가)처럼 고유어 명사에 '-하-'가 결합하기도 하고 (39나)처럼 한

---

80) 송창선(1997, 1998ㄴ)에서는 강세 접미사로 다루어 온 '-뜨리-'에 대해 살펴본 결과,
　　형태상으로 볼 때 '-아/어'가 개입되는 '-아/어 뜨리/트리-'이며 그 기능(의미)도 "강
　　세"가 아니라 "타동화"라는 점을 밝혔다.

자어 명사에 결합하기도 한다. 또한 (39다)처럼 부사나 의성어나 의태어 뒤에 결합하기도 하며, (39라)처럼 불규칙적 어근에 결합하기도 한다.

다음으로 '-답-, -롭-, -스럽-'에 대해 살펴보자.

> (40) -답-: '성질이나 특성이 있음'
> 정답다, 꽃답다, 꼴답다, 참답다, 실답다[81], 아름답다
> 남자답다, 사람답다, 너답다, 우리 엄마답다
> (41) -롭-[82]: '그러함' 또는 '그럴 만함'
> 가소롭다, 명예롭다, 신비롭다, 위태롭다, 자유롭다, 풍요롭다, 향
> 기롭다
> (42) -스럽-: '그러한 성질이 있음'
> 가. 복스럽다, 촌스럽다, 어른스럽다, 영광스럽다, 자비스럽다
> 나. 거북스럽다, 걱정스럽다, 사랑스럽다, 시원스럽다, 자랑스럽
> 다, 조잡스럽다

'-답-'은 "어떤 성질이나 특성이 있음"을 나타내는데, 일반적으로 긍정적인 의미를 지니는 어근에 결합한다. '-롭-'은 추상적인 의미를 지니는 어근 뒤에 결합하고, 모음 어근 뒤에만 결합하는 특성이 있다. '-스럽-'은 '-답-, -롭-'보다는 후대에 발달한 접미사인데, (42)처럼 주로 명사에 결합하여 형용사를 만드는데, (42나)처럼 '-하다'나 '-스 럽다'가 모두 결합하는 경우도 있다.

또 길이나 넓이를 나타내는 말에 주로 결합하는 '-다랗-'이 있다.

> (43) 가느다랗다, 굵다랗다, 곱다랗다, 기다랗다[83], 깊다랗다, 높다랗
> 다, 잗다랗다, 좁다랗다, 커다랗다

---

81) '꼴답다'는 주로 '꼴답잖다("꼴이 보기에 무척 흉하다")' 형태로 쓰이고, '실답다'는 주로 '시답잖다("볼품이 없어 만족스럽지 못하다")' 형태로 쓰인다.
82) '까다롭다'는 「표준국어대사전」에서 '까다-롭다'로 다루다가 2019년에 '까다롭다'로 수정하였으며, '날카롭다'는 단일어로 등재하였다.
83) '기다랗다'의 상대어는 '짤다랗다'인데 이는 '짧다랗다'에서 변한 것이다.

'-답-'을 '-답$_1$-'과 '-답$_2$-'로 구분할 필요가 있을까?

김창섭(1984)를 비롯한 몇몇 연구에서는 '-답-'을 '-답$_1$-'과 '-답$_2$-'로 구분해야 한다고 주장하기도 한다.

> (1) 가. 정답다, 꽃답다, 꼴답다, 참답다, 실답다, 아름답다
>   나. 남자답다, 사람답다, 너답다, 우리 엄마답다

'-답$_1$-'은 어근의 끝소리가 자음이라는 제약을 가지며, 이에 의한 파생어는 (1가)의 여섯 가지뿐이라고 하였다. 그리고 '-답$_2$-'는 어근의 끝소리가 자음이든 모음이든 결합하며, 어근의 의미에 "그런 자격이나 특성을 갖추고 있음"을 뜻하며, 단어뿐만 아니라 '우리 엄마'같은 구에도 결합하는 차이를 보이므로 '-답$_1$-'과 '-답$_2$-'는 다른 요소라고 하였다.

하치근(1996: 46)에서는, '-답-'을 '-답$_1$-'과 '-답$_2$-'로 구분하려는 논의는 '-답(다)' 자체의 본질적인 기능에 의한 것이 아니고 취하는 뿌리의 뜻바탕에 의한 것이라고 하면서, '-답-'을 '-답$_1$-'과 '-답$_2$-'로 가르는 것을 비판하였다.

송창선(2006ㄱ)에서도 만약 '-답-'을 '-답$_1$-'과 '-답$_2$-'로 구분해야 한다면, '같다'도 '같다$_1$'과 '같다$_2$'로 구분해야 한다고 주장하였다.

> (2) 감쪽같다, 귀신같다, 꿈같다, 벼락같다, 비호같다, 실낱같다, 쏜살같다, 악착같다, 왕청같다, 주옥같다, 찰떡같다, 철벽같다, 철석같다, 철통같다, 하나같다, 한결같다
> (3) 가. 그는 여기에 <u>처음 온 사람</u> 같다.
>   나. 저것은 <u>내가 잃어버린 우산</u> 같다.

다. 내 마음은 <u>잔잔한 호수</u> 같다.

'같다'의 경우에도 '-답-'과 마찬가지로 (2)처럼 선행 형식이 어휘 범주인 경우도 있고, (3)처럼 구나 절 범주인 경우도 있는데, 이런 정도의 차이 때문에 '같다'를 '같다$_1$'과 '같다$_2$'로 구분하지 않는 것처럼, '-답-'도 '-답$_1$-'과 '-답$_2$-'로 구분할 필요가 없다고 주장하였다.

부사 파생법

부사를 파생시키는 접미사에는 '-이/-히'와 '-오/-우'가 있다.

먼저, 접미사 '-이/-히'에 대해 살펴보자. 형용사 중에서 어근에 '하다'가 결합할 수 있는 단어에는 (44)처럼 부사화 접미사 '-히'를 쓰고[84], '하다'가 붙을 수 없는 단어에는 '-이'가 결합하는 것이 일반적이다.

> (44) 나란히, 무사히, 부지런히, 안녕히, 영원히, 조심히, 조용히
> (45) 가. 같이, 굳이, 많이, 실없이, 좋이, 짓궂이
>   나. 곰곰이, 더욱이, 오뚝이, 일찍이
>   다. 겹겹이, 곳곳이, 나날이, 낱낱이, 일일이, 집집이, 층층이, 켜켜이

그리고 (45가)처럼 '하다'가 결합할 수 없는 경우에는 '-이'를 붙이고, (45나)처럼 부사 뒤에 결합하여 새로 부사를 만들 때도 '-이'를 붙인다. 아울러 (45다)처럼 명사를 겹쳐서 부사로 만들 때도 접미사 '-이'를 붙인다.

---

84) 구본관(2004: 108)에서는 중세 국어에서 어근에 '-히'가 결합한 것이 아니라, 어간 'Xᄒ-'에 '-이'가 결합한 것으로 보아야 한다고 하면서, 마지막 음절의 '히'는 'Xᄒ-'에 '-이'가 결합할 때 'ᄒ'의 'ᆞ'가 탈락하여 나타난 것이라고 하였다. 그런데 현대 국어에서는 '-하-'에 '-이'가 결합하여 '-히'로 바뀐 것으로 보기는 어렵기 때문에, 부사화 접미사 '-히'가 결합한 것으로 볼 수밖에 없다.

그런데 어근에 '하다'가 결합할 수 있는 경우에도 '-히'를 붙이지 않고 '-이'를 붙이는 경우가 있다. '하다'가 결합할 수 있는 경우에도 어근의 끝소리가 'ㅅ'일 때는 다음과 같이 '-이'를 붙인다.

(46) 깨끗이, 느긋이, 다소곳이, 따뜻이, 반듯이, 버젓이, 어렴풋이

그리고 '하다'가 결합할 수 있는 경우에도 어근의 끝소리가 'ㄱ'일 때는 '-이'를 붙이는 경우도 있고 '-히'를 붙이는 경우도 있다.

(47) 가. 깊숙이, 수북이, 끔찍이
    나. 가득히, 넉넉히, 아득히

끝으로 부사를 형성하는 접미사에는 '-오/우'가 있는데, 이들 접미사가 결합하여 파생시키는 단어의 숫자는 그리 많지 않다.

(48) 고루, 너무, 도두, 도로, 마주, 바투, 자주

 톺·아·보·기

부사화 접미사 '-이'와 '-히'

한글맞춤법 제25항은 '-하다'가 붙는 어근에 결합하는 부사화 접미사의 형태에 대한 규정인데, '-하다'가 붙는 어근에는 대체로 부사화 접미사 '-히'가 결합하지만, '나붓이, 따뜻이, 반듯이'처럼 'ㅅ' 받침 뒤에서는 부사화 접미사 '-이'가 결합한다고 하였다.

그렇지만 현행 한글맞춤법에서 '-하다'가 붙는 어근의 받침이 'ㄱ'인 경우에는 부사화 접미사 '-히'가 붙는지 '-이'가 붙는지에 대한 언급도 없이, '솔직히, 극히, 속히' 등의 예만 제시하고는 다른 설명을 하지 않았다. '한글맞춤법 해설'에서도 '극히, 딱히, 속

히, 족히, 엄격히, 정확히, 익히, 특히, 작히' 등의 용례만 제시되어 있을 뿐이어서, 'ㄱ' 받침 뒤에서는 부사화 접미사 '-이'를 쓰는지 '-히'를 쓰는지 갈피를 잡을 수 없도록 하였다.

송창선(2008ㄱ)에 따르면, 「표준국어대사전」에 수록된 어휘 중에서 '-하다'가 붙는 어근의 받침이 'ㄱ'으로 끝날 때, 그 어근이 고유어인 경우에 '-이'가 붙는 낱말은 223개이고 '-히'가 붙는 낱말은 85개인데, '-이'를 쓰는지 '-히'를 쓰는지 알려면 일일이 사전을 확인하는 수밖에 없다. 이렇게 되면 모든 부담은 결국 국어 사용자들에게 돌아갈 수밖에 없다.

> (1) 가. 깊숙이, 그윽이, 나직이, 수북이, 자욱이
> 나. 가득히, 갸륵히, 넉넉히, 아득히, 이슥히

아래 예를 보면 똑같은 환경에서 '-이'와 '-히'가 다 붙을 수 있어서, 어떤 낱말에 '-이'가 붙는지 '-히'가 붙는지 사전을 찾아보기 전에는 알 수가 없다.

> (2) 가. 갈쭉히, 걸쭉히, 껄쭉히 - 길쭉이
> 나. 공칙히 - 꺼림칙이, 아령칙이, 어령칙이
> 다. 든직히 - 듬직이, 뜸직이, 느직이, 나직이
> 라. 헙수룩히 - 텁수룩이, 터부룩이

송창선(2008ㄱ)에서는 어근의 받침이 'ㄱ'으로 끝날 때, 어근이 한자어인 경우에는 부사화 접미사 '-히'를 붙이는 것으로 통일할 필요가 있으며, 아울러 어근이 고유어인 경우에는 '딱히$_1$, 딱히$_2$, 착히'처럼 어근이 1음절인 경우에만 예외적으로 '-히'를 붙이고, 나머지 모든 경우에 부사화 접미사 '-이'를 붙이는 것으로 통일하자고 주장한 바 있다.

2. 합성법

합성법은 어근(실질 형태소)에 어근(실질 형태소)이 결합하여 새로운 단어를 만드는 방법이다.

> (49) 가. 코웃음: 코 + 웃음
> 나. 비웃음: 비웃- + -(으)ㅁ

(49가)의 '코웃음'은 어근 '코'와 어근 '웃음'이 결합하여 만들어졌으므로 합성어이다. 그러나 '코웃음'과 비슷한 뜻을 지닌 '비웃음'은 '비 + 웃음'으로 볼 수 없고, '비웃다'에 명사화 접미사 '-(으)ㅁ'이 결합하여 만들어진 단어이므로 파생어라는 차이를 보인다.

(49)처럼 합성어인지 파생어인지가 명확하게 갈라지는 경우도 있지만, (50)처럼 분간을 하기가 어려운 경우도 있다.

> (50) 가. 달마중: 달 + 마중
> 나. 달맞이: ① 달맞- + -이   ② 달 + 맞이   ③ 달 + -맞이

(50)의 '달마중'과 '달맞이'에 대해 살펴보면, '달마중'은 어근 '달'과 어근 '마중'이 결합한 합성어이다. 그런데 '달맞이'는 '달맞- + -이'로 볼 수도 있고, '달 + 맞이'로 보거나 '달 + -맞이'로 볼 수도 있다.85)

다음의 예들은 국어학계에서 합성어로 보는 견해와 파생어로 보는 견해가 양립해 있는 실정이다.

> (51) 가. 글짓기: ① 글짓- + -기   ② 글 + 짓기

---

85) 「표준국어대사전」에서는 '해맞이, 새해맞이, 손님맞이, 손맞이'에서와 같이 '-맞이'가 접미사로 쓰이는 것으로 보았다. 이와 마찬가지로 '시집살이, 감옥살이, 셋방살이, 종살이, 타향살이'의 '-살이'도 접미사로 다루었다.

나. 해돋이: ① 해돋- + -이   ② 해 + 돋이
다. 고기잡이: ① 고기잡- + -이   ② 고기 + 잡이

(51)에서 ①처럼 보는 견해에서는 합성어에 파생접미사가 결합되어 파생어가 만들어진 것으로 보며, ②처럼 보는 견해에서는 어근과 파생어가 결합하여 합성어가 만들어진 것으로 보는 것이다. 그러나 우리는 ②의 '짓기, 돋이, 잡이'가 단어가 아니기 때문에 문제가 된다고 보아, ①이 더 합리적이라고 판단한다.

1) 합성어와 구의 구별

합성어는 한 낱말이 된 경우이고 구는 통사적 구성이어서 이 둘은 몇 가지 다른 특성을 보인다.

먼저, 합성 명사인 '큰집[86]'과 구인 '큰 집'은 대치와 결합이라는 측면에서 다음과 같은 차이를 보인다.

(52) 가. {넓은/비싼/높은}집 (×)
     나. 큰{건물/산/강} (×)
     다. 큰저집 (×)
(53) 가. {넓은/비싼/높은} 집 (○)
     나. 큰 {건물/산/강} (○)
     다. 마당이 큰 저 집 (○)

(52)와 같이 합성어인 경우에는 '큰'과 '집'을 다른 말로 대치할 수 없고 두 말 사이에 다른 요소를 삽입할 수 없다. 그렇지만 (53)과 같이 구인 경우에는 '큰'과 '집'을 다른 말로 대치할 수 있을 뿐만 아니라, '큰'과 '집' 사이에 다른 요소를 삽입할 수 있는 차이를 보인다.

---

86) 국립국어연구원(1999)에서는 '큰-', '작은-'을 접두사로 등재해서 '큰집, 큰아버지' 등을 파생어로 다루는 태도를 보였는데, 최근에 인터넷 판에서 '큰-', '작은-'을 표제어에서 삭제했다.

합성 동사 '돌아가다'와 구 '돌아 가다'도 비슷한 차이를 보인다.

(54) 가. 그는 세상 <u>돌아가는</u> 이치를 모른다.
나. 그는 장애물을 피해서 빙 <u>돌아 갔다</u>.

합성어인 경우에는 '돌아가다'가 하나의 문법 단위이기 때문에 그 사이에 다른 요소가 끼어들 수 없다. 그렇지만 구인 경우에는 '돌아'와 '가다' 사이에 '돌아서 갔다, 돌아 둘러서 갔다'처럼 다른 요소가 그 사이에 끼어들 수 있다.[87]

아울러, 합성어와 구에서 의미 관계가 다른 모습을 보이는 경우도 있다.

(55) 가. 끼워 맞추다, 날려 보내다, 들어 올리다
나. 깨물다, 꿰뚫다, 건너뛰다, 알아듣다

(55가)와 같은 구는 '끼워서 맞추다, 날려서 보내다, 들어서 올리다'처럼 두 동사의 의미 연결이 순서대로이지만, (55나)와 같은 합성 동사에서는 '깨어서 물다, 꿰어서 뚫다, 건너서 뛰다, 알아서 듣다'가 아니라 '물어서 깨다, 뚫어서 꿰다, 뛰어서 건너다, 들어서 알다'처럼 순서가 뒤바뀐 경우도 있다.

이처럼 개념상으로는 합성어와 구를 구별할 수 있다고 하더라도, 실제로 어떤 낱말이 합성어인지 구인지를 판단하는 것은 쉬운 일이 아니다.

(56) 가. 물속, 불속, 산속, 땅속, 마음속, 가슴속, 머릿속, 콧속, 귓속, 뱃속, 뼛속, 숲속
나. 눈 속, 안개 속, 구름 속, 하늘 속, 병 속, 책 속, 옷 속, 소매 속, 구멍 속

---

87) 이런 구분과는 달리, 「표준국어대사전」에서는 '이 길로 가면 한참을 돌아가는 셈이다.'와 같이 "먼 쪽으로 둘러서 가다."라는 의미를 지니는 경우와 '모퉁이를 돌아가면 우리 집이 보인다.'와 같이 "어떤 장소를 끼고 원을 그리듯이 방향을 바꿔 움직여 가다."라는 의미를 지니는 경우를 모두 합성어인 '돌아가다'로 등재해 놓았다.

(56가)는 「표준국어대사전」에 표제어로 등재된 합성어이고, (56나)는 표제어로 등재되지 못한 구인데, 그 경계가 분명하지 않다. 실제로 '숲속'은 그 동안 「표준국어대사전」에 등재되지 않았다가 최근에 인터넷 판에서 표제어로 등재되었다.

2) 합성어의 유형

합성어는 몇 가지 기준에 따라 나누어 볼 수 있는데, 어근 사이의 의미 관계에 따라 구분하면, 대등 합성어, 종속 합성어, 융합 합성어로 분류할 수 있고, 어근끼리 결합하는 방식에 따라 통사적 합성어와 비통사적 합성어로 구분할 수 있다. 그리고 합성어의 품사에 따라 합성 명사, 합성 동사, 합성 형용사, 합성 관형사, 합성 부사로 나누어 볼 수 있다.

먼저 어근 사이의 의미 관계에 따라 대등 합성어, 종속 합성어, 융합 합성어로 분류할 수 있다.

> (57) 가. 대등 합성어: 두 어근이 대등한 관계를 지니는 경우
>   논밭, 아들딸 / 오가다, 높푸르다
> 나. 종속 합성어: 앞의 어근이 뒤의 어근을 수식하는 경우
>   눈물, 봄꽃, 벌새 / 굴러가다, 받아먹다
> 다. 융합 합성어
>   피땀(희생), 밤낮(늘), 가시방석(불편한 자리)
>   / 돌아가다(죽다), 넘어가다(속다)

다음으로 어근끼리 결합하는 방식에 따라 나눈 통사적 합성어와 비통사적 합성어에 대해 살펴보기로 한다.

> (58) 가. 이슬비, 외밭, 꺾은선, 높은음
> 나. 부슬비, 묵밭, 꺾쇠, 높푸르다

(58가)에서 '이슬비, 외밭'은 '이슬 + 비, 외 + 밭'처럼 두 개의 명사가 결합한 경우이고, '꺾은선, 높은음'은 용언의 관형사형 뒤에 명사가 결합한 경우인데, 명사나 용언의 관형사형이 명사를 수식하는 것은 국어의 정상적인 단어 배열법에 따른 것이므로 이들을 통사적 합성어라고 한다.

그런데 (58나)에서는 '부슬비'는 '부슬 + 비'의 결합인데, 부사 '부슬부슬'은 자립할 수 있지만 '부슬'은 자립적으로 쓰일 수 없다. 또한 '묵은 밭, 꺾은 선'처럼 용언의 관형사형 형태로는 명사를 수식할 수 있지만, 용언의 어간 '묵-, 꺾-'만으로 명사를 수식하는 것은 일반적이지 않다. '높푸르다'의 경우에도 용언의 어간과 어간이 결합할 때는 '높고 푸르다'처럼 연결어미와 함께 나타나는 것이 일반적이다. 이처럼 국어의 정상적인 단어 배열법에 따르지 않은 것을 비통사적 합성어라고 한다.

그리고 합성어의 품사에 따라 합성 명사, 합성 동사, 합성 형용사, 합성 관형사, 합성 부사로 나누어 볼 수 있는데, 이들에 대해서는 하나하나 자세하게 살펴보기로 한다.

합성 명사

어근과 어근이 결합하여 새로운 명사를 만드는 예는 무척 많은데, 앞에 오는 어근의 품사는 다양하지만 뒤에 오는 어근은 대부분 명사이다.

> (59) 가. 눈사람, 안개비, 논밭, 길목
> 나. 새해, 첫눈, 이것, 그이
> 다. 어린이, 굳은살, 볼일, 디딜방아, 건널목
> 라. 비빔밥, 튀김옷, 디딤돌, 갈림길, 갈림목
> 마. 잘못
> 바. 덮밥, 감발, 부슬비, 산들바람

(59가)는 '명사 + 명사'로 된 가장 대표적인 합성 명사이고 (59나)는 '관형사 + 명사'로 된 합성 명사이다.[88] (59다)는 '용언의 관형사형 + 명사'로 된 합성 명사인데, 관형사형 어미는 주로 '-(으)ㄴ'과 '-(으)ㄹ'이 쓰인다. (59라)는 '용언의 명사형 + 명사'로 된 합성 명사이다. 위의 예는 모두 뒤에 오는 어근이 명사이지만, (59마)는 '부사 + 부사'로 된 합성 명사이다. 그리고 (59가-마)는 통사적 합성어이지만, (59바)는 비통사적 합성어이다.

합성 동사

어근과 어근이 결합하여 새로운 동사를 만드는 경우인데, 앞에 오는 어근은 명사, 부사, 동사이지만, 뒤에 오는 어근으로는 동사만 쓰인다.

> (60) 가. 빛나다, 힘들다 / 빛내다, 힘들이다 / 앞서다, 거울삼다
> 나. 바로잡다, 잘살다, 못살다, 잘생기다, 못생기다
> 다. 기어가다, 피어나다, 들고나다, 치고받다
> 라. 오가다, 굶주리다, 오르내리다

(60가)는 '명사 + 동사'로 이루어진 합성 동사인데, '빛이 나다, 힘이 들다'에서 주격 조사가, '빛을 내다, 힘을 들이다'에서 목적격 조사가, '앞에 서다, 거울로 삼다'에서 부사격 조사가 실현되지 않은 합성 동사이다. (60나)는 '부사 + 동사'로 이루어진 합성 동사인데, 그 중에서 '잘생기다, 못생기다'는 국립국어연구원(1999)에서는 형용사로 다루다가 최근에 인터넷 판에서는 동사로 수정하였다.[89] (60다, 라)는 '동사 + 동사'로 이루어진 합성 동사인데, (60다)는 연결어미가 개재된 합성 동사이고, (60라)는 연결어미가 개재되지 않은 비통사적 합성 동사이다.

---

88) '이것, 그이'는 합성 명사가 아니라 합성 대명사인데, 합성 대명사는 그 숫자가 많지 않아서 따로 구분하지 않고 함께 제시하였다.
89) 유현경 외(2018)에서는 '잘생기다, 못생기다'를 '부사 + 동사' 구성이 합성 형용사가 되는 것으로 보았다.

합성 형용사

어근과 어근이 결합하여 새로운 형용사를 만드는 경우인데, 뒤에 오는 어근이 형용사라는 특징을 보인다.90)

    (61) 가. 낯간지럽다, 낯부끄럽다 / 남부끄럽다, 남다르다
          나. 차디차다, 쓰디쓰다, 머나멀다, 크나크다
          다. 검붉다, 검푸르다, 높푸르다, 굳세다

(61가)는 '명사 + 형용사'로 이루어진 합성 형용사인데, '낯이 간지럽다, 낯이 부끄럽다'에서 주격 조사가, '남에게 부끄럽다, 남과 다르다'에서 부사격 조사가 실현되지 않은 합성 형용사이다. (61나)는 연결어미 '-디, -나'가 쓰인 구성이 합성 형용사가 된 경우이고, (61다)는 형용사 어근에 바로 형용사 어근이 결합한 합성 형용사로서, 비통사적 합성어에 해당한다.

합성 부사

어근과 어근이 결합하여 새로운 부사를 만든 경우인데, 합성 부사는 그 예가 그리 많지 않다.

    (62) 가. 밤낮, 송이송이
          나. 어느덧, 어느새, 한번, 한층, 한결, 요즈음, 이즈음

---

90) 남기심·고영근(1985=1996: 216)에서는 '맛나다, 기차다, 목마르다, 풀죽다' 등에서 뒤의 성분이 원래 동사이지만 합성법을 거치게 됨에 따라 형용사로 바뀐 것으로 설명하였으며, 국립국어연구원(1999)에서도 '맛나다, 기차다, 목마르다'를 형용사로 등재해 놓았는데, 이들이 합성 동사인지 합성 형용사인지에 대해서는 더 깊이 고민해 볼 필요가 있다.
   아울러 남기심·고영근(1985=1996: 216), 구본관 외(2015: 127), 고영근·구본관(2018: 228), 유현경 외(2018: 364)에서는 '깎아지르다, 게을러빠지다'를 합성 형용사로 제시하였다. 국립국어연구원(1999)에서는 '깎아지르다, 게을러빠지다'를 형용사로 등재해 놓았지만, 보조 용언으로 쓰인 '빠지다'는 보조 동사로 제시하여 일관성을 보이지 못하였다. '절벽은 수직으로 깎아질렀다'와 '그는 요즘 게을러빠졌다'처럼 '-었-'이 결합하여 "현재의 상태"를 나타내는 것으로 보면 이들을 합성 형용사가 아니라 합성 동사로 다루어야 한다고 본다.

다. 잘못, 곧잘, 좀더, 또다시

　(62가)는 명사끼리 결합하여 부사가 만들어진 경우인데, '밤낮, 송이송이'는 부사로 쓰이지만, 명사끼리 결합할 때 명사가 되는 것이 일반적이다.91) (62나)는 관형사와 명사가 결합하여 부사가 된 경우이고 (62다)는 부사끼리 결합하여 합성 부사가 된 경우이다.

3. 한자어의 단어형성법

　우리 민족은 세종 대왕이 한글을 창제하기 전까지는 한자를 이용하여 문자 생활을 해 왔으며, 한글 창제 이후에도 한자의 영향을 적잖게 받아왔다.
　한자어는 뜻글자이기 때문에 한 글자가 하나의 형태소이지만, 국어 어휘로 정착하는 과정에서 1음절 한자어는 그다지 많지 않고, 대부분 2음절 이상의 한자어가 만들어졌다.

　　(63) 강(江), 등(燈), 문(門), 방(房), 벽(壁), 병(病), 산(山), 상(床), 창(窓), 책(冊), 형(兄), ….

　'사람 인(人)'과 '집 가(家)'가 고유한 실질적인 의미를 갖추고 있지만 이들만으로는 국어 어휘로 쓰이지 못하고 반드시 앞이나 뒤에 다른 글자를 붙여서 국어 어휘로 쓰이게 되었다.

　　(64) 가. 인간(人間), 인류(人類), 인문(人文), 인심(人心)
　　　　 나. 가문(家門), 가정(家庭), 가족(家族), 가훈(家訓)
　　(65) 가. 미인(美人), 대인(大人), 거인(巨人)
　　　　 나. 고가(古家), 외가(外家), 친가(親家)

---

91) '송이송이'는 명사와 부사로 함께 쓰이지만, '가지가지, 마디마디' 등은 부사로는 쓰이지 않고 명사로만 쓰이는 차이를 보인다.

그런데 '인(人)'과 '가(家)'가 뒤에 붙어서 접미사로 쓰이는 경우도
있다.

> (66) 가. 한국인(韓國人), 현대인(現代人), 세계인(世界人),
>   외국인(外國人)
>   나. 건축가(建築家), 역사가(歷史家), 예술가(藝術家),
>   정치가(政治家)

(66)의 '인(人)'과 '가(家)'를 접미사로 다루는 데는 문제가 없지만,
(65)의 '인(人)'과 '가(家)'를 어근으로 다루어야 하는지 접미사로 다루
어야 하는지에 대해서는 더 많은 논의가 필요하다고 본다.

 톺·아·보·기

고유어처럼 쓰이는 한자어

한편 우리말 어휘 가운데는 어원을 한자에 두고 있으면서 고유
어처럼 쓰이는 것들이 많은데, 그 까닭은 이들 어휘가 우리말에
정착한 연대가 오래되었기 때문이다.

김종택(1992: 71)에서는 어원을 한자에 두고 있으면서 고유어
처럼 쓰이는 낱말의 예로 '요(褥), 사발(砂鉢), 본대(本來), 쇼(俗),
성(性)가시다, 스스(自自)로, 돈(錢), 썰매(雪馬), 붓(筆), 쓰(書)다,
베(布), 되(斗), 돝(猪), 마련(磨鍊)하다' 등을 제시하였다. 이런 어
휘에는 '말(馬), 먹(墨), 차(茶)' 등도 포함되는데, 그 중에서 '차 다
(茶)'의 경우를 살펴보면, '다'는 '다과(茶菓), 다방(茶房), 다원(茶
園)'에서는 한자로 인식을 하지만, '차'는 '대추차, 모과차, 율무차'
에서 보듯이 고유어처럼 인식하는 차이를 보인다.

그런데 일반적인 국어 사용자들 가운데 '김치, 시금치, 배추, 상
추'가 중국의 한자어에서 비롯된 어휘라는 것을 잘 아는 사람이

많지 않다. '김치'는 '沈菜'에서, '시금치'는 '赤根菜'에서, '배추'는 '白菜'에서, '상추'는 '生菜'에서 생겨난 어휘이다. 이들은 '딤치(훈몽자회 중 11), 팀치(소학언해 1:7)', '시근치(훈몽자회 상 8)', '비치(훈몽자회 상 7)', '승치(동문유해 하 3)'에서 보는 것처럼 중세 국어와 근대국어에서는 '치'로 나타났지만, 현대 국어에 와서는 '치, 추'의 형태로 바뀌어 쓰이게 됨에 따라, 국어 사용자들이 그 어원을 파악하기가 쉽지 않게 되었다.

 톺·아·보·기

잘못 사용하기 쉬운 한자어

국어의 한자어 어휘는 본래 한자가 지니던 의미를 제대로 인식하지 못하여서 잘못 사용하는 경우도 종종 볼 수 있다.

(1) 나는 고개를 숙여 목례를 했다.

(1)에서 목을 숙여서 인사하는 것을 목례라고 생각하기 쉽지만, '목례(目禮)'는 '눈인사'로서 "가벼운 목례를 나누었다."처럼 쓰인다.

(2) 이 청년은 우리 고장이 배출한 훌륭한 재원이다.

(2)에서 '재원'이 "능력있는 사람"을 가리키는 것으로 생각하기 쉽지만, '재원(才媛)'은 "재주가 뛰어난 젊은 여자"를 가리키고, "재주가 뛰어난 남자"는 '재사(才士)'라고 한다.

(3) 이곳은 희귀 동식물이 서식하는 곳이다.

(3)처럼 '서식'은 동식물이 사는 것으로 생각하기 쉽지만, '서식

(棲息)'은 '서숙(棲宿)'과 같은 말로서, 동물이 깃들여서 사는 것을 의미한다. 한자 '서(棲)'는 '깃들이다'라는 뜻으로 조류 등이 주로 보금자리를 만들어서 사는 것을 나타내고, '식(息)'과 '숙(宿)'도 숨 쉬거나 자는 것으로 동물과 관련이 있음을 알 수 있다. 식물의 경우에는 '서식하다'가 아닌 '자생하다'를 쓰는 차이를 보인다.

최근에 「표준국어대사전」 인터넷판에서는 '서식'과 '서숙'의 의미를 "생물 따위가 일정한 곳에 자리를 잡고 삶."으로 수정하여 제시하였다. 그러나 이처럼 분명히 잘못 사용하고 있는 데도 불구하고 이를 바로잡으려고 하지 않고 수용하는 태도에는 동의하기 어렵다.

한자어 단어 형성의 경우에도 고유어와 마찬가지로 파생어와 합성어로 나누어 볼 수 있다.

1) 한자어 파생어

한자어 파생어도 접두 파생어와 접미 파생어로 구분할 수 있다.

접두 파생어

한자어 접두사 중에서 가장 대표적인 접두사로는 부정의 접두사를 들 수 있다.

> (67) 가. 무(無)-: 무감각, 무관심, 무의식, 무질서, 무표정
> 나. 불(不)-: 불가능, 불공평, 불규칙, 불평등, 불합리
> 다. 미(未)-: 미개척, 미분화, 미성년, 미완성, 미확인
> 라. 비(非)-: 비공식, 비대칭, 비무장, 비이성, 비정상
> 마. 몰(沒)-: 몰상식, 몰염치, 몰이해, 몰인식, 몰취미

'무(無)-'는 '그것이 없음'을 뜻하고, '불(不)-'은 '그렇지 않음'을 뜻하며, '미(未)-'는 '아직 되지 않음'을 뜻한다. 또한 '비(非)-'는 '아님'을 뜻하고 '몰(沒)-'은 '전혀 없음'을 뜻한다.

(68) 가. 신(新)-: 신기록, 신대륙, 신문명, 신세대
　　　나. 구(舊)-: 구대륙, 구사상, 구시대, 구제도, 구체제
(69) 가. 시(媤)-: 시부모, 시동생, 시아버지, 시어머니, 시숙
　　　나. 친(親)-: 친부모, 친동생, 친아들 / 친할머니, 친삼촌, 친손녀
　　　다. 외(外)-: 외할머니, 외삼촌, 외손녀
(70) 가. 가(假)-: 가건물, 가계약, 가등기
　　　나. 생(生)-: 생고생, 생과부, 생이별, 생지옥
　　　다. 준(準)-: 준결승, 준우승, 준회원
　　　라. 양(洋)-: 양복, 양옥, 양과자, 양악기

(68)은 접두사 '신(新)-'과 '구(舊)-'의 예를 보인 것이다. 고유어 '새, 헌'은 관형사로 쓰이지만, 한자어 '신(新)-'과 '구(舊)-'는 접두사로 쓰이는 차이를 보인다.

(69)는 친족 관계와 관련된 접두사인데, '시(媤)-'와 '친(親)-'은 '시부모:친부모', '시동생:친동생'에서 보듯이 여자의 입장에서 남편의 친족인지 자기의 친족인지를 나타내는 점에서 상대되는 관계를 나타낸다. '친(親)-'과 '외(外)-'는 '친할머니:외할머니, 친삼촌:외삼촌, 친손녀:외손녀'에서 보듯이 부계 혈족 관계인지 모계 혈족 관계인지를 나타내는 점에서 상대되는 관계를 나타낸다. 즉 접두사 '친(親)-'은 한 편으로는 '시(媤)-'와 대립되며, 다른 한 편으로는 '외(外)-'와 대립되는 것을 알 수 있다.[92]

(70)은 그밖의 한자어 접두사를 제시한 것인데, '가(假)-'는 '가짜 또는 임시적인'을 뜻하고, '생(生)-'은 '억지스럽거나 공연한'을 뜻하며 '준(準)-'은 '구실이나 자격이 못 미침'을 뜻한다. (70라)의 '양(洋)-'은

---

[92] 접두사 '친(親)-'은 '친딸:의붓딸, 친아들:의붓아들, 친아버지:의붓아버지'에서 보듯이 '의붓'과 대립되는 경우도 있다.

'외국에서 들어온'을 뜻하는데, '한복:양복, 한식:양식, 한옥:양옥'처럼 '한(韓)'과 대립되는 모습을 보인다.93)

접미 파생어

한자어를 파생시키는 접미사 가운데 사람을 표시하는 접미사가 무척 생산적임을 확인할 수 있다.

> (71) 가. -자(者): 노동자, 배신자, 참석자 / 과학자, 권위자, 기술자
> 나. -가(家): 전문가, 건축가, 전략가 / 자본가, 장서가, 애연가
> 다. -사(士): 건축사, 변호사, 세무사, 영양사
> 라. -사(師): 간호사, 사진사, 요리사
> 마. -수(手): 교환수, 무용수, 소방수, 운전수

(71가)의 '-자(者)'는 '노동자, 배신자, 참석자'처럼 신분이나 직능과 관계없이 사람을 가리키는 경우에 주로 쓰이고, 때로는 '과학자, 권위자, 기술자'처럼 그 분야에 능한 사람을 가리키기도 한다. 그런데 (71나)의 '-가(家)'는 '전문가, 건축가, 전략가'에서 보듯이 전문적인 사람이나 그 분야에 능한 사람을 주로 가리키고, 때로는 '자본가, 장서가, 애연가'처럼 어떤 것을 많이 가지거나 어떤 특성을 지닌 사람을 가리키기도 한다.

(71다)의 '-사(士)'와 (71라)의 '-사(師)'는 어떤 일을 직업으로 하는 사람을 나타내는 접미사인데,94) 직업을 나타내는 2음절 한자어의 경우에는 '교사(教師), 목사(牧師), 약사(藥師)'처럼 '-사(師)'가 쓰이는 것을 확인할 수 있다. 3음절 한자어의 경우에는 두 가지 접미사가 함께 쓰이는데, 한자의 차이가 전문성이나 존경의 정도에서 다름을 보여주지 않는다.

---

93) 「표준국어대사전」에서는 '양(洋)-'을 접두사로 다루었지만 '한(韓)'은 접두사로 제시하지 않았다.

94) '-사(士)'의 경우에는 '해결사(解決士)'가 특이한 경우이고, '-사(師)'의 경우에는 '도박사(賭博師), 마법사(魔法師)'가 특이한 경우이다.

(71마)의 '-수(手)'는 손을 주로 쓰는 사람에게 주로 붙이다가 솜씨가 있는 사람이나 직업을 가리키는 접미사로 쓰이게 되었는데, 2음절 한자어로는 '명수(名手), 고수(高手), 가수(歌手), 선수(選手)' 등이 있다.

사람을 가리키는 접미사 외에 생산적인 접미사를 제시하면 다음과 같다.

> (72) 가. -적(的): 경제적, 문화적, 비교적, 세계적, 우호적
> 나. -성(性): 경제성, 신축성, 인간성, 창조성, 합리성
> 다. -시(視): 금기시, 당연시, 도외시, 등한시, 적대시
> 라. -화(化): 가속화, 구체화, 도시화, 민주화, 자동화

접미사 '-적(的)'은 '그 성격을 띠는', '그에 관계된'이라는 의미를 지니고, '-성(性)'은 '성질'의 뜻을 더하며, '-시(視)'는 '그렇게 여김'을 뜻하고, '-화(化)'는 '그렇게 만들거나 됨'이라는 뜻을 더하는 접미사이다.

2) 한자어 합성어

고유어 합성어와 마찬가지로 한자어 합성어도 어근 사이의 의미 관계에 따라 구분하면, 대등 합성어, 종속 합성어, 융합 합성어로 분류할 수 있다.

> (73) 가. 대등 합성어: 부모(父母), 자녀(子女), 전후(前後), 좌우(左右)
> 나. 종속 합성어: 창문(窓門), 모정(母情), 노인(老人)
> 다. 융합 합성어: 강산(江山=국토), 춘추(春秋=연세), 광음(光陰=세월)

한자어 합성어 중에는 이처럼 의미 관계에 따라 나눌 수 없는 것들이 있는데, 한자어 합성어가 통사적 구성을 보이는 경우도 있다. 김종택(1972: 81)에서는 한자어가 다음과 같은 네 가지 통사적 구성을 보인다고 하였다.95)

(74) 가. 주어 + 서술어 : 가빈(家貧), 야심(夜深)
　　 나. 서술어 + 부사어 : 하산(下山), 하차(下車)
　　 다. 부사어 + 서술어 : 북송(北送), 서향(西向), 남행(南行)
　　 라. 서술어 + 목적어 : 문병(問病), 모역(謀逆), 구직(求職)

　한편, 한자어는 두 언어 형식의 구성 요소의 일부가 결합되어 새로운 낱말을 만드는 경우가 많은데, 이들은 대등 합성어가 아님에 유의할 필요가 있다.96)

(75) 가. 경성(ab)×부산(cd) = 경부(선)(ac)
　　 나. 신라(ab)×백제(cd) = 나제(동맹)(bd)
(76) 가. 여수(ab)×순천(cd) = 여천(공단)(ad)
　　 나. 대구(ab)×마산(cd) = 구마(고속도로)(bc)
(77) 임진왜란:임란, 전자계산:전산, 대한석탄공사:석공,
　　 대한석유공사:유공, 대한민국:한국

---

95) 김종택(1972)에서는 '술어'라는 용어를 사용하였는데, 여기서는 '서술어'로 고쳐서 제시하였다.
96) 임지룡(1992: 186-193)에서는 (75가)는 머리글자말, (75나)는 꼬리글자말이라고 하면서, 이들을 혼성어인 (76), 준말인 (77)과 구별하였는데, 혼성어인 (76)은 구성 요소가 등위어를 이루고 있지만 준말인 (77)은 구성 요소 사이에 등위관계가 성립하지 않는 차이를 보인다고 하였다.

제3부

통사론

지금까지 살펴본 **형태론**은 형태소가 모여서 단어가 형성되는 원리를 규명하는 분야인 데 반해, **통사론**은 어절이 모여서 문장이 형성되는 원리를 규명하는 분야이다.

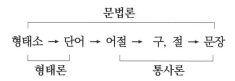

이처럼 어절이 모여서 문장을 이루는 원리를 규명하는 분야인 통사론에는 문장의 구성 성분을 면밀히 살펴보는 **문장 성분론**과, 홑문장(단문)과 겹문장(복문)과 같은 문장의 짜임새를 살펴보는 **문장 구성론**, 그리고 국어의 높임법, 시제, 피·사동과 같은 문법적인 장치를 다루는 **문법 요소론**이 속한다.

문장, 어절, 구, 절

문장

먼저 문장이란 무엇인지에 대해 살펴보기로 한다. 일반적으로 문장은 우리의 생각이나 감정을 완결된 내용으로 표현하는 최소의 언어 형식이라고 한다. 그런데 문장은 구성상으로 볼 때 주어와 서술어를 반드시 갖추어야 하며, 형식상으로 볼 때 문장이 끝났음을 나타내는 표지가 반드시 나타나야 한다.

장요한(2007: 197)에서는 국어 문장의 통사론적 특성을 다음과 같이 제시하였다.[1]

---

1) 장요한(2007: 197)에서는 국어 문장의 음운론적 특성으로는 '①문장은 하나 또는 하나 이상의 억양 단위를 가진다. ②문장은 문말 수행 억양을 가진다.'를 제시하였다.

(1) 국어 문장의 통사론적 특성

　　가. 문장은 종결어미를 가진다.

　　나. 문장은 하나의 서술어를 가지고, 그 서술어의 어간(V)이 요구
　　　　하는 논항을 가져야 하나 상황에 따라 논항이 생략되거나 표
　　　　면적으로 나타나지 않을 수 있다.

　　다. 문장은 구조적으로 독립적이다.

국어 문장을 이와 같이 규정할 때, 다음 (2)는 문장에 포함되지 않는다.

(2) 가. 누워서 떡 먹기

　　나. 전방에 적이 나타났음

위에서 '누워서 떡 먹기'를 '(누군가) 누워서 떡 먹기'와 같이 주어가 생략된 것으로 본다면, (2)의 '누워서 떡 먹기'와 '전방에 적이 나타났음'은 주어와 서술어를 갖추고 있으며 생각을 완결되게 표현했지만, 문장이 끝났음을 알려주는 표지가 나타나지 않았기 때문에 이들을 문장이라고 할 수 없다.

아래와 같이 문장이 끝난 것을 나타내는 종결 어미 '-다'가 쓰여야 비로소 하나의 문장이라고 할 수 있다.

(3) 가. 내가 누워서 떡을 먹는다.

　　나. 전방에 적이 나타났다.

이와 같은 문장을 구성하는 문법 단위에는 어절, 구, 절이 있다. 어절은 문장을 구성하는 기본 단위로서 통사론의 최소 단위인데, 둘 이상의 어절이 모여서 더 큰 단위인 구나 절을 이루게 된다.

어절, 구, 절

지금부터는 하나의 문장이 어떤 원리에 의해 더 작은 단위인 어절이나 구, 절로 분석되는지에 대해 살펴보기로 한다.

통사론(문장론)의 최소 단위는 **어절**(語節)인데, 어절을 분석하는 것도 형태소를 분석할 때와 마찬가지로 대치와 결합의 원리에 따른다.

(4) 비가 내린다.

어절은 대체로 띄어쓰기 단위와 일치하는데, 위의 문장은 두 개의 어절로 나눌 수 있다. '비가' 자리에 '눈이, 서리가' 등이 대치될 수 있고, '내린다' 자리에 '온다, 뿌린다' 등이 대치될 수 있으며, '비가'와 '내린다' 사이에 '자주, 많이, 늘' 등이 결합할 수 있기 때문이다.

아래 (5)도 띄어쓰기 단위로 보면 두 개로 나뉘기 때문에, '그는', '학생이다'를 각각 어절로 간주할 수도 있다.

(5) 그는 학생이다.

그렇지만 '학생이다'의 '학생'과 '이다'를 각각 어절로 파악할 수도 있다. '이다'를 '아니다'와 마찬가지로 서술어로 보는 입장에 서면 '학생이다'를 두 어절로 볼 수 있기 때문에, 우리는 '학생이다'를 두 어절로 보고자 한다.

한편, 한 문장을 구성하는 어절 사이의 관계가 똑같은 것은 아니어서, 둘 이상의 어절들이 긴밀하게 묶이는 경우도 있고, 느슨한 관계로 묶이는 경우도 있다.

(6) 학생이 책을 읽는다.

먼저 세 어절로 된 (6)을 두 부분으로 나누면 '학생이'와 '책을 읽는다'로 나눌 수 있다. '학생이' 자리에 '어린이가, 어른이, 소년이' 등이 대치될 수 있고, '책을 읽는다' 자리에 '밥을 먹는다, 잠을 잔다, 온다' 등이 대치될 뿐만 아니라, '학생이'와 '책을 읽는다' 사이에 '자주, 오늘, 천천히' 등이 결합할 수 있기 때문이다.

그렇지만 '학생이 책을'과 '읽는다'로 분석하기는 어렵다. 그 까닭은, '학생이 책을'을 한 단위로 보기가 어렵기 때문이다. 즉 '책을 읽는다'에서는 '책을'과 '읽는다'가 긴밀한 관계를 지닐 뿐만 아니라, '책을 읽는다'를 서술부라는 하나의 단위로 묶을 수 있지만, '학생이 책을'을 하나의 단위로 묶어서 설명할 수가 없다.

이처럼 '책을'과 '읽는다'가 결합하여 더 큰 단위를 형성하는 것으로 볼 수 있는데, '책을 읽는다'와 같이 둘 이상의 어절이 모여서 하나의 의미 단위를 이루었지만 주어와 서술어의 관계를 가지지 않는 문법 단위를 '구(句, phrase)'라고 부른다.

구의 종류에는 둘 이상의 명사가 연결되거나 관형어가 명사를 꾸미는 명사구, 부사가 연결된 부사구, 동사가 연결된 동사구 등이 있다. 아래 (7가)에서 '저 학생', '학교 앞', '새 친구'는 명사구가 주어, 부사어 및 목적어로 쓰인 예이다. 또한 (7나,다)의 '바로 어제'와 '무척 잘'은 부사구의 예이며, (7라)의 '빌려 오셨다'는 동사구의 예이다.

> (7) 가. <u>저 학생</u>이 <u>학교 앞</u>에서 <u>새 친구</u>를 만났다.
> 나. 인철이가 <u>바로 어제</u> 우리 학교로 왔다.
> 다. 아이가 잠을 <u>무척 잘</u> 잔다.
> 라. 할아버지께서 귀한 책을 <u>빌려 오셨다</u>.

여기서 우리는 어절과 구의 구분을 명확하게 하기 위하여 복합 동사와 동사구를 구분하는 문제에 대해 살펴보기로 한다.

> (8) 가. 할아버지께서는 내가 태어나기도 전에 <u>돌아가셨다</u>. (*돌아서 가셨다)
> 나. 그는 검문을 피해 일부러 옆길로 <u>돌아 갔다</u>. (돌아서 갔다)

(8가)의 '돌아가다'는 '죽다'의 높임말로 쓰이는데, '돌아가다'가 하나의 의미 단위로 쓰일 뿐만 아니라, '돌아'를 '둘러, 내려' 등으로 대치할 수 없고 '가다'를 '오다, 보다' 등으로 대치할 수 없다. 만약 다른

말로 대치하면 '죽다'라는 의미를 잃어버리게 되기 때문이다. 아울러 '돌아가다'의 '돌아'와 '가다' 사이에 다른 말을 끼워 넣을 수도 없다. '돌아서 가다, 돌아만 가다' 등으로 다른 말을 끼워 넣으면 '죽다'라는 의미를 지니지 못하기 때문이다. 따라서 (8가)의 '돌아가다'는 '돌아'와 '가다'로 분석할 수 없는 하나의 복합 동사로 보아야 하며, 이를 하나의 어절로 보아야 한다.

그렇지만 (8나)의 '돌아 가다'의 경우에는 '돌아'를 '둘러, 내려, 올라' 등으로 대치할 수 있고, '가다' 대신에 '오다, 보다' 등으로 대치할 수 있다. 또한 '돌아서 가다'와 같이 '돌아'와 '오다' 사이에 '서'를 끼워 넣을 수 있는 점으로 보아, 대치와 결합의 원리에 따라 두 어절로 나눌 수 있음을 알 수 있다. 따라서 (8나)의 '돌아 오다'는 하나의 어절이 아니라 두 어절이 연결된 동사구임을 알 수 있다.[2]

한편, 둘 이상의 어절이 모여서 하나의 의미 단위를 이루고, 주어와 서술어를 갖고 있으면서 문장의 일부분으로 쓰이는 문법 단위를 '**절**(節, clause)'이라고 한다.

> (9) 가. 농부는 <u>비가 내리기</u>를 기다리고 있다.
>   나. 나는 <u>꽃이 피는</u> 봄을 좋아한다.
>   다. 눈이 <u>소리도 없이</u> 내렸다.

위의 예문에서 '비가 내리기', '꽃이 피는', '소리도 없이'가 주어와 서술어를 갖추고 있기 때문에 '절'이라고 한다. 둘 이상의 어절이 모여서 이루어졌다는 점에서는 구와 절이 동질적이지만, 이 둘은 주어와 서술어를 갖추고 있느냐 없느냐에 따라 구분되는 것이다.

---

2) 현재 「표준국어대사전」에서는 합성어인 '돌아가다'와 동사구인 '돌아 가다'를 구분하지 않고 하나의 표제어가 다의적인 의미를 지니는 것으로 처리하고 있다.

제3장 문장 성분

　문장은 문장 안에서 일정한 문법적 기능을 하는 문장 성분들이 모여서 이루어지는데, 문장 성분은 대체로 어절 단위와 일치하지만 어절이 모여서 이루어진 구나 절도 하나의 문장 성분으로 쓰일 수 있다.

　문장 성분은 크게 주성분, 부속성분, 독립성분으로 나누어 볼 수 있다. **주성분**은 문장을 구성하는 데 골격이 되기 때문에 문장에서 없어서는 안 되는 필수 성분으로, 주어, 서술어, 목적어, 보어가 이에 해당한다. **부속 성분**은 주성분의 내용을 수식하는 성분이기 때문에 문장에서 꼭 필요한 성분은 아니며, 체언을 꾸미는 관형어와 용언을 꾸미는 부사어가 이에 속한다. **독립 성분**은 다른 문장 성분과는 직접 관련이 없는 성분이며, 독립어가 이에 해당한다.

　　(1) 주 성 분 - 주어, 서술어, 목적어, 보어
　　　　부속 성분 - 관형어, 부사어
　　　　독립 성분 - 독립어

　영어에서는 주성분인 주어(S), 동사(V), 목적어(O), 보어(C)만으로 기본적인 문장 유형 다섯 가지(SV, SVC, SVO, SVOO, SVOC)를 제시한다. 그렇지만 국어의 경우 주성분만으로 짜여진 기본적인 문형을 제시할 수가 없다. 왜냐하면 영어에서는 직접 목적어와 간접 목적어를 둘 다 목적어로 인정하지만, 국어에서는 '~에게 ~을 주다'에서 '~에게'를 간접 목적어로 인정하지 않고 부사어로 다루기 때문이다. 그런데 비록 '~에게'가 부사어이기는 하지만, 이 성분은 문장을 형성하는 데 꼭 필요한 요소이다. 즉 부속 성분인 부사어가 문장을 구성하는 데 꼭 필요한 필수적인 성분으로 쓰일 수 있기 때문에 필수 성분만으로는 기본 문형을 설정하지 못하고 필수적 부사어를 포함시킬 수밖에 없다.

1. 주어

주어(主語, subject)는 동작 또는 상태나 성질의 주체가 되는 문장 성분이다. 즉 '무엇이 어찌한다', '무엇이 어떠하다', '무엇이 무엇이다'에서 주체가 되는 '무엇이'에 해당하는 말이 바로 주어이다.

> (2) 가. <u>개나리가</u> 활짝 피었다.
>   나. <u>그분이</u> 우리 선생님이시다.
>   다. <u>셋이</u> 함께 뛰어옵니다.

(2)에서 보듯이 체언 뒤에 조사가 붙어서 주어가 형성되는데, (2가)는 명사, (2나)는 대명사, (2다)는 수사 뒤에 주격 조사가 붙은 경우이다.
위의 예는 주어로 한 어절이 나타난 경우인데, 아래와 같이 둘 이상의 어절이 모여서 이루어진 구나 절이 문장의 주어로 나타날 수도 있다.

> (3) 가. <u>새 책이</u> 비싸다.
>   나. <u>한국의 겨울 날씨가</u> 무척 춥다.
> (4) 가. <u>그녀가 이 일을 감당하기가</u> 쉽지 않다.
>   나. <u>그가 어제 학교에 오지 않았음이</u> 밝혀졌다.

(3)은 '새 책이'와 '한국의 겨울 날씨가'와 같은 구가 주어로 쓰인 것이고, (4)는 '그녀가 이 일을 감당하기가'와 '그가 어제 학교에 오지

않았음이'와 같은 명사절이 주어로 나타난 경우이다.

영어에서는 이야기의 장면 속에서 말하는 이와 듣는 이에게 이미 알려진 정보라고 하더라도 주어를 생략하지 않는다. (5)에서 보듯이 이미 알고 있다고 하더라도 주어인 'I'를 생략할 수 없을 뿐만 아니라 (6)에서처럼 비인칭 주어를 쓰더라도 주어를 반드시 써야 한다.

> (5) A : Can you speak Korean?
>   B : *Yes, can.
> (6) It rains today.

그렇지만 국어에서는 이야기의 장면 속에서 주어를 분명하게 알 수 있는 경우에는 주어를 생략할 수 있다.

> (7) 민수 : (당신은) 언제 오셨습니까?
>   은혜 : (저는) 어제 왔습니다.

이처럼 문장에서 주어를 생략할 수 있다는 점은 국어가 가진 중요한 특징 중의 하나이다.

그런데 학자들에 따라서는 국어에 주어가 없는 문장이 있다고 주장하기도 한다. 아래에 제시한 예는 주어가 없는 문장으로 다루어진 대표적인 경우이다.

> (8) 가. 와, 눈이다!
>   나. 불이야!
>   다. 경찰이다!

그렇지만 (8)을 자세히 살펴보면 이들 문장에도 주어를 상정할 수 있음을 알 수 있다. 우선 (8)의 '눈이다, 불이야, 경찰이다'는 그 서술어로 '이다'가 쓰인 것이 분명하다. 앞에서 이미 밝혔듯이, '이다' 앞에는 두 개의 명사구가 올 수 있는데, (9)에서처럼 두 개의 명사구 가운데 첫 번째 명사구가 생략된 것이라고 본다.

> (9) 가. 와, (저기 내리는 것이) 눈이다!
> 나. (저것은) 불이야!
> 다. (저 사람이) 경찰이다!

이런 점은 다음 문장을 보면 더 명확해진다.

> (10) 가. 어? 눈이 <u>아니</u>고 스티로폼<u>이</u>네.
> 나. 아니야. 불이 <u>아니</u>고 노을<u>이</u>잖니?
> 다. 잘못 봤군. 경찰이 <u>아니</u>고 군인<u>이</u>야.

'이다'가 쓰인 예문 (9)를 '아니다'가 쓰인 (10)처럼 바꿀 수 있는데, '아니다'가 쓰인 (10)의 문장을 주어가 없는 문장이라고 주장하기는 어렵다고 본다.

요컨대 국어의 모든 문장에는 주어를 상정할 수 있으며, 주어가 생략된 문장은 있을 수 있지만 원래부터 주어가 없는 문장은 존재할 수 없다고 본다. 즉 한 문장 속에 서술어가 반드시 있어야 하는 것과 마찬가지로, 주어도 반드시 있어야 한다는 것이다.

한편, 국어의 문법적 특징을 제시할 때, 국어에는 주어가 잇달아 나타나는 문장 구성이 있다는 점을 들기도 한다.

> (11) 가. 효선이가 마음씨가 착하다.
> 나. 나는 호랑이가 무섭다.
> 다. 코끼리는 코가 길다.
> 라. 대구가 여름이 날씨가 덥다.

그런데 서술어가 하나뿐인데, 주어가 둘 이상 나타난다고 보는 것은 문제가 있다. 일반적으로 격은 명사항이 서술어와 맺는 통사적, 의미적 관계를 뜻하는데, 한 문장 속에서 하나의 서술어가 주어라는 문법적 지위를 여러 개 부여한다고 하는 것은 납득하기 어렵다. 하나의 문장 속에는 서술어가 하나만 존재하듯이, 주어도 하나만 존재한다고 보는 것이 논리적으로 설득력이 있다고 본다. 이 문제에 대해서는 뒤에서 자세히 살펴보기로 한다.

1) 주격 조사

주격 조사의 형태

주격 조사는 체언 뒤에 붙어서 그 체언이 문장에서 주어의 자격으로 쓰임을 나타내는 조사이다. 주격 조사의 가장 대표적인 형태는 '이/가'인데, 주어를 높여야 하는 경우에는 '께서'를 붙인다.

남기심·고영근(1985)를 비롯한 많은 연구에서는 '이/가', '께서' 외에도 단체 명사 뒤에 쓰이는 '에서'와 인수사 뒤에 쓰이는 '서'를 주격 조사의 특수한 형태로 제시하기도 하였다.

> (12) 가. 소희가 공부를 한다.
> 나. 아버지께서 회사에 나가셨습니다.
> 다. 우리 학교에서 우승을 하였다.
> 라. 우리 둘이서 나란히 걸어가자.

(12다)처럼 단체 명사 뒤에 쓰이는 '에서'와 (12라)처럼 인수사 뒤에 쓰이는 '서'를 주격 조사로 다루는 것이 어떤 문제가 있는지에 대해서는 앞에서 이미 살펴보았으므로 여기서는 더 논의하지 않기로 한다.

한편, 주격 조사는 (13)에서와 같이 구어체에서 생략되는 경우가 많다. 주격 조사 '이/가'가 통사적 관계를 표시하는 문법적 기능을 지니고 있기 때문에, '이/가'가 쓰이지 않아도 주어라는 통사적 관계를 파악할 수 있을 때는 주격 조사를 생략할 수 있다.

> (13) 가. 너 언제 학교 가니?
> 나. 네 아빠 어디 가셨니?

그리고 보조사가 주어에 붙을 때는 (14가,나)처럼 주격 조사와 보조사가 함께 붙기도 하고, (14다,라)처럼 주격 조사는 생략되고 보조사만 붙기도 한다.

(14) 가. 선생님께서도 우리에게 그 이야기를 들려 주셨다.
　　 나. 명희만이 학교에 일찍 왔다.
　　 다. 선희는 공부를 열심히 한다.
　　 라. 선희도 공부를 열심히 한다.

조사 '이/가'의 기능

앞에서는 조사 '이/가'가 주격 조사로 쓰이는 경우를 살펴보았는데, 조사 '이/가'가 주격 조사로 쓰이지 않은 경우도 있다.

(15) 가. 저 꽃은 곱지가 않다
　　 나. 오늘은 밥이 잘 먹히지가 않는다.
　　 다. 올해는 장마 때문에 과일이 익지가 않는다.

위에서는 보조적 연결 어미 '-지' 뒤에 조사 '이/가'가 쓰였는데, 이 경우의 '이/가'를 주격 조사로 보기는 어렵다. 연결 어미 뒤에 격조사가 나타난다고 주장하는 것은 설득력이 없기 때문이다.

또한 다음과 같은 예 역시 '이/가'를 주격 조사로 보기 어렵다.

(16) 본래가 그런 사람이 아닌데 말이야.

(16)의 조사 '이/가'도 주격 조사로 보기 어려운데, 그 까닭은 조사 '가'가 부사 '본래' 뒤에 결합하였기 때문이다.

다음의 '이/가'도 주격 조사로 설명하기 어려운 경우이다.

(17) 가. 선생님이 보고 싶은 학생들이 많다.
　　 나. 나는 학교가 가고 싶다.

(17가)는 중의적인 문장인데, 선생님께서 보고 싶어하시는 학생들이 많다는 뜻과, 선생님을 보고 싶어하는 학생들이 많다는 뜻을 함께 지니고 있다. 첫 번째 의미를 지닌 경우에는 '이/가'가 주격 조사로 쓰이고 있어서 별다른 문제가 없는데, 두 번째 의미를 지니는 경우의 '이/가'는 분명히 주격 조사가 아니다. 이 경우의 '이/가'는 초점을 나타내거나 강조의 의미를 지니는 보조사로 볼 수밖에 없다. (17나)의 경우는 '이/가'를 주격 조사로 보기 어려운 결정적인 예이다. (17나)에서 '학교가'는 '가다'의 주어로도 볼 수 없고, '싶다'의 주어로도 볼 수 없다. (17나)는 '나는 학교에 가고 싶다'라는 문장에서 '학교에'를 강조하기 위해 '학교가'로 바꾸었을 뿐이므로, 이 경우의 '이/가'를 보조사로 볼 수밖에 없다.

요컨대 조사 '이/가'가 주격 조사로 쓰이는 것이 일반적이지만, '이/가'가 초점이나 주제를 나타내는 기능을 하는 보조사로도 쓰일 수 있다고 본다.

'이/가'와 '은/는'의 차이

조사 '이/가'가 주격 조사라는 점에 대해서는 의문의 여지가 없다. 그런데 조사 '은/는'도 주격 조사로 쓰인다고 보기가 쉽다. 왜냐하면 조사 '은/는'이 아래에서 보듯이 주어 자리에 자주 나타나기 때문이다.

(18) 가. 반장은 그림 그리기를 좋아한다.
　　　나. 토끼는 앞다리가 짧다.
　　　다. 그는 과학자가 아니다.

이처럼 조사 '은/는'이 주어 자리에 자주 나타나더라도, '은/는'은 보조사일 뿐이며 주격 조사는 아니다.

일반적으로 격조사와 보조사는 다음과 같은 차이를 보인다.

(19) 격조사와 보조사의 차이

	격조사	보조사
의미	일정한 문법적 기능만 지니고 어휘적인 의미를 지니지 않는다.	문법적 기능은 없이 어휘적인 의미만 지닌다.
분포	분포가 제한되어 있어서 체언 뒤에만 쓰인다.	분포가 제한되지 않고 체언, 부사, 어미 뒤에도 결합할 수 있다.
생략 가능성	문법적 의미만 지니기 때문에 생략할 수 있다.	어휘적 의미를 지니고 있어서 생략하면 그 의미를 잃어버린다.

먼저 '은/는'의 분포를 보면, 아래에서 보듯이 '은/는'은 체언이나 부사 뒤에도 결합할 뿐만 아니라, 연결 어미 뒤에도 결합할 수 있다.

(20) 가. 코끼리는 코가 길다.
　　 나. 창수가 밥은 먹는다.
　　 다. 그가 과학자는 아니다.
　　 라. 그가 공부를 잘은 못하지만, 열심히 하는 편이다.
　　 마. 그는 고기를 마음껏 먹지는 못하였다.

'은/는'이 (20가)에서는 주어 자리에, (20나)에서는 목적어 자리에, (20다)에서는 보어 자리에 쓰였음을 알 수 있다. 또한 (20라)에서는 부사 '잘' 뒤에 '은/는'이 결합하였으며, (20마)에서는 연결 어미 '-지' 뒤에 결합하였다. 이와 같이 분포가 제한되지 않고 두루 쓰일 수 있는 점으로 보아, '은/는'은 격조사가 아니라 보조사임을 알 수 있다.

또한 '은/는'은 어떤 대상이 다른 것과 '대조'됨을 나타내거나 '주제'를 표시하기도 하며, '강조'를 나타내는 등 어휘적인 의미를 지니고 있어서 생략하면 뜻이 달라지는 점으로 보아, 격조사가 아니라 보조사임이 분명하다.

2) 이중 주어 문제

국어의 중요한 통사적 특징 중의 하나로 다음과 같이 주어가 잇달아 나타나는 현상을 제시하는 경우가 많다.

> (21) 가. 토끼가 앞다리가 짧다.
> 　　　나. 향주가 마음씨가 착하다.
> 　　　다. 나는 호랑이가 무섭다.

이처럼 주어가 둘 이상 나타나는 현상은 서구어에서는 찾아보기 어려운 아주 특이한 현상인데, 지금까지 국어학계에서는 이런 현상을 합리적으로 설명할 수 있는 여러 가지 방안을 모색한 바 있다.

먼저 이들 문장을 겹문장(복문)으로 보는 방안이 제기되었는데, 두 번째 주어와 서술어가 서술절을 이루고, 첫 번째 주어가 전체 문장의 주어 역할을 하는 것으로 설명하였다. 이들 문장을 서술절로 설명한 연구에서는 이중 주어를 인정하지 않고 문장 구조를 복문으로 가정함으로써 이 문제를 해결하고자 하였다.

또한 이들 문장을 둘 이상의 주어를 가지는 이중 주어 구문으로 본 연구도 있는데, 두 개의 주어를 대주어와 소주어로 나누어 설명하거나, 두 가지 주어를 '전체-부분'의 관계로 설명하기도 하였다.

이와는 달리, 이들 문장은 주어가 둘 이상 나타나는 것이 아니라 진정한 주어는 하나뿐이라고 주장한 연구도 있었는데, 이런 견해를 취한 연구 가운데는 주어와 주제를 구분함으로써 이중 주어 문제를 해결하려고 한 연구도 있었으며, 표면 구조에서는 조사 '이/가'가 둘 이상 나타나더라도 기저 구조에서는 주어가 하나뿐이라고 주장한 연구도 있었다.

여기서는 이중 주어 문장에서 주어가 둘 이상 나타나는 것이 아니고 진정한 주어는 하나뿐이라는 관점에서, 이중 주어 문장을 서술절을 가진 문장으로 설명하는 견해가 타당하지 않은 근거를 제시하고, 아울러 이중 주어 문장을 합리적으로 설명할 수 있는 방안을 모색한다.

가. 서술절 설정에 대한 비판

기존의 국어학 연구에서 서술절 설정을 주장한 연구로는 최현배(1937=1980), 박병수(1983), 성기철(1987), 임동훈(1997), 김원호(1998), 허웅(1999), 이정택(2006), 김건희(2017) 등이 있으며, 현행의 학교 문법에서도 서술절을 인정하는 입장을 취하고 있다.

이와는 달리 서술절을 설정하는 데 비판적인 시각을 가진 연구로는 서정수(1971), 임홍빈(1974), 남기심(1986), 안명철(2001), 이관규(2002), 목정수(2004, 2005, 2014), 송창선(2009ㄷ, 2017), 한정한(2013), 이선웅(2015) 등이 있다.

남기심(1996: 60-62)에서는 서술절에는 절을 형성하는 절 표지가 없으므로 그것이 절인지, 그것이 상위문에 내포된 것인지 확실치 않다고 하였으며, 복문에서 상위문의 요소가 내포문 속으로 이동할 수 없는데 이중 주어 구문에서는 내포문 속으로 이동할 수 있는 점으로 보아 서술절을 내포한 복문으로 인정할 수 없다고 하였다.

송창선(2009ㄷ, 2017)에서는 서술절을 설정하는 것이 다음과 같은 몇 가지 문제가 있다고 본다.

먼저 '철수는 머리가 좋다'라는 문장에서 '머리가 좋다'를 서술절로 설정한다면 '머리는 철수가 좋다'에서는 '철수가 좋다'를 서술절로 설정해야 하는 문제가 생길 뿐만 아니라, '철수가 머리가 좋다'와 '철수가 영희가 좋다'의 차이를 밝힐 수 없어서 서술절을 설정하는 것은 문제가 있다고 주장하였다.

> (22) 가. [철수가 [머리가 좋다]]
> 나. [철수가 [영희가 좋다]]

위와 같이 둘 다 서술절을 지니는 똑같은 구조라면, 이들 사이에 존재하는 의미 차이를 설명할 방법이 없다는 것이다.

그렇지만 '철수의 머리가 좋다.'에서 '철수가 머리가 좋다.'라는 문장이 형성되고, '철수로서는 영희가 좋다.'라는 문장에서 '철수가 영희가 좋다.'라는 문장이 형성되는 것으로 설명하게 되면, 두 문장의 의미 차이를 분명하게 설명할 수가 있다고 하였다.

한편 목정수(2014)에서는 대용언을 통한 진단법, '동일 주어 제약'을 통한 진단법, '결합가 이론'에 따른 진단법을 통해 검증한 결과, 서술절을 설정하는 것이 근거가 없다고 주장하였으며, 이선웅(2015)에서도 서술어 중심 통사론의 관점에서 보면, '서술절을 안은 문장'은 안은 절도 없이 안긴 절로서 서술절이 성립된다는 이상한 논리에 따른 것이므로 인정하기 어렵다고 하였다. 이와 더불어 이정훈(2016: 446)에서는 근본적인 차원에서 서술절설이 과연 한국어의 특성에 맞는가를 심사숙고할 필요가 있다고 하면서, 한국어가 주제 부각형 언어에 속한다는 점을 중시하면, 서술절설은 한국어의 특성을 주어 부각형 언어의 근간인 주술관계에 억지로 맞춘 것일 수도 있다고 주장하였다.

이상에서 이른바 이중 주어 구문을 서술절로 설명하는 방법이 합리적인 설명 방법이 아니라는 것을 확인할 수 있었다.

나. '이중 주어 구문'에 대한 해석

이 책에서는 이중 주어 구문의 진정한 주어는 하나뿐이라고 보고, 이중 주어 구문이 기저에서 주격이 한 번만 나타나다가 변형에 의해 표면에서 '이/가'가 두 번 이상 나타나게 된 것으로 보는 설명이 합리적이라고 본다. 이렇게 보는 까닭은 변형에 의해 표면에서 '이/가'가 두 번 이상 나타난 것으로 설명하지 않으면, 아래 예문들은 모두 별개의 문장인 것처럼 다루어야 하기 때문이다. 그렇게 되면, 각각의 문장을 따로 다루어야 하기 때문에 문법적인 설명에 부담을 주게 된다.

(23) 가. 대구가 여름이 온도가 높다.
　　　나. 대구가 여름 온도가 높다.
　　　다. 대구의 여름 온도가 높다.

라. 대구의 여름이 온도가 높다.
마. 대구는 여름에 온도가 높다.
바. 여름이 대구가 온도가 높다.
사. 여름에 대구의 온도가 높다.
아. 여름에 대구 온도가 높다.
자. 여름 온도가 대구가 높다.
차. 여름의 온도가 대구가 높다.
카. 여름이 온도가 대구가 높다.

따라서 위에 제시한 여러 개의 문장 중에서 '대구의 여름 온도가 높다.'라는 문장을 중립적인 문장으로 설정하고, 이 문장에서 나머지 문장들이 형성되는 것으로 본다. 요컨대 기저에서는 이중 주어 구문이 아니었는데, 표면에서 '이/가'가 한 번만 나타나기도 하고, 두 번 혹은 세 번까지 나타날 수도 있다는 것이다.

이른바 이중 주어 구문의 '이/가'가 주격 조사인지 아닌지를 살펴보기 위해 우리는 먼저 이중 주어가 나타나는 구문의 유형을 제시하고자 한다.

(24) 가. 대소 관계 유형: 영희가 키가 크다.
나. 수량어 유형: 물고기가 열 마리가 남았다.
다. 부사어 대치 유형: 외투가 때가 묻었다.
이 꽃이 향기가 난다.
라. 심리 형용사 유형: 나는 호랑이가 무섭다.

먼저 (24나)처럼 수량을 나타내는 말에 '이/가'가 쓰여서 주어가 둘인 것처럼 보이는 문장이 있는데,[3] 송창선(2009ㄷ)에서 밝힌 바와 같이, 수량어 유형은 이중 주어 구문으로 보기 어렵다.

(25) 가. 군인이 둘의 산길을 걸어왔다.
나. 맥주가 두 병의 부족하다.

---

[3] 현행의 학교 문법에서는 조사 '이/가'를 모두 주격 조사로 인정하기 때문에, 이들 문장이 주어를 두 개 가진 문장이라고 본다.

(25)의 '둘이'와 '두 병이'는 주어인 '군인이'와 '맥주가'를 보충하기 위하여 붙인 부가어에 불과하다고 본다. 이들이 따로 주어라고 하기 어려운 까닭은 '이/가'가 한 번만 나타나는 '군인 둘이'나 '맥주 두 병이'에서 보듯이 그 전체가 주어의 기능을 하기 때문이다.4) 이에 대해서는 이중 목적어 구문에서도 수량어 유형이 있으므로, 뒤에서 자세히 살펴보기로 한다.

수량어 유형을 제외한 나머지 이중 주어 구문은 다음과 같은데, 이들 예에서 격 교체가 일어나는 것을 확인할 수 있다.

> (26) 가. 대소 관계 유형: 영희{가, 의} 키가 크다.
> 나. 부사어 대치 유형: 외투{가, 에} 때가 묻었다.
> 이 꽃{이, 에서} 향기가 난다.
> 다. 심리 형용사 유형: 나{는, 에게} 호랑이가 무섭다.

송창선(2009ㄷ)에서는 대소 관계 유형은 관형격 조사 '의'가 나타나는 문장에서 만들어진 것으로 보았으며, 부사어 대치 유형도 부사격 조사 대신에 '이/가'가 쓰인 것으로 보았다. 그리고 심리 형용사 구문은 이중 목적어 구문에서는 나타나지 않고 이중 주어 구문에서만 나타나는데, 심리 형용사 구문에서도 부사격 조사 '에게, 으로서' 대신에 '이/가'가 쓰인 것으로 보았다.5)

---

4) '학생 세 명이 왔다.'를 이익섭(1973)에서 NP$_1$과 NP$_2$를 동격 관계로 파악하였으며, 임홍빈(1974), 유동석(1998)에서는 두 주격 명사구를 하나의 통사 단위로 보아 '학생이 세 명이'가 소절(small clause)의 자격으로 주어의 기능을 하는 것으로 보았다.
5) 송창선(2009ㄷ)에서는 첫 번째 명사구가 원래는 '에게'나 '으로서'이던 것이 '이/가'로 바뀌었다고 주장하였는데, (1), (2)에서 보듯이 누구의 심리 상태를 나타내는지를 묻는 물음에서 '누가'가 쓰일 수 없고 반드시 '누구에게'로 묻는 점을 근거로 제시하였다.
> (1) 가. 무서운 호랑이는 *누가/누구에게 무서운 호랑이인가?
> 나. 기쁜/슬픈 소식은 *누가/누구에게 기쁜/슬픈 소식인가?
> 다. 좋은 사람은 *누가/누구에게 좋은 사람인가?
> 라. 고마운 분은 *누가/누구에게 고마운 분인가?
> (2) 가. 호랑이는 누구에게나 무섭지.
> 나. 그 소식은 누구에게나 기쁘지/슬프지.
> 다. 그 사람은 누구에게나 좋지.

이 책에서는 총론에서 이미 밝힌 바와 같이, 국어에서 격 교체가 일어나는 경우에 쓰인 '이/가'와 '을/를'은 주격, 목적격, 보격의 기능을 지니는 것으로 볼 수 없다고 본다. 즉 격 교체가 일어나는 경우에는 본래의 격 기능을 지니지 않는 것으로 보아야 한다는 것이다.

2. 서술어

문장의 주성분에는 서술어, 주어, 목적어, 보어가 있는데, 그 가운데서 가장 중요한 문장 성분은 서술어라고 할 수 있다. 그 까닭은 서술어의 종류에 따라서 서술어의 앞에 오는 문장 성분의 숫자와 문장 성분의 성격이 결정되기 때문이다.

서술어(敍述語, predicate)는 주어의 동작을 나타내거나 주어의 성질이나 상태를 풀이하는 기능을 하는 문장 성분이다.

> (27) 가. 가을 하늘이 <u>높다</u>.
> 나. 물이 <u>흐른다</u>.
> 다. 곰이 겨울 잠을 <u>잔다</u>.

즉 '무엇이 어떠하다', '무엇이 (무엇을) 어찌한다'의 '어떠하다, 어찌한다' 부분이 서술어에 해당한다. (27)에서 밑줄 그은 '높다, 흐른다, 잔다'가 서술어에 해당한다.

라. 그 분은 누구에게나 고맙지.
또한 (3가)는 '나의 생각에 따르면 선생님이 무섭다.'라는 의미를 지니는데, (3가)의 주어는 '나는'이고 (3나,다)의 주어는 '선생님이'라고 주장하는 것은 무리가 있다. 결국 (3가)의 '나는'도 '나에게는, 나로서는, 내 생각으로는'과 같은 부사어와 마찬가지로 부사어로 다루는 것이 바람직하다고 보았다.
　　(3) 가. 나는 선생님이 무섭다.
　　　　나. 내 생각으로는 선생님이 무섭다.
　　　　다. 내 생각에는 선생님이 무섭다.

서술어의 자릿수

한 문장에 쓰이는 문장 성분의 수는 서술어의 성격에 따라 달라진다. 서술어는 그 종류에 따라 어떤 서술어는 주어만을 요구하기도 하고, 어떤 서술어는 목적어나 보어를 요구하기도 하며, 또 더러는 필수적 부사어를 요구하기도 한다. 이 때 서술어가 반드시 필요로 하는 문장 성분의 숫자를 '**서술어의 자릿수**'라고 한다.

(28) 가. 은혜는 귀엽다.
　　　나. 해가 뜬다.
　　　다. 새가 지저귄다.
(29) 가. 창수가 소설책을 읽었다.
　　　나. 보경이는 교사이다.
　　　다. 인철이는 학생이 아니다.
　　　라. 그는 과학자가 되었다.
　　　마. 그의 눈동자가 별과 같다.
　　　바. 영희가 학교에 간다.
(30) 가. 영수가 친구에게 편지를 보냈다.
　　　나. 교장 선생님께서 반장에게 임명장을 주셨다.
　　　다. 부인은 용감한 젊은이를 사위로 삼았다.

(28)의 '귀엽다, 뜨다, 지저귀다'처럼 주어 하나만을 필요로 하는 서술어를 **한 자리 서술어**라고 한다. 또한 (29)의 '읽다, 이다6), 아니다, 되다, 같다, 가다'는 주어 이외에도 목적어, 보어, 부사어 중의 한 성분이 반드시 필요한데, 주어 외에 하나의 문장 성분이 더 있어야 하는 서술어를 **두 자리 서술어**라고 한다. '영희가 학교에 간다.'의 경우에는 '가다'가 한 자리 서술어인지 두 자리 서술어인지 판단을 내리기 어렵지만, '가다' 앞에 출발점이나 도착점을 나타내는 부사어가 나타나는 것이 자연스러우므로 두 자리 서술어로 보고자 한다. 그리고 (30)의 '보내다, 주다, 삼다'는 주어와 목적어 외에도 부사어가 반드시 나타나

---

6) '이다'를 서술격 조사로 다루지 않고 형용사로 다루는 데 대해서는 앞에서 자세히 살펴보았으므로 여기서는 따로 설명하지 않는다.

야 하는데, 이와 같은 서술어를 **세 자리 서술어**라고 한다.

서술어의 선택 제약

변형 생성 문법에서 문장의 각 어휘 항목이 공기할 때 나타나는 제약을 **선택 제약**이라고 하는데, 서술어에 따라 주어나 목적어 자리에 올 수 있는 체언의 자질이 결정된다.

(31) 가. *바위가 웃는다.
　　　나. *책이 아이를 본다.
(32) 가. *나는 양말을 입었다.
　　　나. *그는 눈을 다물었다.

(31)은 주어와 서술어 사이에 존재하는 선택 제약을 위반했다. '웃다, 보다'라는 서술어는 그 주어로 유정 명사를 요구하는데, 이를 어겨서 의미상으로 매우 이상한 문장이 되었다. (32)에서는 서술어와 목적어 사이에 존재하는 선택 제약을 위반했다. 착용과 관련된 '(양말을) 신다, (옷을) 입다, (모자를) 쓰다, (넥타이를) 매다, (반지를) 끼다'나, '(눈을) 감다, (입을) 다물다'처럼 선택 제약을 위반하지 않아야 자연스럽게 쓰일 수 있다.

그런데 임지룡(2018: 290-297)에서는 선택 제약을 위반했지만 실제 언어생활에서 자연스럽게 쓰이는 경우로 환유의 예를 제시하였다.

(33) 가. 선글라스가 문밖에서 서성거렸다.
　　　나. 봄을 씹어요.

(33)에서 '선글라스'는 '선글라스를 낀 사람'을 가리키고 '봄'은 '봄나물'을 가리키기 때문에 자연스럽게 쓰일 수 있다는 것이다.

3. 목적어

문장의 주성분인 주어, 서술어, 목적어, 보어 중에서, 온전한 문장이 되려면 주어와 서술어는 반드시 나타나야 한다. 그렇지만 목적어와 보어는 서술어의 자릿수에 따라 나타난다는 점에서 주어, 서술어와는 문장 내에서 차지하는 지위가 다르다고 하겠다.

목적어(目的語, object)는 서술어의 동작에 대한 대상이 되는 문장 성분인데, 앞에서 살펴본 것처럼 목적어를 가질 수 있는지 없는지에 따라 서술어를 구분하기도 한다. 즉 목적어를 취하지 못하는 자동사와 목적어를 취할 수 있는 타동사로 구분할 수 있다.

1) 목적격 조사

목적격 조사의 형태

아래 (34)는 타동사가 쓰인 문장에서 목적어가 나타난 경우를 보인 것인데, 목적어로 쓰인 성분에는 체언에 목적격 조사 '을/를'을 붙일 수 있다.

> (34) 가. 연희가 그림을 그린다.
> 나. 영미가 이마를 닦는다.

(34)의 '그림을'과 '이마를'의 조사 '을/를'은 다른 격조사로 바꿀 수 없다. 이처럼 조사 '을/를'만 쓰일 수 있는 경우에는 이 '을/를'을 목적격 조사로 다루는 데 의문을 제기할 여지가 없다.

한편, 주격 조사가 생략되는 경우와 마찬가지로, 목적격 조사가 생략되어도 목적격이 분명하게 드러나는 경우에는 (35)에서와 같이 '을/를'을 생략할 수 있다. 그리고 보조사가 목적어에 붙을 때는 (36가)처럼 목적격 조사와 보조사가 함께 나타나는 경우도 있고, (36나,다)처럼 목적격 조사는 생략되고 보조사만 붙는 경우도 있다.

(35) 가. 나 오늘 밥 못 먹었어.
　　　나. <u>전화기</u> 좀 쓸 수 있니?
(36) 가. 혜원, 너<u>만</u>을 생각할거야.
　　　나. 지영이는 책<u>도</u> 즐겨 본다.
　　　다. 준형이가 농구<u>는</u> 무척 좋아하지만 야구<u>는</u> 별로 좋아하지 않는다.

　목적어도 주어와 마찬가지로, 이야기의 장면 속에서 목적어가 무엇
인지 분명한 경우에는 생략할 수 있다.

(37) 영철: 오늘 저녁에 영화 봤니?
　　　희영: 응, (영화) 봤어. / 아니, (영화) 못 봤어.

조사 '을/를'의 기능

　앞에서 조사 '이/가'가 주격 조사로만 쓰이지 않고 보조사로 쓰이는
경우가 있다는 점을 살펴본 바 있는데, 조사 '을/를'도 아래와 같이 목
적격 조사가 아닌 보조사로 쓰이는 경우가 있다.

(38) 가. 그가 공부를 열심히 하지를 않는다.
　　　나. 이 섬에는 사람이 아무도 살지를 않는다.

　위에서는 보조적 연결 어미 '-지' 뒤에 조사 '을/를'이 쓰였는데, 이
경우의 '을/를'을 목적격 조사로 보기는 어렵다. 따라서 연결 어미 뒤
에 쓰인 '을/를'은 보조사로 볼 수밖에 없다.

　한편, (39)에 제시한 조사 '을/를'도 목적격 조사인지 보조사인지 문
제가 된다. '학교를'과 '차를'은 '학교에'나 '차에'와 같이 다른 격조사
로 바꿀 수 있어서, 이들 성분이 부사어인지 목적어인지 판단하기 어
렵다. 겉으로 드러난 표면 형태를 중시하는 입장에 서면 '학교를'은 목
적어로 다루고 '학교에'는 부사어로 다룰 것이고, 표면 구조에서는 '학

교에'와 '학교를'로 나타났지만 기저 구조는 동일하다고 보는 입장에 서면 이들을 하나의 격으로 설명하려고 할 것이다.

> (39) 가. 창수가 <u>학교를</u> 간다.
> 나. 철수가 <u>차를</u> 탄다.

이 문제에 대해서는 이미 서술어에 대한 논의를 할 때 밝힌 바 있는데, (39)의 '을/를'을 목적격 조사로 다루지 않고 보조사로 다루며, 이 경우의 문장 성분도 목적어가 아니라 부사어로 본다.

요컨대 조사 '을/를'은 목적격 조사로 쓰이는 것이 일반적이지만, 초점이나 주제를 나타내는 기능을 하는 보조사로도 쓰일 수 있다.

2) 이중 목적어 문제

국어에는 한 문장 안에 목적어가 둘 이상 나타나는 것처럼 보이는 예가 있다. 영어에서는 간접 목적어와 직접 목적어를 모두 인정하기 때문에 한 문장 안에 목적어가 두 개 쓰일 수 있다. 그렇지만 국어에서는 간접 목적어를 인정하지 않고 부사어로 보기 때문에, 한 문장 안에서 목적어가 둘 이상 나타나는 것처럼 보이는 현상은 특이한 것임에 틀림이 없다.

이중 목적어 구문은 (40)과 같이 표면상으로 조사 '을/를'이 두 번 나타나는데, 김영희(1987ㄱ), 임홍빈·장소원(1995), 유동석(1995, 1998), 우형식(1996), 이홍식(2000), 김양진(2001) 등에서는 이런 문장을 이중 목적어 구문으로 보고 이들을 모두 목적어로 다루었으며, 현행의 학교 문법에서도 이 견해를 따르고 있다.

> (40) 가. 대소 관계 유형: 철수가 순희{를, 의} 팔을 잡았다.
> 나. 부사어 대치 유형: 철수가 영수를 친구{를, 로} 삼았다.
> 다. 여격 유형: 선생님은 반장{을, 에게} 상장을 주었다.

라. 수량어 유형: 그가 새를 두 마리를 잡았다.

그 중에서 수량어 유형은 이중 주어 구문과 이중 목적어 구문에서 함께 나타나는데, (41가)의 이중 주어 구문에서 주어가 하나뿐인 것으로 본 것과 마찬가지로 (41나)의 이중 목적어 구문에서도 목적어가 하나뿐인 것으로 본다.

> (41) 가. 참새가 두 마리가 날아왔다.
> 　　　나. 영호가 참새를 열 마리를 잡았다.

한편, 이중 목적어 구문에서 '을/를'이 모두 목적격 조사가 아니라는 것을 보여주는 결정적인 예가 있다.

> (42) 가. 철수가 공원을 세 시간을 걸었다.
> 　　　나. 철수가 기차를 세 시간을 탔다.

(42)의 예문도 이중 목적어 구문으로 다루기도 하는데, '걷다, 타다'가 자동사라는 데 유의할 필요가 있다. 자동사가 서술어로 쓰인 문장에 나타난 '을/를'이 목적격 조사가 아니라는 것은 자명한 일인데, (42)에서 수량어 뒤에 결합한 '을/를'이 목적격 조사가 아닌 것과 마찬가지로, (41)에서도 수량어에 결합한 '을/를'은 목적격 조사가 아님이 분명하다.

송창선(2009ㄱ)에서는 (43)과 같은 대소 관계 유형에서 이른바 이중 목적어 구문에서 목적어는 하나뿐이라고 보고, (43가)의 두 '을/를' 중에서 첫 번째 '을/를'을 목적격 조사로 보았다. 그리고 두 번째 '을/를'이 나타나는 '손목을'은 '영희를'이라는 목적어를 의미적으로 한정하는 부가어로 보았다.[7] 다시 말해서 '손목을'에 나타나는 '을/를'은 목적격 조사가 아니라 보조사로 본 것이다.

---

7) 양정석(1987), 유혜원(1999)에서도 이른바 이중 목적어 구문에서 앞의 것이 목적어이고 뒤에 오는 것은 목적어 부가어로 보았다.

(43) 가. 철수가 영희를 손목을 잡았다.
　　　나. 철수가 영희의 손목을 잡았다.

또한 송창선(2009ㄱ)에서는 (44가)의 여격 유형과 (44나)의 부사어
대치 유형에서도 목적격 조사 '을/를'은 하나뿐이고, 다른 '을/를'은
강조의 기능을 지니는 보조사로 보아야 한다고 주장하였다.

(44) 가. 선생님은 반장{을, 에게} 상장을 주었다.
　　　나. 철수가 영수를 친구{를, 로} 삼았다.

이와 같이 대소 관계이든 여격 유형이나 부사어 대치 유형이든 간
에, '을/를'이 두 번 이상 나타나더라도, 진정한 목적어는 하나뿐이라
고 본다.

이 책에서는 총론에서 이미 밝힌 바와 같이, 국어에서 격 교체가 일
어나는 경우에 쓰인 '이/가'와 '을/를'은 주격, 목적격, 보격의 기능을
지니는 것으로 볼 수 없다고 본다. 즉 격 교체가 일어나는 경우에는
본래의 격 기능을 지니지 않는 것으로 보아야 하는데, 이런 관점을
(44)에 적용할 때 격 교체가 일어나지 않는 '상장을, 영수를'이 진정한
목적어이며, '반장을, 친구를'은 '반장에게, 친구로'로 격 교체가 일어
나는 점으로 미루어 볼 때 이들은 목적어가 아니라는 것을 다시 한 번
확인할 수 있다.

3) 피동문에 나타나는 '을/를'

일반적으로 피동사는 자동사인데, 그 까닭은 타동사에 피동 접미사
'-이-, -히-, -리-, -기-'가 결합하면 자동사인 피동사로 바뀌기 때문
이다. 그런데 아래에서 보듯이 피동문에 조사 '을/를'이 나타나는 예
가 있어서 문제가 되어 왔다.

(45) 가. 영희가 철수에게 손을 잡혔다.
　　　나. 도둑이 경찰에게 꼬리를 잡혔다.

이처럼 피동문에 조사 '을/를'이 나타날 때, 기존 연구에서는 대부분 이 '을/를'을 목적격 조사로 보았는데, 이때의 '을/를'을 타동문의 잔류자로 보거나 피동사를 타동사로 봄으로써 이 문제를 해결하려고 하였다. 이상억(1970)에서는 피동사가 목적어를 갖는 문장을 피동 타동문이라고 하였으며, 성광수(1976), 이익섭·임홍빈(1983), 이홍식(1991, 2000), 김귀화(1994), 송복승(1995), 우형식(1996), 고광주(2001), 이정택(2003), 남수경(2005) 등에서는 피동문에 나타나는 '을/를'이 원래 능동문에 있던 목적격 조사 '을/를'이 피동문에 그대로 남아있는 것으로 보거나 '을/를'이 나타나는 피동문을 타동문으로 보았다.

고광주(2001)에서는 목적어 있는 피동문이 의미범주상으로는 피동문에 해당하지만 통사범주상으로는 타동문에 해당한다고 하였으며, 이정택(2003)에서는 일반적으로 피동문은 자동사문으로 여겨져 왔고, 이에 따라 피동문에 나타나는 '을/를'은 이례적인 것으로 취급하였으나, 피동문과 자동사문을 동일한 것으로 보아야 할 이유는 없다고 주장하기도 하였다.

한편, 고창수·시정곤(1991), 김원경(1993), 시정곤(1994)에서는 통사적 접사라는 개념을 이용하여 피동문에 나타나는 '을/를' 문제를 설명하고자 하였다. 고창수·시정곤(1991: 153-155)에서는 (46가)의 기저구조를 (46나)라고 하면서, (46나)의 '히'는 '손 잡'까지 지배하는 요소라면 '손'에 대격을 주는 것은 피동사 파생 이전의 타동사 '잡'이라고 하였으며, '손 잡'은 통사부에 와서 피동 접미사가 붙는다고 주장하였다.

(46) 가. 영희가 철수에게 손을 잡혔다.

　　　나. [영희 철수에게i　[PROi 손 잡]vp 히pass]Ip

아울러 (47가)는 (47나)와 같은 기저구조를 가진다고 하였다.

(47) 가. 영희가 철수에게 손이 잡혔다.

　　　나. [영희 철수에게　[손 [잡]v 히pass]v̄]vp]Ip

이처럼 지금까지 국어학계에서는 피동문에 나타나는 '을/를'을 이중 목적어 구문의 '을/를'이 잔류한 것으로 설명하거나, 피동사 앞에 목적어가 나타나는 점을 중시하여 이들 피동사를 타동사로 다루기도 하였고, 더러는 '을/를' 주제화로 설명하거나 '을/를'이 나타나는 피동문을 사동문으로 해석하기도 하였다.8)

그렇지만 국어학계에서 피동문에 나타나는 '을/를'이 목적격 조사가 아니라는 주장을 하거나, 피동사가 자동사라는 주장을 한 연구는 유혜원(1999) 외에는 찾아보기가 어렵다. 피동사가 자동사라는 주장을 한 유혜원(1999)에서는 타동성 검증 기준에 의거하여 피동사가 자동사임을 밝히고, '을/를'이 나타나는 NP가 목적어가 아닌 초점에 의해 허가된 부가어라고 주장하였다. 즉 피동문에서 '을/를'을 가지는 명사구는 '을/를'을 '이/가'로 대체했을 때에도 정문이 되는 점으로 볼 때, '을/를'이 나타나는 명사구를 다른 타동구문에서와 같은 순수한 목적어로 보는 데 어려움이 있다고 하면서, '을/를' 명사구는 강조를 위한 통사적 기제인 [초점] 자질에 의해서 허가된 부가어라고 주장하였다.

아래 (48)은 국어 동사 중에서 피동 접미사 '-이-, -히-, -리-, -기-'에 의해 파생된 피동사인데, (48가)는 '잡혀 있다, 물려 있다, 들려

---

8) 임홍빈(1983)에서는 피동문에 나타나는 '을/를'은 능동문의 목적어가 피동문에 그대로 잔류한 것이 아니라 피동화한 뒤에 다시 피동의 논리에 따라 생성된 것이라고 하였으며, 피동의 '을/를'은 통사론적인 존재가 아니라 의미론적인 존재임을 의미한다고 하면서, '을/를' 주제화로 설명하였다. 또한 이광호(1988)에서는 '을/를'이 나타나는 피동문은 통사적 구성에서 피동문이 아니라 사동문이라고 주장하였다.

있다(위로), 안겨 있다'에서 보듯이 '-어 있-'이 결합가능한 피동사이고, (48나)는 '*들려 있다(소리가), *먹혀 있다, *쓰여 있다, *보여 있다'에서 보듯이 '-어 있-'이 결합할 수 없는 피동사이다. (48가)에서 제시한 피동사에는 '-어 있-'이 결합할 수 있는데, 이런 점만으로도 이들이 자동사라는 것을 분명하게 알 수 있다.

> (48) 가. 잡히다, 물리다, 들리다(위로), 안기다, 열리다, …
> 나. 들리다(소리가), 먹히다, 쓰이다, 보이다, …

(49)는 이른바 피동문에 '을/를'이 나타나는 전형적인 경우인데, '을/를'이 함께 나타난다는 이유로 '잡히다, 물리다, 찔리다'를 타동사로 다룬 연구도 있었다.

> (49) 가. 영희가 철수에게 손을 잡혔다.
> 나. 토끼가 개에게 다리를 물렸다.
> 다. 적군이 아군에게 허리를 찔렸다.

그렇지만 이들 동사는 타동사가 아니라 자동사임이 분명하다. 왜냐하면 '잡혀 있다, 물려 있다, 찔려 있다'에서 보듯이 '-어 있-'이 결합할 수 있기 때문이다.

송창선(2009ㄴ)에서는 '빼앗기다'와 같은 방향 대립어가 목적어를 취하는 것과 같은 특수한 경우9)를 제외하면, 국어의 피동사는 타동사

---

9) 일반적인 피동사와는 달리, 서술어가 피동사임이 분명함에도 불구하고 목적어를 취하는 경우가 있다. (1가)의 '을/를'을 '이/가'로 바꾼 (1나)가 비문이 되는 점으로 볼 때, 이 경우는 아주 특이한 경우에 해당한다고 하겠다. 송창선(2009ㄴ)에서는 (1가)가 (2)와 관련되는 것으로 보았으며, '능동-피동'의 의미를 지니면서 동시에 방향 대립의 의미 특성을 지니는 상대어처럼 쓰이는 경우로 보았다. 즉 이 경우의 '빼앗다-빼앗기다'의 관계는 '빌다-빌리다, 주다-받다'의 관계와 비슷한 양상을 보이는, 매우 예외적인 특수한 경우로 설명하였다.
  (1) 가. 영수가 철수에게 가방을 빼앗겼다.
   나. *영수가 철수에게 가방이 빼앗겼다.
  (2) 철수가 영수에게서 가방을 빼앗았다.

가 아니라 자동사라는 점을 확인하였으며, 따라서 자동사인 피동사는 목적어를 취할 수 없는 것이 당연하다고 보았다.

> (50) 가. 철수가 영희의 팔을 잡았다.
> 　　 나. 철수가 영희를 팔을 잡았다.

즉 이른바 이중 목적어 구문에서 목적어는 하나뿐이라고 보며, (50)의 두 '을/를' 중에서 첫 번째 '을/를'만 목적격 조사로 본다. 그리고 두 번째 '을/를'이 나타나는 '팔을'은 '영희를'이라는 목적어를 의미적으로 한정하는 부가어로 본다. 다시 말해서 '팔을'에 나타나는 '을/를'은 목적격 조사가 아니라 보조사로 보는 것이다. 이렇게 설명함으로써 능동문의 목적어인 '영희를'이 피동문의 주어 자리로 옮아가서 (51가)와 같은 피동문을 형성할 수 있음을 설명할 수 있다. 그런데 목적어가 아닌 '팔을'을 피동문의 주어 자리로 옮긴 (51나)는 비문이 되어 버린다.

> (51) 가. 영희가 철수에게 팔을 잡혔다.
> 　　 나. *팔이 철수에게 영희를 잡혔다.

그렇지만 만약 (50나)의 '을/를'을 모두 목적격 조사로 보는 경우에는, (51나)가 비문이 되는 것을 합리적으로 설명할 수가 없다. 능동사에서 정상적으로 피동사가 파생될 수 있는 경우임에도 불구하고, 능동문의 목적어가 피동문의 주어로 나타나지 못하는 까닭을 설명하지 못한다면, '을/를'을 모두 목적격 조사로 보는 설명 방식에 문제가 있음을 말해 주는 것이다.

다음으로 (52)와 같은 능동문에서 목적어인 '영희의 팔을'이 피동문의 주어 자리로 옮겨가면 (53가)와 같은 피동문이 만들어진다.

> (52) 철수가 영희의 팔을 잡았다.
> (53) 가. 영희의 팔이 철수에게 잡혔다.
> 　　 나. 영희가 팔이 철수에게 잡혔다.

(53가)의 주어는 '팔이'인데, 이 문장에서 '영희'를 주제로 내세우면 (53나)와 같은 문장이 만들어질 수 있다. 물론 (53나)의 '영희가'는 주어가 아니기 때문에, 이 때의 조사 '이/가'는 주격 조사가 아니라 보조사로 보아야 한다. (50가)에서 (50나)가 만들어질 때 선행하는 '을/를'이 목적격 조사이고 후행하는 '을/를'이 보조사라고 설명한 것과는 다른데, 'NP₁의 NP₂가'와 'NP₁의 NP₂를' 구성에서 '이/가'와 '을/를'의 차이를 보인다.

요컨대, 피동문에 나타나는 '을/를'은 목적격 조사가 아니라 보조사임이 분명하다. 이른바 이중목적어 구문에서 진정한 목적어는 하나뿐이며, 목적어가 아닌 문장 성분에 붙은 '을/를'이 피동문에 그대로 남았으므로, 이 '을/를'을 목적격 조사로 다룰 수 없는 것이다.

4. 보어

보어(補語, complement)는 주어와 목적어 외에 서술어가 요구하는 필수적인 문장 성분이다. 현행의 학교 문법을 비롯한 많은 연구에서는 (54)에서 '되다, 아니다'와 같은 서술어에 선행하는 성분을 보어로 다루고 있다.

> (54) 가. 그는 <u>학생이</u> 아니다.
> 나. 어느덧 <u>봄이</u> 되었습니다.

그런데 (55)의 '그는 학생이 아니다.'와 '그는 학생이다.'는 아주 밀접한 관련이 있는 것으로 보인다. 그럼에도 불구하고 '아니다'를 서술어로 다루고 그에 선행하는 '학생이'는 보어로 규정하면서, '이다'는 체언 '학생' 뒤에 붙어서 '학생이다' 전체를 서술어로 만드는 기능을 하기 때문에 '이다'를 '서술격 조사'로 규정하였다.

(55) 가. 그는 <u>학생</u>이다.
　　　나. 그는 <u>학생이</u> 아니다.

한편, 서술어 '되다'가 쓰인 경우에는 그에 선행하는 성분을 모두 보어로 인정하지는 않는다.

(56) 가. 물이 <u>얼음이</u> 되었다.
　　　나. 물이 <u>얼음으로</u> 되었다.

(56)에서 '얼음이'나 '얼음으로'를 삭제하면 비문이 되는데, 현행의 학교 문법을 비롯한 많은 연구에서는 조사 '이/가'가 쓰인 (56가)는 보어로 인정하지만,10) '(으)로'가 쓰인 (56나)는 보어로 다루지 않고 부사어로 다루고 있다.

이처럼 '되다' 앞에 '이/가'가 오는 경우만 보어로 인정하고 '이다, 아니다' 중에서 '아니다' 앞에 오는 성분만 보어로 인정하는 설명 방식은 문제가 많다.

'되다'의 선행어 검토

송창선(2008ㄴ)에서는 '되다'의 선행어를 보어로 볼 수 있는지에 대해 면밀하게 검토한 바 있는데, '되다'의 선행어가 보어가 되는 경우도 있고 부사어가 되는 경우도 있다는 것은 격과 문장 성분의 관계에서 보면 합리적인 설명이 못 된다.

주지하다시피 격은 체언(명사구)이 서술어와 맺는 통사적, 의미적 관계를 말한다.

---

10) 유현경 외(2018: 4256)에서는 '이 사람은 제 아우가 됩니다.'라는 문장에서 '제 아우가'를 보어로 다루었지만, 고영근 외(2018: 285)에서는 이 때의 '되다'를 '이다'로 바꿀 수 있는 계사적인 기능이 강하게 파악된다고 하면서 완전 자동사로 보는 것이 좋다고 하여, 이를 보어로 다루지 않았다.

(57) 가. 지혜가 밥을 먹는다.
　　　나. 지혜는(도, 만, 조차, …) 밥을 먹는다.
　　　다. 지혜가 밥은(도, 만, 조차, …) 먹는다.
　　　라. 지혜 밥 먹는다.

(57가)의 '지혜가'는 '먹는다'라는 서술어의 행위를 하는 주체로서 주어에 해당하며, '밥을'은 '먹는' 행위의 대상이 되는 목적어에 해당한다. (57나)에서 '지혜가'를 '지혜는, 지혜도' 등으로 바꾸더라도 이 문장의 주어라는 자격에는 변함이 없으며, (57다)에서 목적어 '밥을'을 '밥은, 밥도'로 바꾸어도 목적어라는 자격이 바뀌지는 않는다. 이와 같이 한 문장 안에서 체언이 서술어와 맺는 구실은 그 체언 뒤에 붙는 조사가 바뀐다고 하더라도 변하는 것은 아니다. 그리고 이러한 구실은 (57라)와 같이 격조사가 생략된 경우에도 그대로 유지된다. 요컨대 문장 성분은 서술어와의 관계에 따라 정해지는 것이기 때문에 체언 뒤에 붙는 조사의 영향을 받아서 바뀌는 것은 아니다.

그럼에도 불구하고 현행의 학교 문법에서는 앞에서 이미 밝힌 바와 같이 격조사의 종류에 따라 문장 성분이 달라지는 것으로 설명하고 있다.

(58) 가. 창수가 의사가 되었다.
　　　나. 창수가 의사로 되었다.
　　　다. 창수가 의사 되었다.
　　　라. 창수가 의사는(도, 까지, …) 되었다.

즉 (58가)의 '의사가'는 보어이며, (58나)의 '의사로'는 부사어로 보았던 것이다. '의사가'의 경우에는 보격 조사 '이/가'가 결합하였으므로 보어로 다루었지만 '의사로'의 경우에는 부사격 조사 '로'가 결합했기 때문에 부사어라고 규정하였다. 결국 표면에 드러난 격조사의 형태에 따라 문장 성분이 결정된다고 본 것이다. 그렇다면 (58다)와 같이 '의사' 뒤에 격조사가 생략된 경우나 (58라)처럼 격조사는 생략되고 보조사만 나타난 경우에는 '의사' 혹은 '의사는' 등의 문장 성분이 무엇인지 알 수가 없게 된다.

서울대학교 국어교육연구소(2002ㄴ :192)에서는 보어의 개념과 성격에 대해 "서술어 '되다, 아니다' 앞에 오면서, 보격 조사 '이/가'를 갖고 있는 성분이 바로 보어이다."라고 밝혀 두었다.

>   (59) 가. 철수는 학생이 아니다.
>   나. 철수는 학생 아니다.

그런데 (59가)의 '학생이'가 보어인 것처럼 (59나)의 '학생'도 보어임에 틀림이 없다. 보격 조사 '이/가'가 쓰이지 않아도 (59나)의 '학생'이 보어가 아니고 다른 문장 성분이라고 할 수는 없다.

이와는 달리 '되다'가 쓰인 경우에는 (58다)의 '의사'를 보어라고 할수도 있고, 부사어라고 할 수도 있어서 문제가 생긴다. (58가)의 보어인 '의사가'에서 보격 조사 '이/가'가 생략된 것이라면 (58다)의 '의사'는 보어가 될 것이고, (58나)의 부사어인 '의사로'에서 부사격 조사 '로'가 생략된 것이라면 (58다)의 '의사'는 부사어가 될 것이다. 이처럼 현행의 학교 문법에서는 서술어 '되다'가 쓰인 경우에는 체언 뒤에 붙은 조사의 형태에 따라 문장 성분이 달라지는 것으로 설명하고 있어서 문제가 되는 것이다.[11]

문장 성분은 명사구가 서술어와 맺는 관계에 따라 정해지기 때문에, 조사의 형태에 따라 문장 성분이 달라지지 않아야 한다고 본다. 즉 (60)의 '얼음이, 얼음으로, 얼음은' 등은 조사의 종류에 관계없이 같은 문장 성분으로 다루어야 한다고 본다. 왜냐하면 물이 얼음으로 변하는 것을 나타내는 데 있어서 '물, 얼음'과 '되다' 사이의 관계가 변하는

---

11) 양명희(2006: 172-173)에서는 '되다' 앞에 오는 성분만을 보어로 인정한 것은 타당한 근거가 있는 것 같지는 않다고 하면서, '철수는 호랑이가 무섭다.', '철수는 범인이 맞다.', '아기 코끼리가 1톤이 나간다.', '철수는 병이 났다.'와 같이 서술어 앞에 '이/가' 성분을 필수적으로 요구하는 불완전 자동사가 많이 있으므로, '되다' 앞에 오는 성분만을 보어로 보는 것은 문법 체계에 맞지 않다고 하였다.

것은 아니기 때문이다.

(60) 물이 얼음이/얼음으로/얼음은 되었다.

따라서 송창선(2008ㄴ)에서는 '얼음이, 얼음으로, 얼음은'의 문장 성분을 부사어로 보았던 것이다.12) 즉 '물이 얼음으로 되었다.'라는 문장을 무표적인 문장으로 보고, 다른 물질로 바뀐 것이 아니라 바로 얼음으로 바뀌었음을 강조하기 위해서 부사격 조사 '(으)로' 대신에 '이/가'나 '은/는'을 쓰는 것으로 본다. 그리고 이 경우의 '이/가'는 주격이나 보격과 같은 격조사가 아니라 '은/는'과 마찬가지로 '보조사'라고 본다.

'이다, 아니다'의 선행어 검토

우리는 앞에서 '이다, 아니다'가 형태적으로나, 통사 및 의미적으로 볼 때 밀접한 관련성이 있음을 확인하였으며, 이와 같은 관련성으로 미루어 볼 때 '이다'와 '아니다'를 서술어로 함께 다루는 것이 바람직하다고 한 바 있다. 지금부터는 '이다, 아니다' 앞에 오는 명사구의 성분에 대해 살펴보기로 하자.

국어의 '이다, 아니다'와 관련이 있는 것으로 보이는 다른 언어의 경우를 살펴보기로 한다.

(61) 가. I am a professor.
　　　나. I am **not** a professor.
(62) 가. 我是老師.
　　　나. 我不是老師.
(63) 가. 私は 学生だ.
　　　나. 私は 学生では**ない**.

---

12) '되다' 앞의 성분을 보어로 보지 않고 부사어로 본 연구로는 최현배(1937=1961: 610), 홍기문(1947), 박순함(1970), 서정수(1971, 1996) 등이 있다.

영어의 'am'과 'am not', 중국어의 '是'와 '不是', 일본어의 'だ'와 'ではない'에서는 긍정과 부정의 대립을 보이는 쌍으로 다룰 뿐만 아니라, 품사까지도 다름이 없다. 그런데 국어에서는 학교 문법은 물론이고 많은 국어학자들이 '이다'를 서술격 조사로 다루면서 '아니다'는 용언(형용사)로 다루어 왔다. 그 까닭은 '이다'가 선행어에 의존하여 쓰이는 데 비해, '아니다'는 선행어에 의존하지 않고 독립적으로 쓰일 수 있기 때문이다.

> (64) 가. <u>He</u> <u>is</u> <u>a professor</u>.
>   주어 서술어   보어
>
>   나. <u>He</u> <u>is</u> **not** <u>a professor</u>.
>   주어 서술어   보어
>
> (65) 가. <u>그는</u> <u>교수이다</u>.
>   주어   서술어
>
>   나. <u>그는</u> <u>교수가</u> <u>아니다</u>.
>   주어   보어   서술어

영어 문법에서는 (64)처럼 긍정문이든 부정문이든 '주어 + 서술어 + 보어'의 구성으로 설명하지만, 국어 문법에서는 (65)처럼 긍정문에서는 '주어 + 서술어'의 구성으로 보고, 부정문에서는 '주어 + 보어 + 서술어'의 구성으로 보아, 이들을 마치 다른 구조인 것처럼 설명하고 있다. 그 결과 국어 문법과 영어 문법을 함께 학습하는 학생들이나 이를 지도하는 교사들에게 큰 혼란을 주고 있다.

그래서 송창선(2008ㄴ)에서는 '이다'와 '아니다'가 체언에 바로 연결될 수 있을 뿐만 아니라 격조사, 보조사 및 연결 어미 뒤에 함께 나타날 수 있는 점을 근거로 하여, 이들을 두 자리 서술어로 다루어야 하며, 두 번째 명사구를 보어로 처리해야 한다고 주장한 바 있다.

보어의 범위

현행의 학교 문법을 비롯한 많은 연구에서는 '되다, 아니다'에 선행하는 필수 성분을 보어로 다룬 데 반해, 구본관 외(2015: 227-229)에

서는 (66)을 보어로 포함시켰으며[13] 유현경 외(2018: 419-425)[14],
남기심 외(2019: 284-290)에서는 (66)과 (67)을 보어로 다루었다.

> (66) 가. 민수는 <u>가수가</u> 틀림없다.
> 　　나. 철수는 <u>가수가</u> 맞다.
> (67) 가. 나는 <u>네가</u> 좋다.
> 　　나. 나는 <u>팔이</u> 저리다.

먼저 (66)에서 '가수가'를 보어로 다룰 수 있는지에 대해서는 논란
의 여지가 있다고 본다. 이들 문장은 관형절을 형성하는 데 있어서
'이다, 아니다'가 쓰인 문장과 차이를 보인다.

> (68) 가. 민수는 가수이다. → 가수인 민수가 …
> 　　나. 민수는 가수가 아니다. → 가수가 아닌 민수가 …
> (69) 가. 민수는 가수가 틀림없다. → *가수가 틀림없는 민수는 …
> 　　나. 철수는 가수가 맞다. → *가수가 맞는 철수는 …

'틀림없다, 맞다' 앞에 쓰인 명사구가 보어라면 (69)에서 관형절을
형성하지 못하는 점을 설명하기 힘들다. 게다가 '틀림없다'라는 서술
어가 '~임이 틀림없다.'나 '~임에 틀림없다.'와 같이 쓰이는 점도 간과
해서는 안 될 것이다. 이런 점을 고려하여 필자는 (66)이 아래와 같은
구조를 지니는 것으로 본다.

---

13) 구본관 외(2015: 227)에서는 '그 사람이 가수 같다.'의 '가수'를 보어로 다루었는데,
　　필자는 이 문장이 '그 사람이 가수와 같다.'와 같은 구조로 보고 부사어로 다루어야
　　한다고 본다.
14) 유현경 외(2018: 421)에서는 보어가 '①조사 '이/가'가 붙는다. ②서술어가 요구하는
　　필수적인 성분이다. ③의미적인 기능은 서술의 대상이다. ④관계관형절의 표제명사가
　　될 수 없다. ⑤보격 조사 '이/가'는 생략이 가능하다.'라는 특성을 지닌다고 하였다.
　　그리고 유현경 외(2018: 423-425)에서는 보어를 요구하는 용언을 제시하였는데, 대
　　표적인 예인 '이다, 아니다, 되다' 외에 다음의 예를 제시하였다.
　　가. 심리 자동사: 나는 자꾸 <u>울음이</u> 나와서 혼났다.
　　나. 감각 형용사: 나는 <u>등이</u> 간지러워 긁고 싶었다.
　　다. 감각 자동사: 그는 배를 타자마자 <u>속이</u> 울렁거렸다.
　　라. 수량 관련: 할아버지의 연세가 <u>일흔이</u> 넘으셨다.
　　마. 복합 술어: 그 설명은 <u>수긍이</u> 간다.

(70) 가. [민수는 가수]가 틀림없다.

　　　나. [철수는 가수]가 맞다.

　다음으로 (67가)와 같은 심리 형용사가 쓰인 문장과 (67나)와 같이 감각 자동사가 쓰인 문장에 대해 살펴보자.

(71) 가. 나는 <u>그가</u> 아니다. → *그가 나는 아니다.

　　　나. 민호가 <u>교사가</u> 되었다. → *교사가 민호가 되었다.

(72) 가. 나는 <u>네가</u> 좋다. → 네가 나는 좋다.

　　　나. 나는 <u>팔이</u> 저리다. → 팔이 나는 저리다.

　(71)에서 보듯이 학교 문법에서 보어로 다룬 예에서는 주어와 보어의 위치를 바꾸어 놓으면 비문이 되는데, (72)에서 보듯이 심리 형용사나 감각 자동사가 쓰인 경우에는 두 명사구의 위치를 바꾸어도 문장이 성립하는 것을 알 수 있다. (72)에서 '네가, 팔이'가 보어라면, 이들이 주어보다 앞서는 경우를 합리적으로 설명할 길이 없다고 본다.

　요컨대 '이다, 아니다' 외에 보어로 다루고자 했던 (66), (67)의 경우는 보어로 다루지 않는 것이 바람직하다고 본다.

5. 관형어

　문장의 주성분의 내용을 수식하는 부속 성분에는 관형어와 부사어가 있는데, 체언을 수식하는 성분은 **관형어**이고 용언을 수식하는 성분은 부사어이다.

　관형어(冠形語)에는 아래와 같은 세 가지 유형이 있다.

(73) 가. 관형사 : 이, 그, 저, … (지시 관형사), 새, 헌, … (성상 관형

　　　　　　 사), 한, 두, 세 … (수 관형사)

　　　나. 체언 + 관형격 조사 : 나의(내), 너의(네), 우리의, 철수의, …

다. 용언의 어간 + 관형사형 어미 : 예쁜, 고운, 빠른, 먹는, 자는, …

먼저 관형사만으로도 관형어의 구실을 할 수 있으며, 체언 뒤에 관형격 조사가 결합하여 체언을 꾸밀 수도 있다. 아울러 용언의 어간 뒤에 관형사형 어미가 결합하여 관형어의 구실을 하기도 한다.

(74) 가. 입주자들은 <u>새</u> 아파트로 옮겨 왔다.
　　 나. 요즘 아이들은 <u>자연의</u> 아름다움에 대해 잘 알지 못한다.
　　 다. 영희는 <u>새로 산</u> 책을 읽고 있다.

(74가)에서는 관형사 '새'가 체언을 수식하고, (74나)에서는 체언에 관형격 조사 '의'가 결합하여 뒤에 오는 체언을 수식하며, (74다)에서는 용언의 어간 뒤에 관형사형 어미 '-(으)ㄴ'이 결합하여 체언을 수식한다. (74)에서 밑줄 그은 관형어 부분은 뒤에 오는 체언의 내용을 수식하는 부속 성분이기 때문에 생략해도 문법적으로는 문제가 없다.

그렇지만 아래 (75)에서는 관형어를 생략할 수가 없다. 왜냐하면 의존 명사는 관형어의 수식을 받아야만 정상적으로 쓰일 수 있기 때문이다.

(75) 가. <u>저기 오시는</u> 분이 누구냐?
　　 나. 나는 <u>그녀가 춤을 추고 있는</u> 것을 유심히 보았다.

 톺·아·보·기

관형어의 위치

주지하다시피 영어의 경우에는 관형어가 수식을 받는 말의 앞에서 수식하는 경우도 있고 뒤에서 수식하는 경우도 있다.

(1) 가. <u>{this/that}</u> ⌢ house

나. <u>a tall</u> ⌒ boy
　　　다. <u>my father's</u> ⌒ picture
　(2) 가. the picture ⌒ <u>of my father</u>
　　　나. the book ⌒ <u>which I bought yesterday</u>

　(1)에서 보듯이 일반적으로 관형사나 형용사는 명사 앞에서 수식을 하지만, (2)처럼 'of'가 쓰인 경우에는 뒤에서 수식한다. 그리고 관계절(국어의 관형절)이 쓰인 경우에는 국어와 반대로 뒤에서 수식한다. 이처럼 영어에서는 수식하는 말이 수식을 받는 말의 앞에 오는 경우도 있고, 뒤에 오는 경우도 있다.

　그렇지만 국어는 영어와는 달리 수식하는 말의 위치가 일정하다.

　(3) 가. <u>이</u> ⌒ 책
　　　나. <u>저 새</u> ⌒ 집
　　　다. <u>아버지의</u> ⌒ 사진
　　　라. <u>내가 어제 산</u> ⌒ 책

　즉 (3가)의 '이 책'처럼 관형사만 쓰이거나 (3나,다)의 '저 새 집'과 '아버지의 사진'처럼 관형사구가 쓰인 경우에도 항상 앞에서 수식한다. 또한 영어에서는 관계절이 뒤에서 수식을 하지만, 국어에서는 (3라)의 '내가 어제 산 책'과 같이 관형절이 쓰인 경우에도 반드시 앞에서 수식한다. 요컨대 국어에서 관형어는 항상 체언 앞에 오는 것이 특징이라고 할 수 있다.

6. 부사어

부사어(副詞語)는 주로 용언을 수식하는 문장 성분인데, 용언 이외에도 관형어나 다른 부사어를 수식하기도 한다.

부사어에는 다음과 같은 세 가지 유형이 있다.

(76) 가. 부사 : 아주, 꽤, 퍽, 무척 등
　　　나. 체언 + 부사격 조사 : 나에게, 너에게서, 학교에 등.
　　　다. 용언의 어간 + 부사형 어미 : 예쁘게, 빠르게 등

먼저 부사만으로 부사어가 될 수 있다. 아래에서 보듯이 '퍽'은 용언인 '포근하구나'를 수식하고, '아주'는 관형사 '새'를 수식하며, '꽤'는 다른 부사인 '멀리'를 수식한다.

(77) 가. 오늘 날씨는 퍽 포근하구나.
　　　나. 수빈이가 아주 새 책을 읽고 있다.
　　　다. 연이 꽤 멀리 날아갔다.

다음으로, 체언에 부사격 조사가 붙은 말이 부사어로 쓰일 수 있다.

(78) 가. 영수가 도서관에서 공부를 한다.
　　　나. 아이들이 모두 집에 있다.
　　　다. 친구가 나에게 선물을 보냈다.
　　　라. 새 소리에 잠을 깼다.

한편, 앞에서 이미 밝힌 바와 같이, 최현배(1937=1980)을 비롯한 많은 연구에서는 '물이 얼음이 되었다.'라는 문장에서 '얼음이'를 빼면 비문이 되기 때문에, '나는 학생이 아니다.'의 '학생이'와 마찬가지로 (79가)의 '얼음이'를 보어로 다루어 왔다.

(79) 가. 물이 <u>얼음이</u> 되었다.
　　　나. 물이 <u>얼음으로</u> 되었다.
　　　다. 물이 <u>얼음은</u> 되었다.

그렇지만 위의 세 문장에서 '얼음이, 얼음으로, 얼음은'을 빼면 모두 비문이 되고 만다. 그런데 (79나,다)와는 달리 (79가)처럼 조사 '이/가'가 쓰인 경우만을 보어로 처리할 만한 특별한 이유가 없다고 본다. 따라서 '얼음이, 얼음으로, 얼음은'의 문장 성분이 같다고 보며, 이들의 문장 성분을 부사어로 보는 것이다. 즉 '물이 얼음으로 되었다.'라는 문장을 무표적인(중립적인) 문장으로 보고, 물이 다른 물질로 바뀐 것이 아니라 바로 얼음으로 바뀌었음을 강조하기 위해서 부사격 조사 '으로' 대신에 보조사 '이/가'나 '은/는'을 쓰는 것으로 본다.

또한 권재일(1992: 228-229)에서 밝힌 바와 같이 명사형 어미 '-기'가 쓰여서 부사어를 형성하기도 한다.

(80) 가. <u>비가 많이 왔기</u> 때문에, 소풍을 연기했다.
　　　나. <u>비가 많이 왔기</u>에, 소풍을 연기했다.

즉 (80가)처럼 명사형 어미가 쓰인 안긴 문장 뒤에 의존명사 '때문'이 연결되고 그 뒤에 부사격 조사 '에'가 결합하여 부사어를 형성하기도 하는데, (80나)처럼 수의적으로 '때문'이 생략된다고 하였다.

한편, 용언에 부사형 어미 '-게'가 붙어서 부사어가 되기도 한다.

(81) 가. 꽃이 <u>예쁘게</u> 피었다.
　　　나. <u>불행하게도</u> 그는 고향으로 영영 돌아오지 못했다.

(81가)의 '예쁘게'는 서술어 '피었다'를 꾸며주는 구실을 하는 부사어이고, (81나)의 '불행하게도'는 후행하는 문장 전체를 꾸며주는 부사어이다.

또한 아래와 같이 부사성 의존명사가 쓰여서 부사어가 만들어지기도 한다.

> (82) 가. 그는 피곤한 나머지 옷을 입은 <u>채</u>로 잠이 들었다.
> 나. 그녀는 빨래를 하는 <u>김</u>에 집안 청소도 말끔히 했다.
> 다. 나는 그가 시험에 떨어진 <u>줄</u>로 알았다.

위에서 부사성 의존명사 '채, 김, 줄'은 관형절의 꾸밈을 받아서 부사어로 쓰이고 있음을 알 수 있다.

성분 부사어와 문장 부사어

부사어는 문장 속의 특정한 성분을 꾸미는 **성분 부사어**와 문장 전체를 꾸며주는 **문장 부사어**로 나눌 수 있다. 즉 (83)처럼 용언, 관형어 혹은 다른 부사어와 같은 문장의 특정한 성분만을 수식하는 성분 부사어도 있으며, (84)처럼 특정한 성분을 수식하지 않고 문장 전체에 관여하면서, 말하는 사람의 심리적 태도를 나타내는 문장 부사어도 있다.

> (83) 가. 대구는 여름 날씨가 <u>무척</u> 덥다.
> 나. 정훈이가 밥을 <u>아주</u> 빨리 먹었다.
> (84) 가. <u>틀림없이</u> 그들은 이번 시험에서 합격할 것이다.
> 나. <u>확실히</u> 선생님의 말씀이 설득력이 있었다.
> 다. <u>모름지기</u> 사나이는 큰 꿈을 가져야 한다.

현행의 학교 문법에서는 문장 부사어에 접속 부사어를 포함시켰다. '그러나, 그리고, 그러므로'와 같은 문장 접속 부사와 '및'과 같은 단어 접속 부사가 문장에서 이어주는 기능을 하므로 문장 부사어에 해당한다.

> (85) 가. <u>그러나</u> 그는 더 이상 친구의 말을 듣지 않았다.
> 나. 정치, 경제 <u>및</u> 문화가 발달하였다.

제6차 교육과정에서 문장 접속 부사를 독립어로 다루었다가, 제7차 교육과정에서는 이를 문장 부사어로 처리하였다. (85가)의 '그러나' 따위가 품사는 접속 부사이지만, 문장 성분을 독립어로 다루는 데서 생기는 혼란을 없애기 위하여, 품사는 접속 부사이고 문장 성분은 부사어로 일치시키려는 의도로 보인다.

그렇지만 (85나)의 '및'을 문장 부사어로 처리한 것은 문제가 있다. '그러나, 그리고' 등의 문장 접속 부사는 문장과 문장을 이어주는 구실을 하기 때문에 문장 부사어라고 할 수 있지만, '및'과 같은 단어 접속 부사를 문장을 이어주는 구실을 하는 것으로 설명하는 것은 문제가 있다.

필수적 부사어와 수의적 부사어

부사어는 문장의 주성분이 아니라 부속 성분이기 때문에, 일반적으로 문장에서 꼭 필요한 성분이 아니다. 이처럼 문장에서 꼭 나타나지 않아도 되는 일반적인 부사어를 **수의적 부사어**라고 한다.

그런데 서술어에 따라서는 부사어를 필수적으로 요구하기도 하는데, 이처럼 문장에서 반드시 필요한 부사어를 **필수적 부사어**라고 한다. 부사어를 필수적으로 취하는 서술어의 예로는 세 자리 서술어인 '주다, 삼다, 넣다, 두다' 등과 두 자리 서술어인 '같다, 비슷하다, 닮다, 다르다' 등이 있다.

> (86) 가. 선생님께서는 <u>민수에게</u> 선행상을 주셨다.
> 나. 시장은 용감한 청년을 <u>사위로</u> 삼았다.
> 다. 철수는 <u>아버지와</u> 닮았다.
> 라. 이것은 <u>저것과</u> 똑같다.

부사격 조사 '에'와 '에서'의 차이

부사격 조사 '에'와 '에서'는 장소(처소)를 나타낸다는 공통점을 지니고 있지만, 이들의 쓰임을 살펴보면 분명한 차이를 발견할 수 있다.

송창선(2009ㄹ)에서 '에'는 행위자가 동작이나 행위가 일어나는 장소에 있지 않을 때 쓰고, 행위자가 어떤 동작이나 행위를 하기 위해서 그 자리에 있을 때에 '에서'를 쓴다고 하였다. 이처럼 '에'와 '에서'가 차이를 보이는 것은 '서'의 유무와 관련이 있다고 본 것이다. 즉, 현대 국어의 '서'가 중세 국어 시기에는 '셔'였는데, 이 '셔'는 '시-(〈이시-, "있다") + -어'의 구성임이 분명하다. 다시 말해서 '셔'는 '이시다'라는 "존재"의 의미를 지니고 있어서 중세 국어에서 '에'와 '에셔'의 용법이 차이를 보였으며, 이 용법이 현대 국어에까지 그대로 이어진 것으로 설명할 수 있다.

> (88) 가. 그들은 무대 위에서 춤을 췄다.
> 　　　나. 우리는 식당에서 저녁을 먹었다.
> 　　　다. 아이들이 운동장에서 놀고 있다.
> (89) 가. 철수는 방에 들어가서 침대에 누웠다.
> 　　　나. 영희는 자기 의자에 앉았다.
> 　　　다. 선생님께서는 책을 책상에 놓았다.

(88)에서는 그들이 무대 위에서 춤을 추기 위해서는 무대 위에 '있어야' 하고, 식당에서 저녁을 먹기 위해서는 식당에 '있어야' 하며, 아이들이 운동장에서 놀기 위해서는 운동장에 '있어야' 하기 때문에 '에서'를 쓰는 것이다. 그렇지만 (89)에서는 방에 들어가기 전에는 방에 있지 않았으며 침대에 눕기 전에는 침대에 있지 않았고, 의자에 앉기 전에는 의자에 있지 않았으며 책을 책상에 놓기 전에는 책이 책상에 있지 않았기 때문에 '에서'를 쓰지 않고 '에'를 쓰는 것이다.

그런데 아래의 경우에는 분명히 그 자리에 있음에도 불구하고 '에서'를 쓰지 않고 '에'를 쓴다.

> (90) 가. 영수는 지금 방에/*방에서 있다.
> 　　　나. 선생님은 교무실에/*교무실에서 계신다.
> 　　　다. 지금 교실에/*교실에서 아무도 없다.

(90)에서 영수는 방에 있고, 선생님은 교무실에 계시지만 장소 부사어 뒤에 '에서'를 쓰지 않고 '에'를 쓴다. 이처럼 어떤 대상이 그 자리에 있음을 나타내는 데도 불구하고 '에서'가 아니라 '에'를 쓰는 까닭은 바로 "존재"를 나타내는 '있다, 없다, 계시다'와 같은 서술어가 쓰였기 때문이다. 서술어에 이미 '있다'와 관련된 의미가 있어서 의미가 중복되기 때문에, "있다"라는 의미와 관련된 조사 '에서'를 쓰지 못하는 것이다.

그렇지만 다음과 같은 경우에는 '에'와 '에서'가 함께 쓰일 수 있다.

(91) 가. 영희는 부산에/부산에서 산다.
　　　나. 영수는 대구에/대구에서 사흘 동안 머무른다.

위에서와 같이 '살다, 머무르다'와 같이 거주하는 것과 관련이 있는 서술어가 쓰이면 '에'와 '에서' 둘 다 쓰일 수 있다. 그 까닭은 일반적으로 '살다'와 같은 동사에는 '에'가 쓰였는데, 어느 지역에 살기 위해서는 그곳에 있어야 하기 때문에 '에서'도 쓰일 수 있게 된 것으로 본다.

요컨대 어떤 대상이 그 자리에 있을 때는 '에서'를 쓰고, 그 자리에 없을 때는 '에'를 쓰는데, 서술어에 "있다"라는 의미를 지니는 경우에는 의미 중복을 막기 위해 '에서'를 쓰지 않고 '에'를 쓰며, '살다, 머무르다' 등과 같이 '거주'와 관련되는 서술어에는 '에'와 '에서'를 함께 쓴다.

이렇게 설명할 때 이익섭·임홍빈(1992: 153-154)에서 '에'와 '에서'의 의미 차이를 찾기가 매우 어렵다고 제시하였던 아래 예문들도 명쾌하게 설명할 수 있다.

(92) 가. 학생들이 모두 교실에 남아 있다.
　　　나. 학생들이 모두 교실에서 공부한다.
(93) 가. 이 산나물은 지리산에 많다.
　　　나. 이 산나물은 지리산에서 난다.

(94) 가. 쥐가 저 구멍에 숨었다.
　　　나. 쥐가 저 구멍에서 죽었다.

(92나)에서 학생들이 공부하기 위해서는 교실에 있어야 하므로 '에서'를 쓰지만, (92가)에서는 '남아 있다'의 '있다' 때문에 '에서'를 쓰지 못하고 '에'를 쓰는 것이다. (93나)에서 산나물이 지리산에 있으므로 '에서'를 쓰는데, (93가)에서는 '많다'가 존재를 나타내는 서술어이므로 '서'가 제약을 받아서 '에서'를 쓰지 못하고 '에'를 쓰는 것이다. (94나)에서는 쥐가 구멍 안에 있으므로 '에서'를 쓰는데, (94가)에서는 쥐가 숨기 전에는 구멍에 있지 않았으므로 '에'를 쓰는 것이라고 자연스럽게 설명할 수 있다.

또한, 이렇게 설명할 때 국립국어원(2005: 421)에서 '에서'가 붙은 '운동장'이나 '사무실'은 공간 즉 넓은 장소를 나타내고, '에'가 붙은 '철봉'이나 '메모지'는 사물 또는 좁은 장소를 나타낸다고 설명한15) 것을 더 합리적으로 설명할 수 있다.

(95) 가. 그는 운동장에서 철봉에 매달렸다.
　　　나. 그는 사무실에서 메모지에 급히 무엇을 적었다.

언뜻 보기에는 넓은 장소에 '에서'가 쓰이고 좁은 장소에 '에'가 쓰이는 것처럼 보이지만, '철봉에서 운동장에 떨어졌다'와 '책상 위의 메모지에서 뭔가를 발견했다'에서처럼 좁은 장소이지만 '에서'를 쓰는 것으로 볼 때 이런 설명이 타당하지 않음을 알 수 있다.

위의 예문에서 그가 운동장이나 사무실에 있으므로 '운동장에서, 사무실에서'를 쓰지만, 철봉에 매달리기 전에는 철봉에 있지 않았으며 메모지에 뭔가를 적기 전에는 메모지에 없었으므로 '에'를 쓰는 것으

---

15) 국립국어원(2005)에서는 어떤 대상의 동작이나 행위가 일어나는 곳을 나타내는 부사어로 쓰이기 위해서는 조사 '에서'가 붙고, 어떤 대상의 동작이나 행위가 미치는 곳을 나타내는 부사어로 쓰이기 위해서는 조사 '에'가 붙어야 한다고 하였다.

로 설명할 수 있다.16)

다음으로 우리는 '에', '에서'의 구분과 관련하여, '-어 있다'와 '-고 있다'의 차이를 살펴볼 필요가 있다. '-어 있다'의 경우에는 '있다'가 "존재"의 의미를 지니고 있는 데 반해, '-고 있다'의 경우에는 '있다'가 "존재"와는 전혀 상관없는 "진행"의 의미를 지니는 차이를 보인다.

(96) 가. 철수가 {방에, *방에서} 죽어 있다.
　　 나. 철수가 {*방에, 방에서} 울고 있다.
(97) 가. 어머니가 {부산에, *부산에서} 살아 있다.
　　 나. 어머니가 {부산에, 부산에서} 살고 있다.
(98) 가. 엿이 {그릇에, *그릇에서} 녹아 있다.
　　 나. 엿이 {*그릇에, 그릇에서} 녹고 있다.

(96가)에서는 '철수가 방에서 죽었다'는 방에 있기 때문에 '에서'가 쓰이지만, '죽어 있다'의 경우에는 '있다'가 "존재"의 의미를 지니고 있기 때문에 '에서'가 쓰이지 못하고 '에'가 쓰이는 것이다. 그렇지만 (96나)에서는 '-고 있다'의 '있다'에 "존재"의 의미가 없기 때문에 '에서'가 쓰일 수 있다. 여기서 '에'가 쓰이지 못하는 것은 '철수가 방에서 운다.'에서와 같이 어떤 장소에서 울기 위해서는 그 장소에 있어야 하기 때문이다. (97)의 '살다'의 경우에는 앞에서 이미 밝힌 것처럼 '에'와 '에서' 둘 다 쓰일 수 있다. 그런데 '-고 있다'가 쓰인 (97나)에서는 '에'와 '에서'가 함께 쓰일 수 있어서 별다른 차이가 없지만, '-어

---

16) 유현경 외(2018: 299)에서는 '에'와 '에서'가 "소재"를 나타내는 공통점이 있지만, '에'는 대상의 소재를 나타내고 '에서'는 행위 주체(행위자)의 소재(혹은 행위가 일어나는 장소)를 나타내는 점에서 다르다고 하면서 다음 예를 제시하였다.
　　(1) 가. 그는 <u>바위 위에</u> 나무를 심는다.
　　　　 나. 그는 <u>바위 위에서</u> 나무를 심는다.
　　그렇지만 그런 차이로는 다음 예문을 설명할 수 없다.
　　(2) 가. 그는 <u>바위 위에서</u> 나무를 뽑았다.
　　　　 나. 그는 <u>메모지에서</u> 중요한 단서를 찾아내었다.
　　(2가)에서는 그가 바위 위에 있을 수도 있고, 나무가 바위 위에 있을 수도 있으며, (2나)에서는 그가 메모지 위에 있을 수가 없기 때문이다.

있다'가 쓰인 (97가)에서는 '에'만 쓰일 수 있고 '에서'는 쓰일 수 없다. 그리고 (98)에서 '녹아 있다'의 경우에는 엿이 녹아서 그릇에 '있는' 것을 나타내기 때문에 '그릇에서'가 쓰일 수 없지만, '녹고 있다'의 경우에는 엿이 녹는 것이 진행됨을 나타낼 뿐 '있다'라는 본래 의미와는 무관하기 때문에 '그릇에서'가 쓰이는 것이다.

이상에서 우리는 '에'와 '에서'에 대해 살펴보았는데, 현대 국어의 '서'는 중세 국어의 '셔'에서 비롯되었으며, 현대 국어의 '에'와 '에서'의 차이는 '서'의 유무, 즉 "있다"라는 의미의 존재 여부에 따라 명확하게 구분된다는 것을 확인할 수 있다.

7. 독립어

독립어(獨立語)는 문장의 어느 성분과도 직접적인 관련이 없는 문장 성분이다.

> (99) 가. 야! 드디어 기다리고 기다리던 방학이다.
> 나. 글쎄, 그 문제에 대해서는 생각을 더 많이 해 보겠네.
> 다. 영호야, 빨리 집에 가라.
> 라. 신이시여! 저희들을 보살펴 주소서.

위에서 보듯이 '야, 글쎄, 영호야, 신이시여'는 독립어에 해당하는데, 문장을 구성하는 다른 성분들과 밀접한 관련이 없이 독립적으로 쓰인 성분이다. '글쎄, 아이고, 어머' 등과 같은 감탄사는 모두 독립어이고, '영수야, 신이시여'와 같이 체언에 호격 조사가 붙은 말도 독립어이다.

톺·아·보·기

'아니요'와 관련된 문제

국립국어연구원(1999)에서는 표제어로 '아니오'와 '아니요'를 제시하면서 아래와 같은 설명을 하고 있다.

> (1) **아니오** 🈳 '아니요'의 잘못. ◎ '아니오'는 '이것은 책이 아니오', '나는 홍길동이 아니오'와 같이 한 문장의 서술어로만 쓴다. "다음 물음에 '예' '아니요'로 답하시오"와 같이 '예'에 상대되는 말은 '아니요'이다.
>
> **아니요** 🈳 윗사람이 묻는 말에 부정하여 대답할 때 쓰는 말. ㉽ "이놈, 네가 유리창을 깨뜨렸지?" "아니요, 제가 안 그랬어요." ㉾아뇨[1], ㉮네[3].

이에 따르면 '아니오'는 한 문장의 서술어로만 쓸 수 있기 때문에, '예'에 상대되는 말은 '아니오'가 아니라 '아니요'라는 것이다. 그리고 국립국어연구원(1999)에서는 '아냐, 아뇨, 아니, 아니야, 아니요'를 표제어로 제시하면서, 감탄사 '아니'에 '요'가 붙어서 '아니요'가 만들어졌으며, 이 '아니요'가 줄어서 '아뇨'가 된다고 하였다.

그런데 '아니요'와 '아니야'는 같은 원리로 설명하는 것이 바람직할 것이다. 만약 '아니요'가 감탄사 '아니'에 '요'가 붙은 것이라면, '아니야'도 감탄사 '아니'에 '야'가 붙은 것으로 보아야 할 것이다. 그러나 '야'가 감탄사 뒤에 붙지 못하는 점으로 미루어 볼 때, 감탄사 '아니'에 '요'가 붙은 것으로 설명하는 것은 문제가 있다.

아래 (2)에서는 국어의 감탄사 중 대표적인 예를 제시하였는데, (2가)에서 든 감탄사에는 보조사 '요'를 붙일 수가 없고, (2나)의 감탄사에는 보조사 '요'를 붙일 수 있다.

    (2) 가. 아이고, 이키, 어이쿠, 어머나, 애걔, 에구머니, 후유, 참,
            저런, 어, 아뿔싸, 아차, 하하, 에라
      나. 정말, 그렇지, 아무렴, 암, 웬걸, 어디, 천만에

  그런데 (2나)처럼 보조사 '요'를 붙일 수 있는 감탄사 가운데, 그 뒤에 '야'를 붙일 수 있는 것이 하나도 없다는 점을 확인할 수 있다. 이런 점에서 볼 때, '아니야'는 감탄사 '아니' + '야'로 분석될 수 없음을 알 수 있다. '아니야'의 '야'는 감탄사에 붙지 못하는 것을 보면, 보조사가 아님이 분명하다. 그렇다면 이 '야'는 어떤 문법적 구실을 하는 것인가?

  일반적으로 용언의 어간에 붙는 종결 어미는 '-아/-어'가 쓰이는데, '이다'와 '아니다' 뒤에는 '-아, -어'가 아니라, '-야'라는 특별한 형태가 쓰인다. (3)을 통해서 우리는 '아니야'의 '-야'가 종결 어미라는 점을 분명히 알 수 있다.

    (3) 그는 의사가 아니야. 그는 교사야.

  이처럼 '아니야'의 '-야'는 종결 어미가 분명한데, 이 '아니야'와는 달리 '아니요'의 '요'만 보조사로 다루는 것은 문제가 있다.

  (4)에서 보듯이 '아니다'가 존대의 등급에 따라 '아닙니다, 아니오, 아니네, 아니다, 아니에요, 아니야'와 같은 다양한 형태로 쓰일 수 있는데, 그 중에서 '하오체'인 '아니오'가 대표적인 형태로서 자주 쓰이게 된 것으로 본다.

    (4) 아닙니다, 아니오(아뇨), 아니네, 아니다, 아니어요/아니에요
        /아니지요, 아니/아니야(아냐)/아니지

요컨대 판정의문문에 대한 대답으로 쓰이는 '예'의 상대어는 「표준국어대사전」에서 제시한 '아니요'가 아니라, 종래에 써 오던 '아니오'라고 본다.

제4장 문장의 짜임새

문장은 우리의 생각이나 감정을 완결된 내용으로 표현하는 최소의 언어 형식인데, 하나의 문장이 만들어지기 위해서는 적어도 주어와 서술어가 하나씩은 반드시 나타나야 하며, 형식상으로는 문장이 끝났음을 나타내는 표지가 있어야 한다.

문장은 주어와 서술어의 관계가 몇 번 나타나느냐에 따라 홑문장(단문)과 겹문장(복문)으로 나눌 수 있는데, 겹문장은 다시 이어진 문장(접속문)과 안은 문장(내포문)으로 나눌 수 있다.

그런데 홑문장인지 겹문장인지 판별해 내기가 쉽지 않는 경우도 있다.

    (1) 가. 철수와 영수는 닮았다. (홑문장)
        나. 철수가 영수와 만났다. (홑문장)
        다. 철수와 영수는 대학생이다. (겹문장)

(1가)는 주어가 둘인 것처럼 보여서 겹문장으로 다루기 쉽지만, 이 문장이 '*철수가 닮았다.'와 '*영수가 닮았다.'라는 두 홑문장이 연결된 것으로 볼 수가 없다. '영수는 철수와 닮았다.' 혹은 '영수가 철수

를 닮았다.'에서 보듯이 '닮다'는 두 자리 서술어이기 때문에 문장 성분이 두 개 필요한 것이지, (1가)가 두 문장이 이어진 겹문장인 것은 아니다. (1나)도 '철수'와 '영수'가 모두 주어인 것은 아니며, '철수가'만 이 문장의 주어에 해당하므로 홑문장으로 보아야 할 것이다. 그렇지만 (1다)는 '철수는 대학생이다.'라는 문장과 '영수는 대학생이다.'라는 문장이 이어져서 이루어진 겹문장이다.

또한 아래 예문은 그 의미가 어떤 것인가에 따라 홑문장으로 볼 수도 있고 겹문장으로 볼 수도 있다.

(2) 철수와 영희는 결혼했다.

먼저 홑문장으로 보는 경우에는 철수와 영희가 결혼하여 부부 사이라는 뜻으로 쓰인 경우인데, '철수가 영희와 결혼했다.' 혹은 '철수와 영희가 결혼했다.'라는 홑문장에서 이 문장이 만들어진 것으로 본다.

한편, 겹문장으로 보는 경우에는 여러 사람 중에서 철수와 영희는 결혼한 사람, 즉 기혼자라는 의미로 쓰인 경우이다. 이 경우에는 '철수가 결혼했다.'라는 홑문장과 '영희가 결혼했다.'라는 홑문장이 (2)와 같은 이어진 문장을 만든 것으로 본다.

한편, (3가)는 주어와 서술어가 한 번만 나타나는 것으로 오해하기가 쉬운데, 이 문장은 '소녀가 예쁘다.'와 '소녀가 방긋 웃는다.'라는 두 문장이 연결된 겹문장이다. 즉 두 개의 홑문장이 이어질 때, '소녀가 예쁘다.'라는 홑문장의 주어가 생략된 채 관형절을 이룬 것이다. (3나)의 경우에도 '소리도 없이'를 부사절로 보기 때문에 겹문장으로 다룬다.

(3) 가. <u>예쁜</u> 소녀가 방긋 웃는다.
　　 나. 자동차가 <u>소리도 없이</u> 내게 다가왔다.

그런데 (4)에 제시한 문장은 현행의 학교 문법에서는 '앞다리가 짧다', '호랑이가 무섭다', '돈이 많다'를 서술절로 보며, 이 서술절에서도 주어와 서술어의 관계가 나타나므로 겹문장으로 본다. 그렇지만 앞에서도 밝힌 바와 같이, 이 책에서는 서술절을 인정하지 않기 때문에 (4)에 제시한 문장을 서술어가 한 번만 나타나는 홑문장으로 본다.

> (4) 가. 토끼는 앞다리가 짧다.
> 나. 나는 호랑이가 무섭다.
> 다. 영수는 돈이 많다.

지금까지 논의를 통해서 우리는 주어와 서술어가 문장 속에 몇 번 나타나느냐에 따라 홑문장과 겹문장으로 나눌 수 있었다. 그리고 겹문장은 홑문장이 나란히 연결되는지 아니면 하나의 홑문장이 다른 홑문장 속에 들어가는지에 따라 이어진 문장과 안은 문장으로 나누어짐을 알 수 있었다. 이와 같은 문장의 유형을 다음과 같이 간략하게 나타낼 수 있다.[1]

> (5) 문장의 유형

---

1) 필자가 위에 제시한 문장의 유형과는 달리, 서울대학교 국어교육연구소(2002ㄴ)에서는 '종속적으로 이어진 문장'을 '부사절을 안은 문장'으로 볼 수 있다고 하였는데, 그렇게 되면 '이어진 문장'에는 오로지 '대등적으로 이어진 문장'만 남게 된다. 또한 필자는 안은 문장 가운데 서술절을 안은 문장을 인정하지 않았지만, 서울대학교 국어교육연구소(2002ㄱ,ㄴ)에서는 서술절을 안은 문장을 인정하였다.

1. 국어의 기본 문형

앞에서 우리는 국어의 여러 가지 문장 성분의 특성에 대해 살펴보았다. 이들 문장 성분 가운데는 문장에서 꼭 필요한 주성분도 있으며, 꼭 필요하지는 않은 부속 성분이나 독립 성분도 있었다.

이러한 문장 성분들이 모여서 국어의 다양한 문장을 만드는데, 이렇게 해서 만들 수 있는 문장의 숫자는 셀 수 없이 많다. 국어의 낱말을 모은 사전을 편찬하는 것은 가능한 일이지만, 국어의 문장 사전을 편찬하는 것은 도저히 불가능한 일이다.

이 세상에서 가장 큰 숫자는 존재하지 않지만 0에서 9까지의 지극히 단순한 기본 숫자에서 출발하는 것과 마찬가지로, 문장의 세계에서도 가장 긴 문장이란 존재하지 않지만 아무리 복잡한 문장도 가장 단순한 기본 문장에서 출발한다고 보아야 할 것이다.

이런 점에서 국어의 **기본 문형**을 설정하는 것은 의의가 있다고 본다. 가장 단순한 문장의 유형을 설정할 수 있다면, 이 유형을 적절히 활용하여 보다 더 복잡한 문장을 만들어낼 수 있기 때문이다. 그리고 기본 문형을 설정하는 작업은 국어학의 발전에도 기여할 뿐만 아니라, 국어 교육 및 한국어 교육을 하는 데 있어서도 꼭 필요하다고 생각한다.

지금까지 국어의 기본 문형에 대해 논의하고 기본 문형을 제시한 연구는 무척 많다.[2] 그렇지만 기본 문형으로 설정한 유형이 지나치게 많아서 기본 문형을 설정한 의의가 없는 경우도 있고, 유형의 숫자는 적절하더라도 각 유형 간의 차이가 잘 드러나지 않는 경우도 있다. 따라서 지금부터는 기존 연구에서 제시한 대표적인 기본 문형을 검토하고, 이를 바탕으로 하여 새로운 기본 문형을 제시하고자 한다.

---

2) 국어 기본 문형을 제시한 기존 연구는 셀 수 없을 정도로 많다. 그 중에서 1960년대까지의 연구에 대한 경향은 천기석(1970), 정교환(1974)에 정리되어 있으므로 여기서는 다루지 않기로 한다.

먼저 국어의 기본 문형을 설정하는 데 있어서 서술어의 품사에 따라 분류한 연구가 있다.

정교환(1974)에서는 국어의 기본 문형을 다섯 가지로 제시하였는데, 형용사, 자동사, 타동사, 체언 등의 문형으로 분류하였다.

> (6) 가. 무엇이 어찌한다. (새가 난다.) - 동사 문형
> 　　나. 무엇이 어떠하다. (꽃이 아름답다.) - 형용사 문형
> 　　다. 무엇이 무엇이다. (고래는 짐승이다.) - 체언 문형
> 　　라. 무엇이 무엇이 아니다/되다/다르다. (물이 얼음이 된다.) - 용언 문형
> 　　마. 무엇이 무엇을 어찌한다. (학생이 책을 읽는다.) - 타동사 문형

김혜숙(1998)에서는 국어의 기본 문형을 세 가지로 설정하였고, 각 기본 문형을 다시 서술어의 품사에 따라 형용사, 자동사, 타동사, 체언 서술어 등으로 하위 분류하였다.

> (7) 가. 제1문형 : 주어 + 서술어
> 　　　○주어 + 체언 서술어 (오늘이 광복절이다.)
> 　　　○주어 + 자동사 (비가 온다.)
> 　　　○주어 + 형용사 (하늘이 파랗다.)
> 　　나. 제2문형 : 주어 + 필수적 보충어 + 서술어
> 　　　○주어 + 목적어 + 자동사/타동사 (정아가 소리를 지른다. 윤희가 학교를 간다.)
> 　　　○주어 + 보어 + 자동사 (물이 얼음이 된다.)
> 　　　○주어 + 보어 + 형용사 (나는 어른이 아니다.)
> 　　　○주어 + 필수 부사어 + 자동사 (물이 얼음으로 변한다.)
> 　　　○주어 + 필수 부사어 + 형용사 (하늘이 바다와 같다.)
> 　　　○주어 + 필수 부사어 + 체언 서술 (원호가 공부에 열성이다.)
> 　　다. 주어 + 필수적 보충어Ⅰ + 필수적 보충어Ⅱ + 서술어
> 　　　○주어 + 목적어 + 무엇(누구)에(에게) + 서술어 (필호가 서희에게 물을 준다. 농부가 낫을 선반에 놓는다.)
> 　　　○주어 + 목적어 + 무엇(누구)으로(로) + 서술어 (주인은 하녀를 양녀로 삼는다.)

또한 김병균(1998)에서도 아래와 같이 국어의 기본 문형을 일곱 가지 제시하였는데, 형용사, 자동사, 타동사, 체언 서술어 등으로 나누었을 뿐만 아니라, 수식어 문형과 독립어 문형까지도 국어의 기본 문형으로 설정하였다.

(8) 가. 주어 + 동사 서술어 (새가 난다.) - 동사 서술어 문형
　　나. 주어 + 형용사 서술어 (새가 아름답다.) - 형용사 서술어 문형
　　다. 주어 + 체언 서술어 (시간은 금이다.) - 체언 서술어 문형
　　라. 주어 + 목적어 + 서술어 (철수는 새를 잡았다.) - 목적어 문형
　　마. 주어 + 보어 + 서술어 (물은 얼음이 된다.) - 보어 문형
　　바. 관형어 + 주어 + 부사어 + 서술어 (예쁜 새가 빨리 난다.) -
　　　　수식어 문형
　　사. 독립어 + 문 (아! 참 아름다운 새가 날아간다.) - 독립어 문형

위에서는 서술어의 품사에 따라 문형을 설정하였으나, 이들과는 달리 서술어의 품사로 분류하지 않고 서술어의 자릿수에 따라 문형을 설정한 연구도 있다.

먼저 염선모(1977)에서는 국어의 기본 문형을 풀이말의 풀이하는 성질에 따라 네 가지로 설정하였다.

(9) 가. 임자말 + 풀이말
　　나. 임자말 + 기움말 + 풀이말
　　다. 임자말 + 부림말 + 풀이말
　　라. 임자말 + 부림말 + 기움말 + 풀이말

또한 이관규(2005: 239-240)에서는 국어의 기본 문형을 다음과 같이 제시하였다.

(10) 가. 주어 + 서술어 (새가 날아간다. 꽃이 예쁘다, 철수가 학생이다.)
　　　나. 주어 + 목적어 + 서술어 (철수가 밥을 먹는다.)
　　　다. 주어 + 보어 + 서술어 (물이 얼음이 되었다. 물이 얼음으로
　　　　　되었다. 영희는 예쁘게 생겼어.)

라. 주어 + 목적어 +보어(또는 필수적 부사어) + 서술어 (나는 선물을 지현이에게 주었다. 나는 그를 학생이라고 생각한다.)

또한 국립국어원(2005: 54-55)에서는 국어의 기본 문형을 다음과 같이 다섯 가지로 나누었다.3)

(11) 가. 주어 + 서술어 (꽃이 핀다.)
　　나. 주어 + 부사어 + 서술어 (영미가 의자에 앉았다.)
　　다. 주어 + 목적어 + 서술어 (영미는 준호를 사랑한다.)
　　라. 주어 + 보어 + 서술어 (준호는 어른이 되었다.)
　　마. 주어 + 목적어 + 부사어 + 서술어 (영미는 준호를 천재로 여겼다.)

위에서 서술어의 품사를 기준으로 문형을 설정한 연구와 서술어의 자릿수를 기준으로 문형을 설정한 연구의 두 가지로 기존 연구를 나누어서 살펴보았다. 그런데 뒤에서 밝히겠지만 서술어의 품사를 기준으로 문형을 설정하는 것은 통사적으로 볼 때 별다른 의미가 없다고 판단하기 때문에, 지금부터는 서술어의 자릿수에 따라서 국어의 기본 문형을 새롭게 제시하기로 한다.

첫째, 서술어 중에서 주어 하나만을 필요로 하는 한 자리 서술어가 쓰인 '주어 + 서술어' 구성을 기본 문형으로 제시할 수 있다.

(12) 가. 산이 높다.
　　나. 해가 뜬다.

(12가)는 형용사가 쓰인 문장이고 (12나)는 자동사가 쓰인 문장이다. 앞에서 밝혔듯이, 정교환(1974), 김혜숙(1998), 김병균(1998) 등에서 형용사 문형과 자동사 문형을 각각 제시한 바 있는데, 이처럼 형

---

3) 현행의 학교 문법에서는 기본 문형을 따로 제시하지는 않았지만, '되다, 아니다' 앞에 오는 명사구를 보어로 보고, '이다'를 서술격조사로 보고 있기 때문에, 국립국어원(2005)와 다르지 않다고 본다.

용사 문형과 자동사 문형을 각각 제시할 필요가 있는지에 대해서는 신중하게 검토해 보아야 한다.

영어의 동사와 형용사는 활용하는 데 있어서 큰 차이를 보이고 또한 이들이 나타나는 환경도 다르기 때문에, 영어에서는 동사와 형용사를 구분하는 것은 당연하다고 하겠다.[4]

그렇지만 국어의 동사와 형용사는 영어와 같은 차이를 보이지 않는다.

> (13) 가. 영희가 잔다/예쁘다.
>   나. 자는/예쁜 영희

위에서 보듯이 동사 '자다'와 형용사 '예쁘다'가 쓰인 모습을 비교해 보면, 동사와 형용사가 주어 뒤에서 서술어로 쓰일 수 있을 뿐만 아니라, 관형어의 자리에서도 둘 다 쓰일 수 있음을 확인할 수 있다. 영어의 동사와 형용사는 용법상의 차이를 보이는 데 비해, 국어의 동사와 형용사는 이러한 차이를 찾아볼 수 없다.

다만 국어의 동사와 형용사는 다음에서 보듯이 활용할 때 약간의 차이가 드러난다.

> (14) 가. 영희가 예쁘다/*예쁜다.
>   나. 영희가 *가다/간다.
> (15) 가. 예쁜/*예쁘는 영희
>   나. *간/가는 영희

---

4) 영어의 동사와 형용사는 나타나는 분포가 다르다. (1가)에서 보듯이 영어의 동사는 주어 뒤에 바로 연결될 수 있지만 (1나)에서 보듯이 형용사는 'be' 동사의 도움을 받아야만 쓰일 수 있다.

>   (1) 가. He walks to school.
>   나. She is beautiful.

또한 영어의 형용사는 (2나)처럼 형태 변화 없이 체언을 바로 수식할 수 있지만, 동사는 (2가)처럼 형태 변화 없이는 체언을 바로 수식하지 못한다.

>   (2) 가. a walking dictionary
>   나. a beautiful girl

위에서 보듯이 동사와 형용사의 어간에 현재 시제의 종결형 어미나 관형사형 어미가 결합할 때 차이를 보인다. 종결형 어미가 어간에 결합할 때 형용사의 경우에는 어미 '-다'가 결합하지만, 동사의 경우에는 '-ㄴ다' 혹은 '-는다'가 결합하며, 현재 시제의 관형사형 어미가 결합할 때도 형용사의 경우에는 어미 '-(으)ㄴ'이 결합하지만 동사의 경우에는 '-는'이 결합하는 차이를 보일 뿐이다.

이처럼 국어의 동사와 형용사는 활용할 때 약간의 차이를 보일 뿐이며, 문장 구조상으로는 별다른 차이를 보이지 않기 때문에, 굳이 형용사문, 자동사문으로 구분할 필요가 없다고 본다.

따라서 국어의 기본 문형으로 다음과 같은 한 자리 서술어 유형을 들 수 있다.

(16) **제1 유형 : 주어 + 서술어**
　　　　산이 높다. 해가 뜬다.

둘째, 주어 외에 보어를 필요로 하는 두 자리 서술어가 쓰인 '주어 + 보어 + 서술어' 구성을 기본 문형으로 제시할 수 있다.

앞에서 살펴보았듯이 보어의 범위에 대한 시각이 다양하기 때문에, 이 문형에 대해서는 관점에 따라 큰 차이를 보일 수 있다.

(17) 가. 그는 의사가 아니다.
　　 나. 그는 의사이다.
(18) 가. 물이 얼음이 되었다.
　　 나. 물이 얼음으로 되었다.

앞에서 살펴본 정교환(1974), 염선모(1977), 김혜숙(1998), 김병균(1998), 이관규(2005), 국립국어원(2005)에서는 모두 (17가)와 (18가)를 같은 문형에 포함시키고, '이다'가 쓰인 (17나)는 체언 서술어 문형으로 따로 문형을 설정하거나 '주어 + 서술어' 문형에 포함시켰다. 이렇게 처리함으로써 '이다'가 쓰인 문장을 모두 한 자리 서술어로 다룬 바 있다.

그렇지만 여기서는 '이다'와 '아니다'의 관련성을 중시하여 이 둘을 모두 형용사로 보고 이들에 선행하는 명사구를 보어로 처리하였다. 아울러 '되다'에 선행하는 '이/가'가 붙은 명사구를 보어로 다룬 기존 연구와는 달리, (18가)의 '얼음이'를 부사어로 보고 (18나)와 함께 다루었다.

따라서 국어의 기본 문형으로 두 자리 서술어가 쓰인 다음과 같은 유형을 들 수 있다.

(19) **제2 유형 : 주어 + 보어 + 서술어**
그는 학생이다. 그는 학생이 아니다.

셋째, 주어 외에 필수적 부사어를 필요로 하는 두 자리 서술어가 쓰인 '주어 + 부사어 + 서술어' 구성을 기본 문형으로 제시할 수 있다.

일반적으로 부사어는 문장의 필수적 성분이 아니지만, 서술어에 따라서는 부사어를 필수적으로 요구하기도 한다. 이미 앞에서 살펴보았듯이, 문장에서 반드시 필요한 부사어를 '필수적 부사어'라고 한다.

(20) 가. 이것은 <u>저것과</u> 똑같다.
나. 이 물건은 <u>저것과</u> 다르다.
다. <u>어머니에게</u> 돈이 있다.
라. 그는 <u>학교에</u> 없다.
마. <u>나는</u> 호랑이가 무섭다.
바. <u>나로서는/나에게는</u> 호랑이가 무섭다.
사. 철수는 <u>할아버지와</u> 닮았다.
아. 미선이는 <u>보람이와</u> 만났다.
자. 그녀는 <u>선생님이</u> 되었다.
차. 물이 <u>수증기로</u> 되었다.

(20)에 제시한 문장은 '주어 + 부사어 + 서술어' 구성의 예인데, 이 구성의 부사어는 필수적 성분으로 쓰인 부사어이다.

(20가,나)의 '같다, 다르다'는 비교의 대상이 꼭 필요한 형용사이기 때문에 부사어가 반드시 나타나야 한다. 필수적 부사어인 '저것과'를 빼버리면 비문이 되고 만다.

(20다,라)는 '있다, 없다'와 같은 형용사가 서술어로 쓰인 경우이다. '어머니에게 돈이 있다.'의 '있다'는 "소유"를 나타내고, '그는 학교에 없다.'의 '없다'는 "존재"를 나타내는데, 이 두 경우 다 부사어가 나타나야 한다.

(20마)는 기존 연구에서 이중 주어 구문으로 다루어 온 것이다. 그렇지만 (20마)의 '나는'을 주어가 아니라 (20바)의 '나로서는, 나에게는'과 마찬가지로 부사어로 보기 때문에, 이 유형에 포함시켰다.

(20사,아)는 '철수는 할아버지를 닮았다. 미선이는 보람이를 만났다.'로 쓰이는 경우도 있는데, '할아버지를, 보람이를'을 목적어로 보기 쉽다. 그렇지만 '닮다, 만나다'에 '-어 있-'이 결합하는 점으로 보아 이들은 자동사임이 분명하므로, '할아버지와, 할아버지를', '보람이와, 보람이를'을 모두 부사어로 보아야 한다.

(20자,차)는 '되다'가 쓰인 문장인데, 기존 연구에서는 대체로 '되다' 앞에 쓰인 '이/가'를 보격 조사로 다루었다. 앞에서 이미 밝힌 바와 같이, 문장 성분이 문장의 통사 구조에 의해서가 아니라 격조사의 형태에 의해 달라지는 것으로 처리하는 것은 문제가 있다고 보기 때문에, '선생님이, 수증기로'를 조사의 종류에 관계없이 모두 부사어로 다루었다.

따라서 (21)과 같이 필수적 부사어가 쓰인 유형을 기본 문형으로 설정할 필요가 있다.

(21) **제3 유형 : 주어 + 부사어 + 서술어**
   슬기는 어머니와 닮았다. 이것은 저것과 다르다. 나에게 돈이 있다. 나는 집에 있다. 나는 뱀이 무섭다. 그는 과학자가 되었다. 물이 얼음으로 되었다.

넷째, 주어 외에 목적어를 필요로 하는 두 자리 서술어가 쓰인 '주어 + 목적어 + 서술어' 구성을 기본 문형으로 제시할 수 있다.

그런데 이 구성에서 유의해야 할 것은 목적어의 범위에 대한 부분이다. '그가 학교에 간다.'와 '그가 학교를 간다.'라는 문장에서 '학교에'를 부사어로 다루는 것은 이론의 여지가 없지만 '학교를'의 경우에는 이를 목적어로 볼 것인지 부사어로 볼 것인지가 문제가 된다. 이미 앞에서 밝힌 바와 같이 '가다'가 자동사이기 때문에 '학교를'을 목적어로 다룰 수 없고 '학교에'와 마찬가지로 부사어로 다루어야 한다.

아울러 피동문에 '을/를'이 나타나는 경우에도, 국어의 피동사는 모두 자동사이므로 이때의 '을/를'도 목적격 조사가 아니며, '을/를'이 붙은 명사구를 목적어로 볼 수 없다.

따라서 진정한 의미의 목적어가 쓰인 다음과 같은 유형을 기본 문형으로 설정할 수 있다.

> (22) **제4 유형 : 주어 + 목적어 + 서술어**
> 철수가 책을 읽는다.

끝으로 세 자리 서술어가 쓰인 '주어 + 목적어 + 부사어 + 서술어' 유형을 국어의 기본 문형으로 설정할 필요가 있다.

> (23) 가. 영수가 <u>주연이에게</u> 선물을 주었다.
> 나. 그는 친구의 아들을 <u>사위로</u> 삼았다.
> 다. 혜원이는 자기 자식을 <u>천재로</u> 여긴다.

위에서 보듯이 '주다, 삼다, 여기다'와 같은 서술어는 목적어 외에 '주연이에게, 사위로, 천재로'와 같은 부사어가 반드시 나타나야 한다.[5]

---

5) 이 유형은 부사어가 목적어보다 앞에 나타나는 '주어 + 부사어 + 목적어 + 서술어'의 순서로 나타날 수도 있다. 그런데 (23가)의 경우에는 어순을 바꿀 수 있지만 (23나, 다)의 경우에는 어순을 바꿀 수 없기 때문에, 이들의 기본 어순을 '주어 + 목적어 +

그런데 아래 (24)의 경우에는 '주어 + 목적어 + 부사어 + 서술어' 구성으로 볼 수가 없다.

> (24) 가. 혜원이는 자기 자식을 <u>천재라고</u> 여긴다.
>   나. 나는 그를 <u>학생이라고</u> 생각한다.

왜냐하면 '천재라고, 학생이라고'의 '라고, 이라고'는 조사가 아니라 서술어 '이다'의 활용형이기 때문이다. 즉 (24)의 기저 구조는 (24´)라고 보기 때문에, 우리는 이 문장이 간접 인용절을 안은 문장으로 다루고자 한다.

> (24´) 가. 혜원이는 [자기 자식이 천재이다] 라고 여긴다.
>   나. 나는 [그가 학생이다] 라고 생각한다.

따라서 다음과 같은 세 자리 서술어가 쓰인 유형을 기본 문장으로 설정할 수 있다.

> (25) **제5 유형 : 주어 + 목적어 + 부사어 + 서술어**
>   영희가 영수에게 책을 주었다. 주인은 나그네를 사위로 삼았다.
>   이 선생은 자기 직업을 천직으로 여긴다.

이상의 논의를 토대로 하여, 송창선(2010ㄱ)에서는 국어의 기본 문형을 다음과 같은 다섯 가지로 설정하였다.6)

부사어 + 서술어'로 보는 것이다.
6) 구본관 외(2015: 250-251)에서는 다섯 가지 문형 외에 '주어 + 필수 부사어 + 필수 부사어 + 서술어'(그는 우리에게 집에 가라고 부탁했다.)와 '서술어'(불이야!)를 제시했다. 전자는 인용의 부사절이 포함된 경우여서 홑문장으로 보기 어렵고, 후자는 서술어만 쓰인 경우로서, 필자가 '주어 + 서술어'로 본 것과는 차이가 있다.
유현경 외(2018: 433-434)에서는 기본 문형으로 여섯 가지를 제시하였으나, '주어 + 부사어 + 목적어 + 서술어'와 주어 + 목적어 + 부사어 + 서술어'는 목적어와 부사어의 위치만 다를 뿐이며 문장 성분의 숫자가 달라지지는 않아서 같은 문형으로 다룰 수 있기 때문에, 국립국어원(2005) 및 송창선(2010ㄱ)과 큰 차이가 없는 것으로 볼 수도 있다.

(26) 가. 제1 유형 : 주어 + 서술어
　　 나. 제2 유형 : 주어 + 보어 + 서술어
　　 다. 제3 유형 : 주어 + 부사어 + 서술어
　　 라. 제4 유형 : 주어 + 목적어 + 서술어
　　 마. 제5 유형 : 주어 + 목적어 + 부사어 + 서술어

　이 다섯 가지 유형과 국립국어원(2005)에서 제시한 다섯 가지 유형을 비교해 보면 겉으로 보기에는 별다른 차이가 없는 것처럼 보인다. 그렇지만 각 유형을 자세하게 비교해 보면 둘 사이에는 큰 차이가 있음을 발견할 수 있다. 즉 국립국어원(2005)에서는 '이다'를 서술격 조사로 보고 '주어 + 서술어' 유형에 포함시켰지만, 필자는 '이다'를 서술어로 보고 '주어 + 보어 + 서술어' 유형으로 다루었다. 뿐만 아니라 국립국어원(2005)에서는 '준호는 어른이 되었다.'의 '어른이'를 보어로 보았지만, 필자는 이를 보어로 다루지 않고 필수적 부사어로 다루었다.

　송창선(2018)에서는 기본 문형의 개념은 국어 교육이나 한국어 교육의 쓰기와 읽기 지도에도 유용하게 활용될 수 있다고 보았다. 학습자들이 글쓰기 활동에서 문장의 골격인 필수 성분을 쓰지 않거나, 문장의 주술 관계나 호응 관계를 놓치는 경우가 많은데, 기본 문형을 적극적으로 활용하면 글쓰기 지도를 보다 더 효율적으로 할 수 있다고 보았다. 아울러 읽기 교육에서도 복잡한 문장의 의미를 제대로 이해하기 위해서는 먼저 문형의 골격을 파악하는 것이 도움이 될 것으로 보았으며, 한국어 교육에서 기본 문형을 효율적으로 활용한다면, 외국인 학습자들의 한국어 능력을 크게 향상시킬 수 있을 것으로 보았다.[7]

---

7) 유현경 외(2018: 434)에서도 "국어 교육이나 한국어 교육에서 서술어와, 서술어가 요구하는 문장 성분의 수나 유형에 따라 기본 문형을 설정할 수 있는데 이는 읽기에서 유용한 분석의 틀이 될 수 있고 쓰기에서는 기본 문형에 따라 작문을 할 수 있다."라고 하였다.

2. 안은 문장

다른 문장 속에 들어가서 한 성분처럼 쓰이는 홑문장을 **안긴 문장**이라 하고, 이 홑문장을 안고 있는 문장을 **안은 문장**이라고 한다.

학교문법에서는 안긴 문장의 종류로 (27가)와 같이 한 문장이 다른 문장 속에서 주어나 목적어와 같은 구실을 하는 명사절, (27나)와 같이 한 문장이 관형사처럼 뒤에 오는 명사를 꾸미는 구실을 하는 관형절, (27다)와 같이 한 문장이 부사와 같은 구실을 하는 부사절, (27라)와 같이 자신이나 다른 사람의 말을 옮겨와서 표현하는 인용절, (27마)와 같이 안긴 문장이 서술어의 기능을 하는 서술절의 다섯 가지가 있다고 한다.

> (27) 가. 나는 <u>가족과 함께 여행하기</u>를 좋아한다.
> 나. <u>어제 내가 산</u> 책을 친구에게 주었다.
> 다. 그녀는 <u>아무 말도 없이</u> 밖으로 나갔다.
> 라. 주인은 손님에게 <u>자리에 앉으</u>라고 했다.
> 마. 코끼리는 <u>코가 길다</u>.

그렇지만 학자들에 따라서는 안긴 문장으로 인정하는 범위가 달라지기도 한다. 지금부터 우리는 이들 안긴 문장의 특징을 살펴보기로 하는데, 다만 인용절과 서술절에 대해서는 이들을 안긴 문장으로 보아야 하는지 아닌지에 대해 자세히 살펴보기로 한다.

1) 명사절을 안은 문장

명사절은 안긴 문장의 서술어를 명사형으로 바꾸어 주는 구실을 하는 명사형 어미 '-(으)ㅁ, -기'가 붙어서 만들어진다. 명사절은 문장 속에서 (28가), (29가)와 같이 주어로 쓰이거나, (28나), (29나)처럼 목적어로 쓰이는데, 때로는 (29다)처럼 부사어로 쓰이기도 한다.

> (28) 가. <u>그 사람이 마을 사람들을 속였음</u>이 드러났다.
> 　　　나. 나는 <u>어머니의 사랑이 따스했음</u>을 절실히 느낄 수 있었다.
> (29) 가. <u>우리나라가 월드컵에서 우승하기</u>가 쉽지 않다.
> 　　　나. 농부들은 <u>비가 오기</u>를 간절히 기다린다.
> 　　　다. 지금은 <u>집에 가기</u>에 이른 시간이다.

명사형 어미 '-(으)ㅁ'과 '-기'의 차이

명사형 어미 '-(으)ㅁ'과 '-기'는 안긴 문장을 명사형으로 바꾸어 주는 점에 있어서는 같지만, '-(으)ㅁ'과 '-기'는 용법에 있어서 다소 차이를 보인다. '-(으)ㅁ'과 '-기'의 차이는 다음 문장에서 분명하게 확인할 수 있다.

> (30) 가. 농부는 <u>비가 많이 내렸음</u>을 알았다.
> 　　　나. 농부는 <u>비가 많이 내리기</u>를 바랐다.

(30가)에서는 이미 비가 많이 내린 상황에서 '-(으)ㅁ'이 쓰인 데 반해, (30나)에서는 앞으로 비가 많이 내리는 것을 바라는 상황에서 '-기'가 쓰였음을 확인할 수 있다. 즉 '-(으)ㅁ'이 쓰인 문장은 사건이 완료되었음을 나타내는데, '-기'는 사건이 완료되지 않았음을 나타내는 차이를 보인다.

그래서 기존 연구에서는 명사형 어미 '-(으)ㅁ'은 이미 이루어진 일에 주로 쓰이기 때문에 '결정성, 사실성, 과거성'의 의미 특성을 지닌다고 하였으며, '-기'는 아직 이루어지지 않은 일에 주로 쓰이기 때문에 '비결정성, 비사실성, 미래성'의 의미 특성을 지니는 것으로 보았다.

이러한 의미 특성의 차이는 '-(으)ㅁ'과 '-기'가 어울리는 서술어 종류의 차이로도 나타난다. 아래 (31)은 '-(으)ㅁ'과 잘 어울리는 서술어이고, (32)는 '-기'와 잘 어울리는 서술어이다.

(31) '-(으)ㅁ'과 잘 어울리는 서술어

　　가. 평가 형용사 : 분명하다, 마땅하다, 당연하다, 확실하다, 옳다 등
　　나. 지각 동사 : 보다, 듣다, 느끼다 등
　　다. 인식 동사 : 알다, 모르다, 깨닫다, 의식하다, 기억하다, 잊다 등
　　라. 전달 표현의 동사 : 주장하다, 말하다, 설명하다, 전하다 등
　　마. 발견 과정의 동사 : 알려지다, 드러나다, 찾다, 증명하다 등
　　바. 기타 : 사실이다, 물론이다, 잘못이다, 다행이다 등

(32) '-기'와 잘 어울리는 서술어

　　가. 감정 표현의 형용사 : 좋다, 나쁘다, 쉽다, 어렵다, 적합하다,
　　　　　　　　　　　　　　 알맞다 등
　　나. 감정 표현의 동사 : 좋아하다, 싫어하다, 찬성하다, 반대하다,
　　　　　　　　　　　　　 즐기다 등
　　다. 종지·착수 표현의 동사 : 멈추다, 그치다, 포기하다, 시작하다,
　　　　　　　　　　　　　　　 시도하다, 꾀하다, 계속하다 등
　　라. 요구 동사 : 요구하다, 명령하다, 지시하다, 제안하다, 재촉하
　　　　　　　　　 다 등
　　마. 기타 : 마련이다, 일쑤이다, 십상이다, 나름이다, 망정이다,
　　　　　　　 짝이 없다, 그지없다, 이를 데 없다 등

　이처럼 '-(으)ㅁ'과 잘 어울리는 서술어와, '-기'와 잘 어울리는 서술어의 구분이 있긴 하지만, 현대 국어에서는 '-기'가 '-(으)ㅁ'보다는 더 널리 쓰이는 것이 사실이다.

　그렇지만 중세 국어 시기에도 '-기'가 '-(으)ㅁ'보다 더 널리 쓰인 것은 아니다. 중세 국어 시기에는 '-(으)ㅁ'이 광범위하게 사용되었고 '-기'는 거의 쓰이지 않았는데, 17세기 무렵에 「노걸대언해」나 「박통사언해」와 같은 구어체 문장에서 '-기'가 자주 나타나다가 18세기 문헌에서 '-기'가 갑자기 많이 나타나면서 현대 국어에 이르러서는 '-(으)ㅁ'보다 '-기'가 더 널리 쓰이게 되었다.8)

---

8) '-(으)ㅁ'과 '-기'를 통시적으로 연구한 것으로는 이현규(1975, 1984), 채완(1979), 김영일(1982), 신석환(1982), 홍종선(1983), 이남순(1988), 이승욱(1989) 등이 있다.

톺·아·보·기

의문형 종결어미가 명사절을 이루는가?

구본관 외(2015: 261), 유현경 외(2018: 445-446), 남기심 외 (2019: 343-344)에서는 의문형 종결어미 '-느냐/-(으)냐, -는가 /-(으)ㄴ가, -는지/-(으)ㄴ지, -(으)ㄹ지'가 결합하여 명사절을 이루는 것으로 보았다. 특히 유현경 외(2018: 445-446)에서는 의문형 종결어미로 이루어진 구성을 명사절 상당 구성이라고 하면서, 명사절 상당 구성은 전성 어미에 의한 안긴 절은 아니지만 명사절과 같은 기능을 하고 있고 최근에는 명사절보다 사용 빈도가 높아지는 경향이 있으므로 명사절로 함께 다룬다고 하였다.

> (1) 가. <u>무엇을 먹느냐</u>보다는 <u>누구와 먹느냐</u>가 더 중요하다.
> 나. 과연 <u>누가 옳고 그른가</u>를 묻고 싶다.
> 다. 나는 <u>그가 돌아왔는지</u>를 모른다.

이에 대해 고영근 외(2018: 329-330)에서는 '그가 돌아왔는지'를 명사절로 보게 되면 '아가씨는 내게 저 별들의 이름을 다 아느냐고 물었다.'와 같은 문장에서 '저 별들의 이름을 다 아느냐'도 명사절로 보아야 하므로 '그가 돌아왔는지'는 일종의 인용문을 이루는 것으로 보아 명사절에서 제외하는 것이 좋다고 하였다.

(1)의 밑줄 친 부분을 명사절로 본다면 (2)의 밑줄 친 부분도 명사절로 보아야 하는 문제가 생긴다.

> (2) 가. 우리가 그를 만난 곳은 <u>부산역에서</u>가 아니라 <u>대구역에서</u> 이다.
> 나. 그가 가족에게 소홀한 것은 <u>시간이 없어서</u>가 아니라 <u>마음이 없어서</u>였다.

(2)의 '부산역에서, 대구역에서'와 '시간이 없어서, 마음이 없어서'는 '이다, 아니다' 앞에 쓰인 명사 상당 어구인데, 명사 상당 어구와 명사절을 혼동하는 것은 문제가 있다고 본다. '부산역에서'는 구이고 '시간이 없어서'는 종속적으로 이어진 문장인데, 이들이 명사 상당 어구인 것은 분명하지만 명사절과는 아무런 관련이 없음이 분명하다.

2) 관형절을 안은 문장

관형절은 안긴 문장을 관형사형으로 바꾸어 주는 구실을 하는 관형사형 어미 '-(으)ㄴ', '-는', '-(으)ㄹ'이 붙어서 만들어진다. 이들 어미는 각각 '과거, 현재, 미래'를 표현하는 데 쓰인다.

(33) 가. 이 책은 내가 어릴 때 <u>읽은</u> 책이다. (과거)
나. 이 책은 내가 요즘 <u>읽는</u> 책이다. (현재)
다. 이 책은 내가 앞으로 <u>읽을</u> 책이다. (미래)

그런데 관형절로 안기는 문장에는 주제가 나타날 수 없다는 제약이 있다.[9] 아래에서 보듯이 관형절 속에 주제를 나타내는 '은/는'이 쓰이면 비문이 되어 버린다.

(34) 가. 내가 살던 고향은 꽃 피는 산골이다.
나. *나는 살던 고향은 꽃 피는 산골이다.
(35) 가. 네가 제일 좋아하는 꽃을 사 줄게.
나. *너는 제일 좋아하는 꽃을 사 줄게.

---

9) 대중가요 '몰래한 사랑'의 가사에 '이렇게 무화과는 익어가는 날에도'라는 부분이 있다. 작사자가 운을 맞추기 위해서 '이렇게 무화과는 익어가는 날에도'라고 한 것이라고 하더라도 이는 '이렇게 무화과가 익어가는 날에도'의 잘못이다.

그렇지만 아래에서 보듯이 관형절 속에 대조를 나타내는 '은/는'은
쓰일 수 있다.

    (36) 가. 키는 큰 사람이 농구는 못한다.
          나. 머리는 좋은 학생이 공부는 잘 못한다.

관계 관형절과 동격 관형절

  관형절은 안긴 문장 내에 생략되는 성분이 있는지 여부에 따라 관
계 관형절과 동격 관형절[10]로 나눌 수 있다.

    (37) 가. <u>빨간</u> 장미가 한 송이 피었다.
          나. <u>내가 어제 본</u> 영화가 참 재미있었다.
          다. <u>네가 태어난</u> 2001년에 가뭄이 심했다.
    (37′) 가. [[장미$_i$가 빨갛다] 장미$_i$가 한 송이 피었다]
          나. [[내가 어제 영화$_i$를 보았다] 영화$_i$가 참 재미있었다]
          다. [네가 2001년$_i$에 태어났다] 2001년$_i$에 가뭄이 심했다]

  (37)은 관계 관형절을 보인 것인데, 관형절에 해당하는 부분을 보면
(37가)에서는 주어가, (37나)에서는 목적어가, (37다)에서는 부사어가
생략되어 있다. (37)의 관계 관형절은 (37′)에서 보듯이 한 문장이 다
른 문장에 안김으로써 형성되는데, 이 때 안은 문장 속의 체언과 안긴
문장 속의 한 성분이 반드시 같아야 한다. 그리고 같은 성분 중에서
관형절 속의 한 성분이 생략되어서 쓰이게 된다.
  이처럼 관계 관형절에서는 관형절 속의 문장 성분 중의 하나가 관
형절의 수식을 받는 명사구와 동일하기 때문에, 표면에는 이 명사구가
생략된 채 쓰이는 것이 특징이다.
  한편 (38)은 동격 관형절을 보인 것인데, (38′)에서 보듯이 안긴 문

---

10) 관계 관형절을 '관계절(relative clause)', 동격 관형절을 '보문절(complement
    clause)'이라고 부르기도 한다. 여기서 '보문'이라는 명칭을 사용하는 이유는, 동격
    관형절이 쓰이지 않으면 문장이 성립하지 않기 때문이다. 문장 성분 가운데 '보어'의
    개념과 관련지어 생각해 볼 수 있다.

장이 그 자체로 온전한 문장이라는 점에서 관계 관형절과는 차이가 있다. 아래의 밑줄 그은 부분에서, 안긴 문장에는 필수 성분인 주어와 서술어가 나타났을 뿐 아니라, 타동사의 경우에는 목적어가 쓰인 것을 확인할 수 있다.

(38) 가. <u>그가 지금까지 불우한 이웃을 도와 주었다는</u> 소문이 마을에 돌았다.
　　나. 나는 <u>그녀가 좋은 사람이라는</u> 생각을 했다.
　　다. <u>우리 학교 농구부가 전국체전에서 우승했다는</u> 소식이 들렸다.
(38′) 가. [[그가 지금까지 불우한 이웃을 도와 주었다.] 소문이 마을에 돌았다.]
　　나. [나는 [그녀가 좋은 사람이다.] 생각을 했다.]
　　다. [[우리 학교 농구부가 전국체전에서 우승했다.] 소식이 들렸다.]

　이처럼 동격 관형절의 수식을 받을 수 있는 명사로는 '소문, 소식, 사건, 기억, 생각, 주장, 약속, 보고, 연락, 고백, 요청, 믿음, 명령, 느낌' 등이 있으며, 의존 명사에는 '것, 바, 수, 줄, 법, 양, 체' 등이 있다.
　관계 관형절과 동격 관형절의 가장 두드러진 차이는, 관계 관형절이 임의적인 수식 성분이지만, 동격 관형절은 필수적인 수식 성분이라는 점이다. 그래서 관계 관형절의 경우에는 관형절이 없어도 문장이 자연스럽지만, 동격 관형절의 경우에는 관형절을 삭제하면 문장이 성립하지 않거나 불완전해진다.

(37″) 가. 장미가 한 송이 피었다.
　　나. 영화가 참 재미있었다.
　　다. 2001년에 가뭄이 심했다.
(38″) 가. [?]소문이 마을에 돌았다.
　　나. [?]나는 생각을 했다.
　　다. [?]소식이 들렸다.

짧은 관형절과 긴 관형절

앞에서 관형절을 관계 관형절과 동격 관형절로 나누어 살펴보았는데, 동격 관형절을 자세히 살펴보면 안긴 문장에 종결 어미가 쓰인 경우도 있고, 종결 어미가 쓰이지 않은 경우도 있다.

> (39) 가. <u>그녀가 얼마 전에 결혼한</u> 사실이 밝혀졌다.
> 나. <u>그녀가 얼마 전에 결혼했다는</u> 소문이 퍼졌다.

(39가)에서는 '그녀가 얼마 전에 결혼했다.'라는 문장에서 종결 어미가 없는 상태에서 관형사형 어미가 결합하였는데, 이처럼 종결 어미가 없는 관형절을 '짧은 관형절'이라고 하며, (39나)처럼 종결 어미가 있는 상태에서 관형사형 어미가 결합한 관형절을 '긴 관형절'이라고 한다.[11]

(39나)는 (40)에서 '-고 하-'가 생략된 채 쓰이는 것이다.

> (40) <u>그녀가 얼마 전에 결혼했다고 하는</u> 소문이 퍼졌다.

국어에서 '-고 하-'가 생략되는 경우는 많이 발견된다. '가라고 해'가 '가래'로 되며, '가자고 해'가 '가재'로 되고 '간다고 해'가 '간대'로 되는데, 이들도 (40)처럼 '-고 하-'가 줄어드는 것을 확인할 수 있다.

짧은 관형절을 취하는 명사에는 '사건, 기억, 용기, 예정' 등의 자립 명사와 '것[12], 바, 수, 줄, 법, 양, 체' 등의 의존명사가 있으며, 긴 관형절을 취하는 명사에는 '소문, 소식, 생각, 주장, 약속, 보고, 연락, 고백, 요청, 믿음, 명령, 느낌' 등의 자립 명사가 있다.

그런데 이처럼 관형절을 짧은 관형절과 긴 관형절로 구분하는 것은

---

11) 남기심(1973=1996)에서는 짧은 관형절을 불구 보문이라고 부르고, 긴 관형절을 완형 보문이라고 불렀다.
12) '것'은 아래와 같이 짧은 관형절로도 쓰이고 긴 관형절로도 쓰일 수 있다.
　　　가. 나는 그가 피아노를 치<u>는</u> 것을 들었다.
　　　나. 나는 그가 피아노를 친<u>다는</u> 것을 들었다.

큰 의미가 없다. 학자들에 따라서는 이들을 구분하여 완형 보문과 불구 보문이라고 부르기도 하고, 또 더러는 이들의 의미 차이에 대해 논의하기도 하였다. 그렇지만 짧은 관형절과 긴 관형절은 본질적으로 서로 다른 성격을 지니고 있어서 함께 논의할 필요가 없다고 본다. 왜냐하면 긴 관형절이라고 부르는 예들은 사실상 관형절이 아니기 때문이다.

(41) 가. [[그녀가 결혼했다]는] 소문이 퍼졌다.
나. [[그녀가 결혼했다]고 하는] 소문이 퍼졌다.
다. 소문에 따르면 [[그녀가 결혼했다]고 한다].

위에서 보듯이 '소문'이라는 명사와 '그녀가 결혼했다'라는 절이 꾸미는 것이 아니다. '소문'을 꾸미는 것은 '그녀가 결혼했다'가 아니라 '~라고 한다'라는 인용절이다. 단순한 관형절과 인용절이 포함된 관형절을 같은 층위라고 간주하고 이들을 비교하는 것은 무의미한 일이라고 본다.

관형사형 어미 '-던'의 설정에 대한 문제점

기존 연구를 살펴보면, 관형절로 안긴 문장에 나타나는 '-던'을 '-더'와 '-(으)ㄴ'으로 분석할 수 있다고 주장한 연구도 있으며, '-던'을 별개의 관형사형 어미로 설정한 연구도 있다.

먼저 현대 국어의 '-던'에 나타나는 '-더-'와 종결형의 '-더-'가 통사·의미상으로 기능이 다르다고 하면서, '-던'을 독립된 관형사형 어미로 다루어야 한다는 주장을 한 연구에는 남기심(1972)를 비롯하여 서정수(1979), 신현숙(1982ㄱ), 이기동(1981), 장경희(1985), 최동주(1998), 이재성(2001) 등이 있다. 현행의 학교 문법에서도 관형사형 어미로 '-(으)ㄴ, -는, -(으)ㄹ' 외에 '-던'을 설정하고 있다.

이와는 달리 '-던'과 '-더-'가 형태상으로나 의미상으로 유사하다고 보아 '-던'의 '-더-'를 분석할 수 있다고 주장하는 연구에는, 최현배

(1937=1980)을 비롯하여 고영근(1971), 김차균(1980), 이익섭·임홍빈(1983), 허웅(1984), 왕문용(1986), 김창섭(1987), 이창덕(1988), 송영주(1991), 김석득(1992), 이효상(1995), 이윤하(2001), 고영근(2004), 송창선(2006ㄴ) 등이 있다.

그러면 관형절에 쓰이는 '-던'에서의 '-더-'와 종결형의 '-더-'가 다르다는 주장이 나오게 된 이유부터 살펴보기로 한다.

'-더-'는 (42)에서 보듯이 평서형(감탄형), 의문형 종결 어미와 통합될 수 있다.

> (42) 가. {*내가, 네가, 그가} 학교에 가더라/가더구나.
>   나. {내가, *네가, 그가} 학교에 가더냐?

그런데 (42가)와 같이 평서문과 감탄문에서는 1인칭 주어가 '-더-' 앞에 쓰일 수 없고, (42나)와 같이 의문문에서는 2인칭 주어가 '-더-' 앞에 쓰일 수 없다.

한편, 이런 제약이 '-던'의 경우에는 어떻게 나타나는지 살펴보자.

> (43) 가. 학교에 가던 {나는, 너는, 그는} 집으로 되돌아왔다.
>   나. 담배를 피우던 {내가, 네가, 그가} 언제부터 담배를 끊었지?

(43)에서 보듯이 '-더-'가 관형사형 어미 '-(으)ㄴ'과 결합한 '-던'의 경우에는 인칭의 제약이 전혀 나타나지 않는다.

(42)에서 제시한 종결형에서의 '-더-'와 (43)에서 제시한 관형절에서의 '-더-'가 같은 형태소라면, 두 경우의 '-더-'가 통사적 기능이 같아야 한다. 그렇지만 위에서 보듯이 종결형의 '-더-'에 나타나는 통사적 제약이 관형절에서는 나타나지 않기 때문에 남기심(1972)를 비롯한 몇몇 연구에서는 종결형의 '-더-'와 관형절의 '-더-'가 가지는 통사 기능이 차이를 보인다고 주장하였던 것이다.

그런데 고영근(2004: 150-151)에서는 종결형의 '-더-'와 관형절의

'-더-' 사이에 공통된 문법적 기능이 발견되지 않는다는 이유로, 종결형의 '-더-'는 분석하면서도 관형절에서는 분석하지 않은 것을 강하게 비판하였다. 형태소의 분석에서는 계열관계와 통합관계와 같은 구조적 상관성을 우선적으로 고려해야 한다고 하면서, 종결형과의 문법 기능의 일치 여부는 2차적이기 때문에, 관형절의 '-던'에서 '-더-'를 분석해야 한다는 주장을 하였다.

필자는 기존 연구와는 달리, 관형절에 나타나는 '-더-'의 기능을 '-더-'의 본질적인 기능이라고 본다. 즉, 원래 '-더-'에는 관형절에 쓰일 때와 마찬가지로 비동일주어 제약과 같은 제약은 없으며, 오히려 이 '-더-'가 종결형에 쓰일 때는 문장의 종류에 따라 주어 제약을 받는다는 것이다.

> (44) 학교에 가던 {나는, 너는, 그는} 집으로 되돌아왔다.
> (45) 가. {*내가, 네가, 그가} 학교에 가더라.
> 　　 나. {내가, *네가, 그가} 학교에 가더냐?

위 (44)에서 보듯이 일반적으로 국어의 선어말 어미 '-더-'는 다른 선어말 어미와 마찬가지로 애초에 주어인칭 제약을 받지 않는다. 선어말 어미 '-었-'의 주어로 올 수 있는 인칭에 제약이 없는 것처럼, '-더-' 앞에도 올 수 있는 주어의 인칭에 제약이 없다는 것이다.

만약 주어인칭 제약 현상에 근거하여 종결형의 '-더-'와 관형절의 '-던'을 다른 형태소로 본다면, 주어인칭 제약을 받는 '-더니'와 제약을 받지 않는 '-었더니'를 별개의 형태소로 처리해야 하는 모순에 직면하게 된다.

> (46) 가. {*내가, 네가, 그가} 책을 찾더니, 아직 못 찾은 모양이구나.
> 　　 나. {내가, 네가, 그가} 책을 찾았더니, 그 책이 이젠 쓸모가 없다고 한다.

위에서 보듯이 '-더니'와 '-었더니'는 주어 인칭 제약을 받는 모습이 다른데, 그렇다고 해서, 이 둘을 별개의 형태소로 처리할 수는 없는 것이다. 그렇다면 관형절의 '-던'과 종결형의 '-더-'에서 주어인칭의 제약이 달리 나타나는 점을, 이 둘을 별개의 형태소로 처리하는 근거로 삼을 수는 없는 것이다.

요컨대 '-더라'의 '-더-'와 '-던'의 '-더-'가 그 의미가 동일하고 그 분포까지 동일한데, 인칭 제약이 다소 차이가 있다고 해서, 다른 형태소로 보는 것은 합리적이지 못하다. 인칭 제약의 차이가 의미와 분포의 동질성을 무시할 정도로 중요하지는 않다고 본다.

따라서 관형절의 '-더-'가 종결형의 '-더-'와 같은 형태소라면, 관형절의 '-던'을 '-더-'와 '-(으)ㄴ'으로 분석하는 것이 마땅하며, 관형사형 어미로 '-던'을 제시하는 태도는 합리적이지 않다.

'-던'이 형용사에 결합하여 과거를 나타내는가?

임지룡 외(2005: 280)에서는 현행의 학교 문법에서 시제를 나타내는 어미의 형태를 다음과 같이 제시하였다.

(47) 시제에 따른 어미의 형태

시제 / 어미	과거 시제		현재 시제		미래 시제
	동사	형용사 서술격 조사	동사	형용사 서술격조사	
선어말 어미	-았-/-었-/-였-, -더-, -았었-/-었었-/-였었-		-는- -ㄴ-	∅	-겠-, -(으)리-, -(으)ㄹ 것-
관형사형 어미	-(으)ㄴ	-던	-는	-(으)ㄴ ※'있다, 없다'에는 '-는'이 쓰임	-(으)ㄹ

위의 표에서 보는 것처럼 '-던'이 형용사와 서술격 조사에 붙어서 과거를 나타내는 관형사형 어미로 쓰인다는 것이다. 즉 (48가)처럼 동사 뒤에는 과거를 나타내는 관형사형 어미로 '-(으)ㄴ'이 쓰이지만, 형

용사나 서술격 조사 뒤에는 (48나,다)처럼 회상 선어말 어미 '-더-'와 관형사형 어미 '-(으)ㄴ'이 결합된 '-던'이 쓰인다고 본 것이다.

  (48) 가. 어제 우리가 읽은 책은 무척 감동적이었다.
       나. 그렇게 곱던 꽃이 벌써 시들어 버렸구나.
       다. 그 때 어린애이던 네가 벌써 이렇게 컸다니, 믿을 수가 없구나.

  그렇지만 이런 설명은 잘못된 것임이 분명하다. (49)에서 보듯이 '-던'이 동사 뒤에 결합하는 경우에도 과거를 나타내는데, 꼭 형용사나 서술격 조사 뒤에서만 과거를 나타내는 것처럼 보이기 때문이다. '-더-'에 대해서는 앞에서 자세히 살펴보았으므로, 여기서 부언할 필요가 없다고 본다.

  (49) 어제 우리가 읽던 책은 무척 감동적이었다.

  위에서 보듯이 동사 뒤에도 '-던'이 결합할 수 있기 때문에, 형용사와 '이다'의 경우에만 과거를 나타내기 위하여 '-던'을 붙이는 것이 아니라는 것이다. 따라서 필자는 형용사[13]의 경우에 아래 (50)에서 보듯이 과거를 나타낼 수 있는 별도의 형태가 마련되지 않은 것으로 본다.

  (50) 시제에 따른 관형사형 어미의 형태

시제 / 서술어	과거 시제	현재 시제	미래 시제
동사	-(으)ㄴ	-는	-(으)ㄹ
형용사	× ※'있다, 없다'에는 '-은'	-(으)ㄴ ※'있다, 없다'에는 '-는'	-(으)ㄹ

---

13) 필자는 '이다'를 형용사의 한 종류로 다루었으므로 '이다'에 대한 설명을 따로 제시하지 않는다.

일반적으로 동사와 형용사를 구분하는 중요한 차이로, 현재 시제를 나타내는 관형사형 어미가 동사에는 '-는'이 쓰이고 형용사에는 '-(으)ㄴ'이 쓰이는 점을 제시한다.

그런데 과거 시제에서는 그 양상이 단순하지 않다. 먼저, 동사의 경우에는 과거를 나타내는 관형사형 어미로 '-(으)ㄴ'을 쓰는데, 동사의 현재 시제 형태인 '-는'과는 달라서 별다른 문제가 생기지 않는다. 그렇지만 형용사의 경우에는 동사와 마찬가지로 과거를 나타내기 위하여 '-(으)ㄴ'을 쓸 수가 없다. 왜냐하면 형용사의 경우에 현재형에 이미 '-(으)ㄴ'을 쓰고 있어서 현재와 과거 형태가 동일하게 되어 혼란을 줄 수 있기 때문이다. 그래서 형용사의 경우에는 과거를 나타내는 관형사형 어미가 따로 존재하지 않는다는 것이다. 다만 형용사 가운데 '있다, 없다'는 현재형에서 '-는'을 쓰기 때문에, 과거형에 '-(으)ㄴ'을 쓴다는 점이 주목할 만하다.

요컨대 국어의 형용사에서 과거를 나타내는 관형사형 어미가 따로 만들어지지 않았으며, 이런 빈자리를 메우기 위해 '-던'을 쓰는 것은 별개의 문제라고 본다.

'-는(은) 것' 구문

일반적으로 명사형 어미 '-(으)ㅁ'이 쓰인 문장은 의존 명사 '것'이 쓰인 문장으로 바꾸어 쓸 수 있는데, 특히 구어체에서는 '-(으)ㅁ'을 쓰기보다는 의존 명사 '것'을 더 자주 사용한다. 이처럼 '-(으)ㅁ'이 쓰인 문장을 의존 명사 '것'으로 바꾸어 쓸 수 있기 때문에, 이 둘이 관련되어 있음을 감안하여 의존 명사 '것'이 쓰인 문장을 명사절로 처리하기도 하였다.14)

---

14) 제6차 교육과정에 따른 문법 교과서에서는 '-는/은 것'을 '명사절을 안은 문장'에서 다루었으나, 제7차 교육과정에서는 이를 바로잡아서 '관형절을 안은 문장'에서 다루게 되었다.

　그런데 한국방송통신대학교 평생교육원(2005: 260-261), 국립국어원(2005: 158-159)에서는 '-는 것'을 명사절로 다루었다. 최근에 유현경 외(2018: 445-446), 남

(51) 가. <u>인호가 축구에 소질이 있음</u>이 알려졌다.
　　　나. <u>인호가 축구에 소질이 있는 것</u>이 알려졌다.
　　　다. <u>인호가 축구에 소질이 있다는 것</u>이 알려졌다.

위에서 보듯이 밑줄 그은 '인호가 축구에 소질이 있음' 부분이 명사절이라면, (51나,다)에서도 밑줄 그은 부분이 같은 기능을 하는 것으로 보아 명사절로 다루었던 것이다.

그런데 만약 (51나,다)를 명사절로 본다면 아래 (52)도 명사절로 보아야 하는 문제가 생긴다.

(52) <u>인호가 축구에 소질이 있다는 사실</u>이 알려졌다.

그렇지만 (52)는 명사절로 볼 수 없으며, '인호가 축구에 소질이 있다는'이라는 관형절이 명사 '사실'을 꾸미는 구조임이 분명하다. (52)의 밑줄 그은 부분이 명사절이 아닌 것과 마찬가지로 (51나,다)도 관형절이 의존 명사 '것'을 꾸미는 구조로 보아야 할 것이다.

아래에서 보듯이, 의존 명사 '것'이 쓰인 문장은 동격 관형절의 수식을 받는 '사실'이 쓰인 문장과 그 구조가 같기 때문에, 동격 관형절로 다루는 것이 바람직하다고 본다.

(53) 가. 그가 <u>학교에 오지 않은 것</u>을 알았다.
　　　나. 그가 <u>학교에 오지 않았다는 것</u>을 알았다.
(54) 가. 그가 <u>학교에 오지 않은 사실</u>을 알았다.
　　　나. 그가 <u>학교에 오지 않았다는 사실</u>을 알았다.

한편, 아래 문장에서도 의존 명사에 선행하는 요소를 각각 관형절과 명사절로 보아야 할 것이다.

기심 외(2019: 345-346)에서는 '-는 것'을 '관형절+의존 명사'의 구조를 가진 명사구로 보지 않고 명사절로 다루었다.

(55) 가. <u>나는 오늘 순희를 만날</u> 것이다.
　　　나. 왜냐하면 <u>그가 어제 학교에 지각했기</u> 때문이다.

(55가)에서는 의존 명사를 꾸미는 관형절이 왔지만, (55나)에서는 '그가 학교에 지각했기'가 '때문'을 꾸미기는 하지만 명사형 어미 '-기'가 쓰였으므로 명사절로 보아야 할 것이다.15)

아울러 (55가)에서 '만날 것이다'를 하나의 서술어로 보게 되면 이 문장은 단문이 된다. 그렇지만 앞에서 이미 밝힌 바와 같이 '이다'를 서술어로 보기 때문에 (55가) 문장에서는 서술어가 '만나다'와 '이다'의 두 개이므로 겹문장으로 보아야 할 것이다. 이와 마찬가지로 (55나)에서도 '때문이다'의 '이다'를 서술어로 보면 당연히 '그가 어제 학교에 지각했기 때문이다'도 겹문장이 되는 것이다.

만약 (55)를 홑문장으로 보게 되면 아래 (56)도 홑문장으로 보아야 하는 문제가 생긴다.

(56) 가. 나는 오늘 순희를 만날 <u>것은</u> <u>아니다</u>.
　　　나. 왜냐하면 그가 어제 학교에 지각했기 <u>때문만은</u> <u>아니다</u>.

이런 점에서, 의존 명사에 '이다'가 연결되는 '것이다, 따름이다, 나름이다, 때문이다' 구성은 겹문장으로 보는 것이 바람직하다고 본다. 아래의 경우에도 이와 마찬가지 설명을 할 수 있다.

(57) 가. 문제의 핵심은 <u>우리가 음식을 몽땅 먹어버린</u> 것이다.
　　　나. 이번 겨울에 <u>그가 우리 학교에 돌아온다는</u> 것이다.

즉 '-(으)ㄴ 것이다'와 '-ㄴ다는 것이다'와 같은 구성에서도 앞의 관형절이 뒤에 오는 의존 명사를 수식하는 것으로 보아야 할 것이다. 그

---

15) '그가 학교에 지각했기'가 명사절이기는 하지만 '때문'을 수식하는 것으로 본다. '철수 때문이다'나 '철수 때문에'에서 보듯이 명사가 '때문'을 수식하는 경우와 마찬가지라고 본다.

렇지 않으면 '~ 것이다'를 '~ 것이 아니다'로 바꾸었을 때, 이 둘 사이의 관련성을 설명하지 못하기 때문이다.

요컨대 의존 명사 앞에 나타난 절은 뒤에 오는 의존명사를 수식하는 관형절이라고 본다.

3) 부사절을 안은 문장

부사절은 안긴 문장을 부사형으로 바꾸어 주는 구실을 하는 '-이'[16]가 붙어서 만들어진다.

> (58) 가. 범수는 <u>소리도 없이</u> 내게 다가왔다.
> 　　 나. 그녀는 <u>전과 같이</u> 나에게 친절하였다.
> 　　 다. 그는 <u>소문과는 달리</u> 자상한 사람이었다.

(58)의 '소리도 없이'는 '다가왔다'를 꾸미고, '전과 같이'는 '친절하였다'를 꾸미며, '소문과는 달리'는 '자상한'을 꾸미는 부사어의 구실을 하고 있음을 알 수 있다.

학교 문법에서는 (58)의 '-이'를 부사화 접미사로 다루었는데, 이를 부사형 어미로 보든 부사화 접미사로 보든 간에 둘 다 약간의 문제가 있다.

먼저 '-이'를 부사형 어미로 보게 되면 부사형 어미가 부사절을 안은 문장에서 쓰였으므로 전성 어미와 안긴 문장 사이의 관계를 설명하는 데 강점이 있지만, 굴절 접미사인 부사형 어미가 왜 다른 용언에는 결합할 수 없는지를 설명하지 못하는 약점이 생긴다.

이에 반해 '-이'를 부사화 접미사로 다루게 되면, '-이'가 '~가 없이,

---

16) 부사절을 안은 문장의 '-이'는 절을 형성한다는 점에서 일반적인 부사화 접미사 '-이'와는 다르다. '같이, 달리, 없이'가 부사절을 형성하는 경우가 아니라 파생 부사 '같이, 달리, 없이'로 쓰인 예는 다음과 같다.
> (1) 가. 현명한 사람과 <u>같이</u> 살면 즐겁고, 어리석은 사람과 <u>같이</u> 살면 괴롭다.
> 　　 나. 어떻게 보느냐에 따라 <u>달리</u> 보인다.
> 　　 다. 희망은 <u>없이</u> 사는 사람들의 양식이다.

~와 같이, ~와 달리'에만 결합하여 파생 접미사가 어근과 결합할 때는 제약이 많은 점을 설명하는 데 강점이 있지만, 파생접미사가 부사절을 형성하는 부분을 합리적으로 설명하지 못하는 약점이 생긴다.

종속적으로 이어진 문장과 부사절

국어학계에서는 종속적으로 이어진 문장의 앞 절을 부사절로 보기도 하였다. 이처럼 종속적으로 이어진 문장을 부사절로 보는 것은, 종속적으로 이어진 문장이 대등적으로 이어진 문장과는 달리 부사절과 비슷한 모습을 보이기 때문이다.

첫째로, 종속적으로 이어진 문장의 앞 절을 뒤 절 속으로 이동할 수 있는데, 이런 현상을 앞 절이 뒤 절에 부사절로 안긴 것으로 해석하였다.

> (59) 가. <u>비가 오더라도</u> 내일은 소풍을 가겠다.
> 나. 내일은 <u>비가 오더라도</u> 소풍을 가겠다.

둘째로, 대등적으로 이어진 문장에서는 앞 절과 뒤 절 사이에 재귀화가 허용되지 않는데, 종속적으로 이어진 문장은 재귀화가 일어날 수 있기 때문에 이를 부사절로 다룬 것이다.

> (60) 가. *창수는 책을 보고, <u>자기</u> 동생은 신문을 본다.
> 나. 창수는 마음씨가 착해서 <u>자기</u> 동생을 잘 보살펴 준다.

이처럼 종속적으로 이어진 문장은 앞 절이 뒤 절 속으로 이동할 수도 있고, 앞 절과 뒤 절 사이에 재귀화가 일어나므로 부사절로 다룰 수 있다고 본다.

그렇지만 이런 설명 방법은 다소 문제가 있다고 본다. 종속적으로 이어진 문장을 부사절로 다루게 되면, 아래에 제시한 어미는 연결 어미가 아니라 부사형 어미로 다루어야 하기 때문이다.

(61) -어서, -(으)니, -(으)니까, -(으)므로 / -(으)면, -거든, -(아)야, -던들, -을진대 / -(으)러, -(으)려고, -고자, -게, -도록 / -어도, -더라도, -(으)ㄴ들, -(으)ㄹ지라도, -(으)ㄹ망정, -(으)ㄹ지언정 등

(61)에 제시한 어미는 지금까지 연결 어미로 다루어 온 것들인데, 이들이 연결 어미가 아니라 부사형 어미의 구실을 하는지에 대해서는 더 깊이 검토할 필요가 있다.

(62) 가. 차라리 내가 이대로 죽<u>을지라도</u>, 앞잡이들에게 협조하지 않겠다.
　　　나. 우리가 친구<u>일진대</u>, 어려울 때 당연히 서로 도와야지.
　　　다. 내가 시험에 떨어<u>질망정</u>, 부정행위는 하지 않겠다.
　　　라. 어머니의 극진한 간호가 없었<u>던들</u>, 아버지께서는 지금처럼 완쾌되기 어려웠을 것이다.

위 (58)에서 '소리도 없이, 전과 같이, 소문과는 달리'가 서술어인 '다가왔다, 친절하였다, 자상한'을 꾸미는 부사어의 구실을 하였음에 비해, (62)에서는 '내가 이대로 죽을지라도, 우리가 친구일진대, 내가 시험에 떨어질망정, 어머니의 극진한 간호가 없었던들'이 부사어로서 뒤에 오는 서술어를 꾸미는 것으로 보기 어렵다. 결국 '-(으)ㄹ지라도, -(으)ㄹ진대, -(으)ㄹ망정, -던들'을 부사형 어미로 볼 수 없다면, (62)의 선행절을 부사절로 볼 수 없게 되기 때문이다. 따라서 이들 연결 어미를 전성 어미 중에서 부사형 어미로 다룰 만한 근거가 있는지 더 깊이 검토할 필요가 있다.

4) 인용절을 안은 문장

다른 사람의 말을 인용한 것이 절로 나타날 때, 이 절을 **인용절**이라고 한다. 다른 사람의 말을 인용하는 방법에는 두 가지가 있다. (63)과 같이 다른 사람의 말을 그대로 끌어오는 것을 **직접 인용**이라고 하는데,

직접 인용을 나타내는 표지로는 '라고'가 쓰인다. (64)와 같이 다른 사람의 말을 말하는 사람의 표현으로 바꾸어 표현하는 것을 **간접 인용**이라고 하는데, 간접 인용을 나타내는 표지로는 '고'가 쓰인다.

> (63) 가. 친구는 나에게 "다음 주에 서류를 주겠다."<u>라고</u> 하였다.
> 　　나. 그는 나에게 "어디에 사니?"<u>라고</u> 물었다.
> 　　다. 선생님께서는 "내일 학교에 와!"<u>라고</u> 하셨다.
> 　　라. 영주는 나에게 "밥 먹으러 가자."<u>라고</u> 말했다.
> 　　마. 어머니께서는 아기에게 "꽃이 참 예쁘구나."<u>라고</u> 하셨다.
> (64) 가. 친구는 나에게 다음 주에 서류를 주겠<u>다고</u> 하였다.
> 　　나. 그는 나에게 어디에 사느<u>냐고</u> 물었다.
> 　　다. 선생님께서는 내일 학교에 오<u>라고</u> 하셨다.
> 　　라. 영주는 나에게 밥 먹으러 가<u>자고</u> 말했다.
> 　　마. 어머니께서는 아기에게 꽃이 참 예쁘<u>다고</u> 하셨다.

직접 인용인 (63)에서는 문장 종결법의 다섯 유형이 다르게 나타나지만, 직접 인용의 표지는 '-라고'라는 동일한 형태로 나타난다. 그렇지만 간접 인용인 (64)에서는 간접 인용의 표지는 '고'로 통일되어 나타나는데, 문장의 종류에 따라 안긴 문장의 어미로 '-다, -냐, -라, -자' 등이 쓰인다.

여기서 평서형에서는 '-다고', 의문형은 '-냐고', 명령형은 '-라고', 청유형은 '-자고'로 각각 다른 형태가 쓰이지만, 감탄형의 경우에는 간접 인용을 나타내는 별도의 형태가 쓰이지 않고 평서형과 함께 '-다고'가 쓰였음을 알 수 있다. 이런 점을 중시하여, 감탄형을 문장의 한 유형으로 설정하지 말고 평서형에 통합시키자고 주장한 논의도 있었다.

톺•아•보•기

인용 표지의 문법적 특성

직접 인용문에서 내포문에 '이라고'가 결합한 구성을 기존 연구에서는 명사절로 다루기도 하였고 부사절로 다루기도 하였는데, 송창선(2016ㄱ)에서는 인용문 '~라고 하다'와 유사한 구조를 보이는 '~라고 여기다/생각하다' 구문이 '~로 여기다/생각하다'로 쓰이는 점과, '~라고 그렇게 말하다'라는 표현은 가능하지만 '~라고 그것을 말하다'라는 표현은 쓰이지 못하는 점으로 보아 피인용문을 부사절로 보아야 한다고 밝혔다.

그리고 최현배(1937)에서 '이라고'를 인용을 나타내는 부사격 조사로 다루어 온 이래로 많은 국어학자들이 이 견해를 따르고 있으며, 한글학회(1992), 국립국어연구원(1999), 고려대학교 민족문화연구원 국어사전편찬실(2009) 등의 국어사전에서도 '이라고'를 인용을 나타내는 격조사로 처리해 왔다. 이에 대해, 송창선(2016ㄱ)에서는 '이라고'는 '이-('이다'의 어간) + -라(〈-다, 종결어미) + 하-(어간) + -고(연결어미)'에서 '하'가 탈락하면서 만들어진 구성이므로, '이라고'를 조사로 다루지 말아야 한다고 주장하였다.

기존 연구에서는 간접 인용문에 나타나는 '-(이)라고, -다고, -(으)냐고, -(으)라고, -자고, -(으)마고' 전체를 어미로 다루기도 하였고, 이들 중에서 '고'만 조사로 다루기도 하였다. 그렇지만 송창선(2016ㄱ)에서는 '이시라고, 이더라고, 이었다고, 이겠다고'에서 보듯이 선어말어미 '-시-, -더-, -었-, -겠-'이 '이라고' 속에 끼어 들 수 있는 점으로 볼 때, '이라고'를 하나의 문법 단위로 볼 수 없으며, '-(이)라고, -다고, -(으)냐고, -(으)라고, -자고, -(으)마고'의 '-고'는 종결어미 '-(이)라, -다, -(으)냐, -(으)라, -자, -(으)마'

뒤에 결합하는 것으로 보아 이들을 조사로 볼 수 없고, '-고 하-'
뒤에 결합한 어미라는 점을 밝힌 바 있다.

5) 서술절을 안은 문장

서술절을 안은 문장에 대해서는 앞에서 이중 주어 문제에 대해 논
의하면서 서술절을 설정하는 것이 문제가 있음을 밝혔기 때문에, 이에
대해서는 더 자세히 살펴보지 않기로 한다.

여기서는 이중 주어 구문이 국어의 기본 문형의 한두 가지 유형에
만 국한되어 나타나는지 아니면 모든 문형에 두루 나타나는지에 대해
서만 다루기로 한다.

송창선(2017)에서는 이중 주어 구문이 나타날 수 있는 문장의 유형
을 파악하기 위하여, 국립국어원(2005)와 송창선(2011ㄱ)에서 설정한
국어의 다섯 가지 기본 문형에서 이중 주어 구문이 나타날 수 있는지를
살펴본 바 있다. 이를 유형별로 나누어 제시하면 다음과 같다.

> (65) 제1 유형 : 주어 + 서술어
>   가. 철수는 키가 아주 크다.
>   나. 히말라야는 눈이 무척 많다.
>   다. 낙동강은 강물이 천천히 흐른다.
>   라. 철수는 아들이 잘 달린다.
> (66) 제2 유형 : 주어 + 보어 + 서술어
>   가. 영희는 아버지가 의사이다.
>   나. 철수는 아버지가 의사가 아니다.
> (67) 제3 유형 : 주어 + 부사어 + 서술어
>   가. 영미는 오빠가 아직 직장이 없다.
>   나. 영희는 동생이 유치원에 간다.
>   다. 지혜는 아빠가 오늘 담임 선생님과 만났다.
> (68) 제4 유형 : 주어 + 목적어 + 서술어

가. 철수는 아들이 술을 못 마신다.
나. 정애는 아이가 책을 안 읽는다.
다. 영희는 할아버지께서 다리를 다치셨다.
라. 영수는 동생이 새 자전거를 잃어 버렸다.
(69) 제5 유형 : 주어 + 목적어 + 부사어 + 서술어
가. 철수는 애인이 먼저 자기 부모님께 인사를 드렸다.
나. 그 왕은 둘째 아들이 평민을 아내로 삼았다.
다. 저 할머니는 손자가 손가락을 자주 입에 넣는다.
라. 혜민이는 동생이 어른들께 안부를 잘 묻는다.

(65)에서 보듯이 한 자리 서술어인 형용사와 일부 자동사에서 이중 주어 구문이 쓰일 수 있음은 주지의 사실이고, (66)-(68)에서와 같이 보어, 부사어, 목적어가 쓰인 두 자리 서술어의 경우는 물론이고 (69)에서와 같이 목적어와 필수적 부사어가 나타나는 세 자리 서술어의 경우에도 이중 주어 구문이 쓰일 수 있음을 확인하였다. 그 중에서 가장 주목할 만한 것은 이중 주어 구문이 '이다'와 '아니다'가 서술어인 문장에서도 쓰일 수 있다는 점이다.

송창선(2017)을 통해서 국어의 모든 문장 유형에서 이중 주어 구문이 나타날 수 있다는 것을 처음으로 확인하였는데, 이처럼 이중 주어 구문이 국어의 모든 문장 유형에 다 나타날 수 있기 때문에, 서술절 설정 자체가 국어의 문장 구조에 대한 규명도 어렵게 만든다.

또한 서술절을 설정하게 되면, 국어의 기본 문형을 (70)처럼 다섯 가지로 규정하는 것은 큰 의미가 없게 된다.

(70) 가. 주어 + 서술어
나. 주어 + 보 어 + 서술어
다. 주어 + 부사어 + 서술어
라. 주어 + 목적어 + 서술어
마. 주어 + 목적어 + 부사어 + 서술어

왜냐하면 (71)처럼 다섯 가지의 기본 문형에 모두 이중 주어 구문이

나타날 수 있기 때문이다.

> (71) 가. 주어 + [주어 + 서술어]
> 나. 주어 + [주어 + 보　어 + 서술어]
> 다. 주어 + [주어 + 부사어 + 서술어]
> 라. 주어 + [주어 + 목적어 + 서술어]
> 마. 주어 + [주어 + 목적어 + 부사어 + 서술어]

이렇게 되면 '주어 + 서술어'로 완결된 문장도 (71가)에서는 절이 되어 버려서, 기본 문장 자체를 설정하지 못하게 된다.

따라서 국어의 이중 주어 문제를 해결하기 위하여 서술절을 설정한 기존의 관점은 국어의 문장 구조를 철저히 살펴보지 못한 데서 비롯된 잘못된 판단이라고 생각한다.

3. 이어진 문장

이어진 문장은 홑문장 두 개가 어떤 방식으로 이어지느냐에 따라 '대등적으로 이어진 문장'과 '종속적으로 이어진 문장'으로 나눌 수 있다. 이 때 대등적으로 이어진 문장에서는 대등적 연결 어미가 두 문장을 이어주는 구실을 하고, 종속적으로 이어진 문장에서는 종속적 연결 어미가 이어주는 구실을 한다.

1) 대등적으로 이어진 문장

홑문장이 이어질 때 대등한 의미 관계로 이어진 문장을 대등적으로 이어진 문장이라고 하는데, 대등적 연결 어미에는 다음과 같은 것들이 있다.

(72) 가. 나열 : -고, -(으)며, -고서, -(으)면서₁
　　나. 대조 : -지만, -(으)나, -(으)나마, -어도, -(으)되, -건만, -느니
　　다. 선택 : -거나, -든지, -나

　대등적으로 이어진 문장에서 앞 절은 뒤 절과 '나열, 대조, 선택' 등
의 의미 관계를 가진다.

(73) 가. 비가 억수같이 내리고, 바람이 세차게 분다.
　　나. 아내는 일을 하지만, 남편은 집에서 논다.

　대등적으로 이어진 문장은 홑문장의 의미 관계가 대등하기 때문에
앞 절과 뒤 절의 위치를 바꾸어도 의미 차이가 거의 없다.

(74) 가. 바람이 세차게 불고 비가 억수같이 내린다.
　　나. 남편은 집에서 놀지만, 아내는 일을 한다.

　그런데 대등적으로 이어진 문장에서는 앞 절이 뒤 절 속으로 이동
할 수 없다.

(75) 가. *바람이 비가 억수같이 내리고 세차게 분다.
　　나. *남편은 아내는 일을 하지만 집에서 논다.

2) 종속적으로 이어진 문장

　앞 절과 뒤 절의 의미가 대등하지 않고 종속적인 관계에 있는 문장
을 종속적으로 이어진 문장이라고 한다. 종속적으로 이어진 문장에서
앞 절과 뒤 절의 의미 관계는 다음과 같이 다양하다.

(76) 가. 원인(이유): -어서, -(으)니, -(으)니까, -(으)므로, -기에
　　나. 조건: -(으)면, -거든, -어야, -(으)ㄴ들, -던들
　　다. 목적(의도): -(으)러, -(으)려고, -고자, -게, -도록

라. 양보: -어도, -더라도, -(으)ㄴ들, -(으)ㄹ지라도, -(으)ㄹ망정,
　　　　-(으)ㄹ지언정, -(으)면서₂
마. 배경(상황): -는데, -(으)ㄹ진대
바. 시간 관계: -자, -자마자
사. 전환: -다가[17)]

종속적으로 이어진 문장은 홑문장의 의미 관계가 대등하지 않기 때문에 (77)과 (78)에서 보듯이 앞 절과 뒤 절의 위치를 바꾸게 되면 그 의미가 완전히 달라진다.

(77) 가. <u>비가 와서</u>, 우리는 소풍을 연기했다.
　　 나. <u>강물이 오염되면</u>, 물고기가 더 이상 살지 못한다.
　　 다. <u>책을 빌리려고</u>, 영수는 도서관으로 갔다.
(78) 가. 우리는 소풍을 연기해서, 비가 왔다.
　　 나. 물고기가 더 이상 살지 못하면, 강물이 오염된다.
　　 다. 영수는 도서관으로 가려고, 책을 빌렸다.

그렇지만 (77)과 (79)를 비교해 보면 알 수 있듯이, 종속적으로 이어진 문장에서는 앞 절이 뒤 절 속으로 이동할 수 있다.

(79) 가. 우리는 <u>비가 와서</u> 소풍을 연기했다.
　　 나. 물고기가 <u>강물이 오염되면</u> 더 이상 살지 못한다.
　　 다. 영수는 <u>책을 빌리려고</u> 도서관으로 갔다.

종속적으로 이어진 문장의 특성이 부사절을 안은 문장의 특성과 비슷하기 때문에, 국어학계에서는 종속적으로 이어진 문장을 부사절로 보기도 했다. 제7차 교육과정에 따른 문법 교과서에서도 이처럼 종속적으로 이어진 문장을 부사절로 볼 수 있다고 하였다.

---

17) 여기서는 '-다가'를 전환 혹은 중단의 의미를 지니는 것으로 일단 제시했지만, '-다가'의 의미에 대해서는 뒤에서 자세히 논의하기로 한다.

3) 이어진 문장의 통사 현상

이어진 문장은 홑문장 두 개가 이어진 문장인데, 두 문장이 이어질 때 두 문장의 주어가 반드시 같아야 하는 경우도 있으며, 앞 절에 시제의 선어말어미가 결합하는 데 제약이 있는 경우가 있는가 하면, 뒤 절의 문장 종류가 제약되는 경우도 있다.18)

동일 주어 제약

이어진 문장에서 어미의 종류에 따라서 주어가 달라도 되는 경우도 있지만, 앞 절과 뒤 절의 주어가 반드시 같아야 하는 경우도 있다.

연결어미 '-고, -자'가 쓰인 경우에는 앞 절과 뒤 절의 주어가 다를 수 있다.

> (80) 가. <u>철수</u>는 집에 가고, <u>영희</u>는 영화관에 갔다.
> 나. <u>까마귀</u> 날자, <u>배</u> 떨어진다.

그렇지만 (81)에서 보듯이 연결어미 '-(으)려고, -고자, -느라고, -어서, -(으)면서'가 쓰인 경우에는 반드시 주어가 같아야 한다.19)

> (81) 가. <u>민수가</u> 영희를 만나려고 {<u>민수가</u>, *영수가} 도서관으로 갔다.
> 나. <u>민수가</u> 시험에 합격하고자 {<u>민수가</u>, *영수가} 열심히 노력했다.
> 다. <u>민수가</u> 영화를 보느라고 {<u>민수가</u>, *영수가} 밤을 새웠다.
> 라. <u>민수가</u> 학교에 가서 {<u>민수가</u>, *영수가} 공부를 했다.
> 마. <u>민수가</u> 음악을 들으면서 {<u>민수가</u>, *영수가} 운동을 한다.

또한 연결어미 '-고, -어서'가 수단이나 방법을 나타내는 경우에도

---

18) 이어진 문장의 제약에 대한 내용은 이희자·이종희(2010)에서 정리한 것이다.
19) '-어서'가 계기 관계를 나타내지 않고 원인이나 이유를 나타내는 경우에는 '비가 와서 땅이 질다.'처럼 주어가 달라도 되며, '-(으)면서'가 동시 동작을 나타내지 않는 경우에는 '바람이 불면서 눈이 온다.'처럼 주어가 달라도 된다.

주어는 같아야 한다.

> (82) 가. <u>동생은</u> 차를 타고, [(<u>동생이</u>), *언니가] 학교에 갔다.
> 나. <u>동생은</u> 걸어서 [(<u>동생이</u>), *언니가] 학교에 갔다.

시제의 선어말어미 제약

이어진 문장에서 어미의 종류에 따라서 시제의 선어말어미 '-었-'이
나 '-겠-'과 결합하는 데에 제약을 받지 않는 경우도 있고, 제약을 받
는 경우도 있다.

> (83) 가. 영미는 선풍기를 {켜고, 켰고} 에어컨도 켰다.
> 나. 산은 {높지만, 높았지만} 골짜기는 얕았다.
> (84) 가. 철수는 배가 [아파서, *아팠어서, *아프겠어서] 병원에 갔다.
> 나. 그는 신문을 {보면서, *보았으면서, *보겠으면서} 밥을 먹었다.
> 다. 그는 숙제를 {하느라고, *했느라고, *하겠느라고} 잠을 자지
> 못했다.
> 라. 우리는 일을 {끝내고자, *끝냈고자, *끝내겠고자} 열심히 노력
> 했다.

(83)에서 보듯이 연결어미 '-고', '-지만'이 쓰일 때는 뒤 절의 시제
가 과거일 때 앞 절에 과거 시제의 선어말어미를 쓸 수 있지만, (84)
에서 보듯이 연결어미 '-어서, -(으)면서, -느라고, -고자'의 경우에는
선어말어미 '-었-, -겠-'이 결합하면 비문이 되고 만다.

(85가)에서 보듯이 이유를 나타내는 '-(으)니'에는 시제의 선어말어
미가 결합할 수 있지만, (85나)처럼 앞의 행위를 한 결과 뒤의 사실을
발견하게 되었음을 나타내는 경우에는 시제의 선어말어미가 결합할
수 없다.

> (85) 가. 비가 많이 {오니, 왔으니, 오겠으니} 소풍을 연기하자.
> 나. 우리가 박물관에 {가니, *갔으니, *가겠으니} 문이 닫혀 있었
> 다.

선후행 용언 제약

이어진 문장에서 선행 용언이나 후행 용언의 제약이 있는 경우가 있다. (86), (87)의 '-느라고, -자'는 선행 용언으로 동사만 쓰이고, (88)의 '-려고'는 후행 용언으로 동사만 쓰이는 제약이 있다.

<blockquote>
(86) 가. 그는 신문을 <u>보느라고</u> 뉴스를 듣지 못하였다.
　　　 나. *주위가 <u>시끄럽느라고</u> 뉴스를 듣지 못하였다.
(87) 가. 날씨가 <u>더워지자</u> 사람들이 휴가를 떠났다.
　　　 나. *날씨가 <u>덥자</u> 사람들이 휴가를 떠났다.
(88) 가. 민수가 영희를 만나려고 도서관으로 <u>갔다</u>.
　　　 나. *민수가 영희를 만나려고 머리가 <u>아팠다</u>.
</blockquote>

후행문 종류 제약

이어진 문장에서 연결어미에 따라서 후행문의 종류에 제약이 있는 경우가 있는데, (89)에서 보듯이 '-느라고, -어서(원인), -(으)려고'에서는 명령문이나 청유문이 후행문에 쓰일 수 없고, (90)에서 보듯이 '-거든'의 경우에는 명령문이나 청유문은 쓰이지만 평서문은 쓰일 수 없다[20].

<blockquote>
(89) 가. 놀이동산에 가느라고, 옷을 편하게 {입었다. *입어라. *입자.}
　　　 나. 우리는 기분이 좋아서 한바탕 크게 {웃었다. *웃어라. *웃자.}
　　　 다. 과제를 하려고 {갔다. *가라. *가자.}
(90) 부모님을 뵙거든 안부를 {*전한다. 전해라. 전하자. 전하마. 전하겠다.}
</blockquote>

국어에서 대등적 연결 어미와 종속적 연결 어미의 종류와 숫자는 아주 많아서 이들을 모두 다 살펴볼 수는 없다. 여기서는 '-(으)며'와 '-(으)면서', '-아서'와 '-(으)니까', '-(으)러'와 '-(으)려고', '-다가'의 특성에 대해 살펴보기로 한다.

---

20) 평서문 중에서, 단순한 서술을 나타내는 '-ㄴ다'는 쓰이지 못하지만, 약속을 나타내는 '-(으)마'나 의도를 나타내는 '-겠-'의 경우에는 후행문에 쓰일 수 있다.

① '-(으)며'와 '-(으)면서'

지금까지 국어학계에서는 '-(으)며'와 '-(으)면서'를 비슷한 의미를 지니는 연결 어미로 다루어 왔다. 국립국어연구원(1999)에서 '-며'와 '-면서'에 대해 풀이한 내용을 먼저 비교할 필요가 있다.

> (91) 가. **-며** 「어미」 ①(('이다'의 어간, 받침 없는 용언 어간, 'ㄹ' 받침인 용언 어간 또는 어미 '-으시-' 뒤에 붙어)) 두 가지 이상의 동작이나 상태 따위를 나열할 때 쓰는 연결 어미. ¶ 이것은 감이며 저것은 사과이다./남편은 친절하며 부인은 인정이 많다. ②=-면서①. ¶ 음악을 들으며 공부를 하다/그는 시인이며 교수이다./그 집 아이는 공부도 잘하며 운동도 잘한다. ㉑-으며
>
> 나. **-면서** 「어미」(('이다'의 어간, 받침 없는 용언의 어간, 'ㄹ' 받침인 용언의 어간 또는 어미 '-으시-' 뒤에 붙어)) ①두 가지 이상의 움직임이나 사태 따위가 동시에 겸하여 있음을 나타내는 연결 어미. ≒-며②. ¶ 신문을 보면서 밥을 먹는다./그 옷은 거무스름하면서 보랏빛을 띤다. ②두 가지 이상의 움직임이나 사태가 서로 맞서는 관계에 있음을 나타내는 연결 어미. ¶ 모르면서 아는 척한다./자기는 놀면서 남만 시킨다. ㉑-으면서

위에서 보듯이 '-(으)며'는 둘 이상의 동작이나 상태를 나열하는 경우에 쓰이기도 하고, 둘 이상의 동작이나 사태가 동시에 일어나는 경우에 쓰일 수 있다. 그리고 '-(으)면서'는 둘 이상의 동작이나 사태가 동시에 일어나는 경우에 쓰이기도 하고, 둘 이상의 동작이나 사태가 서로 맞서는 경우에 쓰일 수 있다. 이를 아래와 같이 그림으로 나타낼 수 있다.

(92) '-(으)며'와 '-(으)면서'의 의미 관계

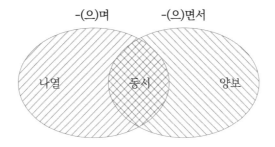

즉, '-(으)며'와 '-(으)면서'는 동시 관계를 나타내는 점에서는 공통적이지만, 나열을 나타낼 때는 '-(으)며'만 쓸 수 있고, 양보를 나타내는 경우에는 '면서'만 쓸 수 있다는 차이를 보인다.

주지하다시피 현대 국어의 '-(으)면서'는 중세 국어의 '-(으)며셔'에서 발달한 것이다. 중세 국어 시기에는 연결 어미 '-(으)며'에 보조사 '셔'가 결합하여 '-(으)며셔'가 만들어졌던 것이다.

(93) 가. 수머 살며셔 어버싀를 효양ᄒᆞ더니(隱居養親ᄒᆞ더니) (번역소학 8 : 2)
　　 나. 고즌 므스 일로 뛰며셔 수이 디고 플은 어이ᄒᆞ야 프르ᄂᆞᆫ 듯 누르ᄂᆞ니(오우가)

중세 국어와 근대 국어 단계에서는 '-(으)면서'를 찾아볼 수 없고 위에서와 같이 '-(으)며셔' 형태만 보이는데, 이 '-(으)며셔'에서 동시 관계를 나타내는 현대 국어의 '-(으)면서'가 생긴 것으로 본다.

그런데 현대 국어에 와서 '-(으)면서'는 원래의 '-(으)며셔'가 지니던 동시 관계를 나타내기도 하고, '-(으)며셔'에서는 찾아볼 수 없는 양보 관계를 나타내는 경우에도 쓰일 수 있어서 주목을 끈다.

송창선(1998ㄷ)에서는 동시 관계를 나타내는 '-(으)면서'는 '-(으)면서₁'이라고 하고, 대조 관계(양보적 조건)를 나타내는 '-(으)면서'를 '-(으)면서₂'라고 구분하였는데, '-(으)면서₂'는 '-(으)면'과 '서'로 구분할 수 있다고 하였다.[21] '-(으)면서'를 '-(으)면서$_1$'과 '-(으)면서$_2$'로 구분한 까닭은 두 가지 '-(으)면서'가 다음과 같은 차이를 보이기 때문이다.

먼저, '-(으)면서$_1$'과 '-(으)면서$_2$'는 선·후행절의 서술어에서 차이를 보인다. 즉 '동시 관계'의 의미를 지니는 '-(으)면서$_1$'은 선행절과 후행절의 서술어가 반드시 같은 종류여야 하는데, 이런 제약은 '-(으)며'로 이어지는 접속문에서도 나타나는 점으로 보아, '-(으)면서$_1$'과 '-(으)며'가 관련되어 있음을 알 수 있다.

> (94) 가. 순이는 발랄하면서 예쁘다.
> 나. 철수는 학교에 가면서 책을 읽는다.
> 다. 그는 의사이면서(*면서도) 극작가이다.

그렇지만, '-(으)면서$_2$'의 경우에는 선행절과 후행절의 서술어가 같을 수도 있고 다를 수도 있다. 이 '-(으)면서$_2$'는 '-(으)면'과 '-서'가 결합된 형태라고 하였는데, (95)에서 보듯이 '-(으)면'으로 연결되는 접속문의 경우에 선·후행절의 서술어에 대한 제약이 없는 점으로 볼 때 '-(으)면서$_2$'가 '-(으)면'과 관련됨을 알 수 있다.

> (95) 가. 순이는 아프면서(도) 학교에 갔다.
> 나. 철수는 대학에 다니면서 공부에는 관심이 없다.
> 다. 그는 의사이면서(도) 남에게 베풀 줄을 모른다.

---

21) 고영근(1975)에서는 '-(으)면서'를 대등적인 '-(으)면서'와 종속적인 '-(으)면서(도)'로 구분하였는데, 대등적인 '-(으)면서'는 '-(으)며'와 '-ㄴ서'로 분석하였으나 종속적인 '-(으)면서'는 더 이상 분석되지 않는다고 하였다. 한편 서태룡(1987)에서는 '-(으)면서$_2$'를 '-(으)며'와 관련지었는데, 양보적 조건을 나타내는 경우에는 '-(으)면서'가 '-(으)면'과 관련성이 있는 것처럼 보이지만 '-(으)면서'와 '-(으)면'은 양보적 조건과 단순 조건이라는 차이를 보이기 때문에 '-(으)면서'의 '-서'는 '-(으)면'이 아니라 '-(으)며'에 결합한 것이라고 하였다.

위의 예문은 '아프면 학교에 안 갈 텐데', '대학에 다니면 공부에 관심이 많을 텐데', '의사이면 남에게 잘 베풀 텐데'와 같은 의미를 내포하고 있다.

다음으로 '-(으)면서₁'과 '-(으)면서₂'는 시상 제약에서 차이를 보인다. '동시 관계'를 뜻하는 '-(으)면서₁'이 쓰인 (96)에서는 시상 형태소가 후행절에만 결합할 수 있으며, (96')처럼 '-(으)면서'의 선행절과 후행절에 모두 시상 형태소가 결합하게 되면 비문이 되고 만다. 이와는 달리 '-(으)면서₂'가 쓰인 (97)에는 시상 형태소가 후행절에만 결합할 수도 있고, (97')에서처럼 선행절과 후행절에 모두 결합할 수도 있다.

> (96) 가. 심청이는 착하면서 예쁘다./예뻤다.
> 나. 그는 작곡가이면서 연주가이다./연주가였다.
> 다. 해가 지면서 달이 뜬다./떴다.
> 라. 그는 밥을 먹으면서 책을 읽는다./읽었다.
> (96') 가. *심청이는 착했으면서 예뻤다.
> 나. *그는 작곡가였으면서 연주가였다.
> 다. *해가 졌으면서 달이 떴다.
> 라. *그는 밥을 먹었으면서 책을 읽었다.
> (97) 가. 영숙이가 얼굴은 예쁘면서 거짓말을 잘 한다./했다.
> 나. 그는 애인이 있으면서 딴 여자를 만난다./만났다.
> 다. 그는 밥을 먹으면서 안 먹는 척 한다./했다.
> (97') 가. 영숙이가 얼굴은 예뻤으면서 거짓말을 잘 했다.
> 나. 그는 애인이 있었으면서 딴 여자를 만났다.
> 다. 그는 밥을 먹었으면서 안 먹은 척 했다.

다음으로 부정의 범위에서도 '-(으)면서₁'과 '-(으)면서₂'가 차이를 보인다. '-(으)면서₁'이 쓰이게 되면 (98)에서처럼 부정소가 선행절과 후행절에 모두 영향을 미친다. 그렇지만 '-(으)면서₂'가 쓰인 문장에서는 (99)에서 보듯이 부정소가 선행절에는 영향을 끼치지 못하고 오직 후행절만 부정하고 있다.

(98) 가. 신문을 보면서 밥을 먹지 말아야 한다.

　　　나. 심청이는 착하면서 예쁘지 않았다.

(99) 가. 철수는 키가 크면서 농구를 잘 못한다.

　　　나. 대학에 다니면서도 공부에는 관심을 가지지 않는다.

이와 같은 차이를 보이기 때문에, '-(으)면서'를 '-(으)면서$_1$'과 '-(으)면서$_2$'의 두 가지로 구분하여야 하며, '-(으)면서$_1$'은 일반적으로 다루어 온 것과 마찬가지로 '-(으)며'와 '-서(혹은 -ㄴ서)'로 분석하고, '-(으)면서$_2$'는 조건의 접속어미 '-(으)면'과 '-서'로 분석하는 것이 바람직하다고 본다. 따라서 '-(으)면서$_1$'은 대등적 연결 어미로 다루고, '-(으)면서$_2$'는 종속적 연결 어미로 다루어야 할 것이다.

② '-아서'와 '-(으)니까'

두 문장을 이유나 원인의 의미로 연결해 주는 어미에는 '-아서/-어서, -(으)니까, -(으)므로, -기에' 등이 있다. 그 중에서 '-아서/-어서'와 '-(으)니까' 사이에는 어떤 차이가 있는지 살펴보기로 한다.

먼저 아래 예문에서 보듯이 '-아서/-어서'와 '-(으)니까'는 큰 차이가 없는 것처럼 보인다.

(100) 가. 비가 많이 와서 소풍을 연기했다.

　　　나. 비가 많이 오니까 소풍을 연기했다.

그렇지만 '-아서/-어서'와 '-(으)니까'를 세밀하게 관찰해 보면, 둘 사이에는 분명한 의미 차이가 드러난다.

(101) 가. 비가 많이 와서 땅이 질다. (원인)

　　　나. 비가 많이 오니까 소풍을 연기하자. (이유)

즉 (101가)의 '-아서/-어서'는 '원인'을 나타내지만 (101나)의 '-(으)니까'는 '이유'를 나타내는 점에서 다르다.[22] (101가)는 '-아서/-

어서'의 앞 절은 뒤 절의 원인이 되고 뒤 절은 앞 절의 결과를 나타내는 인과 관계에 의해 연결되어 있다. 그런데 (101나)에서는 소풍을 연기하자고 말하는 이유가 비가 많이 오기 때문인 것이다.

이런 의미상의 차이 외에도 '-아서/-어서'와 '-(으)니까' 사이에는 몇 가지 중요한 차이가 있다.

먼저, '-아서/-어서'에는 앞 절이 과거를 나타내는 '-았/었-' 또는 추측이나 의지를 나타내는 '-겠-'이 결합할 수 없지만, '-(으)니까'에는 '-았/었-'이나 '-겠-'이 결합할 수 있다.

> (102) 가. *눈이 많이 왔<u>어서</u> 소풍을 연기했다.
> 　　　나. *눈이 많이 오겠<u>어서</u> 소풍을 연기했다.
> (103) 가. 눈이 많이 왔<u>으니까</u> 소풍을 연기했다.
> 　　　나. 눈이 많이 오겠<u>으니까</u> 소풍을 연기했다.

다음으로 '-아서/-어서'가 쓰이는 경우에는 뒤 절에 청유문이나 명령문이 올 수 없는 제약을 받지만, '-(으)니까'가 쓰이는 경우에는 그런 제약이 없다.

> (104) 가. *날이 무척 더<u>워서</u> 선풍기를 켜자/켜라.
> 　　　나. 날이 무척 더우<u>니까</u> 선풍기를 켜자/켜라.

'-아서/-어서'의 경우에는 앞 절이 원인을 나타내고 뒤 절이 결과를 나타내기 때문에, 인과 관계에 대해 명령이나 청유를 쓰지 못하는 것이 당연하다. 그렇지만 '-(으)니까'의 경우에는 뒤 절의 동작을 하는 이유가 앞 절에 제시되기 때문에 뒤 절이 명령이나 청유로 나타날 수 있다.

---

22) 국립국어연구원(1999)에서는 '원인'을 '어떤 사물이나 상태를 변화시키거나 일으키게 하는 근본이 된 일이나 사건'이라고 풀이하고, '이유'를 '어떠한 결론이나 결과에 이른 까닭이나 근거'라고 풀이하였다.

③ '-(으)러'와 '-(으)려고'

의도 혹은 목적을 나타내는 연결 어미에는 '-(으)러, -(으)려고, -고
자, -도록, -게' 등이 있다. 그 중에서 실제 언어 생활에서 많이 사용
될 뿐만 아니라, 아래에서 보듯이 둘의 의미 차이를 파악하기가 무척
어려운 '-(으)러'와 '-(으)려고'의 차이에 대해 살펴보기로 한다.

> (105) 가. 철수는 책을 빌리려고 도서관에 갔다.
>   나. 철수는 책을 빌리러 도서관에 갔다.

의미상으로 볼 때 '-(으)러'는 '목적'을 나타내고 '-(으)려고'는 '의
도'를 나타낸다. 그렇지만 (105)처럼 '-(으)러'와 '-(으)려고'가 같은
환경에서 쓰일 때는 이들을 구분하기가 무척 힘들다.

그렇지만 '-(으)러'와 '-(으)려고'가 쓰이는 환경이 다른데, 먼저 '-
(으)러'와 '-(으)려고'는 뒤 절의 서술어에서 차이를 보인다.

> (106) 가. 오늘은 운동을 하려고/하러 일찍 왔다.
>   나. 나는 산책을 하려고/하러 공원에 간다.
> (107) 가. 철수는 학교에 가려고/*가러 일찍 일어났다.
>   나. 영희는 공부를 하려고/*하러 책을 샀다.

(106)에서 보듯이 '-(으)러'와 '-(으)려고'는 뒤 절의 동사가 '가다,
오다, 나가다, 나오다, 다니다' 등의 이동 동사일 때는 함께 쓰일 수 있
지만, (107)에서처럼 이동 동사를 제외한 일반 동사가 뒤 절의 서술어
로 쓰이면 '-(으)러'는 쓰이지 못하고 '-(으)려고'만 쓰일 수 있다. 다시
말해서 '-(으)러'는 뒤 절의 서술어가 이동 동사일 때만 쓰일 수 있고,
'-(으)려고'는 뒤 절의 서술어에 대한 특별한 제약이 없다.

둘째로, '-(으)러'의 경우에는 후행절의 문장 종류에 제약을 받지 않
지만, '-(으)려고'의 경우에는 후행절에 명령문이나 청유문이 쓰일 수
없다.

(108) 가. 운동을 하러/*하려고 일찍 오렴.
　　　 나. 책을 사러/*사려고 가라.

　셋째로, '-(으)려고' 앞에는 부정 부사 '안'이 쓰일 수 있지만, '-(으)러' 앞에는 '안'이 쓰일 수 없다.

(109) 가. 철수는 영희를 안 만나려고/*만나러 집에 갔다.
　　　 나. 영미는 영화를 안 보려고/*보러 시내에 간다.

④ '-다가'

　'-다가'는 지금까지 "중단"을 나타내는 연결 어미로 알려져 왔으며, 대부분의 국어 사전에서도 "중단"이라는 의미와 관련된 뜻풀이를 하고 있다.

(110) **-다가** 어미 (('이다'의 어간, 용언의 어간 또는 어미 '-으시-', '-었-', '-겠-' 뒤에 붙어)) ①어떤 동작이나 상태 따위가 중단되고 다른 동작이나 상태로 바뀜을 나타내는 연결 어미. ②어떤 일을 하는 과정이 다른 일이 이루어지는 원인이나 근거 따위가 됨을 나타내는 연결 어미. ③(('-다가 -다가' 구성으로 쓰여))두 가지 이상의 사실이 번갈아 일어남을 나타내는 연결 어미.
(111) **-다가** 토 ①어떤 동작이나 상태 따위가 그치고 다른 동작이나 상태로 됨(옮겨짐)을 나타낸다. ②주로 움직씨 줄기에 붙어 '근거'를 나타낸다. ③움직씨 줄기에 붙어, '수단, 방법'의 뜻을 나타낸다. ④거듭(겹쳐) 쓰이어, 두 가지 이상의 사실이 번갈아 일어남을 나타낸다.

　(110)은 국립국어연구원(1999)의 뜻풀이를 제시한 것이고, (111)은 한글학회(1992)의 뜻풀이를 제시한 것이다. 두 사전 모두 '-다가'의 의미로 "어떤 동작이나 상태 따위가 중단되고 다른 동작이나 상태로 바뀜"을 제시하고 있다.

이들 사전에 제시한 아래 용례를 보면 '-다가'에 "중단"이라는 의미가 들어있는 것처럼 보인다.

> (112) 가. 아이는 공부를 하<u>다가</u> 잠이 들었다.
>   나. 아까는 비가 오<u>다가</u>, 이제는 눈이 온다.

(112가)에서는 아이가 공부를 하는 행동이 중단되고 잠을 자는 다른 동작을 하는 것으로 바뀌었으며, (112나)에서는 비가 오던 것이 중단되고 이제는 눈이 오고 있으므로, '-다가'를 중단형 어미라고 규정할 만하다.

그래서 (113)에서도 '-다가'를 마찬가지 의미로 해석하여, 창수가 학교에 가던 행동을 중단하고 돌아오는 것으로 설명하기도 한다.

> (113) 창수가 학교에 가<u>다가</u> 집으로 돌아왔다.

그런데 '-다가'가 "중단"이라는 의미를 지닌다면 아래 예문은 어떻게 설명해야 하는가?

> (114) 가. 창수가 학교에 가<u>다가</u> 영희를 만났다.
>   나. 창수가 학교에 가<u>다가</u> 전화를 걸었다.
>   다. 창수가 학교에 가<u>다가</u> 갑자기 뛰기 시작했다.
>   라. 창수가 학교에 가<u>다가</u> 돈을 잃어버렸다.

(114)의 '-다가'에서는 "중단"이라는 의미를 찾을 수 없다. 학교에 가던 중에 영희를 만나거나 전화를 걸고, 갑자기 뛰고, 돈을 잃어버린 것이지, 학교에 가던 것을 중도에 그만둔 것은 아니다.

아래 (115)의 '-다가'에서도 중단이라는 의미는 전혀 찾아볼 수 없다.

(115) 가. 학교에 갔다가 집으로 돌아왔다.
　　　나. 학교에 갔다가 친구를 만났다.
　　　다. 학교에 갔다가 전화를 걸었다.
　　　나. 학교에 갔다가 돈을 잃어버렸다.

　'-다가' 앞에 '-았/었-'이 쓰이지 않은 (114)는 그 동작이 완료되지 않음을 나타내고, (115)처럼 '-다가' 앞에 '-았/었-'이 쓰이면 그 동작이 완료되었음을 나타낸다.[23] 그렇다면 (115)에서는 학교에 가는 동작을 완료했는데 어떻게 완료된 행동을 중단할 수 있는가?

　이런 점으로 보면, '-다가'의 의미는 "중단"과 직접적인 관련이 없으며, 오히려 "~하는 중에" 혹은 "~하는/한 상태에서"라는 의미를 지니는 것으로 보인다. 그러면 (113), (114)에서는 학교에 가던 중에 집으로 돌아오거나 친구를 만나는 것 등으로 해석되고, (115)에서는 학교에 가 있던 상태에서 다시 집으로 돌아오거나 친구를 만나는 것 등으로 해석될 수 있다. 요컨대, "중단"의 연결 어미로 간주해 온 '-다가'는 "중단"이라는 의미와는 직접적인 관련이 없으며, "~하는 중에" 혹은 "~하는/한 상태에서"라는 의미를 지니는 것으로 본다.

---

23) 송창선(2006ㄴ)에서 밝힌 바와 같이 '-던'의 경우에도 이런 현상을 엿볼 수 있다.

제5장 문법 요소

1. 문장 종결법

국어는 문장의 종류가 종결 어미에 의해 표현되기 때문에, 말을 끝까지 들어 보아야 전체 문장의 의미를 알 수 있다. 국어에서는 (1가-마)에서 보듯이 문장의 종류가 어떤 것인지를 알기 위해서는 마지막 순간까지 참고 기다려야 한다. 그렇지만 영어에서는 (2가-마)에서 보듯이 문장의 한두 단어만 들으면 그 문장의 종류를 바로 알아챌 수 있다. 국어와 영어 사이의 큰 차이를 엿볼 수 있는 부분이다.

(1) 가. 너는 내 방에서 자고 있<u>다</u>.
    나. 너는 내 방에서 자고 있<u>니</u>?
    다. 내 방에서 자<u>라</u>!
    라. 내 방에서 자<u>자</u>.
    마. 너는 내 방에서 자는<u>구나</u>!
(2) 가. <u>You are</u> sleeping in my room.
    나. <u>Are you</u> sleeping in my room?
    다. <u>Sleep</u> in my room!
    라. <u>Let's</u> sleep in my room.
    마. <u>What a</u> lovely day it is!
       <u>How beautiful</u> you are!

국어 문장의 종류는 문장의 맨 끝에 오는 종결 어미에 의해 결정된다. 이 종결 어미는 문장을 끝맺는 기능을 할 뿐만 아니라, 청자에 대한 화자의 의향을 표현하는 기능을 한다. 학자들에 따라 국어 문장의 종류를 다르게 설정하지만, 학교 문법에서는 다음의 다섯 가지를 설정하였다.

  (3) 가. 평서문 나. 의문문   다. 명령문
    라. 청유문 마. 감탄문

이 책에서는 이 다섯 가지 문장 유형을 중심으로 살펴보면서 국어 문장의 종류를 몇 가지로 설정하는 것이 바람직한지에 대해 논의하고자 한다.

1) 평서문

먼저 평서문은 말하는 이가 듣는 이에게 하고 싶은 말을 진술하는 문장이다. 평서문에는 듣는 이에게 어떤 행동을 하겠다고 표현하는 '약속'과 어떤 일이 일어날까 봐 염려하거나 우려하는 것을 나타내는 '경계'도 포함시킬 수 있다.

평서문의 대표적인 종결 어미로는 다음을 들 수 있다.

  (4) 가. 서술: -다/-는다/-(으)ㄴ다, -습니다, -소, -네요, -어요/아
      요, -지요, -(으)오, -네, -어/아, -지, -데
    나. 약속: -(으)마, -(으)ㄹ게, -(으)ㄹ게요, -(으)ㅁ세
    다. 경계: -(으)ㄹ라[1]

평서문의 종결 어미는 직접 인용절에서는 (5)처럼 다양하게 나타나

---

1) 고영근·구본관(2018: 465)에서는 경계법을 문체법의 하나로 제시하였지만, '그러다가 다칠라.'처럼 '-(으)ㄹ라'라는 한 가지 형식으로만 표현되는 것이 그 한계라고 보고 이 책에서는 평서문의 일종으로 다룬다.

는데, 간접 인용절로 안길 때면 (6)에서처럼 이들이 모두 '-다'('이다'
와 '아니다'일 경우에는 '-라')로 통일되어 나타난다.

> (5) 가. 민수는 "수영이가 오늘 학교에 안 왔다."라고 말했다.
>   나. 민수는 "수영이가 오늘 학교에 안 왔어요."라고 말했다.
>   다. 민수는 "수영이가 오늘 학교에 안 왔습니다."라고 말했다.
> (6) 민수는 수영이가 오늘 학교에 안 왔다고 말했다.

그런데 (4)에서 약속을 나타내는 종결 어미를 평서형 종결 어미에
포함시켰는데, 지금부터 약속문을 문장 종결법의 한 유형으로 제시할
필요가 없는 까닭에 대해 살펴보기로 한다.

(7가)는 약속을 나타내는 '-마'가 쓰인 예인데, (7나)에서 보듯이 '-
다'로 실현되어도 약속을 나타낼 수 있다. 그렇기 때문에, 굳이 약속문
을 별개의 문장 유형으로 제시할 필요가 없다고 본다.

> (7) 가. 네가 열심히 공부하면, 내가 너에게 컴퓨터를 사 주마.
>   나. 네가 열심히 공부하면, 내가 너에게 컴퓨터를 사 주겠다.

 톺·아·보·기

약속법을 문장 종결법으로 설정할 수 있는가?

서정수(1996: 342-344)에서는 약속법을 독립된 문장 종결법으
로 내세우는 근거를 다음과 같이 제시하였다.

첫째로, 약속법은 형태적인 면에서 독자적인 체계를 갖추고 있다.
상대높임법에서 '-(으)마, -(으)ㄹ게, -(으)ㅁ세, -(으)리다, -(으)ㄹ게
요, -오리다'와 같이 등급별로 서법 형태를 두루 갖추고 있다.

둘째로, 약속법은 다른 문장 종결법과는 구분되는 색다른 특징
을 지닌다.

① 서술법(평서법)이나 의문법과는 달리 동사성 용언하고만 어

울린다.

> (1) 가. *예쁘마.　　　　　나. *깨끗할게.
> (2) 가. 가마.　　　　　　　나. 노력할게.

② 명령법, 청유법처럼 과거 시제와 어울리지 못한다. 그러나 명령법과 청유법의 행동 주체는 듣는 이 혹은 듣는 이와 말하는 이인데, 약속법에서는 언제나 말하는 이 자신이다. 또 (3)처럼 부정 방식에서도 명령법이나 청유법에서는 '말다'와 어울리지만, (4)처럼 약속법에서는 '안'이나 '-지 않-'을 쓴다는 차이가 있다.

> (3) 가. 집에 가지 <u>마라</u>.　　나. 집에 가지 <u>말자</u>.
> (4) 가. 집에 안 <u>갈게</u>.　　　나. 집에 가지 <u>않으마</u>.

셋째로, 약속법은 간접 인용에서 독자적인 문장 종결법이라는 것을 확인할 수 있다. (5)에서 보듯이 약속법의 기본 형태 '-마'와 간접 인용의 부사격 조사 '고'가 결합할 수 있다는 점이 독자성을 드러내는 것이다.

> (5) 가. 내가 그에게 "책을 사 주<u>마</u>."라고 대답했다.
> 　　나. 내가 그에게 책을 사 주<u>마</u>고 대답했다.

이와 같은 몇 가지 근거를 제시하면서 약속법을 문장 종결법으로 설정하자고 주장하였지만, 현행의 학교 문법을 비롯하여 대부분의 국어학 연구에서는 약속문을 문장 종결의 한 유형으로 인정하지 않고 평서문의 일종으로 다루고 있다.[2]

이 책에서도 약속문을 문장의 한 종류로 인정하지 않고 평서문의 일종으로 다룬다. 그렇게 다룬 가장 큰 이유는 약속을 나타내는 종결 어미가 '-(으)마, -(으)ㄹ게, -(으)ㅁ세'에 불과하기 때문이다. 즉 약속을 나타내는 어미는 상대 높임법의 여러 등급을 다 표현하지 못할 정도로 제한되어 있으므로3) 문장 종결법의 한 유형으로 제시할 만한 자격이 없다고 본다.

2) 의문문

의문문은 말하는 이가 듣는 이에게 질문을 하여 그에 대한 대답을 요구하는 문장이다. 대표적인 의문형 어미로는 다음의 예를 들 수 있다.

(8) -(으)냐/느냐, -(으)ㄴ가/는가, -니, -소/(으)오, -(으)ㄹ까, -(으)ㄹ쏘냐, -(으)ㄴ가요/는가요, -(으)ㄹ까요, -습니까, -어/아, -어요/아요, -지, -지요, -(으)ㄹ래4), -(으)ㄹ래요

의문형 어미 '-어/아'와 '-지'

의문형 어미 '-어/아'와 '-지'는 둘 다 해체로서 어떤 사실을 묻는 어미인 점에서는 같지만, 다음과 같은 차이가 있다.5)

9) 가. 너 그 사람 좋아해?
　　나. 너 그 사람 좋아하지?

---

2) 고영근·구본관(2018)에서는 평서법, 감탄법, 의문법, 명령법, 청유법 외에 약속법, 허락법, 경계법을 문체법의 한 종류로 제시하였다. 이와는 달리, 고영근(2018: 402-410)에서는 평술법, 의문법, 명령법, 제안법, 약속법, 허락법, 경계법을 제시하였는데, 감탄법은 평술법에 포함시킨 점에 주목할 만하다.

3) 고영근·구본관(2018: 462-463)에서는 해라체(-(으)마), 하게체(-(으)ㅁ세), 하오체(-(으)리다), 하십시오체(-오리다), 해체(-(으)ㄹ게), 해요체(-(으)ㄹ게요)를 제시하였다.

4) 앞에서 이미 밝힌 바와 같이, 송창선(2016ㄷ)에서는 '-(으)려고 해?'가 '-(으)ㄹ래?'로 줄어든 것으로 보았다.

5) '-어/아'와 '-지'의 차이에 대한 설명은 이희자·이종희(2010: 810)에서 가져온 것인데, 의문형 어미뿐만 아니라 서술문, 명령문에서도 차이를 보인다.
　　(1) 가. 나는 내일 학교에 가겠어.(의도)
　　　　나. 나는 내일 학교에 가겠지.(추정)
　　(2) 가. 네가 먼저 가. (명령)
　　　　나. 네가 먼저 가지.(권유)

(9가)는 청자에게 어떤 사람을 좋아하는지를 몰라서 묻는 것인데, (9나)는 청자가 어떤 사람을 좋아하고 있는지 이미 알면서 청자에게 이를 확인하거나 동의를 구하는 차이를 보인다.

따라서 '-어/아'는 상대방의 의사가 이것인지 저것인지 물어볼 수 있지만, '-지'는 이미 한 가지를 전제하는 것이므로 선택 의문이 불가능하다.

(10) 가. 너 그 사람 좋아해, 이 사람 좋아해?
　　　나. *너 그 사람 좋아하지, 이 사람 좋아하지?

청자에게 몰라서 묻는 '-어/아'의 경우에는 선택 의문이 가능하지만, 이미 알고 있는 사실을 묻는 '-지'는 선택 의문이 불가능한 것이 당연하다.

의문문의 종류

의문문에는 '몇, 얼마, 누구, 언제, 어디, 무엇, 왜' 등의 물음말이 포함되어 있어서 듣는 이에게 대답을 요구하는 **설명 의문문**과 단순히 긍정이나 부정의 대답을 요구하는 **판정 의문문**이 있다. 그리고 물음에 대한 대답을 굳이 요구하지 않고 서술이나 명령의 효과를 내는 **수사 의문문**(또는 반어 의문문)도 있다.

(11) 가. 너는 언제 도착했니?
　　　나. 너는 한 시에 도착했니?
　　　다. 그가 나에게 돌아온다면 얼마나 좋을까?

(11가)는 물음말 '언제'가 포함되어 있어서 설명하는 대답을 요구하는 설명 의문문이며, (11나)는 듣는 이에게 긍정 혹은 부정의 대답을 요구하는 판정 의문문이다. (11다)는 듣는 이에게 질문을 한 것이 아니라 자기의 소망을 서술한 수사 의문문이다.

그런데 (11가,나)의 종결 어미를 보면 설명 의문문과 판정 의문문에 '-니'라는 같은 형태가 쓰임을 알 수 있다. 이처럼 현대 국어에서는 두 가지 의문문의 종결 어미가 다르지 않지만, (12)에서 보듯이 중세 국어에서는 설명 의문문과 판정 의문문의 종결 어미가 서로 달랐다.

(12) 가. 어시 아들 離別이 엇던고 (월인천강지곡 144)
　　　나. 西京은 편안ᄒᆞ가 못ᄒᆞ가 (두시언해 초간본 18:5)

설명 의문문인 (12가)의 종결 어미 형태는 '-ㄴ고'인데, 판정 의문문인 (12나)의 종결 어미 형태는 '-ㄴ가'임을 알 수 있다.6)

(13), (14)에서 보듯이 현대 국어에서는 설명 의문문과 판정 의문문의 종결 어미가 같이 나타나는데, 이런 경우에는 억양의 차이에 의해서 설명 의문문인지 판정 의문문인지를 가려낼 수 있다.

(13) 가. 어디 가니? (↘)
　　　나. 어디 가니? (↗)
(14) 가. 뭘 먹니? (↘)
　　　나. 뭘 먹니? (↗)

(13가)처럼 '어디'에 강세가 놓이고 문장의 끝을 내리면 어디로 가는지 즉 목적지를 묻는 설명 의문문이어서, 그 대답은 '서울로 갑니다.'와 같이 목적지를 말해야 한다. 그렇지만, (13나)처럼 '가-'에 강세가 놓이고 문장의 끝을 올리면 목적지를 알고 싶은 것이 아니라 어딘가에 가는 것을 확인하는 판정 의문문이다 그래서 굳이 상대방에게 목

---

6) 이런 구분은 다음 (1)과 같이 현대 국어의 경상도 방언에 지금도 남아 있다. 그리고 (2)에서 보듯이 경상도 방언에서는 종결 어미와 함께 억양과 강세도 함께 작용한다.
　(1) 가. 어디에 가는고? (설명 의문문)
　　　나. 시장에 가는가? (판정 의문문)
　(2) 가. **어디** 가노? (설명 의문문: 어디에 가는지 몰라서 물을 때)
　　　나. 어디 **가나**? (판정 의문문: 어딘지 구체적으로 알 필요는 없지만 어디엔가 가는지를 물을 때)

적지를 밝힐 필요가 없이 '예'나 '아니오'로 대답할 수 있어서 '예, 어디 갑니다.'와 같이 대답할 수 있다. 이와 마찬가지로 설명 의문문인 (14가)에 대한 대답은 '떡을 먹습니다.'이지만, 판정 의문문인 (14나)에 대한 대답은 '예, 뭘 먹습니다.'로도 충분하다.

한편 국어에서는 부정 의문문에 대한 대답을 할 때 특이한 점이 있다. 영어에서는 부정 의문문을 써서 묻더라도 대답하는 사람이 긍정이면 'Yes'로 대답하고 부정이면 'No'로 대답한다. 이와는 달리 국어에서는 묻는 사람의 입장을 존중하는데, 부정 의문 자체에 대해 긍정이면 '예'로 대답하고 부정이면 '아니오'로 대답한다. 즉, 국어는 묻는 사람의 입장에 서서 대답을 하고, 영어는 답을 하는 자기 자신의 입장에서 대답을 한다.

(15) 부정 의문문에 대한 대답의 차이

	질 문	오늘 날씨 참 안 좋지?	Isn't it a lovely day?
대답	날씨가 좋을 경우	아니오, 날씨 좋아요.	Yes, it is.
	날씨가 좋지 않을 경우	예, 날씨가 좋지 않아요.	No, it isn't.

의문문의 경우 그 종결 어미가 다양하게 나타나지만, 간접 인용절로 안길 때에는 (16), (17)에서 보듯이 동사에는 '-느냐'가 쓰이고, (18), (19)에서 보듯이 형용사에는 '-(으)냐'가 쓰인다.

(16) 가. 선생님께서 오<u>십니까</u>?
    나. 선생님께서 오시<u>니</u>?
    다. 선생님께서 오<u>셔</u>?
(17) 그가 선생님께서 오시<u>느냐</u>고 물었다.
(18) 가. 이 꽃이 예<u>쁩니까</u>?
    나. 이 꽃이 예쁘<u>니</u>?
    다. 이 꽃이 예<u>뻐</u>?
(19) 그는 이 꽃이 예쁘<u>냐</u>고 물었다.

톺·아·보·기

의문사의 위치

영어에서는 의문사가 항상 문장의 첫머리에 온다.

  (1) 가. <u>How</u> are you doing?
     나. <u>What</u> did you do yesterday?
     다. <u>When and where</u> did I ever claim anything to the
        contrary?

그렇지만 국어의 의문사 위치는 항상 문장의 첫머리에 오는 것
은 아니며, 문장의 첫머리에 두면 오히려 어색한 경우도 많다.

김종택(1973)에서는 국어의 기본 의문문의 유형에 대해 논의하
였는데, 국어의 기본 의문문은 의문사가 문장의 첫머리에 오는 것
보다는 두 번째 어절에 오는 것이라는 점을 밝힌 바 있다.

  (2) 가. 우리 <u>언제</u> 소풍 가니?   나. <u>언제</u> 우리 소풍 가니?
  (3) 가. 엊저녁에 <u>무얼</u> 먹었니?   나. <u>무얼</u> 엊저녁에 먹었니?
  (4) 가. 부산에서 <u>누가</u> 왔니?   나. <u>누가</u> 부산에서 왔니?

(2-4)에서는 의문사가 문장의 첫머리에 온 (나)보다는 뒤에 온
(가)를 보편적으로 사용한다는 것이다.

그리고 아래 (5)의 원인문은 (6가,나)이고, (7)의 원인문은 (8가,
나)라고 하였다.

  (5) 그가 부산에서 왔다.
  (6) 가. 그가 <u>어디서</u> 왔니?   나. <u>누가</u> 부산에서 왔니?
  (7) 부산에서 그가 왔다.
  (8) 가. 부산에서 <u>누가</u> 왔니?   나. <u>어디서</u> 그가 왔니?

요컨대, 국어에서는 의문사가 반드시 문장의 첫머리에 놓여야

할 필요는 없으며, (6), (8)에서 보듯이 원래 문장에서 묻고자 하는 말이 있던 자리에 의문사가 오는 것이 자연스러운 문장임을 알 수 있다.

3) 명령문

명령문은 말하는 이가 듣는 이에게 어떤 행동을 하라고 요구하는 문장이므로 명령문의 주어는 반드시 듣는 이라야 한다.
대표적인 명령형 어미로는 다음의 예를 들 수 있다.

> (20) -어라/아라/여라/거라/너라, -(으)라, -(으)십시오, -(으)오, -소, -어/아, -어요/아요, -(으)렴, -게, -구려

흔히 명령문의 서술어로 형용사는 쓰이지 못하고 동사만 쓰인다는 점을 동사와 형용사의 차이를 보여주는 대표적인 예로 들기도 한다.

> (21) 가. *예뻐라, *아름다워라, *좋아라, *높아라, *길어라, ….
> 나. 먹어라, 잡아라, 누워라, 키워라, ….

그런데 아래에서 보듯이 시에서는 형용사 다음에 명령형 어미를 붙이는 경우도 있다. 그렇지만 이는 시적 허용에 불과하기 때문에, 일반적인 표현에서는 '부지런해져라, 새로워져라'라고 써야 한다.

> (22) 해마다 봄이 되면 / 어린 시절 그분의 말씀 / 항상 봄처럼 부지런 해라. …… / 오, 해마다 봄이 되면 / 어린 시절 그분의 말씀 / 항상 봄처럼 새로워라. ……　　　(조병화, '해마다 봄이 되면')

그러나 최근에는 아래와 같은 표현을 자주 쓰게 됨으로써 형용사 뒤에 명령형 어미를 붙이는 것이 자연스럽게 느껴지는 경우도 있다.

(23) 가. 건강<u>해라</u>. 건강하<u>렴</u>.
　　　나. 행복<u>해라</u>. 행복하<u>렴</u>.
　　　다. 그런 일을 당해도 절대로 당황하지 말고 침착<u>해라</u>.

　이들 표현은 '건강하게 지내라', '행복하게 지내라', '침착하게 행동해라'라는 의미로 자주 쓰이고 있는데, 문법적으로만 따지면 옳지 않은 표현이다.
　한편, 명령형 어미 앞에는 과거 시제의 선어말 어미 '-았-/-었-'이 올 수 없는 것이 특징이다.

(24) 가. *어제 밥을 먹<u>었어라</u>.
　　　나. *작년에 토함산에 올<u>랐어라</u>.

　그런데 명령형 어미 '-거라' 앞에 '-았-/-었-'이 나타나는 예도 있다.

(25) 가. 뒤로 물<u>렀거라</u>.
　　　나. 거기 섰<u>거라</u>.
　　　다. 내가 올 때까지 여기 앉<u>았거라</u>.

　이들 '-았/었-'은 과거 시제의 선어말 어미가 아니라 '-어 있-'과 비슷한 의미를 지니고 있기 때문에, 뒤에 명령형 어미가 연결될 수 있다. (24)에서는 과거의 행위에 대한 현재의 명령이 불가능하기 때문에 비문이 되었지만, (25)에서는 과거가 아니라 현재에 대한 명령이기 때문에 '-았/었-' 뒤에 명령형 어미가 결합할 수 있는 것이다.[7]
　다른 종결 어미와 마찬가지로, 명령형 어미에는 아래에서 보듯이 상대 높임법의 등급에 따른 여러 가지 종류가 있다.

(26) 가. 길이 막히니 서둘러 출발하<u>십시오</u>.
　　　나. 길이 막히니 서둘러 출발하<u>시오</u>.
　　　다. 길이 막히니 서둘러 출발하<u>게</u>.

---

7) 이에 대해서는 '-았/었-'과 '-아/어 있-'의 관련성을 논의할 때 자세히 다루기로 한다.

라. 길이 막히니 서둘러 출발<u>해라</u>.
마. 길이 막히니 서둘러 출발<u>해요</u>.
바. 길이 막히니 서둘러 출발<u>해</u>.

그렇지만 높임의 등급에 따른 여러 가지 명령형 어미의 차이가 (27)에서 보듯이 간접 인용절로 안길 때에는 종결 어미가 모두 '-(으)라'라는 한 가지 형태로 바뀐다.

(27) 그분이 나에게 길이 막히니 서둘러 출발<u>하라</u>고 하셨다.

4) 청유문

청유문은 말하는 이가 듣는 이에게 어떤 행동을 함께 하자고 요청하는 문장이다.
대표적인 청유형 어미로는 다음의 예를 들 수 있다.

(28) -자, -세, -지, -(으)ㅂ시다, -(으)오, -어요/아요, -지요

청유문의 경우에 주어는 말하는 이와 듣는 이가 함께 포함되어야 하며, 앞에서 살펴본 명령문과 마찬가지로, 청유문의 서술어로 형용사는 쓰이지 못하고 동사만 쓰일 수 있다.

(29) 가. *예쁘자, *아름답자, *좋자, *높자, *길자, ….
　　 나. 먹자, 잡자, 눕자, 키우자, ….

또한 (30)에서 보듯이 과거 시제의 선어말 어미 '-았-/-었-'과 함께 쓰이지 못한다.

(30) 가. *우리 함께 열심히 공부하였<u>자</u>.
　　 나. *밥을 많이 먹었<u>자</u>.

청유형 어미도 상대 높임법의 등급에 따른 몇 가지의 종류가 있다.

> (31) 가. 우리 함께 생각해 봅시다.
> 나. 우리 함께 생각해 보세.
> 다. 우리 함께 생각해 보자.

청유문의 경우에도 어떤 종결 어미로 종결되었더라도 간접 인용절로 안길 때에는 종결 어미가 모두 '-자'로 통일되어 나타난다.

> (32) 선생님께서는 우리 함께 생각해 보자고 하셨다.

5) 감탄문

감탄문은 말하는 이가 듣는 이를 별로 의식하지 않고 자기의 느낌을 표현하는 문장인데, 대표적인 감탄형 어미를 제시하면 다음과 같다.

> (33) -구나/-는구나, -구려/는구려[8], -구면/는구면, -노라/로라, -도다/로다, -어라/아라, -누나

감탄형 어미 '-구나, -는구나'가 쓰이게 되면 화자가 새롭게 알게 된 사실을 표현한다.[9]

> (34) 가. 눈이 오는구나!
> 나. 오늘 날씨가 무척 덥구나!

'-어라/아라'는 동사에 결합할 때는 명령형 어미로 쓰이지만, 형용사에 결합하게 되면 감탄형 어미로 쓰인다.[10]

---

8) 장윤희(2002: 245)에서는 중세국어에서 청원을 나타내는 명령형 어미 '-고라'가 '-고려'로 변하였다가 현대국어의 '-구려'로 이어졌음을 밝힌 바 있다.

9) '-구나, -는구나'가 쓰인 문장과는 달리 '눈이 온다.'와 '오늘 날씨가 무척 덥다.'에서는 새롭게 알게 된 것을 나타내지 않는다.

10) '-어라/아라'가 동사에 결합하면 명령형 어미로 쓰이지만, 시적 표현에서는 동사에 결

(35) 가. 아이고, 예뻐라.

　　나. 에구, 불쌍해라.

　그런데 감탄문에서는 간접 인용절로 안길 때, 감탄문 고유의 종결 어미 형태가 없이 평서문의 종결 어미 '-다'를 쓴다.

(36) 가. 그는 나에게 눈이 온다고 말했다.

　　나. 그는 나에게 오늘 날씨가 무척 덥다고 말했다.

　국어의 종결 표현 중에서 다른 문장은 간접 인용절로 안길 때 고유한 형태가 있는 데 비해, 감탄을 나타내는 고유한 형태가 없기 때문에 감탄문을 독립된 문장 유형으로 인정하지 말자는 주장이 나오기도 했다.

　허웅(1983: 225)에서는 의향법을 말할이의 들을이에 대한 여러 가지 의향을 나타내는 범주로 정의하고, 이를 서술법, 물음법, 시킴법, 꾀임법의 네 가지로 나누었다.

(37) 들을이에게 요구 없음 ·······························서술법

　　들을이에게 요구 있음 ··· 대답을 요구 ··························물음법

　　　　　　··· 행동을 요구··· 들을이만의 행동을 ·· 시킴법

　　　　　　··· 함께 함을 ·······························꾀임법

　임동훈(2011)에서는 국어에서 문장 유형의 일차적 기준은 간접 인용절에도 나타날 수 있느냐와, 높임, 중간, 안높임의 세 화계에 두루 나타나느냐의 두 가지 기준이라고 하면서, 이 기준에 따라서 국어는 평서문, 의문문, 명령문, 청유문의 네 가지 문장 유형을 설정하였다.

　이 책에서도 허웅(1983), 임동훈(2011)과 마찬가지로, 감탄문을 문장의 한 종류로 인정하지 않고 평서문에 포함시켜야 한다고 본다.

합하여 감탄형 어미로 쓰이는 예를 종종 찾아볼 수 있다.

　(1) 가. 아, 강낭콩꽃보다도 더 푸른 / 그 물결 위에 / 양귀비꽃보다도 더 붉은 / 그 마음 흘러라. (변영로, '논개')

　　나. 토함산에 올랐어라, 해를 품고 앉았어라. (송창식, '토함산')

2. 높임법

높임법이란 말하는 이가 듣는 이나 다른 대상을 높이거나 낮추는 정도를 언어적으로 구별하여 표현하는 체계를 말한다. 영어를 비롯한 다른 언어에서는 높임법을 찾아보기가 쉽지 않다. 잘 알려져 있듯이, 프랑스어에는 2인칭 대명사 'tu'를 쓰는데, 공손하게 표현하고자 할 때는 'vous'를 쓰며, 중국어에서도 2인칭 대명사 '你[ni]'가 있는데, 상대방을 높이고자 할 때는 '您[nin]'을 쓰는 것을 확인할 수 있다.

> (38) 가. Je t'aime.
> 나. Je vous aime.
> (39) 가. 你好?
> 나. 您好?

그렇지만 이런 표현은 어휘적인 차원에 머무른 것에 불과하며, 높임 표현이 문법적인 범주로 나타난 것은 아니다. 자연계의 현상인 시간을 문법적인 범주로 표현한 것이 시제이듯이, 높임의 표현이 문법적인 범주로 실현되어야 높임법이라고 할 수 있다.

국어는 높임을 문법적인 범주로 표현한 높임법이 아주 잘 발달한 언어라고 한다. 김동소(2005: 13, 117-132)에서는 지금까지 알려진 언어들 중에서 어휘적 차원이나 문법적 차원에서 '대우법(높임법)'이 가장 고도로 발달한 언어로 일본어를 들었으며, 한국어와 비교가 안 될 정도로 복잡한 어휘상의 '대우 체계'를 갖고 있는 언어로는 자바어를 들었는데, 한국어처럼 문법적 방법의 '대우법' 체계가 발달한 언어는 일본어 외에는 없는 듯하다고 하였다.

국어가 다른 언어에 비해 높임에 대한 의식이 발달해 있다는 점을 확인하기 위해 국어와 영어, 중국어에서 형제자매를 가리키는 지칭어가 어떤 체계를 지니는지 살펴볼 필요가 있다.

(40) 국어, 영어, 중국어에서 형제자매의 지칭어

	영어		중국어		국어	
	손위	손아래	손위	손아래	손위	손아래
남자	brother		哥哥	弟弟	형	(남)동생
					오빠	
여자	sister		姐姐	妹妹	언니	(여)동생
					누나	

위에서 보듯이 영어에서는 형제자매를 가리키는 지칭어가 'brother, sister'의 두 가지밖에 없는데, 지칭하고자 하는 대상이 남자 형제이면 'brother'라고 하고 여자 형제이면 'sister'라고 할 뿐이다. 영어에서는 형제자매를 가리키는 말에 손위나 손아래를 나타내는 표현이 어휘적으로는 전혀 발달하지 않았음을 알 수 있다. 그리고 중국어에서는 형제자매를 가리키는 지칭어를 볼 때, 남녀의 구분과, 손위와 손아래의 구분을 하는데, 다만 손위이든 손아래이든 똑같이 구분하여 표현하고 있다.

그렇지만 국어의 경우에는 영어나 중국어와는 다른 모습을 보인다. 국어에서는 남녀의 구분과, 손위와 손아래의 구분을 하고 있는 점에 대해서는 중국어와 비슷하지만, 중국어보다 위아래의 구분이 더 엄격하다는 것을 알 수 있다. 손아래 형제자매의 명칭은 '동생' 하나뿐이지만, 손위 형제자매를 가리키는 어휘는 '형, 오빠, 언니, 누나'의 네 가지로 분화되어 있음을 알 수 있다. 물론 형제자매의 지칭어는 어휘적인 면을 보여주기는 하지만, 국어에서 손위 개념을 얼마나 중요시하는지를 단적으로 보여주는 자료라고 할 수 있다.

이와 같이 위아래를 구분하고자 하는 의식은 국어의 높임법에도 그대로 반영되어 있다. 그리하여 국어의 높임법은 주체 높임법, 상대 높임법, 객체 높임법의 세 가지 방향으로 실현되었다. 즉 높임법은 높이는 대상이 누구인가에 따라 높임을 실현하는 방법이 달라지는데, 상대방 즉 듣는 이를 높이는 상대 높임법, 문장의 주어를 높이는 주체 높임법, 문장의 목적어나 부사어에 해당하는 대상을 높이는 객체 높임법의 세 가지가 있다.

1) 상대 높임법

국어의 높임법 가운데 가장 잘 발달된 것이 **상대 높임법**인데, 이것은 말하는 이가 상대방, 즉 듣는 이를 높여 말하는 방법이다.

상대 높임법의 분류는 학자에 따라 다양한데, 대부분의 학자들이 상대 높임법을 '높임(존칭) : 낮춤(비칭)'의 대립으로 파악하였다. 서정수(1984, 1996)에서는 아래와 같이 분류하였다.

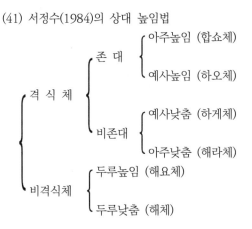

(41) 서정수(1984)의 상대 높임법

격식체 ─ 존대 ─ 아주높임 (합쇼체) / 예사높임 (하오체)
　　　　비존대 ─ 예사낮춤 (하게체) / 아주낮춤 (해라체)
비격식체 ─ 두루높임 (해요체) / 두루낮춤 (해체)

한편 김종택(1981)에서는 국어의 상대 높임법이 존대와 하대의 대립체계가 아니라 존대와 평대의 대립체계라는 점을 밝혔는데, 하대는 어휘적 차원으로만 존재하기 때문에 문법적 차원의 높임법에서는 하대를 제외시킨 점을 주목할 만하다.

(42) 김종택(1981)의 상대 높임법

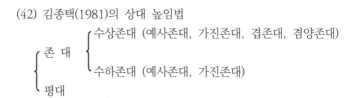

이 체계에서 수상존대는 '하오체', 수하존대는 '하게체', 평대는 '해라체'가 대표적인 형태이다.

서울대학교 국어교육연구소(2002ㄱ :173)에서는 상대 높임법의 등급을 아래와 같이 제시하였다.

(43) 학교 문법의 상대 높임법

		평서법	의문법	명령법	청유법	감탄법
격 식 체	하십시오체	가십니다	가십니까?	가십시오	(가시지요)	–
	하오체	가(시)오	가(시)오?	가(시)오, 가구려	갑시다	가는구려
	하게체	가네, 감세	가는가? 가나?	가게	가세	가는구먼
	해라체	간다	가냐? 가니?	가(거)라 가렴, 가려무나	가자	가는구나
비격 식체	해요체	가요	가요?	가(세/셔)요	가(세/셔)요	가(세/셔)요
	해체(반말)	가, 가지	가?, 가지?	가, 가지	가, 가지	가, 가지

격식체는 회의나 연설, 보고 등의 공식적인 자리나 격식을 갖추어야 하는 상황에서 주로 쓰이는데, 의례적이고 정중한 느낌을 주기 때문에 심리적인 거리를 느끼게 할 수도 있다. 이에 반해 **비격식체**는 개인적인 친분이 있는 사이에 주로 쓰는데, 격식을 덜 차리기 때문에 상대방에게 친근한 느낌을 줄 수 있다. 격식체에는 '하십시오체, 하오체, 하게체, 해라체'가 있고, 비격식체에는 '해요체, 해체'가 있는데, 그 예를 들면 다음과 같다.

(44) 가. 철수가 이 자리에 왔습니다. (하십시오체)
　　 나. 철수가 이 자리에 왔소. (하오체)
　　 다. 철수가 이 자리에 왔네. (하게체)

라. 철수가 이 자리에 왔다. (해라체)

마. 철수가 이 자리에 왔어요. (해요체)

바. 철수가 이 자리에 왔어. (해체)

먼저 **하십시오체**는 '-습니다, -십시오, -습니까?' 등과 같은 종결 어미로 나타나는데, 듣는 이를 가장 높여서 대접하는 방식이다. 말하는 이보다 듣는 이가 나이가 많거나 윗사람인 경우나 두 사람이 친숙하지 않은 사이일 때는 대체로 하십시오체를 사용한다.

하오체는 '-오, -소, -구려, (으)ㅂ시다, -는구려, -오?'와 같은 종결 어미로 나타나는데, 아랫사람이나 친구를 높여 대접하는 방식이다. 하오체는 옛날에는 자주 쓰이던 표현 방식이지만, 요즘에는 거의 쓰이지 않고 편지글에서 그 명맥을 유지하고 있는 실정이다. 이에 대해서는 뒤에서 좀 더 자세하게 살펴보기로 한다.

하게체는 '-게, -네11), -(으)ㅁ세, -세, -는구면, -는가?' 등의 종결 어미로 나타나는데, 아랫사람이나 친구를 어느 정도 대접해 주는 방식으로서 요즘은 잘 쓰지 않는 방식이다. 이 하게체는 나이가 든 친구 사이에 주로 썼으며, 장인과 장모가 사위에게 사용하거나 스승이 장성한 제자에게 사용하기도 하였다. 이십여 년 전만 하더라도 젊은 사람들도 친구에게 하게체를 쓰는 경우가 많았지만, 요즘 젊은층에서는 하게체를 거의 쓰지 않고 있다.

해라체는 '-어라, -다, -는다, -자, -렴, -느냐? -니?' 등의 종결 어미로 나타나는데, 듣는 이를 높이지 않는 방식으로서 해체와 비슷한 등급이다.

해요체는 '-어요, -군요, -(으)ㄹ게요, -어요?'와 같은 종결 어미로 나타나는데, 듣는 이를 윗사람으로 대접하여 높이는 표현 방식으로,

---

11) 해체의 '-네'에는 보조사 '요'를 붙일 수 있지만, 하게체의 '-네'에는 보조사 '요'를 붙일 수 없다. 또한 해체의 '-네'는 새로 알게 된 사실을 표현하는 데 쓰지만, 하게체의 '-네'는 새로 알게 된 사실과 관계가 없다.

　　가. 해체: 밖에 비가 많이 오네. → 밖에 비가 많이 오네요.

　　나. 하게체: 나는 지금 영화 보고 있네. → *나는 지금 영화 보고 있네요.

일상적으로 가장 많이 쓰이는 표현이다.

해체는 '-어, -네, -지, -야, (으)ㄹ게, -어?, -지?'와 같은 종결 어미로 나타나는데, 해라체와 거의 같은 등급이지만, 해라체보다 덜 권위적이고 덜 친밀한 느낌을 준다. 해요체는 듣는 이를 높이는 방식이고 해라체는 높이지 않는 방식인데, 해체는 상대방의 반응에 따라 결정적인 순간에는 해요체로 바꿀 수도 있고 해라체로 바꿀 수도 있도록, 즉 다 말하지 않고 반만 말한 이른바 '반말(半말)'을 한 방식이다.12)

오늘날 높임법이 사용되는 모습을 보면, 이 여섯 가지 등급 가운데 격식체의 하십시오체와 비격식체의 해요체가 비슷한 등급이어서 두루 섞여 쓰이고, 격식체의 해라체와 비격식체의 해체도 섞여 쓰이기도 한다.

 톺·아·보·기

하오체의 쇠퇴

현대 국어에서는 하오체가 많이 쓰이지 않고 극히 제한된 상황에서만 쓰이고 있지만, 근대 국어 시기만 하더라도 하오체가 많이 쓰였다는 것을 확인할 수 있다.

(1) 가. 어사또 그말 듯고 "이이 어듸 잇늬" "남원읍의 <u>사오</u>" "어듸를 가늬" "셔울 <u>가오</u>" "무삼 일노 가나" "춘향의 편지 갓고 구관듸의 <u>가오</u>" "이이 그 편지 좀 보자구나" "그 양반 쳘 모로는 양반이네" "웬 소린고" "글시 드러 <u>보오</u>. 남아 편지 보기도 어렵거든 항 남의 늬간을 보잔단 말이<u>요</u>" "이이 드러라. 힝인이 임발우긔봉이란 말이 잇난이

---

12) 「표준국어대사전」에는 '반말'을 '半말'로 제시하면서 "대화하는 사람의 관계가 분명치 아니하거나 매우 친밀할 때 쓰는, 높이지도 낮추지도 아니하는 말."이라고 풀이하였다. 고영근·구본관(2018: 470)에서는 해체를 '요-결락형'으로 부르면서 반말은 형태적으로는 말끝이 분명치 않고 기능적으로는 높이고 낮추는 뜻을 드러냄이 없이 어물거리는 말씨를 가리키며, 최근에 와서는 낮추는 의미로도 사용된다고 하였다.

라. 좀 보면 관계ᄒ냐" "근 양반 몰골은 숭악ᄒ구만 문
자속은 기특ᄒ오. 얼풋 보고 <u>주오</u>"(열여춘향슈절가라 하
27-28)
나. 심청이 엿자오ᄃᆡ ᄂᆡ가 불초녀식으로 아부지를 <u>소겻소</u>.
공양미 삼빅셕을 뉘라 나를 <u>주겟소</u>. 남경션인딜게 인당
수 제숙으로 ᄂᆡ 몸을 팔여 오날리 써나는 날리오니 나를
망종 보ᄋᆞᆸ소셔. (완판 심청전 상 26b)

위에서 보듯이 춘향전이나 심청전에는 하오체가 종종 쓰였는데,
양반이라고 하더라도 잘 아는 사람이 아니면 하오체를 쓰며, 딸이
아버지에게 하오체를 쓰는 것을 볼 수 있다. 극존칭으로 간주하는
하십시오체도 종결 어미가 '-(으)오'임을 볼 때 하십시오체가 사실
은 하오체의 일종이라고 할 수 있다.

뿐만 아니라, 필자는 '아니다'의 하오체인 '아니오'가 대답으로
쓰인다고 보는데,[13] 시험 문제에서 "다음 물음에 답하시오."라고
하거나, 연설을 들은 청중들이 '옳소'나 '맞소'를 쓰는 것이 '하오
체'를 일반적으로 많이 사용하는 근거로 들 수 있다고 본다. 특히
감탄사로 쓰이는 '여보, 여보시오, 이보, 이보시오'가 모두 하오체
라는 점에 주목할 필요가 있다. 부부 사이에 부르는 말로 굳어진
'여보'의 경우에도 '여기 보오'라는 하오체 표현이 굳어져서 호칭
으로 사용되는 예이고, '여보시오'의 경우에도 마찬가지로 하오체
의 표현이 자주 사용되다가 독립된 감탄사로 쓰이게 되었다.

이처럼 현대 국어보다 이전 시기에는 하오체가 폭넓게 사용되었
음을 확인할 수 있다. 요컨대 '하오체'가 존대의 대표적인 형태처
럼 쓰였다가, 현대 국어에 와서는 점차 세력이 약해져서 사라질
위기에 봉착해 있음을 알 수 있다.

---

13) 필자는 '예'의 상대어가 '아니요'가 아니라 '아니오'라고 보는데, 이런 주장은 송창선
(2008ㄱ)에서 밝힌 바 있다.

하라체

앞에서 살펴본 '하십시오체, 하오체, 하게체, 해라체, 해요체, 해체'는 말하는 이와 듣는 이가 발화 상황에 함께 나타나기 때문에, 말하는 이가 듣는 이에게 바로 행동하기를 요구하는 **직접 명령**에 해당한다.

그런데 듣는 이가 발화 상황에 나타나지 않고, 듣는 이가 누구인지도 모르는 상황에서 글이나 구호를 통해서 어떤 행동을 요구하는 상황에서 **간접 명령**을 사용하는데, 간접 명령은 종결어미 '-(으)라'로 표현하기 때문에 **하라체**라고 한다.14)

> (45) 가. 다음 글을 읽고 물음에 답하라.
> 나. 대학자율 외면하는 정부는 각성하라.
> 다. 너 자신을 알라.

2) 주체 높임법

주체 높임법은 서술의 주체를 높이는 방법인데, 서술의 주체가 의미하는 것이 서술하는 사람 자신을 의미하는 것은 아니다. 여기서 말하는 서술의 주체는 그 문장이 서술하고 있는 어떤 동작(혹은 상태)의 주체를 가리키므로, 그 문장의 주어를 말하는 것이다. 따라서 주체 높임법은 서술어에 선어말 어미 '-(으)시-'를 붙여서, 그 문장의 주어를 높이는 것을 나타내는 방법이다. 그리고 이 때 주격 조사는 '이/가' 대신에 높임을 나타내는 '께서'로 바꿔 쓰는 것이 바람직하다.

> (46) 가. 아버지께서 신문을 보신다.
> 나. 선생님께서 오늘 우리집에 오셨다.

'-(으)시-'는 일반적으로 높여야 할 주체가 주어일 경우에 사용되지

---

14) 임동훈(2011: 351-352)에서는 현대국어의 '-으라'는 인용절에 쓰이거나 비인용절에서는 개별화되지 않은 청자를 대상으로 하는 명령에 쓰이게 되었다고 하면서, '-어라' 명령을 '지시적 명령', '-으라' 명령을 '비지시적 명령'이라고 불렀다.

만, 높여야 할 주체가 주어가 아니라 주어와 밀접한 관련을 맺고 있는 경우에도 쓰일 수 있다.15) 아래 예문에서 '눈'과 '말씀'에는 '-(으)시-'를 붙일 수가 없지만, '선생님'과 '할머니'를 높이기 위해 '-(으)시-'를 붙인 것이다.

> (47) 가. 선생님께서는 아직 눈이 밝으십니다.
> 　　　 나. 할머니의 말씀이 옳으십니다.

한편, 주체 높임법이 '계시다, 잡수시다, 주무시다, 편찮다'와 같은 특수 어휘에 의해 실현되는 경우도 있다. 이런 경우에는 특수 어휘 대신에 '-(으)시-'를 붙이는 것만으로는 높임법이 실현되지 않는 것으로 받아들이기 때문에, 반드시 '계시다, 잡수시다'와 같은 특수 어휘를 사용해야 한다.

> (48) 가. 큰아버지께서는 지금 댁에 {계신다, *있으시다}.
> 　　　 나. 할머니께서는 질긴 음식을 잘 {잡수셨다, *먹으셨다}.
> 　　　 다. 어머니께서는 어제 일찍 {주무셨다, *자셨다}.
> 　　　 라. 할아버지께서 며칠 전부터 {편찮으시다, *아프시다}.

그렇지만 이런 특수 어휘도 상황에 맞게 적절하게 써야 한다. (48)과 같이 주어를 직접 높이는 경우를 직접 높임이라 하는데, (49)와 같이 주어를 직접 높이지 않고 주어와 관련된 대상을 높이는 간접 높임의 경우에는 특수 어휘를 쓰지 않고 '-(으)시-'를 붙인다.

> (49) 가. 교장 선생님의 인사 말씀이 {있으시겠습니다, *계시겠습니다}.
> 　　　 나. 사장님, 시간 좀 {있으십니까, *계십니까}?
> 　　　 다. 할머니께서는 손가락이 {아프시다, *편찮으시다}.

(49)는 주어와 관련된 대상을 높이는 간접 높임의 예인데, '계시다'

---

15) 이것을 '간접 높임'이라고 한다.

는 주어를 직접 높일 때 사용하기 때문에, (49가,나)처럼 '말씀'이나 '시간'을 높일 때는 '있으시다'를 쓰며, (49다)처럼 주어를 직접 높이는 표현은 '할머니는 편찮다'이지만, 할머니의 손가락에는 '편찮다'를 쓸 수가 없다.

압존법(壓尊法)과 가존법(加尊法)

일반적으로 주어가 높임의 대상이 될 때는 서술어에 '-(으)시-'를 붙이는 것이 원칙이지만, 국어의 높임법은 서술의 주체와 화자 사이의 관계에 따라 실현되는 것만은 아니다. 그 발화 현장에 참여하는 듣는 사람도 고려해야 한다.

(50) 화자가 일병일 경우
　가. 김 병장님, 이 상병이 온다고 합니다.
　나. *김 병장님, 이 상병님이 오신다고 합니다.
(51) 화자가 회장보다 후배일 경우
　가. 교수님, 학생회장이 오시라고 합니다.
　나. *교수님, 학생회장님이 오시라고 하십니다.

(50)은 군대와 같은 계급 사회에서 쓰는 예를 든 것인데, 일병인 화자보다 서술의 주체인 상병의 계급이 높아서 일반적인 경우에는 주체 높임의 '-(으)시-'를 붙여야 한다. 그렇지만, 청자가 병장인 경우에는 서술의 주체인 상병보다 청자가 상급자인 까닭에, 그 주체를 높이지 못하게 된다. (51)에서도 학생회장이 화자보다 선배라고 하더라도 교수에게 말을 할 때는 (51나)처럼 '회장님'이라고 해서도 안 됨은 물론이고, 학생회장을 높이기 위하여 '-(으)시-'를 쓰는 것도 결례가 된다. 요즘 대학생들은 학생회장을 '회장님'이라고 부르는 것이 입에 익어서, 학교에서 누구 앞에서나 '회장님'이라고 하는데, 부모, 교수 등 손위 사람 앞에서 이런 말을 쓰지 않도록 조심할 필요가 있다.

이처럼 문장의 주체보다 듣는 이가 손위여서 주체를 높이지 못하는 어법을 **압존법**(壓尊法)이라고 한다.

> (52) 가. 할아버지, 아버지가 아직 안 왔습니다.
> 나. 할아버지, 아버지가 아직 안 오셨습니다.

말하는 이가 자기 아버지를 높이는 것이 마땅하지만, 할아버지께 말씀을 드리는 경우에는 압존법에 따라 (52가)처럼 아버지를 높이지 않는다. 그런데 아버지를 높이지 않은 (52가)가 결례인 것처럼 생각하는 탓에, (52나)를 오히려 자연스러운 것으로 받아들이는 경향이 있다.16)

이와는 달리, 말하는 이가 문장의 주어 행위자보다 손위이거나 친구 사이인 경우에는 굳이 높임의 선어말어미 '-(으)시-'를 붙이지 않아도 되지만, 청자와 주어 사이를 고려하여 '-(으)시-'를 붙이는 경우도 있다.

> (53) 가. 철수야, 네 아빠 언제 오니?
> 나. 철수야, 네 아빠 언제 오시니?

(53나)처럼 둘 사이에는 높이지 않아도 되는 대상이지만 청자를 고려하여 높이는 것을 **가존법**(加尊法)이라고 한다.

3) 객체 높임법

객체 높임법은 서술의 객체에 해당하는 목적어나 부사어가 지시하는 대상을 높이는 방법이다. 이 때 부사어는 필수적 부사어를 가리키는데, 객체를 높이기 위해서는 부사어에 붙은 조사 '에게'를 '께'로 바꾸어 쓰는 것이 바람직하다.

---

16) 국립국어원(2005: 218-219)에서는 다음과 같이 평사원이 사장에게 말하는 상황에서 듣는 사람만 높이고 주체를 높이지 않은 표현은 옳은 문장이 아니라고 하였다.
　　가. 사장님, 김 과장님은 외출하셨습니다. (○)
　　나. 사장님, 김 과장님은 외출하였습니다. (×)

(54) 가. 나는 <u>친구를</u> <u>데리고</u> 학교에 갔다.
　　　나. 나는 <u>부모님을</u> <u>모시고</u> 학교에 갔다.
(55) 가. 나는 동생<u>에게</u> 선물을 <u>주었다</u>.
　　　나. 나는 선생님<u>께</u> 선물을 <u>드렸다</u>.

　현대 국어에서는 객체 높임법이 '모시다, 드리다'와 같은 몇몇 특수
어휘에 의해 실현되지만, 중세 국어에서는 (56)과 같이 객체 높임의
선어말 어미 '-ᅀᆞᆸ-, -ᅀᆞᆸ-, -ᄌᆞᆸ-'에 의해 실현되었다.

(56) 가. 오란 劫에 教化 닙ᅀᆞᄫᅴ (월인석보 14: 56)
　　　나. 아바님 命엣 절을 天神이 말이ᅀᆞᄫᆯ씨 (월인천강지곡 32)
　　　다. 梵天의 비츨 듣ᄌᆞᆸ고ᅀᅡ 實을 아ᅀᆞᄫᆞ니 (월인천강지곡 106)

　중세 국어에서는 선어말 어미 '-ᅀᆞᆸ-, -ᅀᆞᆸ-, -ᄌᆞᆸ-'이 매우 폭넓게 쓰
였는데, 이처럼 광범위하게 사용되던 객체 높임법이 현대 국어에 와서
는 그 쓰임이 극도로 축소되었다. 현대 국어에서 객체 높임을 나타내
는 동사는 '모시다(데리다), 드리다(주다), 뵙다(보다), 여쭙다/여쭈다
(묻다)' 등 몇몇이 있을 뿐이다. 이처럼 현대 국어의 객체 높임법은 몇
몇 특수한 어휘에 의해 표현되는 어휘적인 차원으로 남아 있다.

3. 시제법

　어떤 사건이나 사태가 일어난 시간적 위치를 문법적으로 나타낸 것
이 바로 **시제**(時制, tense)이다. 시간은 자연의 흐름이므로 객관적으
로 측정을 할 수는 있지만 과거, 현재, 미래로 나눌 수 없다. 그렇지
만, 우리는 시제라는 문법 범주로 나누어 과거, 현재, 미래 등으로 구
분하는데, (57가)처럼 지나간 일이나, (57나)처럼 지금 일어나는 일을
표현할 수 있으며, (57다)처럼 앞으로 다가올 일을 표현할 수도 있다.

(57) 가. 철수가 어제 학교에 갔다.

　　　나. 영수가 지금 학교에 간다.

　　　다. 영희는 내일 학교에 가겠다.

이처럼 우리가 시제를 과거, 현재, 미래로 구분하는 것은 발화시와 사건시라는 시점을 기준으로 나눈 것이다. **발화시**는 말하는 이가 발화를 수행하는(즉 말하는) 시점을 가리키며, **사건시**는 어떤 동작이 일어나거나 상태가 나타나는 시점을 가리킨다.

(57가)에서는 철수가 학교에 간 때는 '어제'이므로 사건시가 발화시인 현재보다 앞서기 때문에 아래 (58)과 같이 표현할 수 있다. 이처럼 발화시보다 사건시가 앞서면 **과거 시제**라고 한다.

(58) 과거 시제

(57나)에서는 영수가 학교에 가는 때가 '지금'이므로 사건시가 발화시인 현재와 일치하기 때문에 아래 (59)처럼 표현할 수 있다. 이처럼 발화시와 사건시가 일치하면 **현재 시제**라고 한다.

(59) 현재 시제

(57다)에서는 영희가 학교에 가는 때가 '내일'이므로 발화시인 현재보다 사건시가 늦기 때문에 아래 (60)처럼 표현할 수 있다. 이처럼 발화시보다 사건시가 나중이면 **미래 시제**라고 한다.

(60) 미래 시제

발화시   사건시

절대 시제와 상대 시제

국어의 시제를 효과적으로 설명하기 위해서는 절대 시제와 상대 시제의 개념을 도입할 필요가 있다. **절대 시제**는 발화시를 기준으로 하는 시제를 말하며, **상대 시제**는 사건시를 기준으로 하는 시제를 말한다.

(61) 가. 그는 집 앞을 지나가는 사람에게 책을 준다.
나. 그는 집 앞을 지나가는 사람에게 책을 주었다.

(61가)의 안긴 문장에 현재 시제를 나타내는 관형사형 어미 '-는'이 쓰인 것은 문제가 되지 않는다. 안은 문장과 안긴 문장의 시제가 모두 현재(절대 시제)이기 때문에, 현재 시제의 관형사형 어미가 쓰인 것이다. 그런데 (61나)의 경우에는 안은 문장의 시제가 과거이므로 안긴 문장도 분명히 과거(절대 시제)를 나타내는데, 현재 시제의 관형사형 어미가 쓰인 점을 설명하기가 쉽지 않다.

이와 같은 관형절의 시제를 설명하기 위해서 상대 시제의 개념을 도입할 필요가 있다. 상대 시제의 관점에서 보면 (61나)의 안긴 문장의 시제는 현재 시제가 된다. 왜냐하면 상대 시제는 사건시를 기준으로 보는 시제이기 때문에, 안은 문장의 시제인 과거가 바로 기준시가 된다. 따라서 기준시가 되는 사건시가 과거이기 때문에, 과거를 기준으로 보면 안긴 문장의 시제는 현재로 해석할 수 있으며, 그런 까닭에 현재를 나타내는 관형사형 어미 '-는'이 쓰일 수 있다고 설명한다.

이처럼 상대 시제는 관형절로 안긴 문장이나 이어진 문장의 시제 현상을 설명하는 데 유용한 개념이다.

동작상

시간의 흐름 속에서 그 동작이 끝나지 않고 지속되고 있는지, 아니면 완전히 끝났는지를 표현하는 것을 **동작상**(動作相)이다. 앞에서 살펴본 시제는 '과거, 현재, 미래' 등과 같이 시간의 외적인 시점을 가리키는 데 비해, 동작상은 '완료, 진행' 등과 같은 시간의 내적 양상을 가리킨다는 점에서 차이를 보인다. 동작상은 현재, 과거 또는 미래라는 시간 영역 속에서 어떤 동작이 진행되는지 완료되었는지를 나타낸다.

> (62) 가. 경수가 의자에 앉고 있다. (시제 - 현재, 동작상 - 진행)
> 나. 경수가 의자에 앉아 있다. (시제 - 현재, 동작상 - 완료)
> 다. 경수가 의자에 앉고 있었다. (시제 - 과거, 동작상 - 진행)
> 라. 경수가 의자에 앉아 있었다. (시제 - 과거, 동작상 - 완료)

학교 문법에서는 국어의 동작상으로 '완료상, 진행상'을 설정하였는데, 동작상은 위에서 보듯이 보조용언 구성에 의해 실현된다. 즉 '-고 있-'은 동작이 끝나지 않고 지속됨을 나타내는 진행상을 표현하고, '-어 있-'은 동작이 완전히 끝났음을 나타내는 완료상을 표현한다.

한편 다음과 같이 연결 어미에 의해서도 동작상이 표현될 수 있다고 한다.

> (63) 가. 그녀는 얼굴에 웃음을 지으면서 대답하였다. (진행상)
> 나. 그녀는 밥을 다 먹고서 집을 나섰다. (완료상)

1) 과거 시제

과거 시제는 사건시가 발화시보다 앞서는 시제인데, 아래 (64)와 같이 주로 선어말 어미 '-았-/-었-/-였-'에 의해 실현된다.

(64) 가. 우리는 지난 주말에 멋진 영화를 보았다.
　　　　나. 영희는 어제 책을 한 권 읽었다.
　　　　다. 민수는 꿈을 이루기 위해 대학에서 열심히 공부하였다.

그런데 (65)처럼 '-었-'이 쓰인다고 해서 반드시 과거 시제를 표현하는 것은 아니다.

(65) 가. 둥근 해가 높이 떴다.
　　　　나. 이 사과가 덜 익었다.
　　　　다. 철수가 아빠를 닮았다.

(65가)에서 보듯이 해가 높이 떠 있는 현재의 상태를 '-었-'이 나타내고 (65나)에서는 사과가 덜 익은 상태임을, 그리고 (65다)에서는 철수가 아빠를 닮은 상태임을 '-었-'이 표현하고 있다.

이처럼 '-었-'이 과거의 사태만을 표현하지 않고 현재의 상태를 표현하기도 하는데, 이런 '-었-'의 특성에 대해서는 4절에서 자세하게 논의하기로 한다.

한편 '-았었-/-었었-/-였었-'도 과거를 나타내는 표현이다. 이는 어떤 사건이 발화시보다 앞서 일어나서 현재와는 단절되어 있음을 표현하기 위해 쓰인다.

(66) 가. 그때 이곳에는 코스모스가 피었었지.
　　　　나. 어릴 때 우리는 이 언덕에서 뛰어 놀았었지.

그런데 남기심(1972, 1978)을 비롯한 몇몇 연구에서는 '-았었-/-었었-/-였었-'을 하나의 형태소로 보고, 과거 이전 즉 대과거를 나타내는 것으로 보았다. 그렇지만 '-았었-/-었었-/-였었-'을 대과거가 아니라 과거 표현의 일종이라고 보며, '-았었-/-었었-/-였었-'은 '-았-/-었-/-였-'과 '-었-'으로 분석할 수 있다고 본다.[17]

---

17) 이에 대해서는 5절에서 자세하게 살펴볼 것이다.

또한, 과거 어느 때를 기준으로 하여, 그때의 일이나 경험을 돌이켜 생각할 때에는 아래와 같이 '-더-'를 사용한다. 그런데 평서문에서는 주어가 말하는 이 자신일 때, 그리고 의문문에서는 주어가 듣는 이일 때 '-더-'를 쓸 수가 없다.

> (67) 가. {*나는, 너는, 그는} 어제 학교에 가더라.
>   나. {내가, *네가, 그가} 어제 학교에 가더냐?

그렇지만 아래에서 보듯이 관형사형 어미가 붙으면 이런 제약이 없어진다.

> (68) 어제 학교에 가던 {나는, 너는, 그는} 다시 집으로 돌아왔다.

이런 차이를 중시한 결과, 남기심(1972)를 비롯한 몇몇 연구에서는 '-던'을 '-더-'와 '-(으)ㄴ'으로 분석하지 않고 관형사형 어미 '-던'을 설정한 바 있다. 그렇지만 필자는 '-던'을 '-더-'와 '-(으)ㄴ'으로 분석하여야 하며, 종결형에서 쓰이는 '-더-'와 관형사형 어미와 결합하는 '-더-'가 본질적으로 다르지 않다고 본다.

관형절로 안긴 문장에서는 과거 시제가 관형사형 어미로 실현되는데, (69)에서처럼 관형사형 어미 '-(으)ㄴ'이 쓰인다.

> (69) 가. 어제 우리가 읽은 책은 무척 감동적이었다.
>   나. 왜적을 무찌른 충무공은 적의 총탄을 맞고 돌아가셨다.

2) 현재 시제

현재 시제는 발화시와 사건시가 일치하는 시제이다. 현재 시제는 주로 선어말 어미에 의해 표현되는데, '지금'과 같은 부사어를 써서 현재 시제를 나타낼 수도 있다.

현재 시제는 동사가 쓰일 때는 (70가,나)와 같이 선어말 어미 '-는-, -(으)ㄴ-'에 의해 실현되고, 형용사가 쓰일 때는 (70다,라)와 같이 선어말 어미가 결합하지 않는 영형태(ø)에 의해 실현된다.

(70) 가. 학생들이 식당에서 밥을 <u>먹는</u>다.
　　　나. 학생들이 운동장에서 축구를 <u>한다</u>.
　　　다. 입학 시험을 치르는 날은 해마다 <u>춥다</u>.
　　　라. 정호가 우리 학교 학생회장<u>이다</u>.

그런데 과거 시제를 나타내는 형태소인 '-었-'이 쓰였음에도 불구하고, 다음과 같은 경우에는 과거 시제를 표현하지 않고 현재를 표현하기도 한다.

(71) 가. 이 인형은 귀엽게 생<u>겼</u>다.
　　　나. 정훈이는 아빠를 닮<u>았</u>다.
　　　다. 거기 섰<u>거라</u>.
　　　라. 썩 물렀<u>거라</u>.

위에서 보듯이 '생겼다, 닮았다'는 현재 상태를 서술하고 있으며, 특히 '-었-' 뒤에 명령형 어미가 결합한 (71다,라)의 경우에는 과거에 대한 명령이 불가능하므로 이는 현재에 대한 명령으로 볼 수밖에 없다.

한편, 관형절로 안긴 문장에서는 현재 시제가 관형사형 어미로 실현되는데, 동사 어간에는 (72가,나)처럼 '-는'이 쓰이고 형용사에는 (72다,라)처럼 '-(으)ㄴ'이 쓰인다. 다만 '있다'와 '없다'는 형용사이지만 (72마)처럼 관형사형 어미 '-는'이 쓰인다.

(72) 가. 식당에서 밥을 <u>먹는</u> 학생들이 많다.
　　　나. 운동장에서 축구를 <u>하는</u> 학생들은 신이 나서 소리를 지른다.
　　　다. 해마다 <u>추운</u> 입학 시험 날이지만, 올해는 다행히 날씨가 따스하다.
　　　라. 우리 학교 학생회장<u>인</u> 기철이는 다른 학생들의 입장을 잘 대변해

준다.

마. 책이 <u>있는</u> 학생들은 이리 오고, 책이 <u>없는</u> 학생들은 저리 가
거라.

3) 미래 시제

미래 시제는 발화시보다 사건시가 나중에 오는 시제이다. 미래 시제
는 주로 선어말 어미 '-겠-'에 의해 표현되는데, '-겠-'은 미래 시제를
나타내기도 하고 추측이나 의지, 가능성이나 능력 등을 표현하기도 한
다.18)

(73) 가. 내일은 눈이 내리겠다. (추측)
나. 저는 이번 시험에 반드시 합격하겠습니다. (의지)
다. 그런 것은 삼척동자도 알겠다. (능력)

미래 시제는 '-겠-' 대신에 '-(으)리-'로 실현되기도 하는데, '-(으)리
-'는 '-(으)리다, -(으)리까, -(으)리니' 등에서만 쓰인다. '-(으)리-'는
(74)에서 보듯이 중세 국어에서 활발하게 쓰였는데, 오늘날에 와서는
잘 쓰이지 않게 되었으며, (75)와 같이 제한적인 쓰임만 보이고 있다.

(74) 가. 내 願을 아니 從ᄒᆞ면 고즐 몯 어드리라 (월인석보 1: 12)
나. 어미를 濟渡ᄒᆞ야 涅槃 得호ᄆᆞᆯ 나ᄅᆞ게 ᄒᆞ리라 (석보상절 6: 1)
다. 竭川에 싶이 나니 그낤 祥瑞를 다 ᄉᆞᆯᄫᆞ리잇가 (월인천강지곡
상 46)
라. ᄒᆞ마 주글 내어니 子孫ᄋᆞᆯ 議論ᄒᆞ리여 (월인석보 1: 7)
(75) 가. 두 손 모아 그녀의 행복을 빌리라.
나. 내가 당신의 부탁을 꼭 들어 드리리다.

---

18) '-겠-'은 다음과 같은 문맥에서는 분명히 "능력"을 나타낸다.
(1) 가. 이걸 너 혼자서 다 하겠니?
나. 그런 일은 삼척동자도 다 알겠다.

또 관형사형 어미 '-(으)ㄹ'과 의존 명사 '것'이 결합된 '-(으)ㄹ 것'
도 널리 쓰인다.

> (76) 가. 내일은 눈이 내릴 <u>것</u>이다. (추측)
>   나. 나는 이번 시험에 반드시 합격할 <u>것</u>이다. (의지)

관형절로 안긴 문장에서는 미래 시제가 관형사형 어미 '-(으)ㄹ'로
실현된다.

> (77) 가. 내일 우리 집에 올 사람은 미리 나에게 말해 줘.
>   나. 비가 오는 데도 불구하고 소풍을 떠날 가능성은 극히 적어.

 톺·아·보·기

국어에 미래 시제를 설정해야 하는가?

일반적으로 국어의 시제 체계를 '과거, 현재, 미래'의 3분 체계
로 보고 있다. 그렇지만 과거 시제를 나타내는 형태소에는 '-었-'
이 있고 현재 시제를 나타내는 형태소에는 '-는-'(혹은 ø)이 있지
만, 미래를 나타내는 형태소가 따로 없다는 점이 문제가 된다.

'-겠-'은 미래를 나타내기도 하지만 '-겠-' 자체가 미래를 표시
하기 위한 형태소로 보기는 어렵다. 다만 '-겠-'이 가지고 있는
'추측'이나 '의지'라는 의미가 미래와 관련이 있을 뿐이다. 게다가
'-겠-'은 항상 미래를 표시하는 것은 아니며, (1가)처럼 과거 상태
에 대한 추측을 나타내기도 하고 (1나)처럼 현재 상태에 대한 추
측을 나타내기도 한다.

> (1) 가. 어제 사람들이 많이 다쳤<u>겠</u>다.
>   나. 지금 서울에는 비가 내리<u>겠</u>다.

한편, '-겠-' 외에 미래 시제를 표시하는 것으로 알려진 '-리-'는 앞에서 밝혔듯이 현대 국어에서 생산성이 극히 낮으며, '-(으)ㄹ 것-'은 한 형태소가 아니라 통사적 구성이다. 그렇다면 국어에는 미래를 표시하는 별개의 형태소가 없는 셈이다.

그렇다면 국어의 미래는 어떻게 표현되는가? 바로 현재 시제를 나타내는 '-는/ㄴ-'이 미래 시제를 나타내는 데도 쓰일 수 있다는 점에 주목할 필요가 있다.

> (2) 가. 나는 오늘 서울에 <u>간다</u>.
>   나. 나는 내일 서울에 <u>간다</u>.

(2나)에는 미래 시제를 나타내는 선어말 어미가 나타나지 않았지만 미래를 표현하는 데 아무런 문제가 없다. (2가)와 (2나)의 차이는 시간을 나타내는 부사 '오늘'과 '내일'의 차이가 있을 뿐이다. 즉 현재 시제 형태소<u>만으로도</u> 충분히 미래 시제를 표현할 수 있다는 것이다.

이처럼 국어의 선어말 어미의 체계만을 염두에 두면, 국어의 시제를 '과거:현재'나 '과거:비과거'의 이분 체계로 볼 수도 있다. 국어학계에서는 일반적으로 국어의 시제를 '현재, 과거, 미래'의 삼분 체계로 보았는데, 이익섭·임홍빈(1983), 이익섭·채완(1999)에서는 '과거, 비과거(혹은 현재)'의 이분 체계로 보았다.

그렇지만 관형사형 어미의 경우에는 아래에서 보듯이 과거, 현재, 미래의 차이가 확연하게 드러난다.

> (3) 가. 어제 학교에 <u>온</u> 사람에게 선물을 주었다.
>   나. 오늘 학교에 <u>오는</u> 사람에게 선물을 준다.
>   다. 내일 학교에 <u>올</u> 사람에게 선물을 주겠다.

즉 관형사형 어미에서는 과거를 표시하는 '-(으)ㄴ', 현재를 나타내는 '-는', 미래를 나타내는 '-(으)ㄹ'로 구분되어 있어서 '과거:현재:미래'의 삼분 체계로 볼 수밖에 없다.

요컨대 국어의 시제 체계는 선어말 어미의 형태만을 보면 이분 체계로 볼 수도 있지만, 관형사형 어미의 형태를 보면 삼분 체계로 보는 것이 마땅하기 때문에, 이 두 가지를 아울러서 설명하기 위해서는 국어의 시제 체계를 삼분 체계로 설명하는 것이 합리적이라고 본다. 박진호(2011: 296-298)에서는 국어의 시제 체계가 삼분 체계로 보는 것이 더 합리적이라고 하면서, 국어에서 미래 사태를 표현할 때 전형적으로 사용되는 문법 요소가 '-(으)ㄹ 것이-'와 '-겠-'이라면 그것을 미래시제 표지로 볼 수 있다고 주장하였다.

4) '-었-'과 '-어 있-'의 관련성[19]

현대 국어에서 과거 시제를 표시하는 선어말 어미 '-었-'은 역사적으로 '-어 잇-'에서 형성되었는데,[20] 지금까지 대부분의 연구자들은 '-었-'이 '-어 잇-'에서 문법화되었지만 현대 국어의 '-었-'과 '-어 있-' 사이에는 별다른 관련이 없는 것처럼 설명해 왔다. 즉 (78가)는 꽃이 현재보다 앞선 시기에 이미 피었으며 그 결과가 현재에까지 지속되는 것을 뜻하고, (78나)는 현재 꽃이 피어 있는 상태를 나타내기 때문에 (78가)와 (78나)가 비슷한 의미를 띠는 것처럼 보일 뿐이라는 것이다.

---

19) '-었-'과 '-어 있-'의 관련성에 대한 서술은 송창선(2001ㄴ)을 가져온 것이다.

20) 최동주(1995ㄱ)에서는 '-어 잇/이시-'가 16세기 후반에 시작되어 늦어도 17세기에는 선어말 어미 '-엇-'으로 문법화되었다고 하였다. 또한 권재일(1998)에서는 15세기 국어의 통사적 구성 '-어 잇/이시-'가 상태 지속상을 나타내는 형태도 있었으며(제1형), '-어 잇/이시-' 구성에서 모음이 축약하여 중모음 형태가 된 '-엣/에시-'가 나타났고(제2형), '-엣/에시-'의 중모음이 단모음으로 바뀌어 '-엇/어시-'가 나타났다(제3형)고 하였다. 그러다가 16세기에는 제2형이 현저히 줄어들고 제3형으로 대치되었고, 제1형도 제3형으로 대치되었으며, 17세기에 와서는 제1형은 여전히 쓰였으나, 제2형은 보이지 않고 제3형이 우세함을 보여준다고 하였다.

(78) 가. 꽃이 활짝 피었다.
　　　나. 꽃이 활짝 피어 있다.

　그렇지만 (78가)에 쓰인 '-었-'은 "과거"를 나타내는 경우가 일반적이지만, 더러는 "현재의 상태"를 나타내는 것으로 보인다.
　이처럼 "과거"를 나타내지 않는 '-었-' 속에는 중세 국어에서 "완료의 지속"이라는 의미를 지니던 '-어 잇-'의 특성이 남아있다고 보고, '-었-'과 '-어 있-'의 형태적 관련성과 의미적 관련성을 면밀하게 검토해 보기로 한다.

① '-었-'과 '-어 있-'의 형태적 관련성

　중세 국어에서는 '-어 잇-'이 형용사, 자동사, 타동사에 모두 쓰일 수 있었지만 현대 국어에서는 (79)처럼 '-어 있-'이 형용사와 타동사 뒤에는 쓰이지 못하고 (80)에서 보듯이 '끝이 있는' 자동사에만 붙을 수 있게 되었다.

(79) 가. *높아 있다, *붉어 있다, *멀어 있다, *깊어 있다, …
　　　나. *먹어 있다, *입어 있다, *찾아 있다, *때려 있다, …
(80) 가. *날아 있다, *뛰어 있다, *자 있다, *끓어 있다, …
　　　나. 떠 있다, 피어 있다, 가 있다, 녹아 있다, …
　　　다. 열려 있다, 걸려 있다, 잡혀 있다, 업혀 있다, …

　이와는 달리 '-어 잇-'에서 문법화를 거쳐서 형성된 '-었-'은 중세 국어의 '-어 잇-'과 마찬가지로 모든 품사에 자유롭게 결합될 수 있다. 그래서 분포상으로 볼 때 현대 국어의 '-었-'과 '-어 있-'이 차이를 보이는 것은 사실이다.
　그렇지만 현대 국어에서 '-었-'의 형태적인 특성을 살펴보면, '-었-'과 '-어 있-'의 관련성을 고려하지 않고는 자연스럽게 설명되지 않는 현상이 있다.

첫째로, 일반적으로 동사와 형용사는 활용상의 차이를 보이지만, 동사와 형용사의 차이를 보여주던 종결 어미가 '-었-'이 결합되고 나면 '있다'가 활용하는 것과 동일한 형태로 바뀌는 점을 설명하기 위해서는 '-었-'과 '-어 있-'의 관련성을 고려하지 않을 수가 없다.

(81) 가. 예뻤다 - 예뻤느냐 - 예뻤구나
　　　나. 갔다 - 갔느냐 - 갔구나,　　먹었다 - 먹었느냐 - 먹었구나

둘째로, 모든 국어사전에서 형용사로 다루고 있는 '못나다, 잘나다, 못생기다, 잘생기다, 못되다' 등에 대해 살펴보기로 한다.21) 이들 서술어는 주로 '-었-'과 결합되어 쓰이는데, 이들 서술어가 '-었-'의 특성을 파악하는 데 도움이 된다고 본다.

송철의(1995: 853-861)에서는 '못나다, 잘나다, 못생기다, 잘생기다, 못되다' 등의 서술어는 후행 요소가 동사임에도 불구하고 형용사로 인식되며, (82)에서 보듯이 활용의 양상으로 보아도 동사라고 할 수도 없고 형용사라고 할 수도 없다고 하였다. 그리고 이들이 '못난, 잘난, 못생긴, 잘생긴' 등으로 활용되고 *못나는, *잘나는, *못생기는, *잘생기는, *못되는' 등으로 활용하지 않기 때문에 이들을 형용사로 보았다. 또한 이들이 독자적으로는 형용사로 기능하지 못하고 '-었-'과 결합해야만 형용사적으로 기능한다는 문제점이 있기는 하지만, '못생기다'를 형용사 이외의 다른 품사로 보기는 어려우므로 이들 모두에 형용사라는 품사를 부여하는 것이 타당하다고 하였다.

(82) 가. *잘난다　　*잘나는구나
　　　나. *잘나다　　*잘나구나
　　　다. 잘났다　　잘났구나

---

21) 최근에 인터넷 판 「표준국어대사전」에서는 이들의 품사를 형용사에서 동사로 수정하였다.

그런데 (81)에서 이미 확인하였듯이 용언의 어간에 '-었-'이 결합하면 형용사와 동사의 구분이 불가능한데, 왜 이들이 '-었-'과 결합하면 형용사적으로 쓰인다고 하였는지를 이해하기 어렵다. 더구나 복합어의 품사가 후행 요소에 의해 결정되는, 국어의 일반적인 복합어 형성 규칙을 굳이 위반해 가면서까지 이들을 형용사로 다룰 필요는 없다고 본다.

따라서 '못나다, 잘나다, 못생기다, 잘생기다, 못되다' 등이 형용사가 아니라 동사라고 본다. 왜냐하면 *못나는, *잘나는, *못생기는, *잘생기는, *못되는' 등이 쓰이지 못하는 것은 이들이 형용사이기 때문에 그런 것이 아니라, 이런 상황이 현재 진행되는 모습으로는 쓰일 수가 없기 때문이다. 못생긴 얼굴로 지금 '생기는' 것이 아니라 태어난 결과가 '못생긴' 모습을 보이기 때문에 '-는'이 결합될 수 없는 것이다.

이들이 형용사가 아닌 또 다른 증거는 '-었-'이 결합되었을 때도 일반적인 형용사와는 다른 모습을 보인다는 것이다.

> (83) 가. 높았다, 맑았다, 어두웠다, 작았다, 아름다웠다
>   나. 못났다, 잘났다, 못생겼다, 잘생겼다, 못됐다

(83가)에서 보듯이 형용사에 '-었-'이 결합되면 과거의 상태를 나타내기만 하는 데 비해, (83나)에서 보듯이 '못나다, 잘나다, 못생기다, 잘생기다, 못되다'에 '-었-'이 결합되면 과거의 상태가 아니라 현재의 상태를 보여준다는 점에서 차이를 보인다. 왜냐하면 형용사의 과거형이 현재의 상태를 나타내는 데 쓰이지 않기 때문이다.[22]

그래서 '못나다, 잘나다, 못생기다, 잘생기다, 못되다' 등이 동사라고 보며, 이들 동사 뒤에 동작의 완료된 모습이나 상태의 지속을 나타

---

22) 특이하게도 '멀었다'의 경우에는 형용사 어간에 '-었-'이 결합하였음에도 불구하고 현재의 상태를 나타낸다. 현대 국어에서 형용사 어간에 '-었-'이 결합되어 현재 상태를 나타내는 것으로 '멀었다'만 찾아볼 수 있는데, 이는 중세 국어 시기에는 형용사에 '-어 잇-'이 결합될 수 있어서 '멀다'에도 '-어 잇-'이 결합되어 쓰였는데, 그것이 화석형으로 현대 국어에 남아 있는 것이라고 본다.

내는 '-었-'이 결합되어 '못났다, 잘났다, 잘생겼다, 못되었다' 등의 형태로 쓰이는 것이라고 본다. 이처럼 상태의 지속을 나타내는 '-었-'을 이들 동사에 붙이게 되면 마치 형용사인 것처럼 보이는데, 바로 이런 점 때문에 국어 사전에서는 모두 형용사로 다루어 온 것이다.[23] 이런 경우의 '-었-'이 '-어 있-'과 관련성을 보여주는 것이며, '-어 있-'의 '있-'이 형용사로 기능하기 때문에 '못났다' 등이 형용사인 것처럼 쓰이게 된 것으로 본다.

셋째로, '-었-'과 '-어 있-'의 형태적인 관련성을 보이는 다른 예로 '-었었-'을 들 수 있다.[24] 현대 국어에서 '-었었-' 혹은 '-았었-', '-였었-'이라는 형태는 가능하지만 '-*았았-'이나 '-*었았-', '-*였였-'이라는 형태가 나타나지 않는데, '-었었-'과 '-았었-', '-였었-'으로 나타나는 이유를 '-었-'과 '-어 있-'의 관련 속에서 설명할 수 있다고 본다.[25] 즉 '-었었-'에서 선행하는 '-었-'을 '-었$_1$-'이라 하고 후행하는 '-었-'을 '-었$_2$-'라고 할 때, 바로 '-었$_1$-'이 '-어 있-'과 관련되어 있다고 보는 것이다.[26]

> (84) 가. 녹아 있었다, 살아 있었다, 솟아 있었다.
> 나. 썩어 있었다, 죽어 있었다, 넘어 있었다.

(84)에서 보는 바와 같이 '-아 있-'이 쓰이든 '-어 있-'이 쓰이든 간에, '있-' 뒤에는 '-았-'이 오지 못하고 반드시 '-었-'이 오게 된다. 이

---

23) 최근에 인터넷 판 「표준국어대사전」에서는 이들의 품사를 형용사에서 동사로 수정하였다.

24) '-었었-'을 하나의 형태소로 보는 시각도 있는 반면에 두 개의 형태소로 분리할 수 있다고 보는 견해도 있는데, 이에 대해서는 다음 장에서 다룰 것이다.

25) '-었$_2$-'가 모음조화와 관계없이 '-었-'으로 고정되는 현상을 처음으로 설명한 연구는 김차균(1980: 61)이며, 이남순(1981: 37), 서태룡(1993: 517-518)에서도 이런 점을 밝힌 바 있다.

26) 허웅(1982: 41), 권재일(1998: 93)에서 '-었었-'이 나타나는 것이 19세기 후반이라고 한 점을 고려하면, '-어 있-'이 '-었$_1$-'로 문법화한 것이 그리 오래지 않았음을 알 수 있으며, 따라서 '-어 있-'과 '-었-' 사이에는 아직도 연결고리가 남아있는 것으로 볼 만하다고 하겠다.

처럼 '-아 있었-' 혹은 '-어 있었-'의 형태로 쓰이다가 앞에 있던 '-아 있-'이 '-앗-'으로 바뀌면 '-았었-'이 형성되고, '-어 있-'이 '-엇-'으로 바뀌면 '-었었-'이 형성되는 것으로 설명할 수 있다. '-엇-'과 '-앗-'이 선행하는 용언의 음운론적 특성에 따라 결정되는 변이 형태이기 때문에, '*잡았았다'와 같은 형태가 나타나지 못하는 까닭을 설명할 때, '-어 있-'과의 관련성을 무시하고는 자연스럽게 설명할 수가 없다.

요컨대 현대 국어의 '-었-'이 중세 국어의 '-어 잇-'의 형태적인 특성을 계승하고 있어서, '-어 있-'과의 관련을 무시하고 '-었-'을 설명하는 것은 한계가 있음을 알 수 있다.

② '-었-'과 '-어 있-'의 의미적 관련성

지금까지 현대 국어 '-었-'의 의미에 대한 연구는 크게 몇 가지 부류로 나눌 수 있다. 먼저 시제로 파악하여 "과거"를 나타낸다고 보는가 하면, 상으로 파악하여 '완료'를 나타낸다고 보기도 하였으며, 시제와 상의 두 가지를 함께 나타내는 것으로 보기도 하였다.

그런데 현대 국어의 '-었-' 가운데는 중세 국어의 '-어 잇-'이 지니고 있던 "완료의 지속"이란 의미를 지금까지도 어느 정도 유지하고 있는 것으로 볼 수 있는 예가 상당수 있다. 바로 (85)와 같이 '-었-'이 "과거"를 뜻하지 않고 "현재의 상태"를 나타내는 경우에 주목할 필요가 있다.

> (85) 가. 저 사람은 늙었다.
>   나. 길수는 어머니를 닮았다.
>   다. 이 참외가 잘 익었다.
>   라. 영수가 빨간 옷을 입었다.

한동완(1996: 44-46)에서는 예문 (85)에서 보이는 '-었-'이 그것이 지시하는 상황의 시간적 위치를 과거에 위치시킬 뿐이고, 그 과거적 상황의 수행 결과에 의한 상태 지속의 여부는 동사를 포함한 문내외적

맥락에 의해 산출되는 의미에 불과하다고 하였다.

그렇지만 예문 (85)에서의 '-었-'은 그것이 지시하는 상황의 시간적 위치를 과거에 위치시키는 것이 아니다. 예문 (85)는 현재 '늙어 있고, 닮아 있고, 익어 있고, 입고 있는' 모습을 표현하고 있는 것이다. 그래서 '지금 보니'와 같은 표현을 앞에 둘 때는 아주 정상적인 문장이지만, (86)에서처럼 '어제 보니'라는 표현이 앞에 오면 비정상적인 문장이 되어버리는 점을 간과해서는 안 된다.

> (86) 가. [?]어제 보니 저 사람은 늙었다.
> 　　나. [?]어제 보니 길수는 어머니를 닮았다.
> 　　다. [?]어제 보니 이 참외가 잘 익었다.
> 　　라. ^(?)어제 보니 영수가 빨간 옷을 입었다.

(85)의 '-었-'이 시간적 위치를 과거에 위치시킨다고 하면 (86)의 문장이 어색해질 이유가 없다. 과거의 사실을 표현하는 경우에 '-었-'이 쓰였음에도 불구하고 (86)이 어색한 문장이 되는 것을 보면, (85)에서 '-었-'이 시점을 과거로 위치시킨다는 주장이 설득력을 잃게 됨을 알 수 있다.

한편, 최동주(1995ㄱ: 188)에서도 아래 예문 (87)이 모두 발화 시점에서의 상황을 가리키는 것으로 해석될 수 있지만, '-었-'이 '과거'의 의미를 가지는 것으로 볼 수 있다고 하였다. 즉 이 예들은 모두 '발화시 이전에 발생한 사건의 결과'로 볼 수 있기 때문에 이들은 '결과 상태'를 뜻하는 경우로서 역시 '과거 시제'가 갖는 문맥적 의미로 볼 수 있다고 하였다.

> (87) 가. 너는 빨간 양말을 신었네.
> 　　나. TV는 고장났구나.

그렇지만 (87)에서 '-었-'이 과거에 수행하였다는 것을 표현하는 것으로 보기 어려울 뿐만 아니라, 그 사건의 결과가 현재까지 지속됨으로써 "결과 상태"를 뜻하는 것으로 보기도 어렵다. (87)의 종결어미 '-네'와 '-구나'는 새로 알게 된 사실을 표현하기 때문에, 지금의 상태에 초점을 맞춘 발화이지 과거에 양말을 신은 행동에 초점을 맞춘 발화가 아니라고 본다.

> (88) 가. 옷이 젖었니? 말랐니?
>   나. 일어섰니? 앉았니?
>   다. 죽었니? 살았니?
>   라. 돈이 남았니? 모자라니?
>   마. 영수야, 너 자니? 일어났니?

(88)의 예도 모두 과거에 일어난 일에 관심을 가지는 것이 아니라 지금 현재의 상태를 묻고 있는 것이다. 만약 '-었-'을 "과거"로만 해석하고 "현재의 상태"라는 의미를 지니는 경우를 발화 상황에 따른 문맥적 의미로 처리한다면, (88라,마)와 같이 한 쪽에만 '-었-'이 나타나는 경우를 설명할 수가 없다.

이처럼 현대 국어에서 '-었-'이 "과거"를 뜻하지 않고 "현재의 상태"를 뜻하는 결정적인 증거로 (89)를 들 수 있다. '-었-'은 "과거"만을 나타내고 "현재의 상태"를 나타내는 것은 문맥적인 의미에 불과하다고 보는 견해로는 (89)를 설명할 방법이 없다.

> (89) 가. 거기 섰거라.
>   나. 썩 물렀거라.
> (90) 가. 거기 서 있어라.
>   나. 썩 물러 있어라.

현대 국어의 일반적인 명령문은 '서라, 물러라'처럼 동사 어간에 명령형 어미가 바로 결합되며, 동사 어간과 명령형 어미 사이에는 시상 형태소가 개입할 수 없다. 그런데 (89)에서는 형태상으로 볼 때 '서-+ -었- + -거라', '무르- + -었- + -거라'로 분석되어 과거 시제의 '-었-' 다음에 명령형 어미가 결합되는 것으로 볼 수밖에 없으므로, 난관에 봉착하고 만다. 또한 의미상으로 살펴보더라도 '-었-'을 과거 시제를 나타내는 형태소로 보는 한, 과거에 대한 명령이라는 이상한 설명을 하는 수밖에 없다.

  (89)에 쓰인 '-었-'을 제대로 이해하기 위해서는 '-었-' 속에 남아있는 '-어 있-'의 모습을 찾아낼 수밖에 없다. 겉모습만 보면 과거 시제의 '-었-'과 똑같지만, (89)의 '-었-'은 '-어 잇-'이 문법화가 이루어지기 전의 모습을 지금도 그대로 보여주고 있는 것이다. 그래서 (89)의 '-었-'을 '-어 있-'으로 볼 때, (90)처럼 '거기 서 있어라.'와 '썩 물러 있어라.'로 봄으로써 의미상으로도 자연스러울 뿐만 아니라, 형태상으로도 명령형 어미가 과거 시제 뒤에 붙은 것이 아니라 '있-' 다음에 결합되는 것으로 설명할 수 있다.[27] 물론 이런 결합 방식은 현대 국어에서 찾아보기 어려운 특이한 예에 불과하며, 따라서 이런 경우의 '-었-'을 진정한 의미의 '화석형'이라고 할 수 있다.

  따라서 이와 같은 진정한 의미의 화석형을 제외하고는, '-었-'이 "현재의 상태"를 나타내는 것은 중세 국어의 '-어 잇-'이 화석화되어 흔적으로만 남아있는 것이 아니라, 현대 국어에서도 생명력을 가지고 활발하게 쓰이고 있다는 것이다. 그리고 이런 경우의 '-었-'은 중세 국어의 '-어 잇-'의 의미를 지금도 어느 정도 유지하고 있는 것으로, 즉 문법화가 덜 끝난 상태에 있는 것으로 본다.

---

27) 이지양(1998: 111, 123-125)에서도 아래와 같은 예문을 제시하면서 명령문은 과거 시제를 가질 수 없으므로 과거의 '-었-'이 나타날 수 없다고 하였으며, 따라서 아래 예문의 '-었-'은 과거의 '-었-'이 아니라 '-어'와 '있-'의 단순 융합의 결과라고 하였다.
  가. 꼼짝 말고 여기에 {앉아 있어, 앉았어}.
  나. 녀석이 올테니, 집에 {숨어 있어, 숨었어}.

5) '-었었-'의 형태와 의미[28]

기존 연구에서는 '-었었-'을 시제 요소로 보기도 하고, 상 요소로 파악하기도 하였다. '-었었-'을 시제 요소로 파악하는 연구 가운데 유길준(1909: 11)의 「대한문전」에서와 같이 "과거의 과거" 즉 "대과거"로 보기도 하고, 최현배(1937=1980: 450)에서와 같이 "지난적 끝남 (과거 완료)"로 파악하기도 하였으며, 또 더러는 단순한 과거를 나타내는 것으로 보기도 하였다. 한편 남기심(1972, 1978ㄴ)에서는 "단속상"으로 파악함으로써 '-었었-'이 시제 요소가 아니라 상을 보이는 것이라고 하였다.

① '-었었-'의 형태

'-었었-'을 단일 형태소로 다룬 연구로는 남기심(1972, 1978ㄴ), 이남순(1981, 1994), 이지양(1982), 이익섭·임홍빈(1983), 조오현(1995ㄱ) 등이 있다.

남기심(1972: 222-223)에서는 '-었었-'을 '-었-'의 복합으로 보기 어려운 이유가 둘째번 '-었-'이 항상 '-었-'으로만 나타나기 때문이라고 하면서 '-었었-'을 단일 형태소로 보았다.[29] 이남순(1981: 37)은 '-었었-'이 "기대 혹은 예견의 기능"을 가지고 있다고 하면서, 이와 같은 특수한 기능을 중시한다면 단일한 형태로 보아야 한다고 하였다.[30]

---

28) '-었었-'의 형태와 의미에 대한 서술은 송창선(2001ㄱ)에서 가져온 것이다.

29) 남기심(1978ㄴ: 106)에서도 만일 '-었었-'을 더 작은 단위로 분석할 수 있다고 하면 '-었$_1$-'과 '-었$_2$-'로 나누는 것보다는 이 둘이 동일한 형태로서 복합되어 나타나는 것으로 보는 것이 더 타당하다고 하였다. 그렇지만 이 경우에도 '-었-'이 겹쳐서 '-었었-'이 나타나는 것이라면 당연히 '-겠겠-', '-더더-', '-는는-' 등도 나타나야 할 것인데, 왜 이러한 것이 나타나지 않는가에 대한 의문이 제기되어야 하고 또 그것이 설명되어야 한다고 하였다.

30) 이남순(1981: 37)에서는 역사적인 발달을 염두에 둔다면 '-었$_1$었$_2$-'의 형태는 '-었$_1$-'이 완료를, '-었$_2$-'가 과거를 표시하는 형태일 것이라고 하면서도 '-었었-'의 특수한 기능을 중시한다면 단일한 형태로 보아야 한다고 하였다.

다음으로 '-었었-'의 '-었$_1$-'과 '-었$_2$-'가 같거나 비슷하다고 한 연구도 있는데, 한현종(1990: 34)에서는 "었≡었$_1$≡었$_2$"라고 하였으며, 임칠성(1991: 69)에서는 '-었$_1$-'이 "단순 과거"를 나타내는 장치이고 '-었$_2$-'는 모든 사건이 단순 과거 속의 사건이게 하는 장치라고 하였으며, 한동완(1992=1994: 63), 최동주(1995ㄱ: 207)에서는 '-었-'이 중첩된 것으로 보았다.[31]

필자는 '-었었-'을 단일형태소로 보거나 '-었-'의 중첩으로 파악하지 않고 '-었$_1$-'과 '-었$_2$-'가 별개의 독립된 기능을 가지고 있다고 본다. '-었$_1$-'과 '-었$_2$-'가 다른 기능을 지녔다고 보는 견해를 살펴보면, '-었$_1$-'을 "과거"로 보고 '-었$_2$-'를 "완결"로 보는 연구로 최현배(1937=1980: 450)과 김승곤(1972) 등이 있으며, '-었$_1$-'을 "완결"로 보고 '-었$_2$-'를 "과거"로 보는 연구로는 나진석(1971=1982)와 김용경(1994), 문숙영(2000)[32] 등이 있다. 이 두 가지 견해 중에서는 어느 쪽이 더 타당한지 살펴보기로 한다.[33]

이 글에서는 '-었었-'의 경우에도 '-었$_1$-'과 '-었$_2$-' 가운데 어느 하나가 '-어 있-'과 관련이 있다고 본다. 중세 국어의 '-어 잇-'이 '-었-'으로 문법화된 것은 최동주(1995ㄱ)의 주장처럼 17세기이며, '-었었-'이 형성된 것은 허웅(1982ㄱ)의 주장처럼 19세기 후반이라고 할 때, '-었-'과 '-었었-'이 형성된 시기가 2,3백 년의 간격이 있다는 점에 주목할 필요가 있다. 그리하여 '-었$_2$-'가 문법화를 통해 먼저 형성

---

31) 한동완(1994: 63)에서는 '-었었-'과 같은 '-었-' 형태의 중복된 구성뿐만 아니라 '-었었었-'과 같은 결합구성도 가능하다는 주장을 하면서, '그랬었었지[그래써썼지]'와 같은 발화가 용인불가능한 것은 결코 아니며 상황에 따라서는 '-었었었었-'의 결합구성도 전혀 불가능한 것은 아니라는 주장을 한 바 있다.

32) 문숙영(2000: 11)에서는 '-었-'이 현재상태를 나타내는 데 쓰이기도 하는 것은 '-었-'이 '-어 잇-'에서 문법화되면서 예전 용법의 일부를 흔적으로 가지고 있기 때문이며, '-었었-'의 경우에는 '-었$_1$-'이 이러한 흔적을 지닌다고 하였다. 그리고 '-었$_2$-'는 순수히 과거 시제 형태소로서의 역할만 하는 것으로 보았다. 이런 견해는 본 연구의 관점과 대체로 일치한다.

33) 성기철(1974)에서는 '-었$_1$-'을 "과거"로 보고, '-었$_2$-'를 "경험"으로 보았으며, 이재성(2001)에서는 '-었$_1$-'이 전체상을, '-었$_2$-'가 과거 시제를 나타낸다고 하였다.

되었으며, 그 뒤에 (91가)와 같이 '-었-' 앞에서 '-어 있-'이 쓰이는
환경에서 다시 '-어 있-'이 '-었₁-'로 문법화됨으로써 '-었었-'이 형성
된 것으로 보고자 한다.

> (91) 가. 어제 정원에 노란 꽃이 활짝 피어 있었다.
> 나. 어제 정원에 노란 꽃이 활짝 피었었다.

최현배(1937)과 김승곤(1972)에서는 '-었₁-'을 "과거"로 보고 '-었
₂-'를 "(현재) 완료"로 보았는데, 김승곤(1972: 124)에서는 시제 형태
소의 배열 순서에 따라 '과거 완료'는 '과거 형태소 + 완료 형태소'로
보아야 할 것이라고 하였다. 그렇지만 '-었어 있-' 구성은 불가능하지
만 '-어 있었-' 구성이 가능한 것으로 볼 때, 앞 요소가 과거를 나타내
는 것이 아님을 알 수 있다. 따라서 나진석(1971=1982)와 김용경
(1994), 문숙영(2000) 등과 마찬가지로, '-었₁-'이 "완료"를 나타내는
것으로 보고 '-었₂-'가 "과거 시제"를 나타내는 것으로 보고자 한
다.34)

② '-었었-'의 의미

최현배(1937=1980), 나진석(1971=1982), 김승곤(1972), 김용경
(1994)에서는 '-었었-'을 "과거 완료(과거 완결)"로 파악하였으며, 최
동주(1995ㄱ, 1998), 문숙영(2000)에서는 "대과거" 혹은 "과거의 과
거"로 다루었고, 이지양(1982)에서는 현재 완결, 미래 완결을 제외한
"순수한 과거"로 파악하였으며, 임칠성(1991)에서는 단순한 "과거"로
다루었다. 또 성기철(1974)에서는 "과거 경험"으로, 남기심(1972,

---

34) 이런 견해와는 달리, 최동주(1995ㄱ: 211)에서는 '-었었-'을 19세기 이후에 출현한
형식으로 보면서, '-었었-'이 "'-어 잇-'+'-었-'"에서 생겨났을 가능성은 희박한 것으
로 보았다. 그 까닭은 이 시기에 '-어 잇-'의 분포는 중세 국어 시기에 비해 축소되어
있었으며, 무엇보다 그 기원적 형태로 상정할 수 있는 '-어 이셧-'의 형태를 찾아볼
수 없기 때문이라고 하였다.

1978ㄴ35))에서는 "단속상"으로 다루었다.

또한, 이남순(1981, 1994)에서는 과거 사건 이후에 어떤 사건이 존재한다는 것을 나타내는 "기대 또는 예견"으로 보았으며, 이익섭·임홍빈(1983)에서도 "다른 상황이 있음"을 나타낸다고 하였다. 한현종(1990)에서는 "어떤 상황이 종결된 것을 두 번 인식함"이라고 했고, 한동완(1992=1994)에서는 "상황시의 선시성의 반복"으로 보았다. 이와는 달리 조오현(1995ㄱ)에서는 '-었었-'의 의미가 문장 구성 요소와 발화 환경에 따라 다르게 나타난다고 하면서, '-었었-'은 '-었-'에 비해 과거라는 시제 관념과 경험상을 더욱 강조한 것이라고 보았다.

그렇다면 '-었었-'의 기본적인 의미는 어떤 것인지를 밝혀내야 한다. 우리가 앞에서 '-었었-'의 형태적인 특성을 논의하는 과정에서 '-었었-'의 '-었₁-'과 '-어 있-'이 관련되어 있음을 주장한 바 있는데, '-었었-'의 기본 의미를 확인하기 위해서는 '-었-'과 '-어 있-' 사이의 관련성을 고려하지 않을 수 없다.

> (92) 가. 그 때 정원에 노란 꽃이 활짝 피었었다.
>   나. 그 때 정원에 노란 꽃이 활짝 피어 있었다.

의미상으로 볼 때 (92가)와 (92나)는 의미 차이가 잘 드러나지 않을 정도로 '-었었-'과 '-어 있었-'의 의미가 유사하다. (92가)와 (92나)가 유사한 의미를 지니고 있다는 점에 주목하여, '-었었-'의 '-었₂-'는 '과거' 시제를 표시하는 형태소이지만, '-었₁-'은 바로 '-어 있-'이 문법화된 것으로서, 현대 국어에서도 '-어 있-'의 특성을 그대로 유지하고 있는 것으로 본다. '-어 있-'은 "완료된 상태의 지속"을 나타내는데, 이 '-어 있-'에서 문법화된 '-었₁-'은 "완료된 상태의 지속"을 그대로 드러내고, '-었₂-'는 과거 시제를 나타내므로, '-었었-'은 어떤

---

35) 남기심(1978ㄴ: 98)에서는 '-었었-'을 상으로 보았지만, 굳이 시제로 보려고 하면 단순 과거로 보는 것이 온당할 것이라고 하였다.

동작이 완료된 결과나 상태가 지속되던 것이 과거 시점임을 나타내는 것으로 본다.36)

(92가)는 그 때 정원에 노란 꽃이 활짝 피어 있는, 즉 '활짝 피는' 동작이 완료된 상태가 지속되던 것이 과거였음을 드러내고 있다. 지금은 꽃이 완전히 졌을 수도 있고, 아니면 다른 색깔의 꽃이 피어 있을 수도 있다. 더 나아가 정원이 없어지고 그 자리에 연못이 생겼을 수도 있다. 이와 같은 '-었었-'의 쓰임에 주목하여 남기심(1972, 1978ㄴ)에서는 완료된 상태의 단속을 보이는 것으로, 즉 "단속상"으로 다룬 바 있다. '-었었-'이 완료된 상태의 단속을 보이는 경우에 자주 사용되는 것은 분명하지만, 예문 (92)는 지금도 노란 꽃이 피어 있는 경우에도 쓰일 수 있다는 점에서 볼 때, '-었었-'이 곧 단속상을 나타내는 것으로는 보기 어렵다.

이남순(1981: 34, 1994)에서는 아래 예문 (93)에서 '-었었-'이 철수와 영희의 대조를 나타내거나, '가다'와 '가지 않다'의 대조를 나타내거나, 또는 '미국'과 '영국'의 대조를 나타내거나, 두 사건의 선후관계에서 대과거를 나타내거나 간에 그것이 나타내는 문장의 내용 이외의 것을 기대하거나 예견하게 하는 기능을 지닌다고 하였다. 또한 이익섭·임홍빈(1983)에서도 다른 상황이 있음을 나타낸다고 하였다.

(93) 철수가 미국에 갔었다.

그렇지만 앞에서 이미 살펴본 바와 같이 '-었었-'이 다른 상황이 있다는 것을 나타내는 요소라고 볼 수 없다. '-었었-'을 단일 형태소로 보든지 '-었1-'과 '-었2-'로 나누어 보든지 간에, '-었었-'이 이런 기능을 지니고 있는 것으로 보기는 어렵다. '-었었-'이 쓰인 경우, 완료된 결과 상태가 지속되던 것이 과거 시점이기 때문에 현재는 달라질 수

---

36) 고영근·구본관(2018: 428)에서는 '-었1었2-'에서 '-었2-'는 시간성보다는 확인의 양태성이 지배적이라고 했다.

있을 뿐이며, '-었었-'이 다른 상황을 나타내기 위해 만들어진 것은 아니다.

그렇다면 '-었었-'과 같은 표현이 왜 생겨났는지에 대해 살펴보기로 한다.

> (94) 가. 옷이 다 말랐다.
> 　　　나. 옷이 다 말랐었다.
> (95) 가. 영희가 파란 옷을 입었다.
> 　　　나. 영희가 파란 옷을 입었었다.

(94가), (95가)는 '-었-'이 쓰인 경우이고, (94나), (95나)는 '-었었-'이 쓰인 경우인데, '-었-'이 쓰인 경우에는 '과거'를 나타내기도 하지만, 대체로 현재 상태를 나타내는 데 쓰인다. 그렇지만 (94나), (95나)는 언제나 과거만을 나타낸다는 점에서 '-었-'이 쓰인 (94가), (95가)와는 차이가 있다.

바로 이런 이유로 인해 '-었었-'이 쓰이게 된 것이라고 생각한다. 즉 (94)와 같이 '끝이 있는' 자동사와 (95)와 같이 일부 타동사에서 '-었-'은 현재를 나타내기 때문에, 보다 더 분명하게 '과거'를 표시할 필요가 생기게 되었고, 그 결과 '-었었-'이 생겨난 것으로 보고자 한다. 결국 '-어 잇-'에서 문법화를 거쳐 형성된 '-었-' 중의 일부가 제대로 과거 시제를 나타내지 못하고 현재 상태를 나타내는 경우가 생김으로써 '과거'를 보다 분명하게 나타내기 위해 다시 '-었-'을 하나 더 덧붙인 것으로 볼 수 있다. 그리고 '-었었-'이라는 형태가 확립된 후에는 형용사, 자동사, 타동사를 가리지 않고 모든 서술어에 결합할 수 있게 되었다고 본다.

6) '-더-'의 기능[37]

지금까지 현대 국어의 선어말 어미 '-더-'에 대한 연구는 주로 그 의미 기능을 밝히는 데 치중해 왔다. 최현배(1937)에서와 같이 '-더-'를 '회상 시제'로 다루거나, 나진석(1971)에서처럼 과거(지난적)를 나타내는 것으로 보는 등 시제 요소로 파악하기도 했고, 서정수(1977)에서는 '-더-'를 보고법이라는 서법으로 다루기도 하였다. 그밖에도 연구자에 따라서는 '-더-'를 "과거의 경험", "의식의 단절", "무책임성" 등을 나타내는 것으로 보기도 하였다.

① '-더-'와 '-던'의 관련성
'-더-'는 (96)에서 보듯이 평서형(감탄형), 의문형 종결 어미와 통합될 수 있다.

> (96) 가. {ʼ내가, 네가, 그가} 학교에 가더라.
> 나. {내가, ʼ네가, 그가} 학교에 가더냐?

그런데 (96가)에서 보듯이 평서문에서는 1인칭 주어가 쓰일 수 없고, (96나)에서 보듯이 의문문에서는 2인칭 주어가 쓰일 수 없다.
한편, '-더-'가 관형사형 어미 '-(으)ㄴ'과 결합한 '-던'의 경우를 살펴보자.

> (97) 가. 학교에 가던 {나는, 너는, 그는} 집으로 되돌아왔다.
> 나. 담배를 피우던 {내가, 네가, 그가} 언제부터 담배를 끊었지?

(97)에서 보듯이 '-더-'가 관형사형 어미 '-(으)ㄴ'과 결합한 '-던'의 경우에는 인칭의 제약이 전혀 나타나지 않는다.
(96)에서 제시한 종결형에서의 '-더-'와 (97)에서 제시한 관형절에

---

37) '-더'의 기능과 의미에 대한 서술은 송창선(2006ㄴ)에서 가져온 것이다.

서의 '-더-'가 같은 형태소라면, 두 경우의 '-더-'가 통사적 기능이 같아야 한다. 그렇지만 위에서 보듯이 종결형의 '-더-'에 나타나는 통사적 제약이 관형절에서는 나타나지 않는다. 그렇기 때문에 종결형의 '-더-'와 관형절의 '-더-'가 가지는 통사 기능이 차이를 보인다고 간주하여 남기심(1972), 서정수(1979), 이기동(1981), 신현숙(1982ㄱ), 장경희(1985), 최동주(1994), 이재성(2001) 등에서는 두 가지 '-더-'가 다른 기능을 지니는 것으로 처리하였다.

그런데 고영근(2004: 150-151)에서는, 남기심(1972)에서 종결형의 '-더-'와 관형절의 '-더-' 사이에 공통된 문법적 기능이 발견되지 않는다는 이유로, 종결형의 '-더-'는 분석하면서도 관형절에서는 분석하지 않은 데 대해 강하게 비판하였다. 형태소의 분석에서는 계열관계와 통합관계와 같은 구조적 상관성을 우선해야 한다고 하면서, 종결형과의 문법 기능의 일치 여부는 2차적이기 때문에, 관형절의 '-던'에서 '-더-'를 분석해야 한다는 주장을 하였다.38)

한편, 이필영(2002: 319)에서는 '-더-'를 포함한 구성 가운데서 종결(평서형: '-더라, -데, -더이다, -ㅂ디다/습디다, -더구나, -더군, -더군요, -더라고(구), -더라니', 의문형: '-더냐, -디, -던가, -ㅂ디까/습디까')와 일부 연결형('-던데, -∅더니')에만 주어인칭 제약 현상이 나타나고, 관형사형 '-(었)던'이나 연결형 '-었더니, -었더(라)면, -었던들' 등에는 주어인칭 제약 현상이 나타나지 않는다고 하였다.

만약 주어인칭 제약 현상에 근거하여 종결형의 '-더-'와 관형절의 '-던'을 다른 형태소로 본다면, 주어인칭 제약을 받는 '-더니'와 제약을 받지 않는 '-었더니'를 별개의 형태소로 처리해야 하는 모순에 직면

---

38) 고영근(2004: 150-151)에서는 중세한국어의 관형사형에 나타나는 선어말 어미 '-오-'의 기능이 종결형 및 연결형에 나타나는 같은 형태의 '-오-'와 문법적 기능이 다르다고 하여 분석할 수 없다는 식의 발상과 남기심(1972)에서 '-던'의 '-더-'를 분석하지 않은 것은 다름이 없다고 하였다. 같은 '오' 계열이기는 하나 두 환경의 '-오-'는 통합관계를 충분히 만족시키기 때문에 형태소의 자격이 충분하며, 두 환경의 '-오-'의 기능상 일치 여부는 형태소의 식별과 하등 관련이 없다는 것이다.

하게 된다. (98)에서 보듯이 '-더니'와 '-었더니'의 주어 인칭 제약을 받는 모습이 다르다고 해서, 이 둘을 별개의 형태소로 처리할 수는 없는 것이다.

> (98) 가. {*내가, 네가, 그가} 책을 찾더니, 아직 못 찾은 모양이구나.
> 나. {내가, 네가, 그가} 책을 찾았더니, 그 책이 이젠 쓸모가 없다고 한다.

요컨대, 관형절의 '-던'과 종결형의 '-더-'에서 주어인칭의 제약이 달리 나타난나고 해서, 이 둘을 별개의 형태소로 볼 수는 없다.

② '-더-'의 의미 기능

'-더-'의 의미를 밝힌 기존 논의 중에서 가장 대표적인 것으로는 '회상'으로 파악한 연구를 들 수 있다. 최현배(1937=1980)에서 '-더-'가 '회상'의 의미를 지니는 것으로 파악한 이래로, 허웅(1975, 1995)에서 '-더-'가 회상(도로생각)법을 나타낸다고 하였다. 또한 김차균(1980)에서 '-더-'가 과거 어느 때를 기준으로 두고 말할이가 새로 알게 된 것을 회상적으로 말하는 데 쓰인다고 했고, 김용경(1994)에서도 '-더-'의 기본 의미를 '떠올려 줌'으로 파악하였으며, 고영근(2004)에서도 '-더-'를 회상법으로 다루었다.

이와는 달리, 나진석(1971: 21-28)에서는 '-더-'가 과거(지난적)를 나타내는 것으로 보았고, 정문수(1983)에서는 '과거의 경험'을, 장경희(1983)에서는 '과거의 지각 행위'를 나타낸다고 하였으며, 송재목(1998)에서는 '-더-'를 '과거의 감각적 관찰'로 파악하였다.

그밖에 서정수(1977, 1996)에서는 '-더-'가 '보고'의 기능을 지닌다고 하여 보고법이란 서법으로 다루었으며, 김영희(1981)에서는 '무책임성', 유동석(1981)에서는 '무의도적 사실의 객관적 보고와 비현장성 및 비로소 앎'을 나타낸다고 하였다. 또한 임홍빈(1982, 1993)에서는 '-더-'가 '의식의 단절'을 나타낸다고 하였고, 이윤하(2001)에서도 '일시적으로 의식에서 잊혀진 명제의 사건이나 사태에 대한 깨달음'과 관련되는 요소로 보았다.

한편 '-더-'의 의미를 인식 혹은 지각과 관련지어서 시점의 이동으로 파악한 연구도 있었다. 송영주(1991)에서는 '-더-'의 기본 의미를 '화자의 회상적 태도에 의한 사건을 인지시에서의 조명을 통한 방법으로 대상화시키는 표현 요소'라고 규정하였다. 최동주(1994)에서도 '-더-'의 의미를 '선행하는 명제가 나타내는 상황을 인식한 시점이 기준시점이 되게 한다'라고 규정하였다. 이남순(1995)에서는 '-더-'가 상대시제의 기준점을 제시한다고 보았으며, 이홍식(1995)에서는 '과거에 어떤 사실을 의식의 대상으로 삼아 인식하고 그것을 발화시에 다시 인식하는 것'으로, 한동완(1996)에서는 '-더-'가 '인식시의 선시성'을 나타낸다고 보았다. 그리고 이창덕(1988)에서는 '-더-'가 '화자 의식 속의 특정 시점을 기준으로 한 진술'을 나타낸다고 했고, 이재성(2001)에서는 '-더-'가 사태에 대한 인식이 발화시가 아닌 인식시에서 이루어짐을 보인다고 하였다.

이처럼 기존 연구에서는 다양한 시각에서 '-더-'의 의미를 규명하고자 했는데, 그 중에서 '회상'이나 '과거', '보고', '단절' 등의 의미는 '-더-'의 전반적인 기능을 설명하기에는 미흡한 점이 있다고 생각한다.

먼저 '-더-'의 의미를 '과거'로 파악한 경우에 대해서 살펴보기로 한다.

>   (99) 가. 철수가 어제 학교에 갔다.
>   나. 철수가 어제 학교에 가더라.

(99가)는 철수가 '학교에 가는' 행위가 어제 이루어졌음을 나타낸다. 그렇지만 (99나)에서는 어제 철수가 학교에 가는 것을 내가 직접 보고 나서, 이 사실을 알리고 있어서, 단순히 과거만을 나타내는 (99

가)는 차이를 보인다.

> (100) 가. 내일부터 기름값이 오르더라.
> 나. 영희는 내년에 미국에 가더라.

뿐만 아니라, (100)에서 보듯이 '-더-'가 과거가 아닌 현재나 미래 상황을 나타내는 경우도 있다. 따라서 '-더-'가 과거를 표현한다고 할 수가 없다.

다음으로 '-더-'의 의미를 '회상'으로 파악한 경우를 살펴보자. 과거 시제의 선어말 어미 '-았/었-'이 쓰이면 단순히 과거 상황을 진술하는 데 비해, '-더-'는 과거에 겪은 일을 회상하는 듯한 의미를 나타내기 때문에, '-더-'의 기본 의미로 '회상'을 상정하는 연구가 많았다.

> (101) 가. 그 때 나는 무척 슬프더라.
> 나. 그 식당의 음식이 참 맛있더라.

(101)만 보면 '-더-'가 회상의 의미를 지니는 것을 부정하기가 쉽지 않다. 화자가 과거에 경험한 일에 대해 되돌아보는 의미를 나타내고 있기 때문이다.

한편, 기존 연구에서는 (102)의 '-더-'는 '보고'의 의미를 지니는 것으로 보았다.

> (102) 가. 밖에 눈이 오더라.
> 나. 철수가 학교에 뛰어가더라.

예문 (102)를 보면 '-더-'가 다른 사람에게 무언가 알리는, 즉 보고 하는 기능을 하는 것처럼 보인다. 즉 (102)는 밖에 눈이 온다는 것이 나 철수가 학교에 뛰어간 것을 다른 사람에게 알리는 것을 나타내며, 이런 의미를 지니는 것은 '-더-'가 '보고'의 기능을 지니기 때문이라고 보았던 것이다.

(103) 가. 나그네는 가던 길을 멈추고 잠시 나무 밑에서 쉬고 있었다.
　　　 나. 아버지께서는 보시던 신문을 덮고는 방으로 들어가셨다.

　그렇지만 (103)과 같은 관형절에서는 보고나 회상의 의미를 찾아보기 어렵다. '-더-'가 '회상'의 의미를 표현한다고 보기 쉬운 것은 (101)의 '-더라'와 같은 문장 종결법 때문이라고 본다. '-더라'에서는 '회상'의 의미를 분명하게 인식할 수 있지만, 회상이라는 의미를 기본 의미로 설정하게 되면, 관형절에서 '-더-'가 쓰인 다른 경우를 설명하지 못하게 된다.

　그리하여 '-더-'의 의미 기능에 대한 기존 논의 중에서 '-더-'가 기준 시점을 발화시 이전으로 이동시키는 기능을 지닌다고 파악한 최동주(1994)의 견해를 대체로 따르고자 한다. 왜냐하면 '-더-'가 기준 시점을 발화시 이전의 인식시로 옮기는 기능을 한다고 봄으로써, 다른 기존 연구에서 '-더-'의 한 단면만 설명하던 한계를 극복할 수 있다고 보기 때문이다.

(104) 가. 철수가 학교에 가더라.
　　　 나. 철수가 학교에 갔더라.

　위의 (104)에서 '-더-'는 최동주(1994)에서 밝힌 것처럼, 발화시 이전에 어떤 사건이 일어났음을 알게 된 시점 즉 '인식시'를 기준 시점으로 하여 표현하는 기능을 한다. 즉 (104가)는 화자가 발화시 이전에 철수가 학교에 가는 장면을 직접 보았다는 의미를 나타내며, (104나)에서는 화자가 철수 집에 갔을 때는 철수가 이미 학교에 가고 없었거나, 다른 사람을 통해서 철수가 학교에 간 사실을 알게 되었다는 의미를 나타낸다. 기존 연구에서 '회상'이나 '보고'라는 의미를 '-더-'의 기본 의미로 상정한 것은 (104)와 같은 평서문을 염두에 둔 것인데, 이런 의미는 '-더-'의 기본 의미라기보다는 기준 시점을 옮기는 구실을 하는 '-더-'의 상황 의미에 불과하다고 본다.

따라서 '-더-' 앞에 오는 '-었-'은 '완료된 상태의 지속'을 나타내고,39) '-더-' 앞에 '-었-'이 나타나지 않는 경우는 '미완' 혹은 '진행'의 의미를 나타낸다고 본다. 그렇다고 해서 '-더-'가 '미완'의 의미를 나타낸다는 것은 아니다.40) 앞에서도 밝혔듯이, '-더-'는 기준 시점을 인식시로 옮기는 기능을 할 뿐이다. '-더-' 앞의 'ø'가 기준 시점의 현재 상태를 나타내는데, '-었-'이 '완료의 지속'을 나타내는 것과 대비되어서 '미완'의 의미로 해석될 뿐이지, '-더-'가 '미완'을 의미하지는 않는다고 본다.

이제 관형절에서 '-더-' 앞에 '-었-'이 쓰일 때와 '-었-'이 쓰이지 않을 때를 비교하면서 '-더-'의 의미에 대해 살펴보기로 한다.

(105) 가. 학교에 가던 철수가 집으로 돌아왔다.
　　　 나. 학교에 갔던 철수가 집으로 돌아왔다.

(105)에서 보듯이 관형절에서도 '-더-'는 종결형에서와 마찬가지 기능을 지니고 있다. (105가)에서는 '철수가 학교에 가는' 행동을 인식한 시점(인식시)을 기준으로 보면 현재이기 때문에 '-더-' 앞에 'ø'가 쓰였고, 인식시 기준으로 '가는' 동작이 완료된 (105나)에는 '-더-' 앞에 '-었-'이 쓰였다. (105)를 앞의 (104)와 비교해 보면, 종결형의 '-더-'와 관형절의 '-더-' 사이에 의미상으로 별다른 차이가 없음을 확인할 수 있다.

따라서 관형절의 '-더-'와 종결형의 '-더-'가 같은 형태소라고 간주하고 '-더-'가 기준 시점을 발화시 이전으로 이동시키는 구실을 하는 것으로 본다.41)

---

39) 앞에서 이미 밝힌 바와 같이 송창선(2001)에서는 현대 국어의 '-었-'이 과거 시제를 나타낼 뿐만 아니라, '완료의 지속'을 의미하는 기능도 아울러 가지고 있다고 하였다.
40) 최동주(1994: 49)에서도 '미완'이 '-더-'의 의미가 아니라 '-었-'의 부재가 갖는 문맥적 의미라고 하였다.
41) 박진호(2011: 306)에서는 "과거 비완망상을 나타내던 '-더-'는 과거 시제를 나타낸다는 시제적 의미는 유지한 채 [경험이나 추론을 통해 새로 앎]이라는 양태 내지 증거성

4. 피동법

문장은 동작이나 행위를 누가 하느냐에 따라 능동문과 피동문으로 나뉘는데, 주어가 자기 힘으로 동작을 하는 것을 **능동**(能動)이라 하고, 주어가 스스로 행동하지 않고 남의 동작을 받는 것을 **피동**(被動)이라 한다.

피동문은 일반적으로 '-이-, -히-, -리-, -기-'와 같은 피동 접미사에 의한 **파생적 피동문**과, '-어지다'에 의한 **통사적 피동문**으로 나눈다.

> (106) 가. 호랑이가 사냥꾼에게 잡혔다.
> 　　　　나. 어제 산 책이 찢어졌다.

(106가)는 피동 접미사 '-히-'가 동사 어근에 결합하여 피동문을 만든 경우이고, (106나)는 보조동사인 '-어지다'가 결합하여 피동문을 만든 것으로 본다. 국어의 피동문을 연구한 많은 기존 연구에서 (106가)는 피동문으로 인정해 왔지만, (106나)의 '-어지다'가 피동의 보조동사인지에 대해서는 논란이 있었다.

뿐만 아니라 제7차 교육과정에 따른 문법 교과서에서는 다음과 같은 유형도 피동으로 인정하였다.

> (107) 가. 사건을 일으킨 범인이 체포되었다.
> 　　　　나. 곧 사실이 드러나게 된다.

현행의 학교 문법에서는 (107가)처럼 체언 뒤에 '-되-'가 붙는 경우도 파생적 피동문의 한 유형으로 설정하였는데, '-되-'를 '-이-, -히-, -리-, -기-'와 같은 피동 접미사로 인정한 것이다. 그렇지만 현대 국어에서 '-되-'가 접미사로 쓰이는 것으로 본 견해가 타당한지에 대해

의 의미를 더 가지게 되었다."라고 주장하였다.

먼저 신중하게 검토할 필요가 있다. 아울러 '체포되다, 연결되다' 등을 피동으로 간주하면서, '체포당하다'의 '당하다'는 피동 논의에서 제외한 것도 합리적인 설명 방식이라고 하기 어렵다.

또한 학교 문법에서는 (107나)처럼 '-게 되다'를 통사적 피동으로 다루었는데, (107나)의 '곧 사실이 드러나게 된다'라는 문장과 '곧 사실이 드러난다'라는 문장이 피동문과 능동문의 관계가 아닌 데다가, '-게 되다'에서 피동의 의미를 찾을 수 없는 등의 문제가 있다.

1) 파생적 피동문

먼저 파생적 피동문은 다음과 같은 과정을 통해 만들어진다.

> (108) 가. <u>사냥꾼이</u> <u>호랑이를</u> <u>잡았다</u>. (능동문)
>   주어   목적어   서술어
>
> 나. <u>호랑이가</u> <u>사냥꾼에게</u> <u>잡**히**었다</u>. (피동문)
>   주어   부사어   서술어

능동문이 피동문으로 바뀔 때는, 위에서 보듯이 능동문의 목적어가 피동문의 주어가 되고, 능동문의 주어는 피동문의 부사어가 된다. 이와 함께 능동문의 서술어에 피동 접미사가 결합하여 피동사로 바뀌어 나타난다.

이와 같은 전형적인 피동문과는 달리, 능동사와 피동사가 존재함에도 불구하고 피동문이 만들어지지 않는 경우도 있다.

> (109) 가. 내가 밥을 먹는다.
>   나. */??밥이 나에게 먹힌다.
>   다. 오늘은 밥이 잘 먹힌다.
> (110) 가. 철수가 산을 본다.
>   나. */??산이 철수에게 보인다.
>   다. 산이 잘 보인다.

(111) 가. 그는 음악을 듣는다.
　　　나. *^{/??}음악이 그에게 들린다.
　　　다. 멀리서 음악소리가 희미하게 들린다.

위에서 보듯이 '먹다, 보다, 듣다'라는 능동사에서 파생된 '먹히다, 보이다, 들리다'가 존재하는 데도 불구하고, (109나, 110나, 111나)는 아주 어색하거나 비문이 되고 만다. 오히려 행위자가 제시되지 않고 정도를 나타내는 부사가 쓰인 (109다, 110다, 111다)가 자연스럽게 쓰인다.

국어 피동문을 살펴보면 (108)과 같은 전형적인 피동문의 숫자는 그리 많지 않고 (109-111)처럼 쓰이는 경우가 무척 많은 점을 알 수 있다.

한편, 능동문과 피동문 사이에 의미 차이가 생기는지에 대한 논란이 있었다. 변형 생성 문법이 발전해 오는 과정에서, 변형이 의미를 바꿀 수 있는지에 대한 논쟁이 일어난 적이 있다. 그 당시에 능동문에서 변형을 통해 피동문을 유도해 낸다고 보았는데, 능동문과 피동문을 비교할 때 의미 차이가 있음이 드러나게 되었다.

즉 능동문인 '사냥꾼이 호랑이를 잡았다.'와 피동문인 '호랑이가 사냥꾼에게 잡혔다.'라는 두 문장을 비교해 볼 때, 능동문은 사냥꾼에게 초점을 맞추었고, 피동문은 사슴에 초점을 맞추었음을 쉽게 확인할 수 있다.

그런데 능동문과 피동문에 수량 표현이 나타날 때, 두 문장 사이에 의미 차이가 확연히 나타난다.

(112) 가. 학생 열 명이 책 두 권을 읽었다.
　　　나. 책 두 권이 학생 열 명에게 읽혔다.

능동문인 (112가)와 피동문인 (112나) 사이에는 학생들이 읽은 책의 숫자가 차이가 난다. 능동문에서는 학생들이 적게는 두 권에서 많게는 스무 권까지 읽었지만, 피동문에서는 오로지 책 두 권만 읽은 것을 의미한다.

요컨대 능동문과 피동문은 일반적으로는 의미 차이가 거의 없지만, 수량 표현이나 부정 표현이 쓰일 때는 의미 차이가 분명하게 드러난다.

① 피동 접미사의 형태적인 특성

피동사는 (113)과 같이 능동사의 어간에 피동 접미사 '-이-, -히-, -리-, -기-'가 결합하여 만들어진다.

> (113) 가. -이- : 놓다 - 놓이다, 보다 - 보이다, 쓰다 - 쓰이다 등
> 　　　 나. -히- : 묻다(埋) - 묻히다, 박다 - 박히다, 잡다 - 잡히다 등
> 　　　 다. -리- : 듣다 - 들리다, 물다 - 물리다, 풀다 - 풀리다 등
> 　　　 라. -기- : 감다 - 감기다, 끊다 - 끊기다, 안다 - 안기다 등

이처럼 피동사로 바뀔 수 있는 능동사는 반드시 타동사여야만 한다. 그렇지만 국어의 피동 접미사 '-이-, -히-, -리-, -기-'는 모든 타동사의 어근에 무조건적으로 결합할 수 있는 것은 아닌데,[42] 이익섭·임홍빈(1983: 201-202)에서는 피동 접미사가 결합되지 못하는 동사를 아래와 같이 밝힌 바 있다.

> (114) 피동사를 가지지 못하는 동사
> 　　 가. '공부하다, 사랑하다, 생활하다' 등의 '-하다' 계 동사
> 　　 나. '주다, 받다, 드리다, 바치다'와 같은 수여동사
> 　　 다. '얻다, 잃다, 찾다, 돕다, 입다, 사다'와 같은 수혜동사
> 　　 라. '알다, 배우다, 바라다, 느끼다' 등 경험동사
> 　　 마. '만나다, 닮다'와 같은 대칭동사
> 　　 바. '던지다, 지키다, 때리다, 다리다, 만지다' 등과 같이 어간 말에 '이'를 이미 가지고 있는 동사
> 　　 사. '높이다, 붉히다, 넓히다, 웃기다, 안기다' 등과 같은 사동사

---

42) 송창선(2004)에서는 피동 접미사가 용언 어근에 결합할 수 있는 160개의 목록을 제시한 바 있다.

그렇지만 이런 설명이 국어에서 피동 접미사에 의한 파생에서 나타나는 제약을 명확하게 밝혀낸 것이라고 할 수는 없다. 서정수(1996: 1061-1062)에서 지적한 것처럼, '팔다'가 '팔리다'와 같은 피동형을 지니고 있는 것과는 달리, 그 반대말인 '사다'는 피동형을 지니지 못하는 점도 합리적으로 설명이 되지 않는다. 결국 위의 설명은 피동 접미사가 붙지 않는 용언의 대체적인 경향을 보여주었을 뿐이다.

이처럼 피동 접미사가 결합할 수 있는 동사의 숫자가 160개로서 극히 제한된 데다가, 어떤 용언의 어근에 피동 접미사가 결합할 수 있는지를 미리 판단할 수도 없으며, 더 나아가 어떤 어근에 어떤 형태의 접미사가 결합할 수 있는지도 명확하지 않았다. 그리하여 송창선(2004)에서는 국어에서 이른바 접미사에 의한 피동은 파생의 생산성이 극히 낮아서 더 이상 문법적인 장치로 다룰 수 없다고 주장한 바 있다.43)

이런 점은 거의 모든 타동사를 피동문으로 만들 수 있는 영어와는 비교할 바가 아니다. 영어에서는 피동문이 형성되는 것이 아주 규칙적이며 예외가 거의 없어서, 'have, resemble, lack'과 같은 특수한 동사를 제외하면 거의 모든 타동사 문장을 피동문으로 변환할 수 있기 때문에, 영어에서는 피동을 문법적인 장치로 다룰 만하다.

요컨대 영어에서의 피동은 아주 규칙적이어서 문법적인 장치로 다룰 만하지만, 국어에서 이른바 접미사에 의한 피동은 파생의 생산성이 극히 낮을 뿐만 아니라 어떤 어근에 피동 접미사가 결합할 수 있는지를 예측할 수가 없기 때문에 피동을 문법적인 장치로 다루기가 어렵다는 점을 확인하였다.

---

43) 김봉모(1984: 116-117)에서도 피동 접미사가 붙지 못하는 타동사 100개 가량을 제시함으로써 피동 변형의 불합리성을 지적한 바 있으며, 이홍식(1991: 117)에서도 피동문은 국어에서 소수의 예에 불과하므로 능동문과 피동문의 대립은 주변적인 문법 현상이라고 한 바 있다. 또한 서정수(1995: 1062)에서는 우리말에서는 피동법이 일부 동사에만 한정되어 있어서 문장 전체에 두루 적용되는 문법 범주로 보기 어렵다고 지적한 바 있다.

② 피동 접미사의 통사·의미적인 특성

앞에서 살펴본 피동 접미사에 의한 파생의 생산성이 극히 낮은 점 이외에도, 국어의 접미사에 의한 피동을 문법적인 장치로 다루기 어렵게 하는 현상이 있다. 즉 국어에서는 타동사는 물론이고 자동사에서도 피동사 파생이 가능할 뿐만 아니라, 동작의 입음을 나타내는 피동사가 능동적으로 쓰이기도 하고, 능동사와 피동사 사이에 의미상 불일치가 나타나기도 한다.

자동사에서 파생되는 피동사

국어에서는 피동문을 만들 때, 능동문의 목적어를 주어 위치로 옮기고 능동문의 주어를 부사어 위치로 옮기며, 아울러 능동문의 타동사 어근에 피동 접미사를 결합시켜서 피동문을 만들게 된다. 따라서 능동문의 목적어를 피동문의 주어 자리로 이동시키기 위해서는 능동문의 서술어가 타동사여야 한다는 점이 전제되어야 한다.

그렇지만 용언의 어근에 피동 접미사 '-이-, -히-, -리-, -기-'가 결합하였음에도 불구하고 대응되는 타동사 능동문을 상정하지 못하는 경우가 있어서 문제가 된다.

(115) 가. 낙엽이 바람에 난다.
　　　나. 낙엽이 바람에 날린다.
(116) 가. 종이 운다.
　　　나. 종이 울린다.

위 (115), (116)의 '날리다'와 '울리다'는 동사 '날-, 울-'에 접미사 '-리-'가 결합하여 형성되었다. 그런데 이 접미사를 피동 접미사라고 하기에는 문제가 있다. 왜냐하면 동사 '날-, 울-'은 타동사가 아니라 자동사이기 때문이다.

이익섭·임홍빈(1983: 198-199)에서는 이처럼 '날리다, 울리다'가

'울다, 날다'라는 자동사에서 파생되는 문제를 해결하기 위하여, 사동사이면서 타동사인 '날리다, 울리다'에서 피동사 '날리다, 울리다'가 파생되는 것으로 설명하였다. 즉 피동사 '날리다'는 자동사 '날다'에서 파생되는 것이 아니라, 아래 (117)과 같이 사동사인 '날리다'에서 파생되는 것으로 설명함으로써 자동사 어근에 피동 접미사가 결합하는 문제를 해결하려고 하였다.

(117) 가. 바람이 낙엽을 날린다. (사동문)
나. 낙엽이 바람에 날린다. (피동문)

그렇지만 고창수·시정곤(1991: 150-151)에서 지적한 것처럼 '졸리다'의 경우에는 이런 설명이 되지 않는다. '졸리다'의 경우에는 '졸리다'라는 사동사 형태가 존재하지 않기 때문에, '졸리다'를 타동사에서 파생되었다고 주장할 수가 없다. 따라서 '졸리다'는 자동사 '졸다'에서 파생된 것으로 보는 수밖에 없다.

(118) 가. 나는 점심시간만 되면 존다.
나. 나는 점심시간만 되면 졸린다.

이렇게 되면 위의 '날리다'와 '울리다'도 사동사 '날리다, 울리다'에서 파생된 것으로 설명할 수 있는 근거가 없어지는 것이며, 따라서 '날리다, 울리다, 졸리다' 모두 자동사 '날다, 울다, 졸다'에서 파생된 것으로 설명할 수밖에 없다. 이처럼 자동사의 어근에 피동 접미사가 붙어서 피동사가 형성되는 것은 국어의 접미 피동법을 설명하는 데 있어서 부담이 된다.44)

게다가, 아래에 제시하는 '열다-열리다'와 '걷다-걷히다'도 문제가 된다.

---

44) 「표준국어대사전」에서는 '날리다'는 피동사로 다루었지만, '울리다, 졸리다'는 피동사로 다루지 않고 '울다, 졸다'와는 별개 어휘인 것처럼 수록해 놓았다.

(119) 가. 올해는 감이 많이 열었다.
　　　나. 올해는 감이 많이 열렸다.
(120) 가. 끼었던 안개가 걷고 날이 개기 시작했다.
　　　나. 안개가 걷히자 우뚝 솟은 산이 드러났다.

(119)의 '열리다'는 '열다'에서 파생된 것으로 보이는데, '열다'와 '열리다'는 둘 다 자동사이면서 의미 차이가 거의 없다. 실제로 한글 학회의 「우리말 큰 사전」과 국립국어연구원의 「표준국어대사전」에서는 '열다'와 '열리다'를 동의어로 다루고 있다. (120)의 '걷다'와 '걷히다'의 경우에도 둘 다 자동사이면서 의미 차이가 거의 드러나지 않는다. 그런데 '열리다'와 '걷히다'도 사동사 '열리다'와 '걷히다'가 존재하지 않기 때문에 사동사에서 파생된 것으로 설명할 수가 없다. 따라서 이들도 자동사인 '열다, 걷다'에서 파생된 것으로 볼 수밖에 없다.

피동사가 능동성을 지니는 경우

원칙적으로 피동사는 동작의 입음을 나타내기 때문에 능동적인 행위를 나타내는 경우에는 쓰일 수가 없다. 따라서 (121가,다)에서 보는 바와 같이 의도적인 행위를 나타내는 '일부러'나, 능동적인 행위를 나타내는 '스스로'가 피동사가 쓰인 문장에 쓰이게 되면 아주 어색해진다. 또한 (121나,라)에서 보듯이 명령문에서는 피동사가 쓰일 수 없다.

(121) 가. ??토끼는 호랑이에게 일부러 먹혔다.
　　　나. ??토끼야, 호랑이에게 먹혀라.
　　　다. ??닭이 스스로 개에게 쫓긴다.
　　　라. ??닭아, 개에게 쫓겨라.

그런데 피동 접미사가 연결되었음에도 불구하고 피동적인 상황을 표현하지 않고 오히려 능동적인 행위를 나타내는 경우가 있어서 문제가 된다.45)

(122) 가. 아이들이 그의 팔에 매달렸다.

나. 그의 팔에 매달려라.

(123) 가. 아이는 내 품에 안겼다.

나. 애야, 내 품에 안겨라.

(124) 가. 영희는 엄마에게 업혔다.

나. 영희야, 엄마에게 업혀라.

'매달리다'는 '매달다'에 피동 접미사 '-리-'가 연결된 피동사인데, (122가)에서 보듯이 동작의 입음을 나타내지 않고 아이가 스스로 매달리는 '능동적인 행위'를 나타내고 있다. 이처럼 능동적인 행위를 나타내기 때문에 (122나)에서 보는 바와 같이 명령문에서도 쓰일 수가 있는 것이다. '매달리다'는 피동의 상황보다는 능동적인 상황에서 더 자주 쓰이고 있어서 주목할 만하다. (123), (124)의 '안기다, 업히다'도 이와 마찬가지다. (123가)와 (124가)에 '일부러'나 '스스로'라는 말을 넣어도 전혀 어색하지 않을 정도로 능동적인 행위를 보여줄 뿐만 아니라, (123나), (124나)처럼 '안기-, 업히-'에 명령형 어미를 결합시킬 수도 있다.

한편 '어울리다'는 위의 '매달리다, 안기다, 업히다'와는 약간 다른 모습을 보인다. '어울리다'가 '어우르다'에서 파생된 것임은 틀림이 없지만, 피동의 의미보다는 '어우르다'에서는 찾아볼 수 없는, 능동적인 의미를 지니고 있다. (125)에서 보듯이 '어울리다'는 능동적인 의미를 잘 드러내고 있다.

(125) 가. 철수는 친구들과 잘 어울렸다.

나. 철수야, 친구들과 잘 어울려라.

능동사와 피동사의 의미상 불일치

일반적으로 피동문이 되기 위해서는 피동문에 대응되는 능동문이

---

45) 양정석(1992: 143-144)에서는 접미 피동사 중에서 행위자성을 갖는 동사 '업히다, 안기다, 잡히다' 등이 지니는 어휘적 특질의 하나로 재귀성을 들고 있다.

있어야 하며, 그 대응되는 능동문은 피동문과 원칙적으로 의미 차이가 없어야 한다. 그렇지만 (126)에서 보듯이 피동문에 대응되는 능동문을 상정할 수 없는 경우가 있으며, 능동사와 피동사 사이에 의미상으로 큰 차이를 보이는 예들도 다수 존재한다.

> (126) 가. 나는 감기로 일주일 동안 꼬박 집에 갇혀 지냈다.
> 나. 나는 여기까지 오는 데 한 시간이 걸렸다.
> 다. 창수는 요즈음 일에 묻혀 산다.
> 라. 그는 틀에 박힌 생활에 짜증이 나기 시작했다.
> 마. 그녀는 한 동안 슬픔에 싸여 있었다.
> 바. 그 당시에는 그가 형님 댁에 얹혀 살고 있었다.
> 사. 그녀는 시간에 쫓겨 집안 일을 돌볼 틈이 없다.
> 아. 그분은 사람들에게 얼굴이 많이 팔렸다.

(126가)의 '갇히다'에는 "어떤 공간에 있게 되다."라는 뜻을 지니고 있고, 능동사인 '가두다'는 "사람을 일정한 장소에 넣고 나오지 못하게 하다."라는 뜻을 지닌다. 위의 '갇히다'는 다른 사람이 나를 가둔 것이 아니라, 내 스스로가 아파서 밖으로 나오지 못하는 것을 뜻한다. 우리는 여기서 능동사인 '가두다'와 피동사인 '갇히다' 사이의 의미 차이를 확연히 느낄 수 있다. (126나)에서도 '걸리다'는 "시간이 들다"라는 의미를 지니는데, 이런 의미는 '걸다'에서는 찾아볼 수 없는 것이다. (126다-마)에서도 '일에 묻거나, 틀에 박거나, 슬픔에 싸는' 능동문을 상정하지 못한다. (126바)에서도 "남에게 의지하여 신세를 지다."라는 뜻은 '얹히다'에만 있으며, (126사)의 경우에도 '쫓다'에서는 찾아볼 수 없는 의미를 '쫓기다'에서 확인할 수 있다. (126아)에서도 어떤 행동주가 그분의 얼굴을 팔지는 않았다.

이처럼 능동문을 상정하지 못하는 예는 '길이 갈리다, 음식이 혀에 감기다, 먹구름이 걷히다, 소문이 깔리다, 과일이 달리다, 이슬이 맺히다, 옷이 어울리다, 날씨가 풀리다' 등등 많이 찾아볼 수 있다.

이와는 달리, 능동사와 피동사가 현대 국어에서 공존하고 있지만, 능동문을 피동문으로 바꾸지 못하는 경우도 있다.

(127) 가. 그는 담배를 끊었다.
　　　 나. 그들은 정을 나눈다.
　　　 다. 간호사가 학생들의 팔에 주사를 놓는다.
　　　 라. 철수는 두 사람 사이의 싸움을 막았다.
　　　 마. 그는 트럭을 몰았다.
　　　 바. 우리는 그를 반장으로 밀었다.
　　　 사. 그녀는 지금 대학원 과정을 밟고 있다.
　　　 아. 그는 흥에 취해 노래를 한 곡조 뽑았다.

'끊다'의 피동사는 '끊기다'이지만, (127가)를 피동문으로 바꾼 "*담배가 그에게 끊겼다."는 비문이 되고 말며, '나누다'의 피동사는 '나뉘다'이지만 (127나)를 바꾼 "*정이 그들에게 나뉜다."라는 피동문은 쓰이지 않는다. (127다-아)의 경우에도 능동사에 대응하는 피동사가 현대 국어에서 각각 존재하지만, 이들 능동문을 피동문으로 변환시킬 수는 없다는 것이 문제이다.

요컨대 피동사가 쓰인 피동문이 쓰이고 있음에도 불구하고 이에 대응되는 능동문을 상정할 수 없는 예가 많았으며, 목적어를 가지는 정상적인 타동사 문장일 뿐만 아니라 이들 동사가 각각 피동사를 가짐에도 불구하고 이 문장을 피동문으로 변환시키지 못하는 예도 다수 있음을 확인할 수 있었다. 만일 능동사와 피동사 사이에 의미상의 불일치가 없다면, 능동문을 피동문으로 바꾸지 못하거나, 이미 존재하는 피동문에 대응되는 능동문을 상정하지 못할 이유가 없을 것이다.

2) '-아/어지다'의 기능

'-아/어지다'를 피동의 보조용언으로 다룬 기존 연구에는 최현배

(1937=1980)을 비롯하여 성광수(1976), 이기동(1978), 남기심·고영근(1985) 등이 있으며, 제7차 교육과정에 따른 고등학교 「문법」 교과서에서도 '-아/어지다'를 피동의 보조동사로 다루고 있다. 성광수(1976: 173-178)에서는 형용사와 자동사에 '-아/어지다'가 결합하는 경우를 '기동적 피동'으로 다루었고, 타동사에 결합하는 '-아/어지다'는 피동의 기능을 가지는 것으로 보았으며, 이기동(1978)에서는 '형용사 + -아/어지다'와 '형용사 + 사역접미사 + -아/어지다'는 피동의 의미가 없다고 하였다.

이와는 달리, '-아/어지다'를 피동으로 다루지 않은 연구에는 임홍빈(1982), 이은규(1984), 박성종(1984), 김석득(1984), 조오현(1995ㄴ), 서승현(1996), 유혜원(2000), 이정택(2004) 등이 있다. 이은규(1984: 37-41)에서는 '-아/어지다'가 피동을 표현하지 않고 "비의도적으로 일어나는 상태 변화의 과정"을 나타낸다고 하였으며, 박성종(1984), 이정택(2004)에서는 단순한 "상태의 변화"를 표현한다고 하였다. 우인혜(1992: 51-65, 1993)에서는 '-아/어지다'가 피동화가 아닌 기동상이나 기동화로 보아야 한다고 하였다. 또 유혜원(2000)에서는 '-아/어지다'가 '자동사화'의 기능을 지니는 것으로 보았고, 조오현(1995ㄴ)에서는 '과정상'을 나타내는 것으로 파악하였다.

송창선(2005)에서는 '높다'와 '높아지다'와 같이 형용사에 '-어지다'가 결합하는 경우에는 능동과 피동의 관계를 상정할 수가 없다고 하였다. 피동을 "동작을 직접 수행하는 것이 아니라 다른 사람의 동작을 입는 것"이라고 하는데, 형용사에서 동작을 입는 경우를 생각할 수가 없기 때문이다. 이 때의 '-어지다'의 기능은 형용사를 자동사로 만드는 것으로 파악하였다.

아울러 '줄다, 줄어지다'와 같이 자동사에 '-어지다'가 결합하는 경우에는 자동사인 '줄다'에 '-아/어지다'가 결합하여 새로운 자동사 '줄어지다'가 만들어졌으므로, '-아/어지다'의 문법적 기능은 형용사의 경우와 마찬가지로 "자동사화"이며, 그 의미는 피동과는 무관한 "상태의 변화"를 의미한다고 하였다. 끝으로 타동사에 '-아/어지다'가 결합할 때, '-아/어지다'가 피동을 의미하지 않고 "(저절로) 그렇게 됨"을 뜻한다고 보았다. 햇볕이 나무 때문에 '가려지고', 기름이 없어서 불이 저절로 '꺼지는' 데서 동작의 입음을 생각할 수가 없으며, 동작의 주체를 상정할 수가 없기 때문이다.46)

3) '되다, 받다, 당하다'와 피동의 관계

'되다'와 피동의 관계

앞에서 이미 밝힌 것처럼, 현행의 학교 문법에서는 체언 뒤에 '-되-'가 붙는 경우도 파생적 피동문의 한 유형으로 설정하였는데, 이는 '-되-'를 '-이-, -히-, -리-, -기-'와 같은 피동 접미사로 인정한 것이다. 그렇지만 현대 국어에서 '-되-'가 접미사로 쓰이는 것으로 보는 것이 타당한지에 대해 신중하게 검토해 볼 필요가 있다.

일반적으로 '공부하다, 가난하다'의 '-하-'는 체언(혹은 체언 상당어구) 뒤에 붙어서 동사나 형용사를 형성하는 접미사로 다루고 있다. 그 까닭은 '공부하다, 가난하다'에서 '하다'가 지니던 본래 의미를 그대로 지니지 않고, 서술어를 만드는 구실을 하기 때문이다.

'하다'는 "사람이나 동물, 물체 따위가 행동이나 작용을 이루다", "먹을 것, 입을 것, 땔감 따위를 만들거나 장만하다", "표정이나 태도 따위를 짓거나 나타내다" 등의 의미를 지니고 있다. 그렇지만 파생어를 형성하는 구실을 하는 접미사 '-하-'는 '하다'의 원래 의미를 그대로 지니고 있지 않다. '-하다'의 의미 가운데 '공부하다, 생각하다'는 '공부를 하다, 생각을 하다'로 보아 '하다'의 의미를 그대로 지니는 것

---

46) '-아/어지다'를 피동으로 다루지 않으면 '잊혀지다, 보여지다, 쓰여지다' 등도 피동의 의미에 '저절로 그렇게 되다'라는 의미를 덧붙인 것으로 보아, 이중 피동과는 무관하다고 볼 수도 있다.

으로 볼 수 있지만, 나머지 경우의 '-하다'는 '하다'의 의미를 지니는 것으로 볼 수 없다. 그저 새로운 동사나 형용사를 만드는 형식적인 의미만 지니기 때문에, 이를 접미사로 처리한 것이다.

그렇지만 '되다'의 경우에는, '되다'가 동사로 쓰여 피동의 의미를 지니는 경우와 접미사로 쓰여 피동의 의미를 지니는 경우가 다른 점을 발견할 수 없다. 즉 '가결되다, 사용되다, 형성되다'를 '가결이 되다, 사용이 되다, 형성이 되다'로 보아 동사 '되다'로 설명하는 데 전혀 문제가 없다.

그렇다면 '되다'의 '되'를 '-이-, -히-, -리-, -기-'와 같은 피동 접미사와 같은 성격을 지니는 것으로 설명한 것은 문제가 있다.47)

 톺·아·보·기

'받다, 당하다'와 피동의 관계

지금까지의 피동법 연구에서 '받다'와 '당하다'를 피동의 범주 속에 포함시켜서 논의하는 경우도 있었다. '받다'와 '당하다'가 피동의 의미를 지니고 있는 것으로 본 것이다.

'받다'와 '당하다'는 피동의 의미를 지니고 있는 것은 사실이지만, 이를 피동법 논의에 포함시키는 것은 무리가 있다. 피동법은 어휘적인 차원의 문제가 아니라 문법적인 차원의 문제이기 때문이다. 국어의 '받다, 당하다'가 피동의 의미를 띠고 있다고 해서 이를 피동법에서 다루게 되면, '없다, 모르다'도 부정의 의미를 지니고 있기 때문에 이들을 부정법 논의에 포함시켜야 할 것이다.

---

47) 고영근·구본관(2008: 351)에서는 '되다'와 '받다, 당하다' 등을 넓은 의미의 피동 표현으로 다루면서도 어휘적 특성이 강하므로 문법적인 피동문의 논의에서 제외하는 것이 일반적이라고 하면서도, '걱정하다-걱정되다', '존경하다-존경받다'에서 능동문과 피동문의 대응관계가 성립한다고 보아 피동문으로 다루었다.

(1) 가. 여기 꽃이 있다.　　　　나. 여기 꽃이 없다.
　　다. 여기 꽃이 있지 않다.

　김종택(1983: 87-98)에서 지적한 바와 같이, (1가)의 부정이 (1
나)라고 하면, '알다'의 부정이 '모르다'이고, '많다'의 부정은 '적
다'가 되며, '늙다'의 부정은 '젊다'가 된다. 이들은 국어의 어휘
체계에서 대립되는 쌍이기는 하지만, 문법적인 장치인 부정법이
적용되는 것은 아니다. 이와 마찬가지 이유에서 '받다, 당하다'도
피동의 의미를 지닌 어휘에 불과하다고 본다.

　그런데 「표준국어대사전」에서는 '-받다'와 '-당하다'를 표제어
로 제시하면서 이들을 피동의 의미를 더해주는 접미사로 다루고
있다. 그렇지만 '강요받다, 버림받다'는 '강요를 받다, 버림을 받
다'로 보아도 무방할 뿐만 아니라, '거절당하다, 무시당하다' 등에
서도 '거절을 당하다, 무시를 당하다' 등으로 보는 것이 더 간결하
고 합리적인 설명 방식이라고 본다.

　요컨대, 국어의 '받다, 당하다'는 피동의 의미를 더해주는 접미
사로 처리할 것이 아니라, 단순히 피동 의미를 지니는 동사일 뿐,
피동법과는 무관하다고 본다.

5. 사동법

　지금까지 사동법 관계 연구에서 다루어온 사동법의 유형은 대체로
다음과 같다.

(128) 가. 철수가 길을 넓혔다. (형용사 + 접미사)
　　　나. 영희는 고기를 익혔다. (자동사 + 접미사)

다. 어머니가 아이에게 젖을 먹였다. (타동사 + 접미사)
라. 선생님께서는 학생들이 책을 읽게 하셨다.
마. 아버지께서는 영수에게 심부름을 시켰다.

(128가-다)를 **파생적 사동**(단형 사동, 접미형, 짧은형)이라 하고, (128라)를 **통사적 사동**(장형 사동, '-게 하-'형, 긴형), (128마)를 어휘적 사동형(대체적 사동형)이라고 하는데, 위의 다섯 유형 중 어느 것을 국어 사동법의 범주에 포함시키는가 하는 문제는 학자들에 따라 다소 차이가 있다. 통사적 사동, 파생적 사동, 어휘적 사동 모두를 인정하는가 하면, 통사적 사동과 파생적 사동만을 인정하기도 하고, 통사적 사동이나 파생적 사동 하나만을 사동으로 다루기도 했다. 그뿐만 아니라, 파생적 사동에 있어서도 접미사가 붙으면 무조건 인정하는 것이 아니라, 사동주나 피사동주의 조건을 규정하여 사동과 타동을 구분하는 등 범주 설정 문제에 있어서 많은 논란이 있어 왔다.

사동 표현에 대한 본격적인 논의를 하기 위해서, 우리는 사동의 개념에 대해 살펴보기로 한다. 사동의 개념을 제대로 이해하기 위해서는 '사동'과 '타동'을 엄격하게 구별할 필요가 있다.

'사동'과 '타동'의 개념은 '자동, 주동, 능동, 피동'의 관계 속에서 파악될 수 있다.

(129) 자동 ↔ 타동,   주동 ↔ 사동,   능동 ↔ 피동

즉, '사동'은 '주동'의 대가 되는 개념이고, '타동'은 '자동'의 대가 되는 개념으로 파악할 수 있다.

주지하다시피 '자동(intrasitive)'은 목적어를 취하지 못하는 서술어를 가리키며, '타동(transitive)'은 목적어를 취하는 서술어를 가리킨다. 반면에 '주동'은 행위자가 직접 행동하는 것을 나타내고, '사동(causative)'은 사동주(causer)가 피사동주(causee)로 하여금 어떤 행위를 하게끔 하는 것을 뜻한다. 따라서 타동사의 경우에는 대상에게

직접적인 작용을 하기 때문에 대상의 자발적인 의지를 고려할 여지가 없는 반면에, 사동사의 경우에는 시킴을 받는 피사동주의 의지를 확인할 수 있어야 한다.

사동의 개념을 규정한 기존 연구를 살펴보면, 최현배(1937=1980)에서는 "하임움직씨라는 것은 직접으로 바탕스런(實質的) 움직임을 하지 아니하고 남에게 그 움직임을 하게 하는 꼴스런(形式的) 움직임을 나타내는 움직씨"라고 했고, 허웅(1983)에서는 "「하임」이란, 하임의 주체(시키는 사람)가 어떤 다른 사람을 시켜 어떠한 행동을 하게 하는 것을 뜻한다. …… 우리가 하임말이라고 불러온 것은, 이러한 전형적인 예는 오히려 드물고, 하임말의 주체가 실지로 행동을 하고 있는 경우가 대다수이다."라고 했으며, 이익섭·임홍빈(1983)에서도 사동을 "어떤 인물 즉 使動主(causer)가 다른 인물 즉 被使動主(causee)로 하여금 어떤 일을 하게 하는 態의 일종"이라 하여 피사동주의 행동이 개입됨이 없이 직접 행동을 하는 것은 사동으로 처리하지 않아야 함을 암시하고 있다.

그럼에도 불구하고 국어 사동법을 논의하는 데 있어서 사동과 타동 간의 혼란이 있었음은 사실이다. 뿐만 아니라, 서구 문법 특히 영문법에서의 사동에 관한 이론을 그대로 무리하게 적용함으로써 언어의 보편성에 치중한 나머지 국어의 특수성을 감안하지 못한 경우도 있었다.

1) 파생적 사동문

파생적 사동문에서는 서술어로 사동사가 쓰이는데, 사동사는 주동사의 어간에 사동 접미사 '-이-, -히-, -리-, -기-, -우-,[48] -구-, -추

---

48) 현행의 문법 교과서에서는 사동사 '세우다'는 '서다'에 두 개의 사동 접미사가 연속되어 있는 '-이우-'가 붙은 것으로 설명하고 있다. 공시적으로 볼 때 사동 접미사가 두 개가 연속되었다고 하는 설명은 있을 수가 없다. 이런 관점에 서면 '영숙이가'는 주격 조사가 두 개 연속되어 있다고 해야 할 것이다.

-' 등이 붙어서 만들어진다.

(130) 가. <u>담이</u> <u>높다</u>. (주동문)
          주어   서술어
           ↓   ↓
    나. <u>사람들이</u> <u>담을</u> <u>높인다</u>. (사동문)
        주어   목적어 서술어

(131) 가. <u>아이가</u> <u>밥을</u> <u>먹었다</u>. (주동문)
          주어   목적어 서술어
           ↓   ↓
    나. <u>어머니가</u> <u>아이에게</u> <u>밥을</u> <u>먹이었다</u>. (사동문)
        주어   부사어   목적어   서술어

위에서 보듯이 주동문이 사동문으로 바뀔 때는, 먼저 사동문의 주어가 새로 도입되고, 주동문의 주어는 사동문의 목적어나 부사어가 된다. 주동사가 형용사나 자동사이면 주동문의 주어는 사동문의 목적어가 되고, 주동사가 타동사이면 주동문의 주어는 사동문의 부사어가 된다. 물론 주동문의 목적어는 사동문에서도 그대로 목적어로 쓰인다.

그런데 겉으로 보기에 사동 접미사가 쓰였지만 사동사로 보지 않는 경우도 있다.

(132) 가. 그는 아이에게 밥을 <u>먹이</u>고 있다.
      나. 그는 공을 <u>굴려</u>서 뒤로 보냈다.
      다. 철수는 딸에게 예쁜 옷을 <u>입혔</u>다.
      라. 그는 아이에게서 헌 옷을 <u>벗겼</u>다.
(133) 가. 그는 고향에서 소를 <u>먹이</u>고 있다.
      나. 그는 돈을 잘 <u>굴려</u>서 수익이 많이 남았다.
      다. 철수는 지붕에 파란색을 <u>입혔</u>다.
      라. 그는 오랜만에 때를 <u>벗겼</u>다.

(132)의 '먹이다, 굴리다, 입히다, 벗기다'는 '~게 하다'라는 의미를

지닌 사동사이지만, (133)의 경우에는 '키우다, 운용하다, 덮어씌우다, (가죽 따위를) 떼어내다'의 의미를 지니는 타동사이다. 이들 타동사는 본래는 어근에 사동 접미사가 결합한 사동사였다가, 세월이 흐름에 따라 어근의 의미와는 멀어져서 별개의 타동사로 굳어진 것이다.

한편, 사동사는 형용사[49), 자동사 및 타동사에 사동 접미사가 결합하여 파생될 수 있다[50).

(134) 사동 접미사에 의한 파생

접미사의 종류	형용사 + 접미사	자동사 + 접미사	타동사 + 접미사
-이-	높다 - 높이다	녹다 - 녹이다	보다 - 보이다
-히-	밝다 - 밝히다	앉다 - 앉히다	입다 - 입히다
-리-		울다 - 울리다	듣다 - 들리다
-기-		웃다 - 웃기다	감다 - 감기다
-우-		깨다 - 깨우다	차다 - 채우다
-구-		솟다 - 솟구다	
-추-	낮다 - 낮추다		

그런데 사동 접미사의 형태가 어근 말음의 음운 환경에 의해서 규칙적으로 나타나지 않는다. 예를 들면, '곧다 - 곧추다, 굳다 - 굳히다, 걷다 - 걸리다, 뜯다 - 뜯기다'에서 보듯이 어근 말음이 'ㄷ'일 때,

---

49) '인부가 담을 높이다'와 같이 형용사에 사동 접미사가 결합한 경우에는 형용사가 주동사가 될 수가 없으므로 사동 논의에서 제외하기도 한다. 학자들에 따라서 형용사의 경우를 사동 논의에 포함시키는 이유는 사동 접미사가 결합하는 것이 동사와 다르지 않고, 사동의 개념을 '원인-결과' 사태를 나타내는 것으로 보고 '~이 되게 하다'라는 의미로 해석할 수 있다고 보기 때문이다.

50) 사동 접미사는 '-이-, -히-, -리-, -기-, -우-, -구-, -추-'이고 피동 접미사는 '-이-, -히-, -리-, -기-'인데, 사동사와 피동사의 형태가 다른 것이 일반적이다. 그런데 '깎이다, 들리다, 보이다, 벗기다, 잡히다 등'은 사동사와 피동사의 형태가 같은데, 이럴 때는 문장구조를 보고 사동사인지 피동사인지 파악해야 한다.
　　(1) 가. 그는 나에게 복근을 보여주었다.
　　　　나. 그의 복근이 살짝 보였다.
　　(2) 가. 어머니는 아이에게 연필을 잡혔다.
　　　　나. 도둑이 경찰에게 잡혔다.
(1), (2)에서 보듯이 사동사인 경우에는 목적어가 나타나지만, 피동사인 경우에는 목적어가 나타나지 않는 차이가 있다.

사동 접미사의 형태는 '-추-, -히-, -리-, -기-'와 같이 다양하게 나타난다. 즉 사동 접미사의 형태가 어근의 음운 환경에 의해 예측할 수 없을 정도의 불규칙성을 보이는 것이 사실이다.

뿐만 아니라, 앞에서 살펴본 피동사의 경우와 마찬가지로 사동사의 숫자도 그리 많지 않다. 송창선(1994=1998: 132-137)에서는 현대 국어의 기본 용언 1,239개 중에서 사동 접미사가 결합할 수 있는 것은 233개에 불과하다고 하였으며, 이익섭·채완(1999)에서는 아래와 같이 사동사로 파생될 수 없는 동사를 제시하였다.

> (135) 사동사를 가지지 못하는 동사
> 　　가. '공부하다, 사랑하다, 생활하다' 등의 '-하다' 동사,
> 　　나. '주다, 받다, 드리다, 바치다'와 같은 수여동사,
> 　　다. '만나다, 닮다'와 같은 대칭동사
> 　　라. '던지다, 지키다, 때리다, 다리다, 만지다' 등과 같이 어간이
> 　　　　'이'로 끝나는 동사

그런데 사동 접미사가 붙어서 파생어를 만들 수 있느냐 없느냐 하는 문제는 전적으로 어휘적인 문제일 뿐이며, 이를 규칙화하는 작업은 현재로서는 불가능하다고 본다.

2) 통사적 사동문

통사적 사동문은 주동사의 어간에 사동의 보조용언 '-게 하다'가 붙어서 만들어진 사동문이다.[51]

---

51) 학자들에 따라서 주동사의 어간에 보조적 연결 어미 '-게'나 '-도록'을 붙이고, 그 뒤에 보조동사 '하다'나 '만들다'를 결합시키는 다음의 네 가지를 모두 사동문으로 다루기도 한다.
　　가. 어머니는 아이{가, 에게} 밥을 먹게 하셨다.
　　나. 어머니는 아이{가, 에게} 밥을 먹도록 하셨다.
　　다. 어머니는 아이{가, 에게} 밥을 먹게 만드셨다.
　　라. 어머니는 아이{가, 에게} 밥을 먹도록 만드셨다.

(136) 어머니는 아이{가, 에게} 밥을 먹<u>게</u> 하셨다.

(136)에서는 '어머니'(사동주)는 '아이'(피사동주)에게 '밥을 먹는 행동'(피사동 행위)를 '하게 만드는'(사동 행위) 것을 나타내고 있다.

파생적 사동문의 경우에는 사동 접미사가 결합하여 사동사를 형성할 수 있는 용언의 숫자가 극히 제한적이었지만, 통사적 사동문의 경우에는 '-게 하다'가 결합할 수 있는 용언의 종류에는 거의 제한이 없다.

(137) 가. 인부들이 담을 높<u>게</u> 하였다.
　　　나. 농부들은 빗물이 잘 흘러가<u>게</u> <u>만들</u>었다.
　　　다. 선생님께서는 학생들에게 내일까지 숙제를 해 <u>오게</u> <u>하</u>셨다.
　　　라. 할아버지께서는 철수로 하여금 영희에게 먼저 사과하<u>게</u> <u>만드</u>셨다.

위에서 보듯이 동사 뒤에는 아무런 제약없이 '-게 하다'가 결합할 수 있으며, 형용사 뒤에도 '-게 하다'가 결합할 수 있음을 알 수 있다. 다만 (137가)에서 보듯이 성질이나 상태를 나타내는 형용사는 동작과는 무관하기 때문에, '-게 하다'가 결합하면 어색하다고 느낄 수 있다.

3) 두 가지 사동문의 차이

앞에서 살펴본 바와 같이 국어의 사동 표현에는 통사적 사동문과 파생적 사동문의 두 가지가 있는데, 이 두 가지 사동문은 통사적으로나 의미적으로 약간의 차이를 보인다.

두 가지 사동문의 통사적 차이

먼저 파생적 사동문과 통사적 사동문은 서술어의 숫자에서 차이를 보인다. 즉, 파생적 사동문에는 서술어가 하나밖에 없는데, 통사적 사동문에는 서술어가 둘이라는 차이가 있다.[52] 그리하여 주체 높임의 선어말 어미 '-시-'가 파생적 사동문에서는 한 군데만 나타날 수 있지만, 통사적 사동문에서는 두 군데 나타날 수 있다는 차이를 보인다.

이런 차이 이외에도 파생적 사동문과 통사적 사동문은 격조사의 차이가 나타날 뿐만 아니라, 부정소의 작용 범위와 부사어의 수식 범위 등에서도 차이를 보인다.

첫째, 통사적 사동문에서는 피사동주에 '에게'나 '이/가'가 결합할 수 있지만, 파생적 사동문에서는 피사동주에 '에게'만 올 수 있고 '이/가'는 쓰일 수 없는 차이를 보인다.

> (138) 가. 민규는 딸{*이, 에게} 밥을 먹이었다.
>   나. 민규는 딸{이, 에게} 밥을 먹게 하였다.
> (139) 가. 지영이는 지안이{*가, 에게} 옷을 입히었다.
>   나. 지영이는 지안이{가, 에게} 옷을 입게 하였다

위에서 보듯이 통사적 사동문의 경우에는 내포문 서술어가 제 기능을 할 수 있기 때문에 내포문의 주어 자리에 주격 조사 '이/가'를 쓸 수 있다. 그러나 파생적 사동문에서는 어근과 사동 접미사가 서로 밀착되어 한 단위로 인식되기 때문에 내포문의 주어로 설정한 '딸'이나 '지안이'에 대한 서술어가 따로 존재하지 않기 때문에 주격을 부여받지 못하는 것이다.

둘째, 파생적 사동문과 통사적 사동문은 부정의 부사 '안, 못'의 작용 범위에 있어서도 차이를 보인다.

> (140) 가. 어머니는 철수에게 밥을 {안, 못} 먹였다.
>   나. 어머니는 철수에게 밥을 먹이지 {않았다, 못했다}.
> (141) 가. 어머니는 철수가 밥을 {안, 못} 먹게 했다.

---

52) 통사적 사동문에는 서술어가 두 개 나타나는데, 서술어 '먹-'의 주어는 '아이'이고 '-게 하-'의 주어는 '어머니'로 볼 수밖에 없다. 다른 보조 용언이 쓰인 경우에는 '아이가 밥을 먹지 않는다'에서 보듯이 새로운 주어가 도입되지 않지만, '-게 하-'의 경우에는 새로운 주어(사동주)가 도입되는 점이 특이하다. 이런 점 때문에 '-게 하다'를 보조 동사로 다루지 말고 본 용언으로 다루어야 한다는 주장을 제기하는 경우도 있다.

나. 어머니는 철수가 밥을 먹게 하지 {않았다, 못했다}.

위에서 보듯이 통사적 사동문인 (141)에서는 사동 행위와 피사동 행위를 각각 부정할 수 있다. 즉 철수가 먹는 행동을 부정할 수도 있고, 어머니가 먹게 하는 행동을 부정할 수도 있다. 그렇지만 파생적 사동문인 (140)에서는 사동 행위와 피사동 행위를 분리하지 못하고, 어머니가 먹이는 행동만을 부정할 수 있을 뿐이다.

셋째, 부사어의 수식 범위를 살펴보면 파생적 사동문과 통사적 사동문의 차이를 확인할 수 있다.

먼저 시간을 나타내는 부사어가 쓰일 때 (142가)의 파생적 사동문에서는 '5분 동안'이 민수가 웃기는 행동을 한 시간을 가리키지만, (142나)의 통사적 사동문에서는 민수가 웃게 한 시간을 가리킬 수도 있고, 영희가 웃은 시간을 가리킬 수도 있다.

(142) 가. 민수가 영희를 5분 동안 웃겼다.
      나. 민수가 영희를 5분 동안 웃게 했다

또한 통사적 사동문에서는 사동 행위('-게 하-')와 피사동 행위('죽-') 사이에 시차가 있을 수 있지만, 파생적 사동문에서는 사동 행위와 피사동 행위 사이에 시차가 있을 수 없다.

(143) 가. *의사는 약을 <u>내일</u> 먹였다.
      나. 의사는 약을 <u>내일</u> 먹게 했다.

그래서 시차가 있는 상황에서 (143나)처럼 통사적 사동문은 쓰일 수 있지만, (143가)처럼 파생적 사동문은 쓰일 수 없다.

뿐만 아니라, 장소 부사어가 쓰인 경우에도 파생적 사동문과 통사적 사동문은 차이를 보인다.

(144) 가. 어머니는 <u>마루에서</u> 아이를 <u>재웠다</u>.

나. 어머니는 <u>마루에서</u> 아이가 자<u>게</u> 했다.
(145) 가. *<u>서울에서</u>, 영수는 대구에서 영희를 죽였다.
　　나. <u>서울에서</u>, 영수는 <u>대구에서</u> 영희를 죽<u>게</u> 했다.

(144가)처럼 파생적 사동문이 쓰인 경우에는 어머니가 재우는 행위를 한 장소와 아이가 자는 장소가 일치해야 하지만, 통사적 사동문이 쓰인 (144나)에서는 마루에 계시는 어머니가 아이에게 방에서 자게 할 수 있는 것처럼, 사동 행위와 피사동 행위가 일어나는 장소가 다를 수 있다는 것이다. 이런 점은 (145)에서 더 분명하게 드러나는데, 파생적 사동문에서는 공간적인 거리가 있게 되면 비문이 되지만, 통사적 사동문에서는 사동 행위와 피사동 행위를 분리할 수 있기 때문에 공간적인 거리가 생기더라도 문제가 없는 것이다.

끝으로, 도구를 나타내는 부사어의 경우에도 파생적 사동문과 통사적 사동문은 차이를 보인다.

(146) 가. 어머니가 아이에게 <u>숟가락으로</u> 밥을 먹였다.
　　나. 어머니가 아이에게 <u>숟가락으로</u> 밥을 먹<u>게</u> 했다.

(146가)에서 '숟가락'은 어머니가 아이에게 밥을 떠먹이는 도구로만 쓰일 수 있는 데 반해, (146나)에서는 아이가 밥을 먹는 도구로도 쓰일 수 있고 어머니가 아이에게 밥을 먹게 만드는 도구가 될 수도 있다는 차이를 보인다.

두 가지 사동문의 의미 차이

앞에서 우리는 통사적 사동문과 파생적 사동문의 통사적 차이에 대해 살펴보았는데, 두 가지 사동문은 내포문의 격조사에 있어서 차이를 보일 뿐만 아니라, 부정소의 작용 범위와 부사어의 수식 범위에 있어서도 차이를 보였다. 이러한 차이는 결국 파생적 사동문은 사동 행위와 피사동 행위를 분리할 수 없고 통사적 사동문은 사동 행위와 피사동 행위를 분리할 수 있는 데서 비롯된 것이라고 할 수 있다.

두 가지 사동문의 통사적 차이는 두 가지 사동문의 의미 차이와 밀접한 관련이 있다. 즉 사동 행위와 피사동 행위를 분리할 수 없는 파생적 사동문은 '직접 사동'의 의미를 지니고, 사동 행위와 피사동 행위를 분리할 수 있는 통사적 사동문은 '간접 사동'의 의미를 지니는 것으로 본다.

> (147) 가. 어머니께서 아이에게 우유를 먹이셨다.
> 　　　 나. 어머니께서 아이에게 우유를 먹게 하셨다.

(147가)와 같은 파생적 사동문에서는 특별한 경우가 아니면 아이가 '우유를 먹는' 피사동 행위를 스스로 하는 것으로 해석하기가 쉽지 않다. (147가)는 대체로 사동주인 어머니가 아이에게 우유를 먹이는 행위를 직접 수행하는 것으로 해석된다. 이처럼 사동주가 사동 행위를 직접 수행하기 때문에 **직접 사동**이라고 한다.

그렇지만 (147나)와 같은 통사적 사동문에서는 피사동주인 아이가 스스로 우유를 먹는 피사동 행위와, 어머니가 시키는 사동 행위를 분리할 수 있으며, 어머니는 직접 행동을 수행하지 않고 피사동주인 아이가 먹도록 하기 때문에 **간접 사동**이라고 한다.

국어에서는 파생적 사동문은 대체로 직접 사동의 의미를 지니고, 통사적 사동문은 간접 사동의 의미를 지니는 것으로 본다.

그렇지만 파생적 사동문이 항상 직접 사동의 의미를 지니는 것만은 아니다.

> (148) 가. 노약자부터 태웁시다.
> 　　　 나. 노약자부터 타게 합시다.
> (149) 가. 선생님께서는 창수에게 책을 읽히셨다.
> 　　　 나. 선생님께서는 창수에게 책을 읽게 하셨다.

일반적으로 (148가)는 노약자를 직접 태워 주는 경우에도 쓸 수 있고, 노약자에게 순서를 양보하여 먼저 탈 수 있게 하는 경우에도 쓸수 있다. 즉 (148가)의 '태우다' 같은 경우에는 파생적 사동문이 직접 사동의 의미를 지니지만, 간접 사동의 의미도 지닌다는 것을 알 수 있다. 그리고 (149)에서는 파생적 사동문이 직접 사동의 의미를 지니지 못하는 경우이다. (149가)의 사동주인 '선생님'은 창수가 읽는 행동을 대신하거나 직접 할 수가 없어서, 파생적 사동문이기는 하지만, 직접 사동의 의미는 갖지 않는다.

그렇지만 (148가), (149가)와 같은 경우는 특수한 예에 불과하며, 일반적인 경우에는 파생적 사동문은 직접 사동의 의미를 지니고, 통사적 사동문은 간접 사동의 의미를 지닌다.

 톺·아·보·기

'시키다'와 사동의 관계

사동 표현을 다룬 기존 연구 중에는 다음과 같이 '시키다'가 쓰인 문장을 사동문으로 다룬 경우도 있다.

    (1) 가. 어머니는 아들에게 심부름을 <u>시켰다</u>.
        나. 선생님은 늦게 온 학생들에게 청소를 <u>시키셨다</u>.
    (2) 가. 아들이 심부름을 한다.
        나. 늦게 온 학생들이 청소를 한다.

'시키다'를 사동법으로 다룬 연구에서는 (1)이 어떤 행위를 하게 하는 표현이며, (2)와 같은 피사동 행위를 상정할 수 있기 때문에 사동법으로 다루었다.

'시키다'는 "어떤 행동을 하게 하다."라는 의미를 지니기 때문에, 의미론적인 기준으로 보면 사동의 의미를 충족시키고 있다. 그렇지만 문법적인 기준으로 보면 '시키다'는 사동 표현이 아니다.

왜냐하면 '시키다'는 사동의 의미를 지니고 있는 어휘일 뿐이지, 사동을 표현하는 문법적인 장치는 나타나지 않았기 때문이다. 송창선(1985)에서는 '없다'가 '있다'와 대립되는 의미를 지니는 어휘일 뿐이고 부정법이라는 문법적인 장치는 아니듯이, '시키다, 보내다'를 '하다, 가다'의 사동형으로 볼 수 없다고 하였다. 피동에 대한 논의를 할 때 '받다, 당하다, 되다'가 피동의 의미를 지닌 어휘로 다루었던 것과 마찬가지로, 이 책에서는 '시키다'를 사동 표현이 아닌, 사동의 의미를 지닌 어휘로 다루어야 한다고 본다.

한편, 제7차 교육과정에 따른 문법 교과서에서는 '정지시키다, 훈련시키다, 교육시키다' 등에서처럼 접미사 '-시키다'에 의해서도 사동법이 실현되는 것으로 보았다. 뿐만 아니라 「표준국어대사전」에서도 '-시키다'를 사동의 뜻을 더하는 접미사로 다루었다. 그렇지만 접미사로 다룬 '-시키다'와 동사 '시키다' 사이에는 별다른 차이가 없다.

또한 '오염시키다'처럼 '~되다'와 관련이 있는 예가 있을 뿐만 아니라, '전파시키다'처럼 '전파하다'와 비슷한 의미를 지니기도 하고 '발견시키다'처럼 '~시키다'가 쓰이지 못하는 경우가 있음을 볼 때, '시키다'를 사동사로 보거나 사동 접미사로 다루지 말고 사동의 의미를 지니는 어휘로 다루는 것이 바람직하다고 본다.

6. 부정법

1) 부정문의 정의

부정문은 긍정문에 상대되는 개념으로, 어떤 사태에 대하여 그렇지 않다고 단정하는 문장이다. 부정문은 긍정문에 부정 부사 '아니(안), 못'을 붙이거나 부정 서술어인 '아니하다(않다), 못하다, 말다'를 써서 나타낸다.

> (150) 가. 그는 밥을 먹었다.
> 　　　나. 그는 밥을 {안, 못} 먹었다.
> 　　　다. 그는 밥을 먹지 {않았다, 못했다}.

예문 (150가)는 긍정문인데, 이 긍정문에 부정 부사 '아니, 못'이 붙은 (150나)와 부정 서술어 '않다, 못하다'를 쓴 (150다)는 부정적인 의미를 지닌 부정문임에 틀림이 없다.

그렇지만 부정의 의미를 지니고 있다고 해서 모두 부정문으로 다룰 수 있는 것은 아니다. 아래 (151나), (152나)의 '모르다'와 '없다'는 부정의 의미를 지니고 있지만, 이는 국어의 문법적인 장치가 아니기 때문에 부정법으로 다루는 것은 옳지 않다. 이런 점에 대해서는 이미 피동법과 사동법을 논의하는 과정에서 충분히 설명한 바 있다.

> (151) 가. 그는 이 사실을 안다.
> 　　　나. 그는 이 사실을 <u>모른</u>다.
> (152) 가. 그녀는 돈이 있다.
> 　　　나. 그녀는 돈이 <u>없</u>다.

위 예문을 비교해 보면, 의미상으로는 '알다'와 '모르다', '있다'와 '없다'가 상대되는 의미를 지니고 있지만, 이들은 문법적으로는 아무런 관련이 없기 때문에 별개의 어휘로 보아야 한다.

유현경 외(2018: 533-534)에서는 부정문에만 결합하는 부정 극어 '결코, 도무지, 별로, 절대로, 아무도, 누구도' 등이 '없다, 모르다'와 호응하기 때문에 '없다, 모르다'가 쓰인 문장을 부정문으로 볼 수 있다고 하였다.

> (153) 가. 내가 그런 일을 한 적은 <u>결코</u> 없다.
> 　　　나. 누가 그랬는지 <u>도무지</u> 모르겠다.

이 책에서는 '없다, 모르다'가 부정 극어와 호응하는 특이한 현상이 있다고 하더라도, '없다, 모르다'를 부정의 의미를 지니는 서술어로 보고 부정문 논의에서는 제외할 것이다.

한편, 부정의 의미를 지니는 부정 접두사로는 '무(無), 불/부(不), 비(非), 미(未), 몰(沒)' 등이 있다.

> (154) 가. 무 : 무능, 무식, 무심, 무지, 무감각, 무분별, 무소식, 무질서
> 　　　나. 불/부 : 불만, 불안, 불편, 불공평, 불성실, 부당, 부도덕
> 　　　다. 비 : 비상, 비운, 비정, 비공개, 비무장, 비정상
> 　　　라. 미 : 미개, 미혼, 미개척, 미성년, 미완성, 미취학
> 　　　마. 몰 : 몰상식, 몰염치, 몰지각

위에서 보듯이 이들 접두사가 결합한 어휘들은 부정적인 의미를 지닌 것은 분명하다. 그렇지만 '모르다, 없다'와 마찬가지로 이들은 어휘적인 문제에 불과하다고 본다. 이들 접두사가 어근에 결합하여 새로운 어휘를 생성하는 기능을 할 뿐, 부정법이라는 문법적인 장치로 논의할 성질의 것은 아니라고 본다.

2) '안' 부정문, '못' 부정문, '말다' 부정문

긍정문에 '안/아니', '못', '말다[53)]' 등을 붙여서 부정문을 만드는데,

어떤 요소를 쓰느냐에 따라 의미가 달라진다.

먼저 '안'이나 '아니하다'가 쓰인 부정문은 주어의 의지와는 관계없이 단순 부정을 나타내기도 하고, 주어의 의지에 의해 어떤 동작이 일어나지 않았음을 나타내는 의지 부정을 나타내기도 한다.

> (155) 가. 오늘은 날씨가 안 춥다.
> 나. 영희는 마음씨가 착하지 않다.
> (156) 가. 하영이는 숙제를 안 한다.
> 나. 하영이는 숙제를 하지 않는다.
> (157) 새벽부터 오는 눈이 무릎까지 덮는데, 안 오는 건지 못 오는 건지 오지 않는 사람아 (대중가요 '안동역에서')

(155)에서는 '안, 않다'가 쓰여서 **단순 부정**을 나타내고, (156)에서는 주어의 의지를 나타내는 **의지 부정**의 의미를 지닌다. (157)에서는 앞의 '안'은 의지 부정을 나타내고 뒤의 '-지 않-'은 단순 부정을 나타내는 것으로 보인다.

그런데 '못'이나 '못하다'가 쓰인 부정문은 주어의 능력이 부족하여 어떤 일을 하지 못함을 나타내는 능력 부정을 주로 나타낸다.

> (158) 가. 이 문제가 어려워서 몇 문제를 못 풀었다.
> 나. 이 문제가 어려워서 몇 문제를 풀지 못했다.
> (159) 가. 시간이 모자라서 몇 문제를 못 풀었다.
> 나. 시간이 모자라서 몇 문제를 풀지 못했다.

---

53) 송창선(2013ㄱ)에서는 '-지 말다', '-다가 말다', '-고(야) 말다'의 '말다'는 모두 "그만두다"라는 공통된 의미를 지닌다고 주장하였다. 특히 '-고(야) 말다'의 '말다'는 "완결"이나 "의지"의 의미를 지니는 것이 아니라 "~하고 나서야 그만두다"라는 뜻으로 해석되기 때문에 "그만두다"라는 의미를 지니는 것으로 설명하였다. 따라서 '-지 말다'의 '말다'를 비롯하여 '-다가 말다, -고(야) 말다'의 '말다'도 모두 본동사로 다루는 것이 바람직하다고 보았다. 이 책에서는 '말다'를 부정문의 한 유형으로 제시하였으나, '말다'가 부정의 의미를 지니는 별개의 서술어로 다룰 수 있다는 것이 필자의 입장임을 밝혀 둔다.

(158), (159)에서 보듯이 '못'이 쓰인 부정문은 주어가 어떤 일을 하고자 하는 의지는 있지만 자신의 능력이 부족하거나 그 일을 할 수 있는 여건이 마련되지 않아서 그 일이 이루어지지 않았을 때 쓰인다.

한편, '안' 부정문이나 '못' 부정문은 다음에서 보듯이 청유문이나 명령문에는 쓰이지 못한다.

(160) 가. *식구들이 다 모일 때까지 이 음식을 {안, 못} 먹자.
　　　 나. *식구들이 다 모일 때까지 이 음식을 {안, 못} 먹어라.
　　　 다. *식구들이 다 모일 때까지 이 음식을 먹지 {않자, 못하자}.
　　　 라. *식구들이 다 모일 때까지 이 음식을 먹지 {않아라, 못해라}.

그래서 청유문이나 명령문에는 '안, 못' 대신에 '말다'라는 특수한 형태의 서술어를 사용한다.54)

(161) 가. 식구들이 다 모일 때까지 이 음식을 먹지 말자.
　　　 나. 식구들이 다 모일 때까지 이 음식을 먹지 {말아라, 마라}.

3) 짧은 부정문과 긴 부정문

부정 표현은 서술어 앞에 부정 부사 '안, 못'을 넣는 **짧은 부정문**과 용언의 어간에 보조적 연결 어미 '-지'를 결합하고 그 뒤에 '아니하다, 못하다, 말다' 등을 쓰는 **긴 부정문**이 있다.

(162) 가. 철수가 집에 간다.
　　　 나. 이 꽃이 예쁘다.
　　　 다. 그는 진취적이다.
(163) 가. 철수가 집에 안 간다.
　　　 나. 이 꽃이 안 예쁘다.
　　　 다. 그는 진취적이 아니다.

---

54) 명령형 어미 '-아라'가 결합하는 경우에 '말아, 말아라'와, '마, 마라'를 모두 허용하고 있다. 다만 하라체의 경우에는 '-(으)라'가 결합하기 때문에 '말라'로 써야 한다.

(164) 가. 철수가 집에 가지 않는다.
　　　나. 이 꽃이 예쁘지 않다.
　　　다. 그는 진취적이지 않다.
(165) 오늘은 학교에 가지 마라.

예문 (162)는 긍정문인데, (163)은 부정 부사 '안'을 서술어 앞에
붙인 짧은 부정문이고, (164)는 보조적 연결 어미 '-지' 뒤에 부정 서
술어 '아니하다(않다)'를 붙인 긴 부정문이다. '말다'는 (165)에서 보듯
이 짧은 부정문 형태로는 쓰이지 못하고 항상 긴 부정문으로만 쓰인다.
　그런데 대부분의 국어학자들은 '아니다'를 '이다'의 부정으로 다루
지 않고 별개의 서술어(형용사)로 보고 있다. 만약 '아니다'가 '이다'의
부정 형태가 아닌 별개의 서술어라면 당연히 '아니다'를 부정문에서
제외시켜야 할 것이다. '없다, 모르다'를 부정문 논의에서 제외시킨 것
과 같은 이유에서이다. '아니다'를 '이다'와 공시적으로는 관련이 없다
고 주장하면서도 '아니다'가 쓰인 문장을 부정문으로 보는 시각은 논
리적으로 따져볼 때 지극히 모순적이라고 할 수 있다.
　필자는 '아니다'를 '이다'의 부정 형태로 다룰 것이다. 앞에서 이미
밝힌 바와 같이 '이다'와 '아니다'는 형태, 통사, 의미상으로 밀접한 관
련이 있으므로 이 둘을 따로 떼어서 논의하는 것은 논리적 타당성이
매우 빈약하다고 본다.
　따라서 아래에서 보듯이 '이다'와 '아니다'를 부정문의 논의 속에 포
함시켜서 제시하고자 한다.

(166) '짧은 부정문'의 형식

'안/아니'		형용사 ('이다' 포함)
'안/아니', '못'	+	동사

(167) '긴 부정문'의 형식

형용사 ('이다' 포함) 동사	+	-지	+	'안/아니' '안/아니', '못'	+	보조용언 '하다'

즉 국어의 짧은 부정문은 '안' 뒤에 동사나 형용사가 오는 형식을 취하는데, 형용사 속에는 '이다'가 포함되기 때문에 '이다' 앞에 부정 부사 '안'이 놓이면 '아니다'가 된다. 그리고 긴 부정문은 동사와 형용사 뒤에 부정 부사가 놓이고 그 뒤에 보조 용언 '하다'가 연결되는데, '이다'의 경우에는 '이지 않다' 형태로 나타난다.

그런데 형용사의 경우에는 '못'이 쓰여서 짧은 부정문이나 긴 부정문을 만들지 못하는 것이 일반적이다.

(168) 가. *못 높다. *못 예쁘다, *못 길다 등
　　　 나. *높지 못하다, *예쁘지 못하다, *길지 못하다 등

다만 (169)처럼 형용사가 쓰인 긴 부정문에서 '못'이 나타나기도 한다.

(169) 가. 그는 그다지 인간적이<u>지 못하</u>다.
　　　 나. 그녀는 그렇게 예쁘<u>지 못하</u>다.

그렇지만 (169)와 같이 특수한 경우를 제외하면 '못'이 형용사가 쓰인 문장에서는 쓰이지 못한다.

위에서 살펴본 것과 같이, 국어의 부정문에는 긴 부정문과 짧은 부정문의 두 가지 종류가 있지만, 서술어에 따라서는 짧은 부정문을 이루지 못하는 서술어가 있다. 일반적으로 서술어가 파생어나 합성어이면 부정 부사 '안'이 쓰이지 못하고 반드시 긴 부정문으로만 쓰인다.

(170) 가. *그 꽃이 <u>안</u> 아름답다.
　　　 나. 그 꽃이 아름답<u>지 않</u>다.

(171) 가. *그는 수학을 안 공부했다.
　　　나. 그는 수학을 공부하지 않았다.
(172) 가. *이번 시험에 민수가 영수에게 안 앞섰다.
　　　나. 이번 시험에 민수가 영수에게 앞서지 않았다.

위에서 보듯이 '아름답다, 공부하다'와 같은 파생어나 '앞서다'와 같은 합성어가 서술어로 쓰이면, '안' 부정문에서는 짧은 부정문은 쓰이지 못하고 긴 부정문만 쓰일 수 있다. 이처럼 짧은 부정문을 허용하지 않는 서술어를 들면 다음과 같다.

(173) 가. 접두 파생어 : 새빨갛다, 샛노랗다, 휘두르다, 휘날리다 등
　　　나. 접미 파생어 : 슬기롭다, 꽃답다, 사랑스럽다, 공부하다, 건강하다 등
(174) 합성어 : 배부르다, 높푸르다, 힘들다, 빛나다, 굶주리다 등

그리고 '알다, 모르다, 있다, 없다'와 같은 용언도 짧은 부정문을 이루지 못하고, 반드시 긴 부정문으로만 쓰인다.

(175) 가. *나는 그를 {안, 못} 안다.
　　　나. 나는 그를 알지 못한다.
(176) 가. *저는 그 학교의 위치를 안 모릅니다.
　　　나. 저는 그 학교의 위치를 모르지 않습니다.
(177) 가. *나는 친구가 많이 {안, 못} 있다.
　　　나. 나는 친구가 많이 있지(는) 않다.
(178) 가. *나는 책이 {안, 못} 없다.
　　　나. 나는 책이 없지(는) 않다.

4) 부정의 범위

부정문에서는 부정이 미치는 범위에 따라 그 의미가 달라질 수 있다.

(179) 가. 불행하게도 그는 살아서 돌아오지 않았다.

나. 그는 영화관에 <u>혼자</u> 오지 않았다.

(179가)에서는 '불행하게도'가 부정의 범위 밖에 있어서 '그가 살아서 돌아오지 않은' 것이 불행한 일이라는 뜻인 데 반해, (179나)에서는 부사 '혼자'가 부정의 범위에 속해서 '영화관에 혼자 온' 것 전체를 부정하는 차이가 있다.

부정의 범위에 포함되는지 포함되지 않는지에 따라 한 문장이 중의성을 띠는 경우도 있다.

　　(180) 가. 나는 이번 시험에서 몇 문제 <u>못</u> 풀었다.
　　　　　　나. 나는 이번 시험에서 다 <u>풀지 못</u>하였다.

(180가)는 내가 푼 문제가 몇 문제인 경우와 내가 풀지 못한 문제가 몇 문제인 경우의 두 가지로 해석되고, (180나)는 내가 문제를 하나도 풀지 못한 경우와 문제를 모두 풀지 못한 경우의 두 가지로 해석된다.

(180)에서 보듯이 긴 부정문이든 짧은 부정문이든 부정의 범위가 달라지는데, 이는 (181)에서도 마찬가지이다.

　　(181) 가. 철수가 어제 공원에서 영희를 {<u>안</u>, <u>못</u>} 만났다.
　　　　　　나. 철수가 어제 공원에서 영희를 만나<u>지</u> {<u>않았다</u>, <u>못했다</u>}.

위의 두 문장은 각각 부정의 대상이 '철수가', '어제', '공원에서', '영희를', '만났다'가 될 수도 있기 때문에, 이들은 각각 여러 가지 다른 의미로 해석될 수 있다.

　　(182) 가. 어제 공원에서 영희를 만난 것은 <u>철수가</u> 아니었다.
　　　　　　나. 철수가 공원에서 영희를 만난 것은 <u>어제가</u> 아니었다.
　　　　　　다. 철수가 어제 영희를 만난 것은 <u>공원에서가</u> 아니었다.
　　　　　　라. 철수가 어제 공원에서 만난 것은 <u>영희가</u> 아니었다.
　　　　　　마. 철수가 어제 공원에서 <u>영희를 만난 것</u>이 아니라 지나치기만 했다.

이러한 중의성은 부정하려는 대상에 강세를 주어서 표시하거나, 보조사 '은/는'을 넣는 등의 방법을 통해서 해소할 수도 있다.

    (183) 가. 철수**는** 어제 공원에서 영희를 {안, 못} 만났다.
         나. 철수가 어제 공원에서 영희를 {안, 못} 만났다.
    (184) 가. 철수가 어제**는** 공원에서 영희를 {안, 못} 만났다.
         나. 철수가 어제 공원에서 영희를 {안, 못} 만났다.

 톺·아·보·기

부정 아닌 부정

국어에는 긴 부정문의 형식인 '-지 않-'이 쓰였음에도 불구하고, 부정의 의미를 띠지 않는 경우가 있다. 김동식(1981)에서는 이런 예를 '부정 아닌 부정'이라고 하면서, 확인 의문문으로 다루었다.

    (1) 가. 옛날에 네가 나를 좋아했잖니?
        나. 그 때 우리가 서울에서 만났잖니?

이들은 부정의 형식을 취하고 있지만 부정을 나타내지 않고 '확인, 의심'을 나타내고 있다.

이와 같은 확인 의문문은 일반적인 긴 부정문과 몇 가지 다른 점이 있다.

먼저 (2가)와 같은 확인 의문문의 경우에는 '-지 않-'이 '-잖-'으로 축약되어 쓰일 수 있다는 점에서 일반적인 부정문인 (2나)와는 다르다.

    (2) 가. 우리가 내일 만나<u>지 않</u>니? / 만나잖니?
        나. 우리가 내일 만나<u>지 않</u>니? / *만나잖니?

다음으로 확인 의문문에서는 (3가)처럼 '-지'와 '앓-' 사이에 휴지(pause)가 개입할 수 없지만, 일반적인 부정 의문문에서는 '-지'와 '앓-' 사이에 휴지가 개입할 수 있다.

(3) 가. 우리가 내일 # 만나지 앓니?/만나잖니? (＼)
    나. 우리가 내일 만나지 # 앓니? (／)

또한 (3)에서 보듯이 확인 의문문에서는 문장 끝 부분의 억양이 내려가지만, 일반적인 부정 의문문에서는 문장 끝 부분의 억양이 올라가는 차이를 보인다.

끝으로 확인 의문문에서는 앞에 짧은 부정문이 나타나도 자연스럽지만, 일반적인 부정 의문문에서는 앞에 짧은 부정문이 오면 비문이 되어 버린다.

(4) 가. 어제 그 사람을 안/못 만났잖니?
    나. *어제 그 사람을 안/못 만났지 앓니?

요컨대 긴 부정문의 형식인 '-지 앓-'이 '-잖-'으로 축약되면서 어휘화되어서, 부정 형식을 띠고 있지만 부정의 의미를 잃어버리고 확인 의문으로 쓰이는 경우가 있는데, 이들 확인 의문문은 긴 부정문과는 차이가 있다.

참고 문헌

강기진(1986), "'-며' 구문의 통사적 특성", 「국어학신연구Ⅰ」, 탑출판사, 133-144.

강명윤(1995), "주격보어에 관한 소고", 「생성문법연구」 5-2, 한국생성문법학회, 391-417.

강복수(1964), "국어에 있어서의 준자립어에 대하여", 「청구대학 논문집」 7, 1-10.

고광주(2001), "목적어 있는 피동문", 「한국어의 목적어」, 월인, 103-121.

고석주(2004), 「현대 한국어 조사의 연구Ⅰ」, 한국문화사.

고성환 외(2005), 「외국어로서의 한국어학」, 한국방송통신대학교 출판부.

고영근(1965), "현대국어의 서법체계에 대한 연구", 서울대 대학원 석사학위논문.

고영근(1968), "주격조사의 한 종류에 대하여", 「이숭녕박사송수기념논총」, 을유문화사, 15-30.

고영근(1975), "현대국어의 어말어미에 대한 구조적 연구 : 비종결어미의 것을 중심으로", 「응용언어학」 7-1, 서울대학교 어학연구소,, 73-99.

고영근(1989), 「국어 형태론 연구」, 서울대학교 출판부.

고영근(2004), 「한국어의 시제 서법 동작상」, 태학사.

고영근(2006), "동작상에 대한 이해", 「한국어학」 30, 한국어학회, 1-30.

고영근(2007), "시상법을 어떻게 파악할 것인가", 「형태론」 9-1, 형태론 편집위원회, 149-157.

고영근(2013), "민족어 동사의 형태부와 그 유형론적 함의", 「형태론」 15-1, 형태론 편집위원회, 1-34.

고영근(2017), "구형 (Phrasal) 피동 파생법에 대하여 ― '빼앗기다'류를 중심으로 ―", 「형태론」 19-1, 형태론 편집위원회, 72-79.

고영근(2018), 「우리말 문법, 그 총체적 모습」, 집문당.

고영근·구본관(2008), 「우리말 문법론」, 집문당.

고영근·구본관(2018), 「우리말 문법론」(개정판), 집문당.

고창수(1986), "어간형성접미사의 설정에 대하여", 고려대 대학원 석사학위 논문.

고창수(1992), "국어의 통사적 어형성", 「국어학」 22, 국어학회, 259-269.

고창수·김원경(1998), "'이다'는 동사인가?", 「한성어문학」 17, 한성대 한국어문학부, 25-36.

고창수·시정곤(1991), "목적어 있는 피동문", 「주시경학보」 7, 탑출판사, 149-156.

구본관(2004), "중세국어 'Xㅎ-+-이' 부사 형성", 「국어국문학」 136, 국어국문학회, 105-134.

구본관(2010), "국어 품사 분류와 관련한 몇 가지 문제", 「형태론」 12-2, 형태론 편집위원회, 179-199.

구본관(2011), "원리 중심의 문법 교육에 대한 연구", 「국어교육연구」 27, 서울대학교 국어교육연구소, 261-297.

구본관 외(2015), 「한국어 문법 총론 I ― 개관, 음운, 형태, 통사 ―」, 집문당.

구종남(1989), "대립관계의 '-면서' 구문에 대하여", 「국어문학」 27, 전북어문학회, 317-341.

국립국어연구원(1999), 「표준국어대사전」, 두산동아.

국립국어원(2005ㄱ), 「외국인을 위한 한국어 문법 1 ― 체계편」, 커뮤니케이션북스.

국립국어원(2005ㄴ), 「외국인을 위한 한국어 문법 2 ― 용법편」, 커뮤니케이션북스.

권재일(1981), "현대국어의 {기}-명사화 내포문 연구", 「한글」 171, 한글학회, 45-63.

권재일(1982), "현대국어의 {음}-명사화 내포문 연구", 「한국어문논집」 2, 대구대, 33-47.

권재일(1985), 「국어의 복합문 구성 연구」, 집문당.

권재일(1992), 「한국어 통사론」, 민음사.

권재일(1993), "한국어 피동법의 역사적 변화", 「언어학」 15, 한국언어학회, 25-43.

권재일(1995), "통사 변화 연구의 대상과 방법", 「언어학」 17, 한국언어학회, 295-316.

권재일(1998ㄱ), 「한국어 문법사」, 박이정.

권재일(1998ㄴ), "문법 변화의 한 양상 — 형태적 방법에서 통사적 방법으로 —", 「한글」 242, 한글학회, 171-182.

권재일(2002), "한국어 의문문의 실현 방법과 그 언어유형론적 특성 — 구어 자료를 대상으로 —", 「한글」 257, 한글학회, 167-200.

권재일(2006), 「남북 언어의 문법 표준화」, 서울대학교 출판부.

권재일(2012), 「한국어 문법론」, 태학사.

김광해 외(1999), 「국어지식탐구」, 박이정.

김귀화(1994), 「국어의 격 연구」, 한국문화사.

김규철(1997), "한자어 단어형성에 대하여", 「국어학」 29, 국어학회, 261-308.

김기혁(1995), 「국어 문법 연구」, 박이정.

김동소(2005), 「한국어 특질론」, 정림사.

김동식(1980), "부정 아닌 부정", 「언어」 6-2, 한국언어학회, 65-82.

김문오(1997), "국어 자타 양용동사 연구", 경북대 대학원 박사학위논문.

김문웅(1978), "접미사화의 고찰 — 자립형식에서 전성된 것을 중심으로 —", 「국어교육연구」 10, 국어교육학회, 85-108.

김문웅(1982), "'-다가'류의 문법범주", 「한글」 176, 한글학회, 149-178.

김민수(1994), "'이다' 처리의 논쟁사", 「주시경학보」 13, 탑출판사, 3-13.

김병균(1998), "국어 기본문형의 연구", 「어문논집」 26, 중앙어문학회, 63-82.

김봉모(1984), "국어 입음움직씨 연구", 「어문교육논집」 8, 부산대 국어교육과, 109-131.

김성규(1987), "어휘소 설정과 음운현상", 서울대 대학원 석사학위논문.

김성규(2001), "'이-'의 음운론적 특성", 「국어학」 37, 국어학회, 285-307.

김성화(1992), 「국어의 상 연구」, 한신문화사.

김승곤(1972), "용언의 '대과거' 시제에 대한 한 고찰", 「국어국문학」 55-57 합집, 국어국문학회, 115-127.

김승곤(1986), "풀이자리토씨 "이다"에 대한 한 고찰", 「한글」 191, 한글학회, 39-51.

김승곤(1986), 「한국어 통어론」, 아세아문화사.

김양진(1999), "의사 주어 '에서'의 형태통사론적 연구", 「국어의 격과 조사」, 도서출판 월인, 941-986.

김양진(2001), "생성문법에서의 목적격 연구", 「한국어의 목적어」, 도서출

　　　판 월인, 33-76.

김영일(1980), "국어 피동구문의 연구", 「부산교대 논문집」 16, 부산교육대학, 39-57.

김영일(1982), "명사형 어미의 연구", 「부산교대 논문집」 18-1, 부산교육대학, 67-89.

김영희(1973), "처소격조사 '에서'의 생성적 분석", 「연세어문학」 5, 연세대 국어국문학과, 59-86.

김영희(1984), 「한국어 셈숱화 구문의 통사론」, 탑출판사.

김영희(1986), "복합명사구, 복합동사구, 그리고 겹목적어", 「한글」 193, 한글학회, 47-77.

김영희(1987ㄱ), "겹목적어 구문의 피동문 되기와 격 표시 현상", 「한국어학과 알타이어학」, 효성여대 출판부, 185-206.

김영희(1987ㄴ), "목적성 목적어의 통사론", 「국어학」 16, 국어학회, 431-458.

김영희(1988), 「한국어 통사론의 모색」, 탑출판사.

김용경(1994), 「국어의 때매김법 연구」, 서광학술자료사.

김용석(1979), "목적어조사 「-을/를」에 관하여", 「말」 4, 연세대 한국어학당, 29-54.

김용하(2009), "한국어 조사의 분포와 통합 체계 연구: 부사격 조사를 중심으로", 「언어학」 17-1, 대한언어학회, 65-89.

김용하(2011), "격과 조사", 「국어학」 60, 국어학회, 233-263.

김용하(2014), "이른바 '목적어 있는 피동문'에 대한 소고", 「시학과 언어학」 27, 시학과 언어학회, 7-24.

김용한(1996), "사람을 가리키는 한자 어소의 의미 연구", 대구효성가톨릭대 대학원 박사학위논문.

김원경(1993), "국어 접사피동의 생성론적 연구", 고려대 대학원 석사학위논문.

김윤신(2001), "한국어 동사의 어휘의미구조와 피동화의 제약", 「언어학」 30, 한국언어학회, 89-112.

김의수(2002), "형식동사 '이다'의 문법", 「어학연구」 38-3, 서울대 어학연구소, 879-905.

김의수(2003=2006), 「한국어의 격과 의미역: 명사구의 문법기능 획득론」, 태학사.

김정대(1999), "한국어 접속문에서의 시제구 구조", 「언어학」 24, 한국언어학회, 75-108.

김정대(2003), "'문장'에 대한 이해", 「시학과 언어학」 6, 시학과 언어학회, 65-113.

김정대(2004), "한국어 접속문의 구조", 「국어국문학」 138, 국어국문학회, 121-152.

김정아(2001), "'이-'의 문법적 특성에 대한 통시적 고찰", 「국어학」 37, 국어학회, 309-336.

김종록(1994), "국어 접속문의 통사론적 연구", 경북대 대학원 박사학위논문.

김종록(2007), "선어말어미 ' -는-, -느-' 통합형 접속어미의 사전 표제어 분석", 「어문학」 95, 한국어문학회, 23-54.

김종록(2008), 「외국인을 위한 표준 한국어문법」, 박이정.

김종록(2010), "보조사 '-도' 통합형 접속어미의 사전 표제어 분석", 「국어교육연구」 46, 국어교육학회, 161-184.

김종록(2019), "접속어미 '-(는)다면'의 문법화와 통사·의미 확장", 「어문학」 145, 한국어문학회, 1-31.

김종태(1986), " '-아 있다', '-고 있다' 조동사 구문에 대하여", 「영남어문학」 13, 영남어문학회, 479-499.

김종택(1972), "복합 한자어의 어소 배합 구조", 「어문학」 27, 한국어문학회, 73-85.

김종택(1973), "어순 변환에 따른 표현가치의 변환", 「대구교육대학 논문집」 9, 대구교육대학, 73-96.

김종택(1982), 「국어 화용론」, 형설출판사.

김종택(1992), 「국어 어휘론」, 탑출판사.

김진수(1982), "사역과 수동의 형태와 의미 고찰", 충남대 대학원 석사학위논문.

김진수(1987ㄱ), "국어 접속문 연구", 충남대 대학원 박사학위논문.

김진수(1987ㄴ), " '-고', '-(으)며', '-(으)면서'의 통사 의미의 상관성", 「국어학」 16, 국어학회, 621-644.

김차균(1980), "국어 시제 형태소의 의미 — 회상 형태소 「더」를 중심으로 —", 「한글」 169, 한글학회, 45-116.

김차균(1993), 「우리말 시제와 상의 연구」, 태학사.

김차균(1999), 「우리말의 시제구조와 상 인식」, 태학사.

김창섭(1984), "형용사 파생 접미사들의 기능과 의미 ―'-답-, -스럽-, -롭-, 하-'와 '-的'의 경우―", 「진단학보」 58, 진단학회, 145-161.

김창섭(1987), "국어 관형절의 과거시제 ―'-(았)던'을 중심으로―", 「어학」 14, 전북대, 95-117.

김창섭(1996), 「국어의 단어형성과 단어구조 연구」, 태학사.

김창섭(2008), 「한국어 형태론 연구」, 태학사.

김형배(1995), "현대국어 피동사 파생의 조건", 「대학원 학술 논문집」 40, 건국대 대학원, 39-54.

김혜숙(1998), "한국어의 기본 문형 설정에 대하여 ―효과적인 국어교육을 위하여", 「국어국문학」 122, 국어국문학회, 13-47.

김흥범(1987), " '-다면서', '-다고', '-다니'의 구조와 의미", 「말」 12, 연세대 한국어학당, 71-91.

김흥수(1977), "계기의 '고'에 대하여", 「국어학」 5, 국어학회, 113-136.

김흥수(1978), "동시구문의 양상", 「국어학」 7, 국어학회, 91-116.

김흥수(1998), "피동과 사동", 「문법연구와 자료」, 태학사, 621-664.

나진석(1971=1982), 「우리말의 때매김 연구」, 과학사.

나찬연(2007), 「학교 문법의 이해 ―문장」, 제이엔씨.

남기심(1972), "현대국어 시제에 관한 문제", 「국어국문학」 55-57, 국어국문학회, 213-238.

남기심(1978ㄱ), 「국어 문법의 시제 문제에 관한 연구」, 탑출판사.

남기심(1978ㄴ), "'-었었-'의 쓰임에 대하여", 「한글」 162, 한글학회, 95-107.

남기심(1986), "'-이다' 구문의 통사적 분석", 「한불연구」 7, 연세대학교, 1-15.

남기심(1986), "서술절 설정은 타당한가", 「국어학 신연구」, 탑출판사, 57-64.

남기심(1996), 「국어 문법의 탐구 Ⅰ」, 태학사.

남기심(2001), 「현대 국어 통사론」, 태학사.

남기심·고영근(1985), 「표준 국어문법론」, 탑출판사.

남기심·고영근·유현경·최형용(2019), 「전면개정판 표준 국어문법론」, 한국문화사.

남기심 외(2006), 「왜 다시 품사론인가?」, 커뮤니케이션북스.

남길임(2003), "'이다' 구문의 한 유형 —양태 구문으로서의 '이다' 구문 연구—", 「한글」 259, 한글학회, 171-197.

남길임(2004), 「현대국어 '이다' 구문 연구」, 한국문화사.

남길임(2006), "지정사 '이다'", 「왜 다시 품사론인가」, 커뮤니케이션북스, 269-300.

남수경(2005), "조사 '을/를'이 나타나는 피동문에 대하여", 「어학연구」 41-1, 서울대 어학연구소, 79-99.

노명희(1997), "한자어 형태론", 「국어학」 29, 국어학회, 309-339.

류구상 외(2001), 「한국어의 목적어」, 월인.

류목상(1986), "'사동사·피동사'의 문법 처리고", 「국어학 신연구 I」, 탑출판사, 9-23.

리의도(1990), "우리말 이음씨끝의 통시적 연구", 건국대 대학원 박사학위논문.

리의도(1999), 「이야기 한글 맞춤법」, 석필.

목정수(1998), "기능동사 '이다' 구성의 쟁점", 「언어학」 22, 한국언어학회, 245-290.

목정수(2004), "기술동사와 주관동사 앞의 '가형 성분'의 통사적 기능", 「어문연구」 124, 한국어문교육연구회, 37-61.

목정수(2013), "선어말어미 '-시-'의 기능과 주어 존대", 「국어학」 67, 국어학회, 63-105.

목정수(2018), "서술절 설정에 대한 재론 - '서술절' 개념 비판에서 '쪼개진 목적어' 유형 정립까지-", 「국어학」 87, 국어학회, 39-83.

문교부(1988), 「국어 어문 규정집」, 대한교과서주식회사.

문숙영(2000), " '-었었-'에 대한 일고찰", 「국어학논집」 4, 서울대 국문과, 9-23.

민현식(1999), 「국어 문법 연구」, 역락.

박동근(2017), "동사에서 파생한 의태어 연구", 「한말연구」 45, 한말연구학회, 37-65.

박병수(1981), "On the Double Object Constructions in Korean", 「언어」 6-1, 한국언어학회, 91-113.

박병수(1983), "문장술어(Sentential Predicate) 의미론: 중주어구문(Double Subject Construction)의 의미 고찰", 「말」 8, 연세대 한국어학당, 81-95.

박순함(1970), "격문법에 입각한 '겹주어'에 대한 고찰", 「어학연구」 6-2, 서울대학교 어학연구소, 11-32.

박양규(1972), "국어의 처격에 대한 연구", 서울대 대학원 석사학위논문.

박영순(1993), 「현대 한국어 통사론」, 집문당.

박재연(2003), "과거 시제를 나타내는 '-었더-'에 대하여", 「어문연구」 31-4, 한국어문교육연구회, 85-109.

박정규(1998), "계사 '이다' 문제의 재고", 「어문연구」 26-3, 한국어문교육연구회, 100-125.

박지홍(1981), 「현대우리말본」, 문성출판사.

박진호(2009), "동시성을 나타내는 연결어미 "-면서"의 비대칭적 용법", 「한국언어문화」 38, 한국언어문화학회, 173-187.

박진호(2011ㄱ), "시제, 상, 양태", 「국어학」 60, 국어학회, 289-322.

박진호(2011ㄴ), "한국어(韓國語)에서 증거성(證據性)이나 의외성(意外性)의 의미성분을 포함하는 문법요소", 「언어와 정보사회」 15, 서강대학교 언어정보연구소, 1-25.

박진호(2016), "'-었었-'의 단절과거 용법에 대한 재고찰 —함축의 관습화와 유형론의 관점에서—", 「한글」 311, 한글학회, 89-121.

박철우(2006), "'이다' 구문의 통사구조와 {이}의 문법적 지위", 「한국어학」 33, 한국어학회, 235-263.

박호관(2003), "'-이다'의 통사 구조와 의미 기능", 「우리말글」 28, 우리말글학회, 31-55.

박호관(2008), "국어 명사구 결합형 조사 '-서'의 의미 기능", 「우리말글」 42, 우리말글학회, 65-88.

박호관(2012), "융합형 연결어미 '-고서'의 의미 기능 분석", 「우리말글」 56, 우리말글학회, 89-115.

박호관(2014), "연결어미 '-(으)면서'의 형태와 의미 분석", 「어문연구」 79, 한국어문교육연구회, 53-80.

박흥길(1999), 「국어 정서법 연구」, 한국문화사.

배주채(2000), "국어사전에서의 지정사의 활용정보", 「관악어문연구」 25, 서울대 국어국문학과, 159-182.

배주채(2001), "지정사 활용의 형태음운론", 「국어학」 37, 국어학회, 33-59.

배주채(2014), "'잘생기다'류의 품사", 「한국학연구」 32, 인하대학교, 375-409.

배해수(1977), "국어 문형 연구", 「어문논집」 19·20, 고려대학교 국어국문과, 469-480.

배희임(1985), "국어문형소고", 「어문논집」 24·25, 고려대학교 국어국문과, 217-233.

배희임(1986), " '지-'와 피동", 「국어학 신연구」 I, 탑출판사, 48-56.

배희임(1988), 「국어 피동 연구」, 고려대 민족문화연구소.

서병국(1967), "수관형사와 '이다'의 품사처리에 대한 이견", 「국어국문학」 34·35, 국어국문학회, 252-256

서울대학교 국어교육연구소(2002ㄱ), 「고등학교 문법」, 교육인적자원부.

서울대학교 국어교육연구소(2002ㄴ), 「고등학교 〈교사용 지도서〉 문법」, 교육인적자원부.

서정목(1984), "후치사 '-서'의 의미에 대하여 ―명사구 구성의 경우―", 「언어」 9-1, 한국언어학회, 155-186.

서정목(1993), "계사 구문과 그 부정문의 통사 구조에 대하여", 「국어사 자료와 국어학의 연구」, 문학과지성사, 488-506.

서정수(1971), "국어의 이중 주어 문제", 「국어국문학」 52, 국어국문학회, 1-28.

서정수(1976), "국어 시상형태의 의미 분석 연구 ―ø, 고 있, 었, 었었―", 「문법연구」 3, 문법연구회, 83-158.

서정수(1977), "'더'는 회상의 기능을 지니는가? ―종결법과 인용법의 '더'를 중심으로―", 「언어」 2-1, 한국언어학회, 97-127.

서정수(1978), " '(었)더니'에 관하여", 「눈뫼 허웅 박사 환갑기념 논문집」. (서정수(1990)에 재수록, 363-394).

서정수(1979), "'(었)던'에 관하여", 「여천 서병국 박사 화갑기념 논문집」(서정수(1990)에 재수록, 395-421).

서정수(1990), "국어 피동문의 몇 가지 특징", 「들메 서재극박사 환갑기념 논문집」, 계명대학교 출판부, 405-420.

서정수(1996), 「국어 문법」, 한양대학교 출판원.

서태룡(1979), "국어 접속문에 대한 연구", 서울대 대학원 석사학위논문.

서태룡(1987), "국어 활용어미의 형태와 의미", 서울대 대학원 박사학위논문.

서태룡(1993), "문법형태소의 중가와 기본의미의 중가", 「국어사 자료와 국어학의 연구」, 문학과 지성사, 507-527.

성광수(1974), "국어 보어 설정에 대한 재고", 「국어국문학」 64, 국어국문학회, 95-101.

성광수(1974), "국어 주어 및 목적어의 중출 현상에 대하여", 「문법연구」 1, 탑출판사, 209-235.

성광수(1976), "국어 간접 피동에 대하여: 피동 조동사 '지(다)'를 중심으로", 「문법연구」 3. 탑출판사. 159-182.

성광수(2001), "목적어 구성: 목적격과 조사 '-를'의 관계", 「한국어의 목적어」, 월인, 79-101.

성기철(1974), "경험의 형태 {-었-}에 대하여", 「문법연구」 1, 문법연구회, 237-269.

성기철(1987), "문서술어 복합문", 「국어학」 16, 국어학회, 361-377.

성태수(2004), "'-이다' 구문의 통사구조", 「언어학」 12-2, 대한언어학회, 23-54.

손세모돌(1995), ""디다"와 "지다"의 의미 고찰", 「한양어문」 13, 한양대, 997-1018.

손인호(1995), "국어 조사 '을/를'의 실현 조건", 「한글」 228, 한글학회, 159-179.

송병학(1980), " {-었-}의 의미 분석", 「언어」 1, 충남대 어학연구소, 55-66.

송복승(1995), 「국어의 논항구조 연구」, 보고사.

송복승(2000), "'이다' 구문의 통사구조에 대하여", 「한국언어문학」 44, 한국언어문학회, 609-626.

송복승(2005), "'아니다' 구문에서 주격 보어의 격 실현", 「배달말」 37, 배달말학회, 149-176.

송복승(2007), "국어 보어의 특성과 범위 재론", 「한국언어문학」 61, 한국언어문학회, 5-29.

송석중(1990), ""이다" 논쟁의 반성", 「애산학보」 10, 애산학회, 3-48.

송석중(1993), 「한국어 문법의 새 조명」, 지식산업사.

송영주(1990), "'-었었-'과 '-더-'의 비교", 「한국언어문학」 28, 한국언어문학회, 441-458.

송영주(1991), 「발화의 시간의미 연구」, 한신문화사.

송재목(1998), "안맺음씨끝 '-더-'의 의미 기능에 대하여", 「국어학」 32, 국어학회, 133-169.

송정근(2001), "'이다'의 형태론적 특성과 문법적 지위", 「국어학논집」 5, 도서출판 역락, 97-116..

송창선(1985), "국어 사동법 연구", 경북대 대학원 석사학위논문.

송창선(1990ㄱ), "사동과 타동",「문학과 언어」11, 문학과언어연구회, 111 -129.

송창선(1990ㄴ), "명사화소 '-(으)ㅁ, -기'의 통사 특성",「국어교육연구」22, 국어교육학회, 211-229.

송창선(1991), "부정문에 나타나는 '-지'의 통사 특성",「문학과 언어」12, 문학과언어연구회, 81-101.

송창선(1997) "'-(아/어) 뜨리'의 기원",「문학과 언어」18, 문학과언어연구회, 1-20.

송창선(1998ㄱ),「국어 사동법 연구」, 홍문각.

송창선(1998ㄴ), "-(아/어) 뜨리-'의 기능 연구",「어문학」63, 한국어문학회, 1-21.

송창선(1998ㄷ), "접속어미 '-면서'의 통사적 기능",「어문학」65, 한국어문학회, 67-86.

송창선(2001ㄱ), "'-었었-'의 형태와 의미",「문학과언어」23, 문학과언어학회, 103-120.

송창선(2001ㄴ), "'-었-'에 남아있는 '-어 있-'의 특성",「어문학」73, 한국어문학회, 47-66.

송창선(2003), "현대국어 '-었-'의 기능 연구 —'-었겠-, -었더-, -었었-'을 중심으로—",「언어과학연구」27, 언어과학회, 181-196.

송창선(2004), "현대국어 피동접미사의 특성",「국어교육연구」36, 국어교육학회, 129-148.

송창선(2005), "현대국어 '-아/어 지다'의 기능과 의미",「문학과 언어」27, 문학과언어학회, 1-24.

송창선(2006ㄱ), "'-답-'을 통사적 접사로 보는 관점에 대한 비판",「우리말 연구의 이론과 실제」(최남희 외), 경진문화사, 77-95.

송창선(2006ㄴ), "현대국어 선어말어미 '-더-'의 기능 연구 —'-던'과의 관련성을 중심으로 —",「언어과학연구」39, 언어과학회, 55-73.

송창선(2007ㄱ), "현행 학교문법의 몇 가지 문제점",「국어교육연구」41, 국어교육학회, 77-102.

송창선(2007ㄴ), "현대국어 '이다'의 문법적 처리 —'아니다'와의 관련성을 중심으로—",「어문학」98, 한국어문학회, 121-157.

송창선(2008ㄱ), "현행 한글맞춤법의 몇 가지 문제점 —'아니요'와 부사화 접미사 '-이', '-히'를 대상으로—", 「어문학」 100, 한국어문학회, 59-84.

송창선(2008ㄴ), "현행 학교문법에서 보어 설정의 문제점", 「국어교육연구」 43, 국어교육학회, 83-104.

송창선(2008ㄷ), "국어 자동사와 타동사의 구분 문제 — 이른바 자타 양용 동사를 중심으로 —", 「언어과학연구」 47, 언어과학회, 35-55.

송창선(2009ㄱ), "이른바 '이중 목적어 구문'에 대한 비판적 고찰", 「국어교육연구」 44, 국어교육학회, 301-320.

송창선(2009ㄴ), "피동문에 나타나는 '을/를'의 문법적 특성", 「한글」 284, 한글학회, 107-131.

송창선(2009ㄷ), "이른바 '이중 주어 구문'에 대한 비판적 고찰", 「국어교육연구」 45, 국어교육학회, 449-474.

송창선(2009ㄹ), "보조사 '서'의 의미 특성 (1)", 「언어과학연구」 50, 언어과학회, 121-144.

송창선(2010ㄱ), 「국어 통사론」, 한국문화사.

송창선(2010ㄴ), "'르' 불규칙과 '러' 불규칙의 발생 원인", 「어문학」 109, 한국어문학회, 123-243.

송창선(2011ㄱ), "국어의 기본 문형 설정", 「국어교육연구」 48, 국어교육학회, 233-256.

송창선(2011ㄴ), "국어 형태소와 관련된 몇 가지 문제", 「언어과학연구」 57, 언어과학회, 175-196.

송창선(2012ㄱ) "보조사 '서'의 의미 특성 (2)", 「국어교육연구」 50, 국어교육학회, 353-376.

송창선(2012ㄴ), "'-고 있-'과 '-어 있-'의 기능과 의미 연구", 「언어과학연구」 62, 언어과학회, 179-204.

송창선(2013ㄱ), "현대국어 '말다'의 의미 분석 — '-{지/다가/고(야)} 말다'를 중심으로 —", 「국어교육연구」 52, 국어교육학회, 263-284.

송창선(2013ㄴ), "어미 '-(으)ㄹ는지/ㄹ는가/ㄹ는고'의 형태와 의미", 「한글」 299, 한글학회, 113-140.

송창선(2013ㄷ), "'이다'의 활용형과 조사의 구분 — '이고, 이나, 이니, 이든지, 이며, 인들'을 중심으로 —", 「언어과학연구」 67, 언어과학회, 125-144.

송창선(2014ㄱ), "국어 동사와 형용사의 구분 문제", 「국어교육연구」 54,

국어교육학회, 347-368.

송창선(2014ㄴ), "'-(었)더니'의 형태와 기능", 「한글」 306, 한글학회, 51-74.

송창선(2015), "선어말어미 '-더-'의 주어 인칭 제약에 대한 비판적 고찰", 「언어과학연구」 73, 언어과학회, 121-136.

송창선(2016ㄱ), "국어 인용표지 '이라고, 고'의 문법적 특성", 「어문학」 131, 한국어문학회, 33-54.

송창선(2016ㄴ), "학교문법의 안은 문장 체계에 대한 비판적 고찰", 「국어교육연구」 61, 국어교육학회, 141-160.

송창선(2016ㄷ), "'-고 하-'의 탈락과 '-X고 해'의 축약 현상", 「우리말글」 69, 우리말글학회, 1-21.

송창선(2017), "국어 문법의 서술절 설정에 대한 비판", 「국어교육연구」 65, 국어교육학회, 93-112.

송창선(2018), "국어교육에서 문형교육의 필요성", 「국어교육연구」 67, 국어교육학회, 63-86.

송창선(2019), "격조사 교체 현상을 통해 본 국어의 격 기능, 「국어교육연구」 71, 국어교육학회, 21-38.

송철의(1992), 「국어의 파생어형성 연구」, 태학사.

송철의(1993), "언어 변화와 언어의 화석", 「국어사 자료와 국어학의 연구」, 문학과 지성사, 352-370.

송철의(1995), "'-었-'과 형태론", 「국어사와 차자표기」(소곡 남풍현 선생 회갑기념논총), 태학사, 847-864.

송철의(2006), "국어 형태론 연구의 문제점", 「배달말」 39, 배달말학회, 117-142.

시정곤 외(2000), 「논항구조란 무엇인가」, 월인.

시정곤(1993), "'-이다'의 '-이-'가 접사인 몇 가지 이유", 「주시경학보」 11, 탑출판사, 143-149.

송현주(2015), 「국어 동기화의 인지언어학적 탐색」, 한국문화사.

시정곤(1994), 「국어의 단어형성 원리」, 고려대 박사학위논문.

시정곤(2005), "'이다' 구문과 통사적 접사설을 다시 논의함", 「한국어학」 28, 한국어학회, 55-80.

신석환(1982), "동명사의 사적 고찰", 「긍포 조규설교수 화갑기념 국어학논총」, 형설출판사, 471-490.

신승용(2014), "교체의 정의와 교체의 해석 그리고 기저형", 「한말연구」 35,

한말연구학회, 77-100.

신현숙(1981), "한국어 문장의 구성 성분 ─ 보어를 중심으로 ─", 「선청어문」 11·12, 서울대학교 국어교육과, 213-226.

신현숙(1982ㄱ), "관형형 어미의 의미 분석 ─/-은/, /-는/, /-던/, /-을/─", 「상명여대 논문집」 10, 상명대학교, 93-116.

신현숙(1982ㄴ), "목적격 표지 /-를/의 의미연구", 「언어」 7-1, 한국언어학회, 119-139.

안명철(1982), "처격 '에'의 의미", 「관악어문연구」 7, 서울대학교 국어국문학과, 245-268.

안명철(1985), "보조조사 '-서'의 의미", 「국어학」 14, 국어학회, 478-506.

안명철(1995), "'이'의 문법적 성격 재고찰", 「국어학」 25, 국어학회, 29-49.

안명철(2001), "이중주어 구문과 구-동사", 「국어학」 38, 국어학회, 181-207.

양명희(2006), "보어와 학교문법", 「한국어학」 32, 한국어학회, 167-192.

양정석(1986), "'이다'의 의미와 통사", 「연세어문학」 19, 연세대학교, 5-29.

양정석(1987), ""이중 주어문"과 "이중 목적어문"에 대하여", 「연세어문학」 20, 연세대 국어국문학과. 255-318.

양정석(1995), 「국어 동사의 의미분석과 연결이론」, 박이정.

양정석(1996), "'이다' 구문의 의미해석", 「동방학지」 91, 연세대 국학연구원, 99-134.

양정석(2001), "'이다'의 문법범주와 의미", 「국어학」 37, 국어학회, 337-366.

양정석(2002), 「시상성과 논항연결」, 태학사.

양정호(2002), "중세국어의 보어 설정에 대하여", 「문법과 텍스트」, 서울대학교 출판부, 467-482.

양정호(2003), "'이다'의 문법범주에 대한 고찰", 「형태론」 5-2, 형태론 편집위원회, 215-230.

엄정호(1989), "소위 지정사 구문의 통사구조", 「국어학」 18, 국어학회, 110-130.

엄정호(1993), "'이다'의 범주 규정", 「국어국문학」 110, 국어국문학회, 317-332.

엄정호(2000), "'-이다'의 '이'는 조사인가?", 「형태론」 2-2, 형태론 편집위원회, 333- 343.

엄홍준(2004), "한국어에서의 목적어 형식자질 점검", 「어문연구」 32-3, 한국어문교육연구회, 93-111.

엄홍준(2016), "한국어에서의 형태 사동 구문에 대한 통사 구조: 행위주성 동사 어기를 중심으로", 「현대문법연구」 87, 현대문법학회, 59-74.

연재훈(1996ㄱ), "국어 여격주어 구문에 대한 범언어적 관점의 연구", 「국어학」 28, 국어학회, 241-275.

연재훈(1996ㄴ), "문법 관계 교체 구문의 연구 ―장소 보어 교체 구문과 소유주 인상 구문을 중심으로―", 「한글」 232, 한글학회, 147-181.

연재훈(1997), "타동성의 정의를 위한 원형이론적 접근", 「언어」 22-1, 한국언어학회, 107-132.

염선모(1975), "한국어의 기움월에 대하여", 「배달말」 1, 경상대 배달말학회, 71-102.

염선모(1977), "국어의 기본문형에 대하여", 「어문학」 36, 한국어문학회, 59-75.

오충연(2003), "보충어의 격과 상", 「한국어학」 20, 한국어학회, 129-153.

왕문용(1986), "{-더-}와 관형절", 「국어학 신연구」 Ⅰ (유목상 외 편), 78-90.

왕문용·민현식(1993), 「국어 문법론의 이해」, 개문사.

우명제(1988), "어미 {-며}, {-면서} 연구", 「국어국문학논문집」 34, 서울대학교 사범대학 국어국문학연구회, 1-90.

우순조(2000), "'이다'와 '아니다'의 상관성", 「형태론」 2-1, 형태론 편집위원회, 129-138.

우순조(2006), "활용 개념과 소위 '이다'와 관련된 오해들: 표지이론적 관점에서", 「언어학」 44, 한국언어학회, 79-121.

우인혜(1992), "용언 "지다"의 의미와 기본 기능", 「말」 17, 연세대 한국어학당, 39-67.

우인혜(1993), ""되다"와 "지다"의 비교 고찰", 「한국학논집」 23, 한양대 한국학연구소, 439-466.

우인혜(1994ㄱ), "국어의 피동법과 피동표현 연구", 한양대 대학원 박사학위논문.

우인혜(1994ㄴ), "접미 피동법의 일고찰", 「한국학논집」 25, 한양대 한국학 연구소, 273-294.

우형식(1987), "명사화소 '-(으)ㅁ', '-기'의 분포와 의미기능", 「말」 12, 연세대 한국어학당, 119-160.

우형식(1995), " '-고 있-'과 '-어 있-'의 상적 특성", 「우암어문논집」 5, 부산외국어대 국어국문학과, 305-324.

우형식(1996), 「국어 타동구문 연구」, 박이정.

원진숙(1993), "서술어의 결합가를 중심으로 한 한국어 문형 분류", 「어문논집」 32, 고려대 국어국문과, 495-516.

유동석(1981), "'더'의 의미에 대한 관견", 「관악어문연구」 6, 서울대 국어국문학과, 205-226.

유동석(1995), 「국어의 매개변인 문법」, 신구문화사.

유동석(1998), "국어의 격 중출 구성에 대하여", 「국어학」 31, 국어학회, 307-337.

유승섭(2004), "국어 겹목적어 구문의 격 점검 현상", 「한글」 263, 한글학회, 63-93.

유현경(1992/1998), "동사 '살다'의 타동사 용법에 대하여", 「국어 문법의 탐구 Ⅳ」, 태학사, 59-75.

유현경(1998), 「국어 형용사 연구」, 한국문화사.

유현경(2014), "문법 기술에서의 체계 정합성 문제 ―보어 기술을 중심으로―", 「국어학」 70, 국어학회, 3-28.

유현경(2017), "한국어 용언의 인칭 제약에 대한 연구", 「국어학」 83, 국어학회, 65-92.

유현경(2019), "보어의 문장성분론", 「형태론」 21-2, 형태론 편집위원회, 108-134.

유현경·남길임(2016), "'이다'의 범주와 문법 기술", 「문법 교육」 26, 한국문법교육학회, 253-285.

유현경·이선희(1996), "격조사 교체와 의미역", 「국어 문법의 탐구 Ⅲ」, 태학사, 129-172.

유현경 외(2018), 「한국어 표준 문법」, 집문당.

유형선(2001), "이중 목적격에 관한 일고", 「한국어의 목적어」, 도서출판 월인, 123-145.

유혜원(1999), "'-을/를'이 나타나는 피동문 연구", 「한국어학」 9, 한국어학회, 205-227.

유혜원(2000), " '아/어지다'의 의미 기능 연구", 「어문논집」 41, 민족어문
학회, 453-480.

윤여송(1987), "명사형 어미 {-(으)ㅁ}, {-기}의 통사론적 특성 연구", 경북
대 대학원 석사학위논문.

윤평현(1989), 「국어 접속어미의 연구」, 한신문화사.

윤평현(1994), "접속어미 '-며'와 '-면서'에 대한 고찰", 「우리말 연구의 샘
터」(연산 도수희선생 화갑기념논총), 415-430.

윤평현(2005), 「현대국어 접속어미 연구」, 박이정.

이경우(1981), "파생어 형성에 있어서의 의미변화", 「국어교육」 39·40, 한
국국어교육연구회, 215-256.

이관규(1993), "기본문형의 몇 가지 문제", 「우리어문연구」 6·7, 우리어문
연구회, 89-101.

이관규(1999), 「학교 문법론」, 월인.

이관규(2005), 「국어교육을 위한 국어 문법론」, 집문당.

이관규(2007), "관형사 어미 "다는"에 대한 고찰", 「새국어교육」 77, 한국
국어교육학회, 489-504.

이관규(2018), "문법 교육 연구의 현황과 과제", 「한말연구」 49, 한말연구
학회, 199-229.

이광정(1980), "한국어의 보어 설정과 그 문형 연구", 「국어교육」 37, 한국
국어교육연구학회, 95-114.

이광호(1984), "격어미 {에}, {에서}의 의미와 그 통합양상", 「어문학논총」
3, 국민대 어문학연구소, 87-105.

이광호(1988), 「국어 격조사 '을/를'의 연구」, 탑출판사.

이광호(1994), "국어 비대격 '을-NP'에 대한 해석", 「언어」 19-1, 한국언
어학회, 265-286.

이광호·장소원(1994), 「국어 정서법」, 한국방송통신대학교.

이기갑(1981ㄱ), "15세기 국어의 상태지속상과 그 변천", 「한글」 173·174,
한글학회, 401-421.

이기갑(1981ㄴ), "씨끝 '-아'와 '-고'의 역사적 교체", 「어학연구」 17-2, 서
울대 어학연구소, 227-236.

이기동(1976), "한국어 피동형 분석의 검토", 「인문과학논총」 9, 건국대학
교 인문과학연구소, 25-41.

이기동(1978), "조동사 '지다'의 의미 연구", 「한글」 161, 한글학회, 537-569.

이기동(1981), "조사 '에'와 '에서'의 기본 의미", 「한글」 173·174, 한글학회, 9-33.

이남순(1981), "현대국어의 시제와 상에 대한 연구", 서울대 대학원 석사학위논문.

이남순(1983), "양식의 '에'와 소재의 '에서'", 「관악어문연구」 8, 서울대학교 국어국문학과, 321-355.

이남순(1987), "'에, 에서'와 '-어 있(다), -고 있(다)'", 「국어학」 16, 국어학회, 567-595.

이남순(1988), "명사화소 '-ㅁ'과 '-기'의 교체", 「홍익어문」 7, 홍익대, 733-754.

이남순(1991), "상의 개념과 형식들", 「국어학의 새로운 인식과 전개」, 민음사, 699-722.

이남순(1994), " '었었'고", 「진단학보」 78, 진단학회. (이남순(1998)에 재수록)

이남순(1997), "시상의 변화", 「국어사 연구」, 태학사.

이남순(1998), 「시제·상·서법」, 월인.

이남순(1999), "'이다' 론", 「한국문화」 24, 서울대 한국문화연구소, 35-59.

이상억(1970), "국어의 사동·피동 구문연구", 서울대 대학원 석사학위논문.

이상태(1977), " {-면} 무리 이음월에 대하여", 「배달말」 2, 배달말학회.

이상태(1978), "조건문 연구", 「경상대 논문집」 17(인문사회과학편), 경상대학교, 35-62.

이상태(1988), "국어 접속어미 연구", 계명대 대학원 박사학위논문.

이상태(1995), 「국어 이음월의 통사 의미론적 연구」, 형설출판사.

이상태(2010), 「사고력 함양을 위한 국어 교육 설계」, 박이정.

이석규(1983), "현대국어의 시제 연구 ―'-던', '-았던'을 중심으로―", 「국어교육」 46, 한국어교육학회, 273-290.

이석린(1966), ""이다"와 "아니다"는 잡음씨에 틀림없다", 「한글」 138, 한글학회, 51-73.

이석린(1969), ""-이다"에 대한 딴 주장을 검토한다", 「한글」 143, 한글학회, 193-208.

이선웅(2000), "현대국어 '(-)이-'의 품사 분류와 자릿수에 대한 연구사적 고찰", 「국어학논집」 4, 도서출판 역락, 71-92.

이선웅(2012), 「한국어 문법론의 개념어 연구」, 도서출판 월인.

이선웅(2015), "통사 단위 '절'에 대하여", 「배달말」 56, 배달말학회, 77-104.

이선웅(2019), "한국어 보어의 개념과 범위", 「형태론」 21-2, 형태론 편집위원회, 135-159.

이선웅·박형진(2019), "문장성분으로서의 주제어", 「언어」 44-3, 한국언어학회, 633-655.

이성연(1982), "국어 보어에 대하여", 「한국언어문학」 21, 한국언어문학회, 397-418.

이숭녕(1976), "15세기 국어의 쌍형어 '잇다, 시다'의 발달에 대하여", 「국어학」 4, 국어학회, 1-23.

이승욱(1970), "과거시제에 대하여 —15세기의 -더-"를 중심으로—", 「국어국문학」 49·50, 국어국문학회, 211-222.

이승욱(1989), "중세어의 '-(으)ㅁ, -기' 구성 동명사의 사적 고찰", 「이정 정연찬선생 화갑기념논총」, 773-800.

이승재(1992), "융합형의 형태분석과 형태의 화석", 「주시경학보」 10, 탑출판사, 59-80.

이승재(1994), "'-이-'의 삭제와 생략", 「주시경학보」 13, 탑출판사, 14-28.

이영제(2018), "소위 이중 주어 구문에 관한 통사론적 분석", 「형태론」 20-2, 형태론 편집위원회, 202-231.

이윤하(2001), "{-더-}와 자각", 「어문연구」 29-1, 한국어문교육연구회, 5-36.

이은경(1990), "국어의 접속어미 연구", 서울대 대학원 석사학위논문.

이은경(1996), "국어의 연결 어미 연구", 서울대 박사학위논문.

이은경(2007), ""-고" 접속문과 "-어서" 접속문의 비교 —동사 유형 및 문형을 중심으로—", 「한국어 교육」 18-2, 국제한국어교육학회, 333-356.

이은경(2015), "대등 접속문의 시제 표현", 「국어학」 73, 국어학회, 141-172.

이은규(1984), "국어 피동법 연구", 경북대 대학원 석사학위논문.

이은규(1985), "국어 피동법의 화용론적 분석", 「소당 천시권 박사 화갑기념 논총」, 간행위원회, 221-238.

이익섭(1973), "국어 수량사구의 통사기능에 대하여", 「어학연구」 9-1, 서울대 어학연구소, 46-63.

이익섭(1978), "피동성 형용사문의 통사구조", 「국어학」 6, 국어학회, 65-84.

이익섭(2005), 「한국어 문법」, 서울대학교 출판부.

이익섭·임홍빈(1983), 「국어문법론」, 학연사.

이익섭·채완(1999), 「국어문법론강의」, 학연사.

이재성(2001), 「한국어의 시제와 상」, 국학자료원.

이정택(2001), "'-지(디)-'의 통시적 변천에 관한 연구", 「국어학」 38, 국어학회, 117-136.

이정택(2003), "목적어 있는 피동문에 관한 연구", 「배달말」 32, 배달말학회, 211-227.

이정택(2004), "피동의 개념과 피동 서술어", 「한국어학」 22, 한국어학회, 335-354.

이정택(2004), 「현대 국어 피동 연구」, 도서출판 박이정.

이정택(2006), "이른바 중주어문에 관하여 ―서술절 설정의 당위성을 중심으로―", 「청람어문교육」 34, 청람어문교육학회, 243-258.

이정택(2010), "위치에 따른 어미 분류 체계의 정립과 그 문제", 「문법교육」 13, 한국문법교육학회, 343-358.

이정택(2016), "우리말 높임법의 본질과 상대 높임법 체계", 「문법교육」 24, 한국문법교육학회, 145-160.

이준희(1996), "'-이다'의 형용사적 특성", 「한국학논집」 29, 한양대 한국학연구소, 159-175.

이지양(1982), "현대국어의 시상형태에 대한 연구 ―'-었-', '-고 있-', '-어 있-'을 중심으로―", 서울대 대학원 석사학위논문.

이지양(1998), 「국어의 융합현상」, 태학사.

이창덕(1988), "'더'에 관한 문제", 「말」 13, 연세대 한국어학당, 195-218.

이철우(1998), "풀이자리 토씨 '이다'에 대하여", 「건국어문학」 11·12, 건국대, 59-67.

이필영(2002), "관형사형 어미 '-(았)던'의 의미에 대하여", 「문법과 텍스트」(고영근 외 편), 서울대학교출판부, 317-334.

이향천(1996), "'이다'의 범주", 「언어학」 18, 한국언어학회, 189-228.

이현규(1975), "명사형어미 '-(으)ㅁ, -기'의 사적 고찰", 「논문집」 5, 한국 사회사업대학, 225-254.

이현규(1984), "명사형어미 '-기'의 변화", 「목천 유창균박사 환갑기념 논문집」, 계명대학교출판부, 493-520.

이현희(1994), "계사 '(-)이-'에 대한 통시적 고찰", 「주시경학보」 13, 탑출판사, 88-101.

이현희(2005), "현대국어의 화석과 그 역사적 해석", 「국어학」 45, 국어학회, 275-288.

이홍식(1991), "피동과 피동구문", 「주시경학보」 8, 탑출판사, 113-118.

이홍식(1995), "'-더-'의 의미에 대하여", 「관악어문연구」 20, 서울대 국어국문학과, 327-353.

이홍식(1998), "문장 성분", 「문법 연구와 자료」(이익섭 선생 회갑기념 논총), 태학사, 7-46.

이홍식(2000), 「국어 문장의 주성분 연구」, 월인.

이홍식(2004), "조사 '을'의 의미에 대하여", 「한국어 의미학」 15, 한국어의미학회, 303-327.

이홍식·이은경(2017), "교체의 분류에 대하여", 「국어학」 82, 국어학회, 67-99.

이효상(1995), "다각적 시각을 통한 국어의 시상체계 분석", 「언어」 20-3, 한국언어학회, 207-250.

이희승·안병희(1989), 「한글 맞춤법 강의」, 신구문화사.

이희자·이종희(2010), 「풍부한 관용구를 수록한 어미 조사 사전(전문가용)」, 한국문화사.

임동훈(1997), "이중 주어문의 통사 구조", 「한국문화」 19, 서울대학교 규장각 한국학연구원, 31-66.

임동훈(2005), "'이다' 구문의 제시문적 성격", 「국어학」 45, 국어학회, 119-144.

임동훈(2010), "현대국어 어미 '느'의 범주와 변화", 「국어학」 59, 국어학회, 3-44.

임동훈(2011), "한국어의 문장 유형과 용법", 「국어학」 60, 국어학회, 323-359.

임지룡(1982), "상대성 접속어미 연구", 경북대 대학원 석사학위논문.

임지룡(1992), 「국어의미론」, 탑출판사.

임지룡(1997), 「인지의미론」, 탑출판사.

임지룡(2018), 「한국어 의미론」, 한국문화사.

임지룡·윤희수 옮김(2009), 「인지문법론」, 박이정.

임지룡 외(2005), 「학교문법과 문법교육」, 박이정.

임칠성(1990), "미래 부정의 '다—{았}—' 연구", 「국어국문학」 103, 국어국
　　　문학회, 277-292.

임칠성(1991), 현대국어의 시제어미 연구, 전남대 대학원 박사학위논문.

임홍빈(1974), "명사화의 의미특성에 대하여", 「국어학」 2, 국어학회, 83-
　　　104.

임홍빈(1974), "주격중출론을 찾아서", 「문법연구」 1, 탑출판사, 111-148.

임홍빈(1975), "부정법 {-어}와 상태진술의 {-고}", 「논문집」 8, 국민대, 13-
　　　36.

임홍빈(1976), "국어의 통사적인 공범주에 대하여", 「어학연구」 21-3, 서울
　　　대 어학연구소, 331-384.

임홍빈(1978ㄱ), "국어 피동화의 의미", 「진단학보」 45, 진단학회, 95-115.

임홍빈(1978ㄴ), "피동성과 피동구문", 「논문집」 12, 국민대, 35-59.

임홍빈(1980). "{-겠-}과 대상성", 「한글」 170, 한글학회, 147-190.

임홍빈(1982), "선어말 {-더-}와 단절의 양상", 「관악어문연구」 7, 서울대
　　　국문과, 433-475.

임홍빈(1983), "국어 피동화의 통사와 의미", 「국어의 통사·의미론」, 탑출
　　　판사, 28-47.

임홍빈(1985), "국어의 '통사적인' 공범주에 대하여", 「어학연구」 21-3, 서
　　　울대학교 어학연구소, 331-384.

임홍빈(1993ㄱ), "다시 {-더-}를 찾아서", 「국어학」 23, 국어학회, 255-23.

임홍빈(1993ㄴ), "북한 사전의 뜻풀이", 「새국어생활」 3-4, 국립국어연구원,
　　　60-101.

임홍빈(2006), "정체 밝힘의 형용사 '이다' 문제와 연어", 「어문학 연구의
　　　넓이와 깊이」, 도서출판 역락, 287-376.

임홍빈(2007), 「한국어의 주제와 통사 분석」, 서울대학교 출판문화원.

임홍빈·장소원(1995), 「국어문법론Ⅰ」, 한국방송통신대학교 출판부.

임홍빈 외(2002), 「한국어 구문분석 방법론」, 한국문화사.

장경희(1983), "{더}의 의미과 그 용법", 「언어」 8-2, 한국언어학회, 293
　　　-313.

장경희(1985), 「현대 국어의 양태 범주 연구」, 탑출판사.

장요한(2007), "'문장의 확장'에 대한 소고", 「시학과 언어학」 14, 시학과 언어학회, 191-220.

장요한(2009), "한국어 교육을 위한 양보 연결어미의 연구 ―"-아도", "-더라도", "-고도", "-은들"을 중심으로―", 「새국어교육」 81, 한국국어교육학회, 483-503.

장윤희(2002), 「중세국어 종결어미 연구」, 태학사.

정수진(2013), "국어 연결어미의 의미 구조에 대한 인지언어학적 탐색", 「한글」 302, 한글학회, 199-222.

정교환(1974), "국어문형고", 「국어국문학」 65·66, 국어국문학회, 137-156.

정인승(1949), 「표준 중등 말본」, 어문각.

정태구(1994), "'-어 있다'의 의미와 논항구조", 「국어학」 24, 국어학회, 203-230.

정희정(1996), "자동사/타동사 분류에 대한 비판적 고찰: 사전에서의 처리와 관련하여", 「국어 문법의 탐구 Ⅲ」, 태학사, 7-32.

조경순(2001), "국어 보어에 대한 의미 구조론적 연구", 「한국언어문학」 47, 한국언어문학회, 685-704.

조오현(1984), "조동사 '지다' 연구", 건국대 대학원 석사학위논문.

조오현(1995ㄱ), "{-았었-}의 의미", 「한글」 227, 한글학회, 129-150.

조오현(1995ㄴ), "「-어지다」와 「-어 지다」의 통사·의미", 「건국어문학」 19·20, 건국대 국문과, 741-754.

주지연(2015), "한국 한자어의 형태소 분포 조사", 「국어학」 76, 국어학회, 39-66.

주지연(2017), "한국어 한자 형태소 개념 정립을 위한 시론(1) ―2자어 구성 요소의 형태소 지위를 중심으로―", 「어문연구」 173호, 한국어문교육연구회, 67-98.

주지연(2019), "어기와 접사의 경계에 대한 재고찰", 「형태론」 21-2, 형태론 편집위원회, 271-297.

채완(1979), "명사화소 "-기"에 대하여", 「국어학」 8, 국어학회, 95-107.

천기석(1970), "기본문형의 혼란상에 대하여", 「어문논총」 4, 경북대 국문과, 103-121.

천시권·김종택(1971), 「국어의미론」, 형설출판사.

최규수(1984), "때위치말, 때어찌말과 '-었-'의 제약 관계", 「국어국문학」 22, 부산대 국문과, 329-347.

최규수(1991), "입음월의 기능과 구조", 「우리말 연구」 1, 부산대 국문과, 235-258.

최규수(2001), "형식 품사의 형태·통어론적 지위에 관한 연구 ―접어(clitic)로 분석하다―", 「한글」 252, 한글학회, 79-108.

최규수(2007ㄱ), "학교 문법의 문장의 성분과 짜임에 대한 비판적 검토", 「한글」 275, 한글학회, 165-192.

최규수(2007ㄴ), "복합어의 어기와 조어법 체계에 대하여", 「한글」 277, 한글학회, 133-158.

최규수(2009), 「한국어 통사론 입문」, 박이정.

최규수(2010), "어근과 어간의 개념에 대한 국어학사적 검토", 「한글」 290, 한글학회, 173-201.

최규수(2017), 「한국어 형태론의 이해」, 역락.

최동주(1994), "현대국어 선어말 {-더-}의 의미에 대하여 ―마침법의 경우―", 「어학연구」 30-1, 서울대 어학연구소, 41-73.

최동주(1995ㄱ), 국어 시상체계의 통시적 변화에 관한 연구, 서울대 대학원 박사학위논문.

최동주(1995ㄴ). "국어 선어말어미 배열순서의 역사적 변화", 「언어학」 17, 한국언어학회, 317-335.

최동주(1998), "시제와 상", 「문법 연구와 자료」, 태학사, 227-260.

최동주(2006), "선어말어미의 배열순서와 분포의 광협", 「형태론」 8-2, 형태론 편집위원회, 383-391.

최동주(2009), "종결어미 '-ㄹ걸'의 기능과 문법적 특성", 「국어학」 54, 국어학회, 225-250.

최동주(2012), "'은/는'과 '이/가'의 출현 양상", 「인문연구」 65, 영남대학교 인문과학연구소, 25-58.

최웅환(1995), "기능소로서의 접사에 대한 통사적 해석", 「국어학」 25, 국어학회, 51-76.

최웅환(1997), "'이다'와 '하다'의 실현의 상관성", 「문학과 언어」 18, 문학과언어연구회, 45-64.

최웅환(2007), "주어와 관련된 몇 가지 문제", 「언어과학연구」 43, 언어과학회, 49-69.

최웅환(2008) "국어의 주어 중출 가능성", 「우리말글」 43, 우리말글학회, 51-71.

최웅환(2009), "품사 분류에 대한 검토 —학교문법의 품사를 대상으로—", 「문학과 언어」 31, 문학과 언어학회, 55-78.

최웅환(2010), "국어 품사론 연구의 전개와 전망", 「한국어학」 47, 한국어학회, 33-60.

최웅환(2013), "관형사의 문법적 특징 —관형사의 품사설정과 규정—", 「어문학」 121, 한국어문학회, 107-136.

최웅환(2016) "국어 동격구성 논의에 대한 비판적 고찰", 「언어과학연구」 77, 언어과학회, 317-344.

최웅환(2018) "국어과 문법교육의 재검토", 「우리말글」 77, 우리말글학회, 187-214.

최재희(1991), 「한국어 문법론」, 태학사.

최현배(1930), "조선어의 품사분류론", 「조선어문연구」 1, 연희전문학교 출판부. (김민수 외편(1977), 「역대한국문법대계」 제1부 17책, 탑출판사. 에 재수록)

최현배(1937=1980), 「우리 말본」, 정음사.

최현배(1963), "잡음씨에 대하여", 「연세논총」 2, 연세대학교 대학원, 1-66.

최형강(2006), "피동문의 조건과 '받다, 당하다, 되다' 구문의 재고", 「어문학」 92, 한국어문학회, 159-190.

최형기(2000), "국어 보어에 관한 연구", 「언어학」 8-3, 대한언어학회, 203-217.

최호철(1995), "국어의 보어에 대하여", 「한국어학」 2, 한국어학회, 447-490.

하치근(1996), "국어 통사적 접사의 수용 범위 설정에 관한 연구", 「한글」 231, 한글학회, 43-104.

한국방송통신대학교 평생교육원(2005), 「외국어로서의 한국어학」, 한국방송통신대학교출판부.

한국정신문화연구원(1991), 「한국민족문화대백과사전」, 웅진출판.

한글학회(1992), 「우리말 큰사전」, 어문각.

한길(2006), 「현대 우리말의 형태론」, 역락.

한동완(1986), "과거시제 '엇'의 통시론적 고찰", 「국어학」 15, 국어학회, 217-248.

한동완(1992=1994), 「국어의 시제 연구」, 태학사.

한동완(2000), "'-어 있-' 구성의 결합제약에 대하여", 「형태론」 2-2, 형태론 편집위원회, 257-288.

한용운(2005), "형태소 '서'의 독립 조사 설정 문제", 「어문연구」 33-3, 한국어문교육연구회, 7-28.

한재영 외(2008), 「한국어 문법 교육」, 태학사.

한정한(2011), "통사 단위 단어", 「국어학」 60, 국어학회, 211-232.

한현종(1990), 현대국어의 시제체계의 수립과 그 제약조건, 서울대 대학원 석사학위논문.

허웅(1977), "15세기에서 16세기에 이르는 국어 때매김법의 변천", 「세림한국학논총」 1, 세림장학회, 413-484.

허웅(1982ㄱ), "19세기 국어 때매김법 연구", 「한글」 177, 한글학회, 3-38.

허웅(1982ㄴ), 한국말 때매김법의 걸어온 발자취, 「한글」 178, 한글학회, 3-51.

허웅(1983), 「국어학 —우리말의 오늘·어제」, 샘문화사.

허웅(1987), 「국어 때매김법의 변천사」, 샘문화사.

허웅(1995), 「20세기 우리말의 형태론」, 샘문화사.

홍사만(1983), 「국어 특수조사론」, 학문사.

홍재성 외(1997), 「한국어 동사구문 사전」, 두산동아.

홍재성(1988), "현대 한국어 사전과 자동사/타동사 용법의 구분", 「사전 편찬학 연구」 1, 탑출판사, 35-64.

홍재성(1989), "한국어 자동사/타동사 구문의 구별과 사전", 「동방학지」 63, 연세대 국학연구원, 179-229.

홍종선(1983), "명사화어미 '-음'과 '-기'", 「언어」 8-2, 한국언어학회, 241-272.

황미향(1986), "국어 관형절 연구", 경북대 대학원 석사학위논문.

황미향(2015), "접속 어미 '-니까'의 통사와 의미", 「국어교육연구」 57, 국어교육학회, 275-298.

황병순(1986), "'-어'와 '-고'의 기능에 대하여", 「국어학 신연구 Ⅰ」, 탑출판사, 248-266.

황병순(1992), "'V어하다'와 'V어지다'의 형성원리에 대한 연구", 「배달말」 17, 배달말학회, 1-36.

황화상(2005), "'이다'의 문법범주 재검토", 「형태론」 7-1, 형태론 편집위원회, 135-153.

황화상(2006), "조사 '에서'의 문법 범주", 「배달말」 39, 배달말학회, 371-393.

황화상(2009), "'이서'의 문법적 기능과 문법 범주", 「배달말」 44, 배달말학회, 1-27.

Abasolo, R.(1975), *Basic Semantic Structure of Korean*, Washington, D.C. : Georgetown University.

Aronoff, M.(1976), *Word Formation in Generative Grammar*, Linguistic Inquiry Monograph 1, Cambridge, Mass. : MIT Press.

Bach, E. & Harms, R. T.(1968), U*niversals in Linguistic Theory*, New York: Holt, Rinehalt and Winston, Inc.

Chafe, W. L.(1970), *Meaning and the Structure of Language*, Chicago: The University of Chicago Press.

Chomsky, N.(1957), *Syntactic Structures*, The Hague: Mouton.

Chomsky, N.(1965), *Aspects of the Theory of Syntax*, Cambridge: The MIT Press.

Chomsky, N.(1981), *Lectures on Government and Binding*, Dordrecht: Foris Publications.

Chung, C., & Kim, J. B. (2002), Korean copula constructions: A construction and linearization perspective, *Korean Joural of Linguistics* 27-2, The Linguistic Society of Korea, 171-193.

Comrie, B.(1981), *Language Universals and Linguistic Typology*, Oxford : Blackwell.

Givón, T.(1979), *On Understanding Grammar*, New York : Academic Press.

Li, Charles N.(1976), *Subject and Topic*, New York : Academic Press.

Lyons, J.(1968), *Introduction to Theoretical Linguistics*, London : Cambridge University Press.

Lyons, J.(1977), *Semantics* 2, London : Cambridge University Press.

Matthews, P. H.(1974), *Morphology : An Introduction to the Theory of Word-Structure*, London : Cambridge University Press.

Radford, A.(1981), *Transformational Syntax*, Cambridge, New York : Cambridge University Press.

Scalise, S.(1984), *Generative Morphology*, Dordrecht, Holland, Cinnaminson, U.S.A. : Foris Publications. (전상범 역(1987), 「생성형태론」, 한신문화사)

Shibatani, M.(1972), "Three reasons for not driving 'kill' from 'cause to die'", in Kimbol (ed), *Syntax and Semantics* 1, Academic Press, 125-137.

Shibatani, M.(1973), "Lexical versus Periphrastic Causatives in Korean", *Journal of Linguistics* 9(2), 281-297.

Shibatani, M.(1975), "On the Nature of Synonymy in Causative Expressions", 「어학연구」 11-2, 서울대 어학연구소, 267-274.

Shibatani, M.(1976), *Syntax and Semantics* 6, New York : Academic Press.

찾아보기